国家社科基金
GUOJIA SHEKE JIJIN HOUQI ZIZHU XIANGMU
后期资助项目

# 中国高等教育的经济社会效能研究

赵庆年　曾浩泓　刘　克　著

科学出版社

北　京

# 内 容 简 介

　　本书以高等教育大众化为线索，以人力资本、内生增长、代际流动等理论为内核，采用量化与质性相结合的研究方法，阐释了高等教育规模扩大影响经济与社会发展的概念内涵、作用路径与理论框架，对高等教育规模扩大的经济与社会发展效益及其实现机制进行了系统分析。丰富了高等教育学、教育经济学、教育社会学等相关学科的知识。

　　本书可供科研机构专业研究人员，高校高等教育学、经济学、社会学、管理学等相关专业的师生以及政府工作人员阅读参考。

**图书在版编目（CIP）数据**

中国高等教育的经济社会效能研究 / 赵庆年，曾浩泓，刘克著. -- 北京：科学出版社，2024.11. -- ISBN 978-7-03-079691-2

Ⅰ. G649.2

中国国家版本馆 CIP 数据核字第 2024DG8252 号

责任编辑：郭勇斌　彭婧煜　仝　冉 / 责任校对：张亚丹
责任印制：赵　博 / 封面设计：义和文创

**科 学 出 版 社** 出版
北京东黄城根北街 16 号
邮政编码：100717
http://www.sciencep.com
北京厚诚则铭印刷科技有限公司印刷
科学出版社发行　各地新华书店经销
\*
2024 年 11 月第　一　版　　开本：720×1000　1/16
2025 年 10 月第三次印刷　　印张：20 1/2
字数：360 000
**定价：168.00 元**
（如有印装质量问题，我社负责调换）

# 国家社科基金后期资助项目
## 出版说明

　　后期资助项目是国家社科基金设立的一类重要项目，旨在鼓励广大社科研究者潜心治学，支持基础研究多出优秀成果。它是经过严格评审，从接近完成的科研成果中遴选立项的。为扩大后期资助项目的影响，更好地推动学术发展，促进成果转化，全国哲学社会科学工作办公室按照"统一设计、统一标识、统一版式、形成系列"的总体要求，组织出版国家社科基金后期资助项目成果。

全国哲学社会科学工作办公室

# 前　言

　　自马丁·特罗提出高等教育大众化理论以来，国内外学者围绕高等教育大众化的重要价值及其实现路径展开了学术讨论。在长期理论思辨与实践探索过程中，学界形成了高等教育发展支撑经济社会发展的主流认识，强调基于社会人口结构和经济发展程度等要素，采取渐进方式扩大高等教育规模，以实现高等教育良性运行。但在"人力资本学说"牵引下，绝大多数国家都在大力发展高等教育，并试图通过扩大高等教育规模来解决经济社会发展中的突出问题。由此，高等教育大众化进程伴随着较为激进的制度改革，以至于世界范围内的高等教育规模迅速扩张，人类社会逐步进入到新的高等教育普及化发展阶段。中国也不例外，自 1999 年开始推行高等教育扩招，经过 20 多年的发展，已经实现高等教育普及化。那么，在这一进程中，中国的高等教育到底为经济社会发展做出了何种贡献，存在哪些问题，其中的内在机理如何？厘清这些问题，对于高等教育与中国式现代化发展意义重大，因此急需进行全面的总结和梳理。

　　已有研究着重讨论了高等教育大众化和普及化引发的高等教育系统要素的整体性变革，包括高等教育功能的变化、教育机构特点的变化、高校管理方式的变化、学校与社会关系的变化、学生就学方式的变化和人才培养模式的变化等。事实上，高等教育规模的发展，改变的不仅仅是高等教育系统自身，经济社会同样会受到影响，有的影响甚至会很大。正因如此，各个国家和地区政府几乎都想通过发展高等教育获取经济和社会效益。可是，在资源有限性约束下，高等教育作为稀缺性资源，必须通过高效配置，才能提升其经济社会效能。那么，在高等教育普及化时代，如何从经济社会效能二元角度，评估高等教育资源配置是否高效，以及如何识别各类机制要素的效用，进而将其转化为政策工具，以最有效率地提升高等教育发展的经济社会效能？这些是影响经济社会发展的重要问题，回应与解决这些问题，具有重要的理论价值和实践意义。

　　现有研究未有效回应高等教育在大众化进程中的经济社会效能及其机制，而是从高等教育规模扩张对经济社会发展的积极影响与人力资本积累的角度，阐释了高等教育何以促进经济社会发展，为理解高等教育普及化价值提供了解释窗口。具言之，现有研究主要聚焦高等教育的经济效能展开论述，较少关注高等教育发展的社会效能，同时对高等教育的经济社会效能的实现机制缺乏深入分析。如有学者将高等教育普及化的基本条件归于适龄人口减少、市场经济引导、教育利益驱动以及国家政策支撑，也有学者将高等教育普及化发展的推动力量归于民众自身发展诉求、社会经济发展需求以及国家竞争力提升需要等，但这些研究并未系统地解释这些力量形成背后的原因以及推动的机理。同时，这些研究也主要聚焦西方国家的案例，得出的结论并不契合发展中国家的现实情境。

中国作为世界上最大的发展中国家，2019 年高等教育在学总规模达4002 万人，高等教育毛入学率达 51.6%。按照马丁·特罗的划分标准，中国高等教育已迈入普及化阶段。自 2002 年进入大众化阶段后，仅仅用了18 年的时间，中国高等教育便迈入普及化阶段，发展速度远超世界大部分发达国家。显然，中国高等教育普及化与经济社会发展的生动案例已经成为理解高等教育发展何以实现经济社会效能的重要理论与实践场域。与西方不同的是，为何中国高等教育进入大众化阶段后没有放缓步伐，反而实现了规模的持续增长，并迅速迈入普及化？其实现经济社会效能的水平与作用机制如何？回答这些问题不仅可以为学界提供从发展中国家的经验案例讨论高等教育规模扩张影响经济社会效能提升的新视角，扩充高等教育与经济社会发展关系研究的理论进路，也可以推动高等教育与经济社会发展关系理论的"本土化"。

鉴于现有研究的不足，本书基于中国的案例，系统研究高等教育发展的经济社会效能及其实现机制。按照类型学划分，高等教育的经济社会效能蕴含二元概念。本书对经济效能和社会效能进行了区分，并采用了有效的测量指标对相关的概念进行测量。高等教育的经济效能是指高等教育在促进经济发展过程中所发挥的作用，经济发展的核心要素指经济生产力、竞争力、国际化与体量的持续提升，主要体现为地区 GDP、人均 GDP、三大产业比重等。高等教育的社会效能是指高等教育在促进社会发展进步过程中所发挥的作用，社会发展进步的核心要义体现为民主、文明、和谐、自由、平等、公正等，核心要素主要体现在社会发展、包括教育公平和分配公平等在内的社会公平、合理的社会分层与流动、文明和谐的社会环境、社会公众幸福感等方面，这些要素可以通过科技创新、个体收入基尼系数、个体年收入、代际流动指数和高等教育机会等进行测度。由此引出高等教育经济效能和社会效能两条理论演绎进路，并构成分析框架的基本格局。考虑到高等教育系统包含规模、结构和质量三类要素，在考察高等教育的经济社会功能实现过程中，本应分别考察规模、结构、质量要素及其协同状态对经济高质量发展、经济增长、产业升级、高等教育自身功能拓展、科技创新、社会公平、社会分层与流动、个体收益等 32 类情形的影响。但由于数据和研究技术等客观条件所限，本书主要探讨其中的 9 种情形，并形成了两个模块的研究内容，即第一章到第四章分别从高等教育质量发展、高等教育规模发展和高等教育系统要素协同对经济高质量发展、经济增长以及产业结构变迁的作用效果，层层递进地分析高等教育质量、规模、系统要素协同与经济效能的作用关系；第五章到第九章分别从高等教育规模发展对自身社会功能拓展、科技创新、社会公平、社会分层和流动以及个体收益的角度，形成系统覆盖高等教育发展促进社会效能实现的知识图谱。为了提升本书的学理水平，在前九章高等教育与经济社会关系研究的基础上，第十章面对中国的实践场域，就高等教育与经济的新型关系及其实现机制进行了具有特色的理论梳理。

本书全面建构了高等教育发展效能新分析框架，形成了进入新世纪以来中国高等教育经济社会效能的系统评价，深入揭示了中国高等教育转型的内在逻辑与依据，并高度提炼了高等教育对经济社会发展作用的新观点，有效丰富了本土发展社会学、教育经济与管理学科的相关理论。同时，本书可以为促进高等教育科学决策提供学理借鉴。当然，囿于研究水平局限，本书可能存在诸多不足，望请各位专家、读者批评指正，谢谢！

作　者

2024 年 1 月 10 日

# 目　录

# 第一章　高等教育质量发展与经济高质量发展[①]

1999 年，为缓解就业压力、刺激消费和拉动经济增长，我国政府提出并推行高等教育扩招政策，以期调整教育结构、扩大高等教育规模、缓解高等教育升学压力（胡寿平，2019；李岚清，2003）。随着扩招政策的实施，2022 年我国高等教育毛入学率已达到 59.6%，进入高等教育普及化时代。在"量"快速扩张的同时，我国政府也在持续推进高等教育资源供给的增加，促进高等教育质量提升。2010～2020 年我国高等教育经费增长了 96.1%，高等教育财政性经费则增长了 136.9%（郭睿和刘泽云，2023）。但是，也有大量研究表明，受资源的稀缺性和流动趋利性影响，我国高等教育资源投入存在明显的"马太效应"，资源投入的区域不平衡、资源浪费等现象（石丽和陈万明，2017；赵琳等，2012）都极大地阻滞了高等教育质量要素的可持续发展。

从系统论的角度来看，高等教育系统作为社会子系统，在持续发展过程中需要通过与经济的互动来促进社会整体发展。随着经济转向高质量发展阶段，教育必须与经济的生态网络关系主动因应（刘云生，2018）。因此，在"资源供给—教育建设—经济发展"的传导链条下，高等教育资源供给情况将最终作用到社会经济的建设中去。基于此，本章从资源供给的视角出发，聚焦于高校扩招以来高等教育质量要素的变化情况，运用实证分析等方法，以期能够全面测度不同地区、不同类型的高等教育资源供给形态下的质量要素发展对经济高质量发展的影响，为优化高等教育质量提升、推动经济高质量发展提供实证证据。

## 第一节　高等教育资源的内涵与特征

### 一、高等教育资源的内涵

高等教育质量由高等教育资源要素禀赋塑造。高等教育资源是高等教育和资源的合成词，要理解高等教育质量的概念，首先要明确资源的概念。

---

① 本章部分内容刊发在《教育科学》2024 年第 1 期上。

（一）资源

资源作为客观存在的自然要素或社会要素，是人类经济社会中特有的概念和范畴（白钦先和杨涤，2018）。"资源"一词最早源于经济学领域，在最初认知中，"资源即指自然资源"（孙鸿烈和封志明，1998）或"生产资料和生活资料的天然来源"（李国炎等，1990）。后随着经济社会发展，"资源"一词的含义也在不断地被丰富。周世康（1995）认为资源是指能够为人类生产与生活直接或间接使用的各种物质与服务的总称。胡赤弟（2008）认为资源是"使人们所从事的活动能够继续的各种条件的总和"。覃明兴（2002）、韦正球（2006）等认为，要摒弃传统将资源等同于自然资源或经济资源的"小资源"观，主张树立"大资源"观，强调从自然资源、经济资源、人力资源、文化资源、政治资源、制度资源这六大子资源系统来认识资源。陈华洲（2007）则将资源定义为"在一定社会历史条件下存在的，能够满足人类需要并可以为人类开发利用，在社会的政治、经济、文化活动中经由人类劳动而创造出财富的各种要素的总和"。尽管表述各异，但不难发现，学者们关于资源的定义均包含了以下几个重要元素：一是功用性，即对人类社会实践活动有使用价值，能够在事物发展过程中发挥其特定的作用（邬璟璟，2018）；二是能用性，即它的利用价值和使用方式为人们所充分认知；三是增效性，即在使用过程中能够被转化，增益于目标活动。由此，本章认为，一般意义上的资源是指"能够为人所利用的、有价值的且能推动目标实践发展的各种要素总和"。从资源的属性上来看，可分为自然资源和社会资源两大类（夏征农，2000），其中，社会资源是指经由人类劳动而产生的资源，包括信息资源、文化资源等。从资源的形态来看，可分为有形资源和无形资源（罗友花和李明生，2010）。有形资源是指能够被看见且可以量化的资产，如土地、金钱等；无形资源则指没有实体，但是能够为组织活动创造价值的资源，如声誉等。

（二）教育资源

教育资源是教育系统的基本构成因素，也是教育质量的代名词。在已有研究中，教育资源经常性地被定义为教育过程中所占用、使用和消耗的人力、物力和财力资源的统称（顾明远，1998；范国睿，1998a）。其中，人力资源包括教育者和受教育者等；物力资源是指学校中的校舍、教学设备等；财力资源则是指货币形式的投入。但事实上，教育资源并不止于此，其内涵随着实践的进步而不断地被扩充。王嵘（2001）从开发利用的角度将教育资源划分为原生教育资源、延生教育资源、再生教育资源、创生教育资源。王伟清（2010）则从资源科学的视角出发，将教育资源概括为"教育实践所需的具有教育效用性的各种资源"。康宁（2005）认为教育资源除了人、财、物三种基础性资源外，还包括信息资源和时空资源。康永久（2001）、杜时忠（2012）认为制度也是一种重要的教育资源。许丽英（2007）则从教育资源系统出发，定义教育资源是指"维持、组成、参与并服务于教育系统的一切资源，包括人力资源、物力资源、财力资源、时空资源、信息资源、文化资源、权力资源、制度资源、政策资源、关系资源等"。可见，尽管教育资源是一个复杂的资源综合体，可以从不同的角度和层面进行界定和分类，但广义上讲都可归结为"教育资源是一个有价值且能持续支持和服务教育系统发展的要素合集"。

（三）高等教育资源

高等教育资源是教育资源按办学层次区分的其中一种，也是支撑高等教育质量的要素。关于高等教育资源的具体构成，学界中也有诸多学者对此进行了讨论。吴霞（2008）认为，高等教育资源是指投入高等教育活动的一切人力、物力和财力的总和。张万红和彭勃（2008）将高等教育资源划分为人才资源、物力资源和文化资源，其中，文化资源包括了大学理念、大学精神等要素。张莉（2009）认为高等教育资源是指组成、维持、参与并服务于高等教育系统的资源，按照其构成要素的存在形态可以划分为显性资源和隐性资源。但从社会生态学的视角来看，资源是"保证系统的代谢功能得以实现，使系统稳定并不断地、有序地进化升级的各种物质"（范国睿，1998b）。因此，对高等教育资源的界定并不能仅仅从常规性的人力资源、财力资源、物力资源等方面来定义。对于高等教育系统而言，高等教育资源不仅是高等教育系统发展的基本条件，也是高等教育系统与社会其他子系统进行物质、能量、信息交换的基本内容（彭宇飞，2015）。由此，任何"构成、维持并持续促动高等教育系统发展的资源要素"（段从宇和迟景明，2015）都可被称作高等教育资源。赵祥和胡支军（2009）提出要从教育本身和用于教育发展的各种资源两个角度来理解高等教育资源，一方面高等教育本身是国家所有资源中的一种（国家的所有资源包含自然资源和社会资源），另一方面指流入高等教育的各种资源和高等学校经多年的发展积淀下的资源。段从宇和张雅博（2014）基于资源基础理论，将高等教育资源分为条件性资源、主体性资源和发展性资源。其中，条件性资源是指影响高等教育发生、发展最原始、具有前期决定性作用的资源，它包括人口构成、经济基础、教育基础等；主体性资源是指直接为高等教育发展所可资利用的资源，具体包括高等教育人力主体性资源、物力主体性资源和财力主体性资源；发展性资源是由业已生成的高等教育系统所衍生并可持续推动高等教育发展的资源要素，是高等教育资源效率的重要体现，主要包括学科资源、成果资源、品牌资源等。石丽和陈万明（2017）也认为，高等教育资源不仅包括为满足高等教育发展所直接投入的人力、物力、财力等常规性资源，还包括开展高等教育活动所必不可少的人口基础、经济基础等条件性资源，以及高等教育发展过程中衍生出的能够持续作用于高等教育系统发展演进的成果资源、品牌资源等异质性资源。

基于此，本章认为，凡是在高等教育系统可持续发展过程中，发挥了基础性、支撑性、服务性等价值的各种要素，都可被看作高等教育资源。根据高等教育资源的产生形式可以将其划分为常规性资源和派生性资源两种类型。其中，常规性资源是指由社会和公共部门直接向高等教育系统投入的资源，这些资源是构成高等教育系统最基础的资源，如人力资源、物力资源和财力资源等。派生性资源则是指经由高等教育发展后所产生的能继续支撑和服务高等教育系统发展的资源，如声誉资源、人才培养资源、科研成果资源等。这些资源最终代表了高等教育的质量水平。

## 二、高等教育资源的特征

### （一）高等教育资源具有稀缺性

稀缺性是高等教育资源最基本的特征（瞿锦秀，2022），它主要是基于教育资源数量的有限性与人们对教育需求的无限性之间的矛盾所提出。高等教育资源的稀缺性主要有两层含义：一是高等教育作为资源本身是稀缺的，高等教育无法为所有人提供入学机会，无论哪个国家和地区都会有一部分人享受不到高等教育；二是流入高等教育的资源是稀缺的，高等教育资源的供给量受国家经济发展所限制，这种限制最直接的表现是高等教育经费的短缺，因而高等教育质量提升缓慢。

### （二）高等教育资源具有异质性

所谓异质性，与同质性相对，强调的是资源之间的差异，特指组织中那些难以被模仿和替代的资源类型（段从宇，2019）。高等教育资源的异质性主要体现在两个方面，一方面，我国高等教育系统的资源构成要素具有典型的异质性，在不同的划分依据下，高等教育资源可分为自然资源和社会资源、常规性资源和派生性资源，以及显性资源和隐性资源等。另一方面，我国高等教育资源也具有地域异质性，有些高等教育资源是从高等教育活动中衍生出来的具有区域特色的资源，如特色学科资源等，因而高等教育的质量水平区域差异明显。

### （三）高等教育资源的范畴具有发展性

资源是一个发展性的概念，其具体内涵会随着实践的进步而不断地得到丰富。同样，高等教育资源类型也会随着实践的发展不断得到扩充，比如说名誉资源、学科资源等，都是在高等教育发展过程中形成，而后再成为高等教育资源的。

### （四）高等教育资源的分布在区域间具有不均衡性

受地区差异影响，资源的分布具有不均衡性，高等教育资源的分布同样也呈现出不均衡态。受历史因素、地理因素、政策因素等影响，我国东部地区的高等教育资源较中西部地区更为丰富。但值得注意的是，不均衡是绝对的，均衡是相对的，在推动高等教育资源配置的过程中，应当追求相对均衡而并非绝对均衡。

## 第二节　高等教育资源与经济发展的关系

### 一、教育的内外部关系规律

教育资源是教育系统持续、稳定发展的基础（杨明，2000），任何高等教育的形成和发展都是各相关高等教育资源要素相互作用的结果（段从宇，2019）。因此，从资源的视角来看，高等教育发展与经济之间的关系本质上是高等教育资源与经济之间的关系。在教育与经济的关系方面，我国著名高等教育学家潘懋元认为，在诸多教育规律中，有两条规律是最基本的。一条是"教育的外部关系规律"，指的是教育必须受一定社会的政治、经济、文化科学所制约，与此同时，也必须为一定社会的政治、经济、文化科学服务。另一条是"教育的内部关系规律"，指的是教育和人的发展关系的规律（潘懋元，1985，1996）。基于教育的内外部关系规律，高等教育与经济之间的直接关系表现可以分为"受之制约"和"为之服务"两个方面（潘懋元，1988）。

（一）受之制约

经济是人类社会存在和发展的基础，也是引起一切社会活动发生变化的决定性因素（武毅英，2008）。从资源供给的视角来看，经济发展对高等教育发展的制约主要体现在两个方面。一方面，经济发展制约高等教育资源供给数量，继而影响高等教育发展水平。高等教育的发展离不开经济发展提供的物质保障，如学科建设、师资培养、图书馆建设等都需要一定的资金来源作保证。因此，区域的经济发展水平往往决定了高等教育资源供给的数量。另一方面，经济产业结构会影响高等教育资源流向，继而影响到高等教育内部的层次结构、专业结构和形式结构。不同的经济发展水平有不同的产业结构模式，因此，对不同产业的人才数量与质量的要求也不尽相同。出于"高等教育要主动适应社会发展的需要"（向春，2008），高校及其学科专业等设置的规模、层次、形式的比例，供给的人力、物力、财力的多少等都将受到产业结构和经济发展的影响。

（二）为之服务

随着知识经济时代的到来，高等教育已成为生产力发展不可缺少的因素，在经济发展中扮演着越来越重要的角色。从资源供给的视角来看，高等教育主要通过人才供给和科学技术两种资源服务于经济发展。在人才供给方面，高等教育系统通过输出自己的人才资源为经济建设提供所需的人力资本，促进经济发展。在科学技术方面，高等教育系统可以采取向社会经济系统输出科学技术、科技成果等方式推动生产技术更新等，继而服务经济发展。

## 二、高等教育资源对经济发展的作用路径

基于本章对高等教育资源的定义以及教育的内外部关系规律，梳理出两条作用路径。

（一）常规性资源供给——经济发展

高等教育常规性资源的核心包括人力资源、物力资源和财力资源。一般而言，这些资源的供给情况可以影响经济发展。

### 1. 高等教育人力资源供给影响经济发展

高等教育人力资源主要包括在校学生资源和教职工资源。首先，随着高等教育扩招政策的实施，不断扩张的高等教育规模能够促进劳动力素质

提升，有助于社会积累高质量的人力资本，增强科技创新活力，继而推动经济的发展（赵庆年和刘克，2022）。其次，围绕高校师生所发展出的餐饮、文娱等产业能够起到扩大就业、增进税收、扩张社会投资等作用，继而影响经济发展（智楠，2020）。最后，高等院校的学生和教职员工作为一个巨大的消费群体，其消费行为也可以对经济发展产生直接的推动效果。

**2. 高等教育财力资源供给影响经济发展**

高等教育财力资源供给主要指高等教育经费供给，刘玉君等（2020）的研究发现教育经费对经济发展有促进作用。具体来看，教育经费会从短期和长期两个方面影响经济增长。短期来看，教育经费的使用会在当下形成现实需求，如学校的基础建设、教学设备的购买等都可以直接拉动经济增长。长期来看，一方面，高等教育财力资源的供给力度影响着高校教学、科研资源的获取，继而对高校的人才培养质量、科研创新能力、科技成果产出等产生直接影响，最后间接影响到经济的发展。另一方面，高等教育财力资源在教育层次、学科专业等的分配影响着高校不同类型的人才储备和学科建设成效，为我国科技进步、产业结构优化升级提供进步基础。

（二）派生性资源供给——经济发展

高等教育派生性资源对经济发展的影响主要可以从高等教育的人才培养、科学研究和社会服务三个基本功能来体现。

**1. 高等教育人才培养影响经济发展**

高等教育作为提升人才社会发展价值以及帮助学生有效认知社会意识形态的重要人生阶段，承担着为社会输送专业人才以及社会发展驱动力量的重要任务（杨颖，2015）。对于高等教育来说，人才培养是其核心功能，培养大批的高层次、高素质、高规格人才资本，是我国高等教育贡献最重要、最基本的内核（张希琳，2015）。一方面，高等教育的人才培养可以通过提升劳动力综合素质，推进社会文明建设；另一方面，高等教育可以通过提升劳动者的知识储备、学习能力和技能水平满足劳动力市场和经济发展的需求，继而达到助力经济高质量发展的目的。

**2. 高等教育科学研究影响经济发展**

高等教育作为国家科技创新的重要力量，主要通过开展科学研究、科技成果转化与应用以及产学研合作等方式影响经济发展。在科学研究方面，据不完全统计，我国高校建有60%以上的国家重点实验室，承担了80%以上的国家自然科学基金项目（北京日报，2020）。在科技成果的转化和应用方面，高校可以通过技术转移、科技成果孵化等方式，将科研成果转化为实际生产力，为经济发展注入新动力。在产学研合作方面，高校可以通过与企业、政府机构等合作开展科研项目，促进地方产业结构的升级和转型，推动经济高质量发展。

**3. 高等教育社会服务影响经济发展**

高等教育的社会服务功能是推动经济发展的重要助推器，可以通过人才培养、科学研究、传播知识、推广技术、提供信息等途径实现。具体来讲，高等教育的社会服务功能要求高校应当优先服务于所属地区的经济发展，如面向地方经济和文化发展需要，培养各类应用型人才；结合地方经济发展，开展科学研究和技术创新工作；面向社会开展教学服务，着力打造人才培训中心；组织文化活动，开展文化传播等（王旭东，2007）。

综上述，资源供给视角下的高等教育对经济发展的影响路径如图1-1所示。

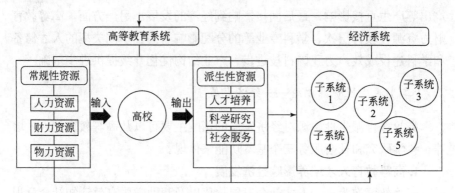

图 1-1　高等教育资源与经济发展的关系

## 第三节　高等教育资源与经济发展基本情况

本节通过构建高等教育资源供给指数与经济高质量发展指数，深入剖析我国高等教育资源供给与经济发展的基本情况，以期能够全面把握我国高等教育资源供给与经济的发展脉络。

### 一、指标体系构建与测度方法

（一）指标构建

**1. 高等教育资源供给指标体系构建**

基于本章的定义，高等教育资源根据其产生形式可以被划分为常规性资源和派生性资源。

　　常规性资源是指由社会和公共部门直接向高等教育系统供给的资源，这些资源是高等教育活动顺畅运行的基础，人力资源、物力资源和财力资源是其最核心的组成部分。其中，高等教育人力资源主要包括高等学校的教师和学生两个大类。本节选择了普通高等学校本专科在校生人数、普通高等学校硕博在校生人数、专任教师数、具有硕博学历专任教师占比以及R&D人员全时当量作为高等教育人力资源供给的具体测量指标。高等教育的财力资源主要指以货币形态存在的一所学校生存发展所必需的财力要素总和。本节选取生均教育经费支出、科研经费拨款来衡量一个地区的高等教育财力资源供给。高等教育物力资源是指构成一所高校所不可缺少的各种实体性资源的总和。本节选取科研仪器设备值、生均图书量和生均用地面积来衡量高等教育物力资源供给情况。

　　派生性资源则是指经由高等教育发展后所产生的能继续支撑和服务高等教育系统发展的资源，它包括了人才培养资源、科研成果资源、高校品牌资源及学科资源等。鉴于数据的可得性，本节选取人才规模资源和科研成果资源作为派生性资源的二级指标。其中，高等教育人才规模资源即指高等教育系统的人才培养产出，本节选取了普通高等学校本专科毕业生和硕博毕业生作为测量指标。高等教育科研成果资源即指高等教育系统的科研成果产出，本节选取普通高等学校科技成果获奖、专利授权数、专著出版数、国际学术会议交流论文数及技术转让实际收入作为具体测量指标。

　　基于上述内容，我国高等教育资源供给指标体系见表1-1。

表1-1　高等教育资源供给指标体系

| 一级指标 | 二级指标 | 三级指标 | 指标属性 | 单位 |
|---|---|---|---|---|
| 常规性资源 | 人力资源 | 普通高等学校本专科在校生人数 | 效益型 | 人 |
| | | 普通高等学校硕博在校生人数 | 效益型 | 人 |
| | | 专任教师数 | 效益型 | 人 |
| | | 具有硕博学历专任教师占比 | 效益型 | % |
| | | R&D人员全时当量 | 效益型 | 人年 |
| | 财力资源 | 生均教育经费支出 | 效益型 | 元/人 |
| | | 科研经费拨款 | 效益型 | 亿元 |
| | 物力资源 | 科研仪器设备值 | 效益型 | 万元 |
| | | 生均图书量 | 效益型 | 册/人 |
| | | 生均用地面积 | 效益型 | 米$^2$/人 |

续表

| 一级指标 | 二级指标 | 三级指标 | 指标属性 | 单位 |
|---|---|---|---|---|
| 派生性资源 | 人才规模资源 | 普通高等学校本专科毕业生 | 效益型 | 人 |
| | | 普通高等学校硕博毕业生 | 效益型 | 人 |
| | 科研成果资源 | 普通高等学校科技成果获奖 | 效益型 | 项 |
| | | 专利授权数 | 效益型 | 项 |
| | | 专著出版数 | 效益型 | 部 |
| | | 国际学术会议交流论文数 | 效益型 | 篇 |
| | | 技术转让实际收入 | 效益型 | 千元 |

**2. 经济高质量发展指标体系构建**

2021 年中国共产党第十九届中央委员会第六次全体会议通过的《中共中央关于党的百年奋斗重大成就和历史经验的决议》强调，必须实现创新成为第一动力、协调成为内生特点、绿色成为普遍形态、开放成为必由之路、共享成为根本目的的高质量发展，推动经济发展质量变革、效率变革、动力变革。进一步明确了中国式现代化背景下的高质量发展内涵。本节参考已有研究的做法（王淑英和郜怡飞，2023；张明斗和李玥，2022；罗志红和熊志琴，2022；陈明华等，2023），基于新发展理念，从创新、协调、绿色、开放、共享五个层面构建经济高质量发展指标体系。

创新是发展的第一动力，只有坚持创新才能推动我国经济从外延式向内涵式转变。本节从创新投入和创新产出两个二级指标出发，具体选择了 R&D 经费投入力度、R&D 人员全时当量、就业人数中大专以上学历占比、发明专利授权占比以及技术合同成交额占 GDP 的比重作为创新的衡量指标。

协调发展注重的是解决发展不平衡问题。本节选取产业结构合理化指数、城镇居民与农村居民人均可支配收入比以及地区城镇登记失业率来衡量我国经济协调发展情况。其中，产业结构合理化指数的具体测算参照干春晖等（2011）的方法。

绿色发展注重的是解决人与自然和谐的问题。本节从环境建设、环境负担和环境治理三个角度出发，选取了建成区绿化覆盖率、单位 GDP 电耗、单位 GDP 二氧化硫排放以及工业污染治理完成投资占 GDP 的比重来测量绿色发展。

开放发展注重的是解决发展内外联动问题。本节选取了进出口额、外商投资企业投资总额占 GDP 的比重以及接待国际游客数三个指标来表示地区开放程度。

　　共享发展注重的是解决社会公平正义问题。本节选取了教育基尼系数、每万人拥有公共汽车数、每万人拥有医疗床位数、地级及以上城市公共图书馆百人均图书拥有量来表示共享程度。其中，教育基尼系数的测算参考杨俊和李雪松（2007）的方法。

　　综上所述，经济高质量发展指标体系如表 1-2 所示。

表 1-2　经济高质量发展指标体系

| 一级指标 | 二级指标 | 三级指标 | 指标属性 | 单位 |
|---|---|---|---|---|
| 创新 | 创新投入 | R&D 经费投入力度 | 效益型 | — |
| | | R&D 人员全时当量 | 效益型 | 人年 |
| | | 就业人数中大专以上学历占比 | 效益型 | % |
| | 创新产出 | 发明专利授权占比 | 效益型 | % |
| | | 技术合同成交额占 GDP 的比重 | 效益型 | % |
| 协调 | 产业结构 | 产业结构合理化指数 | 成本型 | — |
| | 收入分配 | 城镇居民与农村居民人均可支配收入比 | 成本型 | % |
| | 就业状况 | 地区城镇登记失业率 | 成本型 | % |
| 绿色 | 环境建设 | 建成区绿化覆盖率 | 效益型 | % |
| | 环境负担 | 单位 GDP 电耗 | 成本型 | 千瓦时/万元 |
| | | 单位 GDP 二氧化硫排放 | 效益型 | 万吨/亿元 |
| | 环境治理 | 工业污染治理完成投资占 GDP 的比重 | 效益型 | % |
| 开放 | 外贸开放 | 进出口额 | 效益型 | 千美元 |
| | 外资依存 | 外商投资企业投资总额占 GDP 的比重 | 效益型 | % |
| | 国际游客 | 接待国际游客数 | 效益型 | 人 |
| 共享 | 教育公平 | 教育基尼系数 | 成本型 | — |
| | 公共服务 | 每万人拥有公共汽车数 | 效益型 | 辆 |
| | | 每万人拥有医疗床位数 | 效益型 | 张 |
| | | 地级及以上城市公共图书馆百人均图书拥有量 | 效益型 | 册 |

（二）数据来源和处理

**1. 数据来源**

考虑到数据的可得性以及与同类研究的可比性，本节选择我国除香港、澳门、台湾、西藏之外的 30 个省区市作为研究对象，对它们在 2003～2020 年的高等教育资源供给情况进行分析。本节所使用的数据主要来源于《中国统计年鉴》《中国教育统计年鉴》《中国教育经费统计年鉴》《中国科技统计年鉴》《中国劳动统计年鉴》《中国城市统计年鉴》《中国就业和人口统计年鉴》以及各省区市统计年鉴。

**2. 指标数据处理**

由于不同指标之间具有不可公度性（周江燕和白永秀，2014），因此，需要对基础指标数据进行一定的变换与处理，一是对一些具有价值属性的指标如 GDP 进行平减处理（以 2000 年为基期）；二是利用插值法对个别缺失值进行处理；三是根据指标的方向进行同向化处理；四是对所有指标进行无量纲化处理，本节采取 Z-score 对所有基础指标进行标准化处理。

（三）测度方法

主成分分析是采取一种数学降维的方法，在原始变量较多并具有较强相关性的条件下，提取出几个综合变量代替众多的原始变量，使这些综合变量能尽可能地包含原始变量的信息（Jolliffe，2005），可以有效减少信息的重叠。同时，为了避免经典主成分分析法中时间变量的缺失，本节借鉴刘根荣（2014）的做法，采取全局主成分分析法作为我国高等教育资源供给指数和经济高质量发展指数的测度方法。具体操作步骤如下。

步骤 1，建立立体时序数据表并对数据进行标准化处理。在样本考察期（2003～2020 年）内，每年设置一个数据表，即 $X_t = (X_{ij})_{nm}$，式中，$X_{ij}$ 表示 $i$ 地区在 $j$ 指标上的取值；$n$ 表示考察省区市的个数（即 $n=30$）；$m$ 表示截面样本的指标个数，$t$ 表示年份。那么 $T$ 年样本考察期内共有 $T$ 个时序数据表，即 $X_t = (X_{ij})_{Tnm}$。构建立体时序数据表后，采用 Z-score 对所有基础指标进行标准化处理，即 $Z = \dfrac{X - \bar{X}}{s}$，式中，$X$ 表示原始数据；$\bar{X}$ 表示平均数；$s$ 表示标准差。

步骤 2，计算经标准化处理后的数据表的协方差矩阵。首先要定义全局数据表的重心：

$$g = \left( \bar{X}_1, \bar{X}_2, \cdots, \bar{X}_p \right) = \sum_{t=1}^{T} \sum_{i=1}^{n} q_i^t e_i^t \tag{1-1}$$

式中，$p$ 表示变量个数；$q_i^t$ 表示 $t$ 时刻样本点 $e_i$ 的权重，且满足 $\sum_{t=1}^{T} \sum_{i=1}^{n} q_i^t = 1$，

$\sum_{i=1}^{n} q_i^t = \dfrac{1}{T}$。

由式（1-1）可知，若样本点 $e_i$ 的权重不随时间改变，则全局重心等于各表重心。所以，定义全局变量为 $X_j = (X_{1j}^1, \cdots, X_{nj}^1, X_{1j}^2, \cdots, X_{nj}^2, \cdots, X_{1j}^T, \cdots, X_{nj}^T)$，定义全局方差为 $s^2 = \mathrm{Var}(X_j) = \sum_{i=1}^{T} \sum_{i=1}^{n} q_i^t (x_{ij}^t - \bar{X}_j)^2$，定义全局协方差为 $s_{jk} = \mathrm{Cov}(X_j, X_k) = \sum_{i=1}^{T} \sum_{i=1}^{n} q_i^t (x_{ij}^t - \bar{X}_j)(x_{ij}^t - \bar{X}_k)$。最后，得到全局协方差矩阵：

$$V = (S_{jk})_{p \times p} = \sum_{i=1}^{T} \sum_{i=1}^{n} q_i^t (e_i^t - g)(e_i^t - g)。$$

步骤 3，计算协方差矩阵的特征向量和其主成分的方差贡献率，并据此求指标的主成分系数及指标权重。其中，指标的主成分系数由主成分分析结果的因子载荷矩阵中第 $i$ 列数值除以对应第 $i$ 个特征根的开方求得；指标权重则等于 $\sum_{i=1}^{p} \dfrac{a_{mi} \times \alpha_i}{p}$，式中，$\alpha_i$ 表示第 $i$ 个主成分；$a_{mi}$ 表示第 $i$ 个主成分中第 $m$ 个基础指标的系数。

步骤 4，运用主成分系数计算高等教育资源供给指数和经济高质量发展指数。

步骤 5，根据指标权重计算高等教育资源供给和经济高质量发展的各项得分。

## 二、基于全局主成分分析的指数测度

### （一）高等教育资源供给指数

**1. 各省区市历年高等教育资源供给指数**

为了检验数据是否适合进行主成分分析，本节首先对经过标准化处理的高等教育资源供给指标数据进行 KMO 检验和巴特利特（Bartlett）球形检验，结果如表 1-3 所示。其中，KMO 值为 0.899，大于 0.7，且显著性值小于 0.05，表明数据支持主成分分析。

**表 1-3　高等教育资源供给指标的 KMO 检验和巴特利特球形检验**

| KMO 取样适切性量数 | | 0.899 |
| --- | --- | --- |
| 巴特利特球形检验 | 近似卡方 | 15 390.704 |
| | 自由度 | 153 |
| | 显著性 | 0.000 |

表 1-4 描述了主成分分析的初始特征值以及因子解释情况。根据初始特

征值＞1 的原则，高等教育资源供给指标体系共提取主成分 F1、F2 和 F3，累积方差贡献率为 81.16%，表明这三个主成分能够解释原始数据 81.16%的信息。而后根据主成分的特征值和累积方差贡献率计算出综合指数。

表 1-4　高等教育资源供给指标体系的主成分的特征值及方差贡献率

| 成分 | 初始特征值 | | | 提取载荷平方和 | | |
| --- | --- | --- | --- | --- | --- | --- |
| | 总计 | 方差贡献率/% | 累积方差贡献率/% | 总计 | 方差贡献率/% | 累积方差贡献率/% |
| 1 | 9.697 | 57.039 | 57.039 | 9.697 | 57.039 | 57.039 |
| 2 | 2.748 | 16.165 | 73.203 | 2.748 | 16.165 | 73.203 |
| 3 | 1.353 | 7.956 | 81.160 | 1.353 | 7.956 | 81.160 |
| 4 | 0.793 | 4.665 | 85.824 | | | |
| 5 | 0.528 | 3.104 | 88.928 | | | |
| 6 | 0.407 | 2.396 | 91.324 | | | |
| 7 | 0.346 | 2.037 | 93.362 | | | |
| 8 | 0.310 | 1.821 | 95.183 | | | |
| 9 | 0.246 | 1.445 | 96.628 | | | |
| 10 | 0.174 | 1.022 | 97.650 | | | |
| 11 | 0.125 | 0.738 | 98.388 | | | |
| 12 | 0.097 | 0.572 | 98.960 | | | |
| 13 | 0.082 | 0.483 | 99.443 | | | |
| 14 | 0.061 | 0.361 | 99.804 | | | |
| 15 | 0.025 | 0.144 | 99.948 | | | |
| 16 | 0.005 | 0.029 | 99.978 | | | |
| 17 | 0.004 | 0.022 | 100.000 | | | |

各省区市高等教育资源供给指数的得分及排名情况如表 1-5 所示。总体而言，我国 30 个省区市的高等教育资源供给指数在 2003～2020 年呈现出平稳上升的态势。[①]具体而言：①从高等教育资源供给指数排名来看：一是我国高等教育资源供给呈现"两极固化"的特征。2003～2020 年，北京、江苏和上海的高等教育资源供给指数排名常年稳居全国前三（前 10%），高等教育资源较为丰富。宁夏、海南、青海则常年处于最后三名（后 10%），高等教育资源供给长期匮乏，始终处于我国的最后梯队。二是我国高等教育资源供给呈现出显著的区域不平衡现象。从区域间来看，东部以及中部

---

①　尽管 2020 年受新型冠状病毒肺炎疫情影响，全国及各地区高等教育资源供给指数均有所下降，但整体而言，高等教育资源供给指数仍呈上升趋势。

地区省区市的高等教育资源供给综合得分要高于西部地区的省区市[①]，广大西部地区构成了我国高等教育资源供给的"洼地"。从区域内部来看，海南成为东部"峡谷"，2020 年的排名为 27；中部地区内部差异较为显著，综合得分最高的湖北常年位列全国 4~6 名，而得分最低的山西则常年处于 21~23 名；西部地区尽管整体发展较弱，但陕西和四川仍构成了西部"高峰"，高等教育资源指数得分常年位于全国前列。[②]从高等教育资源供给指数排名变化来看，中部地区增长明显。具体来讲，对比 2003 年与 2020 年各省区市排名变化，江西、山东、安徽、河南、湖北、内蒙古、甘肃、贵州、新疆、四川、重庆等地的指数排名均实现了两个或两个以上位次的提升，表明这些地区正处于稳步上升的状态；北京、上海、江苏、浙江、广东、湖南、陕西、广西、福建、云南以及海南的指数排名则具有较高的稳定性，保持不变或仅有 1 个位次的波动，表明这些地区处于较为稳定的发展状态；吉林、黑龙江、辽宁、河北、青海、宁夏以及天津的指数排名则出现了两个或两个以上位次的下滑，表明这些地区在提升高等教育资源供给方面出现了较大的挑战。[③]从指数得分变化来看，我国不同省区市之间的差距正在逐年拉大。综合得分最高的地区与综合得分最低的地区的分差从 2003 年的 6.55 扩大到了 2020 年的 9.45。值得注意的是，受 2020 年新型冠状病毒肺炎（COVID-19，以下简称新冠肺炎）疫情的影响，我国各地高等教育资源供给均在这一年度呈下降趋势，受资源供给基数影响，得分越高的地区综合得分数值下降越大。

表 1-5　高等教育资源供给指数得分及排名情况

| 省区市 | 2003 年 | | 2007 年 | | 2011 年 | | 2015 年 | | 2019 年 | | 2020 年 | | 平均得分 | 平均值排名 |
|---|---|---|---|---|---|---|---|---|---|---|---|---|---|---|
| | 得分 | 排名 | 得分 | 排名 | 得分 | 排名 | 得分 | 排名 | 得分 | 排名 | 得分 | 排名 | | |
| 北京 | 3.90 | 1 | 4.86 | 1 | 8.22 | 1 | 9.21 | 1 | 11.55 | 1 | 7.44 | 1 | 7.667 | 1 |
| 天津 | 0.18 | 4 | -0.77 | 12 | -0.35 | 13 | -0.15 | 15 | 0.48 | 15 | -0.17 | 17 | -0.310 | 14 |
| 河北 | -1.64 | 15 | -1.37 | 18 | -0.86 | 18 | -0.41 | 18 | 0.04 | 19 | -0.31 | 19 | -0.867 | 18 |
| 山西 | -2.00 | 21 | -1.89 | 22 | -1.67 | 23 | -1.33 | 23 | -0.74 | 22 | -1.02 | 22 | -1.540 | 22 |
| 内蒙古 | -2.60 | 29 | -2.33 | 26 | -1.81 | 25 | -1.62 | 25 | -1.30 | 25 | -1.48 | 25 | -1.920 | 25 |
| 辽宁 | -0.71 | 7 | 0.16 | 5 | 0.79 | 7 | 1.13 | 7 | 1.90 | 10 | 1.17 | 10 | 0.669 | 8 |
| 吉林 | -1.52 | 14 | -1.08 | 15 | -0.41 | 15 | -0.22 | 16 | 0.47 | 16 | -0.11 | 16 | -0.566 | 16 |

①　参考第四次全国经济普查公报（第七号）文件，东部地区包括北京、天津、河北、辽宁、上海、江苏、浙江、福建、山东、广东、海南；中部地区包括山西、吉林、黑龙江、安徽、江西、河南、湖北、湖南；西部地区包括内蒙古、广西、重庆、四川、贵州、云南、陕西、甘肃、青海、宁夏、新疆。

续表

| 省区市 | 2003 年 | | 2007 年 | | 2011 年 | | 2015 年 | | 2019 年 | | 2020 年 | | 平均得分 | 平均值排名 |
|---|---|---|---|---|---|---|---|---|---|---|---|---|---|---|
| | 得分 | 排名 | 得分 | 排名 | 得分 | 排名 | 得分 | 排名 | 得分 | 排名 | 得分 | 排名 | | |
| 黑龙江 | -1.40 | 13 | -0.66 | 11 | 0.20 | 11 | 0.32 | 11 | 0.89 | 13 | 0.06 | 15 | -0.084 | 11 |
| 上海 | 0.44 | 2 | 1.28 | 3 | 2.95 | 3 | 3.00 | 3 | 4.87 | 3 | 3.13 | 3 | 2.490 | 3 |
| 江苏 | 0.30 | 3 | 1.49 | 2 | 3.64 | 2 | 4.53 | 2 | 6.94 | 2 | 4.45 | 2 | 3.265 | 2 |
| 浙江 | -0.82 | 9 | -0.39 | 10 | 0.51 | 10 | 1.02 | 10 | 2.47 | 8 | 1.67 | 8 | 0.637 | 9 |
| 安徽 | -1.71 | 17 | -1.25 | 16 | -0.55 | 16 | -0.02 | 14 | 0.76 | 14 | 0.14 | 13 | -0.484 | 15 |
| 福建 | -1.91 | 19 | -1.73 | 19 | -1.15 | 19 | -0.34 | 17 | 0.28 | 17 | -0.29 | 18 | -0.916 | 19 |
| 江西 | -2.30 | 25 | -1.78 | 20 | -1.44 | 20 | -1.00 | 20 | -0.43 | 20 | -0.63 | 20 | -1.369 | 20 |
| 山东 | -0.85 | 10 | -0.20 | 8 | 0.80 | 5 | 1.41 | 6 | 2.84 | 6 | 2.14 | 5 | 0.827 | 6 |
| 河南 | -1.69 | 16 | -1.03 | 14 | -0.39 | 14 | 0.15 | 12 | 1.40 | 12 | 0.81 | 12 | -0.287 | 13 |
| 湖北 | -0.53 | 6 | 0.26 | 4 | 1.52 | 4 | 1.85 | 4 | 3.54 | 4 | 2.04 | 6 | 1.300 | 4 |
| 湖南 | -1.29 | 12 | -0.95 | 13 | -0.02 | 12 | 0.09 | 13 | 1.42 | 11 | 0.88 | 11 | -0.117 | 12 |
| 广东 | -0.33 | 5 | 0.14 | 6 | 0.79 | 6 | 1.60 | 5 | 3.80 | 5 | 2.73 | 4 | 1.125 | 5 |
| 广西 | -2.17 | 22 | -1.83 | 21 | -1.49 | 21 | -1.07 | 21 | -0.45 | 21 | -0.64 | 21 | -1.421 | 21 |
| 海南 | -2.48 | 26 | -2.44 | 28 | -2.35 | 30 | -2.07 | 29 | -1.88 | 29 | -1.75 | 27 | -2.247 | 29 |
| 重庆 | -1.72 | 18 | -1.25 | 17 | -0.75 | 17 | -0.50 | 18 | 0.27 | 18 | 0.07 | 14 | -0.794 | 17 |
| 四川 | -1.18 | 11 | -0.24 | 9 | 0.61 | 9 | 1.13 | 9 | 2.45 | 9 | 1.57 | 9 | 0.505 | 10 |
| 贵州 | -2.53 | 28 | -2.36 | 27 | -1.99 | 28 | -1.73 | 27 | -1.38 | 26 | -1.49 | 26 | -1.980 | 26 |
| 云南 | -2.18 | 23 | -1.98 | 23 | -1.58 | 22 | -1.31 | 23 | -0.93 | 23 | -1.09 | 23 | -1.573 | 23 |
| 陕西 | -0.75 | 8 | 0.10 | 7 | 0.73 | 8 | 1.30 | 7 | 2.82 | 7 | 1.91 | 7 | 0.821 | 7 |
| 甘肃 | -1.93 | 20 | -2.06 | 24 | -1.75 | 24 | -1.44 | 24 | -1.06 | 24 | -1.27 | 24 | -1.683 | 24 |
| 青海 | -2.49 | 27 | -2.51 | 30 | -2.26 | 29 | -2.18 | 30 | -1.91 | 30 | -2.01 | 30 | -2.309 | 30 |
| 宁夏 | -2.21 | 24 | -2.48 | 29 | -1.94 | 27 | -2.04 | 28 | -1.84 | 28 | -1.87 | 29 | -2.183 | 28 |
| 新疆 | -2.65 | 30 | -2.32 | 25 | -1.86 | 26 | -1.62 | 25 | -1.60 | 27 | -1.76 | 28 | -1.993 | 27 |

**2. 各省区市高等教育资源供给分维度得分**

在对各省区市高等教育常规性资源供给得分和派生性资源供给得分进行分析之前，要先计算出高等教育资源供给体系中各项指标的权重，结果如表 1-6 所示。

表 1-6　高等教育资源供给体系指标权重

| 一级指标 | 二级指标 | 三级指标 | 权重 |
|---|---|---|---|
| 常规性资源 | 人力资源 | 普通高等学校本专科在校生人数 | 0.026 |
| | | 普通高等学校硕博在校生人数 | 0.082 |
| | | 专任教师数 | 0.039 |
| | | 具有硕博学历专任教师占比 | 0.060 |
| | | R&D 人员全时当量 | 0.073 |
| | 财力资源 | 生均教育经费支出 | 0.063 |
| | | 科研经费拨款 | 0.069 |

续表

| 一级指标 | 二级指标 | 三级指标 | 权重 |
|---|---|---|---|
| 常规性资源 | 物力资源 | 科研仪器设备值 | 0.068 |
| | | 生均图书量 | 0.051 |
| | | 生均用地面积 | 0.013 |
| 派生性资源 | 人才规模资源 | 普通高等学校本专科毕业生 | 0.036 |
| | | 普通高等学校硕博毕业生 | 0.081 |
| | 科研成果资源 | 普通高等学校科技成果获奖 | 0.077 |
| | | 专利授权数 | 0.057 |
| | | 专著出版数 | 0.049 |
| | | 国际学术会议交流论文数 | 0.082 |
| | | 技术转让实际收入 | 0.074 |

根据各指标权重计算得到常规性资源供给得分和派生性资源供给得分，并可据此绘制 2003～2020 年我国不同地区高等教育常规性资源和派生性资源供给得分变化表。

（1）高等教育常规性资源供给得分变化情况

我国各省区市高等教育常规性资源供给得分如表 1-7 所示。总体来看，除 2020 年受新冠肺炎疫情影响所导致的各省区市常规性资源供给下降外，2003～2019 年，我国大部分省区市的高等教育常规性资源供给得分均呈上升态势。具体来看，一是我国高等教育常规性资源供给得分具有明显的分层特征，内部差异较大。其中，北京的常规性资源供给得分显著高于全国其他省区市，高等教育常规性资源供给充足；江苏、上海、广东、山东、浙江、湖北、陕西、辽宁的常规性资源供给也较为充足，得分常年位于全国 2～10 名；宁夏、新疆、海南、贵州、青海等地的常规性资源供给始终较为匮乏，常年位于全国最后 5 名。二是从得分变化来看，湖北、山东、天津、福建以及河南是我国常规性资源供给得分增长最快的 5 个地区；海南、甘肃、江西、宁夏以及广西则是我国高等教育常规性资源供给得分增长最慢的 5 个地区。

细分来看，我国不同地区在人力资源、财力资源和物力资源的供给表现方面各有不同（见表 1-8 和表 1-9）。

在人力资源供给方面，我国各省区市高等教育人力资源供给量总体呈现由东向西逐渐递减的分布特征。北京、江苏与上海的人力资源供给稳步增长，人力资源供给富足，得分常年位列全国前 3 名；山东、广东、浙江、湖北、四川、河南、陕西的高等教育人力资源供给较为充足，位于全国中上游水平；辽宁、吉林、黑龙江、天津、河北、安徽、福建、湖南、广西

表 1-7 2003~2020 年我国各省区市高等教育常规性资源供给得分

| 省区市 | 2003年 | 2004年 | 2005年 | 2006年 | 2007年 | 2008年 | 2009年 | 2010年 | 2011年 | 2012年 | 2013年 | 2014年 | 2015年 | 2016年 | 2017年 | 2018年 | 2019年 | 2020年 |
|---|---|---|---|---|---|---|---|---|---|---|---|---|---|---|---|---|---|---|
| 北京 | 0.884 | 0.794 | 0.885 | 0.952 | 0.682 | 1.161 | 1.239 | 1.541 | 1.558 | 1.593 | 1.530 | 1.559 | 1.661 | 1.703 | 1.846 | 1.879 | 2.304 | 1.448 |
| 天津 | 0.216 | -0.111 | -0.108 | -0.102 | -0.063 | 0.003 | 0.016 | 0.060 | -0.023 | 0.023 | 0.037 | 0.040 | 0.077 | 0.079 | 0.137 | 0.159 | 0.227 | 0.031 |
| 河北 | -0.371 | -0.355 | -0.357 | -0.336 | -0.293 | -0.253 | -0.234 | -0.198 | -0.161 | -0.094 | -0.092 | -0.078 | -0.039 | -0.024 | 0.023 | 0.040 | 0.084 | -0.033 |
| 山西 | -0.464 | -0.424 | -0.412 | -0.401 | -0.385 | -0.391 | -0.387 | -0.382 | -0.359 | -0.322 | -0.298 | -0.296 | -0.257 | -0.248 | -0.219 | -0.187 | -0.108 | -0.234 |
| 内蒙古 | -0.538 | -0.480 | -0.467 | -0.438 | -0.428 | -0.380 | -0.390 | -0.347 | -0.288 | -0.282 | -0.277 | -0.268 | -0.276 | -0.280 | -0.263 | -0.248 | -0.215 | -0.275 |
| 辽宁 | -0.134 | -0.043 | -0.078 | -0.058 | -0.045 | 0.016 | 0.066 | 0.052 | 0.069 | 0.122 | 0.136 | 0.134 | 0.163 | 0.189 | 0.254 | 0.321 | 0.385 | 0.160 |
| 吉林 | -0.189 | -0.213 | -0.184 | -0.158 | -0.154 | -0.129 | -0.113 | -0.069 | -0.026 | -0.018 | -0.039 | -0.011 | 0.038 | 0.022 | 0.063 | 0.087 | 0.142 | -0.027 |
| 黑龙江 | -0.146 | -0.102 | -0.090 | -0.157 | -0.112 | -0.099 | -0.056 | -0.032 | 0.034 | 0.083 | 0.081 | 0.131 | 0.155 | 0.173 | 0.209 | 0.210 | 0.329 | 0.038 |
| 上海 | 0.148 | 0.263 | 0.274 | 0.321 | 0.258 | 0.289 | 0.386 | 0.433 | 0.536 | 0.583 | 0.666 | 0.726 | 0.746 | 0.763 | 0.715 | 0.956 | 1.131 | 0.670 |
| 江苏 | 0.090 | 0.133 | 0.194 | 0.225 | 0.276 | 0.359 | 0.396 | 0.468 | 0.557 | 0.653 | 0.677 | 0.716 | 0.770 | 0.672 | 0.945 | 1.027 | 1.279 | 0.744 |
| 浙江 | -0.055 | -0.032 | -0.072 | 0.013 | -0.055 | -0.017 | 0.026 | 0.092 | 0.100 | 0.120 | 0.145 | 0.180 | 0.231 | 0.254 | 0.340 | 0.387 | 0.515 | 0.330 |
| 安徽 | -0.295 | -0.281 | -0.303 | -0.270 | -0.251 | -0.228 | -0.151 | -0.116 | -0.059 | 0.010 | -0.009 | 0.020 | 0.045 | 0.101 | 0.124 | 0.181 | 0.263 | 0.051 |
| 福建 | -0.288 | -0.255 | -0.272 | -0.259 | -0.280 | -0.242 | -0.229 | -0.191 | -0.157 | -0.111 | -0.093 | -0.075 | -0.012 | 0.013 | 0.082 | 0.117 | 0.171 | -0.001 |
| 江西 | -0.365 | -0.297 | -0.345 | -0.353 | -0.342 | -0.287 | -0.236 | -0.219 | -0.201 | -0.132 | -0.152 | -0.129 | -0.124 | -0.109 | -0.069 | -0.027 | 0.028 | -0.094 |
| 山东 | -0.133 | -0.096 | -0.040 | -0.013 | 0.049 | 0.106 | 0.134 | 0.215 | 0.305 | 0.336 | 0.390 | 0.386 | 0.375 | 0.412 | 0.509 | 0.562 | 0.759 | 0.461 |
| 河南 | -0.285 | -0.259 | -0.296 | -0.254 | -0.224 | -0.180 | -0.154 | -0.106 | -0.034 | 0.006 | 0.025 | 0.057 | 0.101 | 0.126 | 0.185 | 0.242 | 0.337 | 0.167 |
| 湖北 | -0.074 | -0.024 | -0.035 | 0.002 | 0.034 | 0.043 | 0.096 | 0.140 | 0.199 | 0.241 | 0.275 | 0.289 | 0.349 | 0.370 | 0.477 | 0.478 | 0.586 | 0.278 |
| 湖南 | -0.234 | -0.235 | -0.194 | -0.154 | -0.127 | -0.087 | -0.066 | -0.038 | 0.074 | 0.145 | 0.102 | 0.089 | 0.122 | 0.157 | 0.168 | 0.206 | 0.302 | 0.114 |
| 广东 | 0.095 | 0.125 | 0.107 | 0.111 | 0.136 | 0.168 | 0.175 | 0.210 | 0.250 | 0.263 | 0.281 | 0.336 | 0.396 | 0.489 | 0.575 | 0.665 | 0.908 | 0.534 |

续表

| 省区市 | 2003年 | 2004年 | 2005年 | 2006年 | 2007年 | 2008年 | 2009年 | 2010年 | 2011年 | 2012年 | 2013年 | 2014年 | 2015年 | 2016年 | 2017年 | 2018年 | 2019年 | 2020年 |
|---|---|---|---|---|---|---|---|---|---|---|---|---|---|---|---|---|---|
| 广西 | -0.367 | -0.342 | -0.374 | -0.324 | -0.315 | -0.290 | -0.298 | -0.278 | -0.228 | -0.194 | -0.185 | -0.204 | -0.144 | -0.136 | -0.090 | -0.048 | 0.002 | -0.049 |
| 海南 | -0.348 | -0.412 | -0.364 | -0.418 | -0.400 | -0.433 | -0.479 | -0.450 | -0.418 | -0.408 | -0.406 | -0.407 | -0.370 | -0.380 | -0.344 | -0.323 | -0.336 | -0.319 |
| 重庆 | -0.245 | -0.233 | -0.242 | -0.233 | -0.196 | -0.169 | -0.165 | -0.141 | -0.101 | -0.111 | -0.106 | -0.089 | -0.085 | -0.075 | -0.026 | -0.005 | 0.026 | -0.077 |
| 四川 | -0.163 | -0.175 | -0.164 | -0.084 | -0.060 | 0.157 | 0.198 | 0.251 | 0.287 | 0.160 | 0.181 | 0.268 | 0.259 | 0.290 | 0.350 | 0.416 | 0.542 | 0.250 |
| 贵州 | -0.390 | -0.434 | -0.472 | -0.446 | -0.436 | -0.409 | -0.393 | -0.371 | -0.297 | -0.314 | -0.267 | -0.276 | -0.256 | -0.279 | -0.204 | -0.243 | -0.264 | -0.324 |
| 云南 | -0.395 | -0.405 | -0.376 | -0.368 | -0.327 | -0.305 | -0.278 | -0.262 | -0.251 | -0.174 | -0.207 | -0.201 | -0.191 | -0.199 | -0.190 | -0.239 | -0.173 | -0.256 |
| 陕西 | -0.205 | -0.151 | -0.085 | -0.060 | -0.066 | -0.041 | 0.009 | 0.017 | 0.071 | 0.099 | 0.109 | 0.103 | 0.166 | 0.184 | 0.275 | 0.401 | 0.514 | 0.244 |
| 甘肃 | -0.306 | -0.375 | -0.401 | -0.406 | -0.412 | -0.410 | -0.405 | -0.386 | -0.349 | -0.318 | -0.326 | -0.317 | -0.285 | -0.227 | -0.210 | -0.204 | -0.182 | -0.268 |
| 青海 | -0.386 | -0.420 | -0.429 | -0.453 | -0.439 | -0.427 | -0.402 | -0.418 | -0.360 | -0.407 | -0.440 | -0.392 | -0.365 | -0.370 | -0.360 | -0.314 | -0.296 | -0.340 |
| 宁夏 | -0.131 | -0.434 | -0.391 | -0.403 | -0.422 | -0.357 | -0.339 | -0.325 | -0.221 | -0.309 | -0.343 | -0.309 | -0.271 | -0.224 | -0.253 | -0.258 | -0.262 | -0.284 |
| 新疆 | -0.451 | -0.434 | -0.356 | -0.364 | -0.339 | -0.333 | -0.275 | -0.235 | -0.203 | -0.187 | -0.185 | -0.180 | -0.140 | -0.148 | -0.163 | -0.217 | -0.208 | -0.285 |

表 1-8　2003~2020年我国各省区市高等教育常规性资源供给分维度得分（部分年份）

| 省区市 | 2003年 | | | 2008年 | | | 2013年 | | | 2016年 | | | 2017年 | | | 2018年 | | | 2019年 | | | 2020年 | | |
|---|---|---|---|---|---|---|---|---|---|---|---|---|---|---|---|---|---|---|---|---|---|---|---|---|
| | 人力 | 财力 | 物力 | 人力 | 财力 | 物力 | 人力 | 财力 | 物力 | 人力 | 财力 | 物力 | 人力 | 财力 | 物力 | 人力 | 财力 | 物力 | 人力 | 财力 | 物力 | 人力 | 财力 | 物力 |
| 北京 | 0.193 | 0.367 | 0.018 | 0.408 | 0.546 | 0.109 | 0.604 | 0.309 | 0.316 | 0.695 | 0.311 | 0.427 | 0.839 | 0.299 | 0.466 | 0.863 | 0.297 | 0.497 | 1.284 | 0.415 | 0.533 | 0.923 | 0.346 | 0.092 |
| 天津 | -0.203 | 0.133 | -0.066 | -0.083 | -0.002 | -0.026 | 0.010 | 0.046 | -0.002 | 0.036 | 0.011 | 0.027 | 0.068 | 0.037 | 0.038 | 0.081 | 0.047 | 0.052 | 0.180 | 0.004 | 0.062 | 0.117 | -0.012 | -0.054 |
| 河北 | -0.215 | -0.030 | -0.075 | -0.101 | -0.080 | -0.048 | -0.005 | -0.085 | -0.012 | 0.031 | -0.077 | 0.022 | 0.072 | -0.086 | 0.032 | 0.092 | -0.090 | 0.040 | 0.158 | -0.092 | 0.045 | 0.160 | -0.089 | -0.076 |
| 山西 | -0.280 | -0.032 | -0.079 | -0.165 | -0.091 | -0.065 | -0.102 | -0.081 | -0.049 | -0.064 | -0.080 | -0.033 | -0.036 | -0.073 | -0.029 | -0.017 | -0.062 | -0.022 | 0.054 | -0.051 | -0.021 | 0.050 | -0.065 | -0.091 |

| 省区市 | 2003年 | | | 2008年 | | | 2013年 | | | 2016年 | | | 2017年 | | | 2018年 | | | 2019年 | | | 2020年 | | |
| --- | --- | --- | --- | --- | --- | --- | --- | --- | --- | --- | --- | --- | --- | --- | --- | --- | --- | --- | --- | --- | --- | --- | --- | --- |
| | 人力 | 财力 | 物力 | 人力 | 财力 | 物力 | 人力 | 财力 | 物力 | 人力 | 财力 | 物力 | 人力 | 财力 | 物力 | 人力 | 财力 | 物力 | 人力 | 财力 | 物力 | 人力 | 财力 | 物力 |
| 内蒙古 | -0.340 | -0.077 | -0.076 | -0.244 | -0.090 | -0.055 | -0.168 | -0.064 | -0.037 | -0.161 | -0.059 | -0.022 | -0.144 | -0.063 | -0.018 | -0.133 | -0.043 | -0.010 | -0.098 | -0.059 | -0.007 | -0.101 | -0.051 | -0.067 |
| 辽宁 | -0.089 | 0.004 | -0.044 | 0.075 | 0.001 | -0.034 | 0.174 | -0.031 | 0.011 | 0.201 | -0.062 | 0.050 | 0.242 | -0.067 | 0.065 | 0.270 | -0.066 | 0.083 | 0.391 | -0.065 | 0.093 | 0.336 | -0.045 | -0.058 |
| 吉林 | -0.204 | 0.010 | -0.046 | -0.030 | -0.041 | -0.040 | 0.036 | -0.022 | -0.009 | 0.084 | -0.046 | 0.024 | 0.103 | -0.018 | 0.039 | 0.121 | -0.049 | 0.045 | 0.224 | -0.050 | 0.048 | 0.169 | -0.061 | -0.058 |
| 黑龙江 | -0.184 | 0.006 | -0.039 | -0.031 | -0.030 | -0.029 | 0.073 | 0.008 | 0.023 | 0.093 | -0.019 | 0.054 | 0.114 | -0.011 | 0.065 | 0.129 | 0.001 | 0.074 | 0.248 | -0.016 | 0.078 | 0.168 | -0.006 | -0.047 |
| 上海 | -0.011 | 0.262 | -0.031 | 0.173 | 0.199 | 0.025 | 0.287 | 0.248 | 0.110 | 0.352 | 0.276 | 0.169 | 0.437 | 0.275 | 0.001 | 0.489 | 0.340 | 0.218 | 0.710 | 0.345 | 0.239 | 0.564 | 0.384 | 0.022 |
| 江苏 | 0.017 | 0.084 | -0.032 | 0.220 | 0.096 | 0.037 | 0.379 | 0.055 | 0.146 | 0.470 | 0.093 | -0.030 | 0.558 | 0.017 | 0.244 | 0.583 | 0.039 | 0.277 | 0.852 | 0.075 | 0.300 | 0.710 | 0.305 | -0.022 |
| 浙江 | -0.173 | 0.161 | -0.056 | -0.023 | 0.040 | -0.025 | 0.076 | 0.040 | 0.054 | 0.138 | 0.047 | 0.103 | 0.193 | 0.038 | 0.127 | 0.214 | 0.052 | 0.146 | 0.355 | 0.090 | 0.161 | 0.303 | 0.061 | -0.024 |
| 安徽 | -0.241 | 0.014 | -0.062 | -0.077 | -0.080 | -0.053 | 0.045 | -0.028 | -0.014 | 0.092 | -0.019 | 0.018 | 0.116 | 0.022 | 0.038 | 0.144 | -0.002 | 0.053 | 0.280 | 0.031 | 0.059 | 0.227 | 0.017 | -0.070 |
| 福建 | -0.242 | 0.013 | -0.057 | -0.136 | -0.003 | -0.047 | -0.047 | -0.048 | -0.008 | 0.013 | -0.032 | 0.022 | 0.049 | -0.018 | 0.039 | 0.071 | -0.004 | 0.054 | 0.151 | -0.008 | 0.063 | 0.128 | -0.027 | -0.055 |
| 江西 | -0.314 | -0.050 | -0.056 | -0.167 | -0.097 | -0.044 | -0.108 | -0.095 | -0.014 | -0.065 | -0.094 | 0.001 | -0.034 | -0.094 | 0.012 | -0.020 | -0.081 | 0.024 | 0.037 | -0.061 | 0.025 | 0.034 | -0.053 | -0.063 |
| 山东 | -0.116 | -0.011 | -0.047 | 0.103 | -0.036 | 0.001 | 0.217 | -0.028 | 0.065 | 0.288 | -0.064 | 0.094 | 0.363 | -0.023 | 0.109 | 0.398 | 0.017 | 0.127 | 0.565 | 0.031 | 0.148 | 0.518 | 0.013 | -0.036 |
| 河南 | -0.251 | 0.000 | -0.052 | -0.078 | -0.105 | -0.035 | 0.038 | -0.089 | 0.011 | 0.099 | -0.108 | 0.060 | 0.148 | -0.090 | 0.077 | 0.174 | -0.081 | 0.097 | 0.273 | -0.077 | 0.113 | 0.274 | -0.078 | -0.062 |
| 湖北 | -0.035 | 0.051 | -0.044 | 0.092 | 0.042 | -0.005 | 0.229 | 0.026 | 0.045 | 0.252 | -0.017 | 0.093 | 0.354 | 0.010 | 0.111 | 0.367 | 0.011 | 0.126 | 0.532 | 0.000 | 0.148 | 0.430 | -0.006 | -0.049 |
| 湖南 | -0.192 | -0.022 | -0.053 | -0.063 | -0.024 | -0.025 | 0.057 | -0.016 | 0.005 | 0.111 | -0.047 | 0.025 | 0.174 | -0.036 | 0.032 | 0.186 | -0.015 | 0.039 | 0.320 | -0.002 | 0.048 | 0.262 | 0.007 | -0.068 |
| 广东 | -0.094 | 0.219 | -0.033 | 0.116 | 0.091 | -0.002 | 0.247 | 0.003 | 0.052 | 0.326 | 0.240 | 0.114 | 0.394 | 0.286 | 0.143 | 0.438 | 0.353 | 0.185 | 0.636 | 0.466 | 0.224 | 0.551 | 0.397 | -0.042 |
| 广西 | -0.296 | -0.034 | -0.059 | -0.125 | -0.096 | -0.058 | -0.036 | -0.082 | -0.038 | -0.013 | -0.097 | -0.023 | 0.012 | -0.087 | -0.012 | 0.035 | -0.093 | -0.003 | 0.103 | -0.082 | 0.005 | 0.104 | -0.083 | -0.079 |
| 海南 | -0.359 | -0.039 | -0.049 | -0.294 | -0.095 | -0.067 | -0.239 | -0.068 | -0.064 | -0.214 | -0.065 | -0.055 | -0.201 | -0.057 | -0.050 | -0.186 | -0.042 | -0.049 | -0.169 | -0.036 | -0.054 | -0.164 | 0.035 | -0.076 |
| 重庆 | -0.229 | 0.021 | -0.059 | -0.118 | -0.017 | -0.045 | -0.040 | -0.017 | -0.026 | 0.007 | -0.063 | -0.009 | 0.052 | -0.068 | -0.003 | 0.070 | -0.063 | 0.006 | 0.134 | -0.060 | 0.006 | 0.117 | -0.066 | -0.070 |
| 四川 | -0.112 | -0.014 | -0.044 | 0.059 | -0.023 | -0.023 | 0.157 | -0.031 | 0.033 | 0.210 | -0.046 | 0.064 | 0.273 | -0.065 | 0.069 | 0.306 | -0.045 | 0.085 | 0.455 | -0.046 | 0.105 | 0.383 | -0.043 | -0.065 |

续表

| 省区市 | 2003年 | | | 2008年 | | | 2013年 | | | 2016年 | | | 2017年 | | | 2018年 | | | 2019年 | | | 2020年 | | |
|---|---|---|---|---|---|---|---|---|---|---|---|---|---|---|---|---|---|---|---|---|---|---|---|---|
| | 人力 | 财力 | 物力 | 人力 | 财力 | 物力 | 人力 | 财力 | 物力 | 人力 | 财力 | 物力 | 人力 | 财力 | 物力 | 人力 | 财力 | 物力 | 人力 | 财力 | 物力 | 人力 | 财力 | 物力 |
| 贵州 | -0.381 | -0.084 | -0.041 | -0.272 | -0.105 | -0.053 | -0.187 | -0.065 | -0.041 | -0.151 | -0.089 | -0.036 | -0.126 | -0.011 | -0.032 | -0.109 | -0.062 | -0.032 | -0.070 | -0.074 | -0.040 | -0.068 | -0.088 | -0.090 |
| 云南 | -0.294 | -0.013 | -0.063 | -0.190 | -0.074 | -0.049 | -0.110 | -0.069 | -0.037 | -0.085 | -0.075 | -0.026 | -0.059 | -0.081 | -0.025 | -0.099 | -0.074 | -0.022 | -0.070 | -0.075 | -0.024 | 0.004 | -0.073 | -0.083 |
| 陕西 | -0.125 | 0.049 | -0.053 | 0.031 | 0.010 | -0.016 | 0.146 | 0.080 | 0.024 | 0.181 | -0.013 | 0.066 | 0.256 | -0.023 | 0.083 | 0.288 | -0.008 | 0.113 | 0.494 | 0.015 | 0.115 | 0.370 | 0.211 | -0.045 |
| 甘肃 | -0.303 | -0.023 | -0.034 | -0.209 | -0.073 | -0.075 | -0.136 | -0.082 | -0.062 | -0.113 | -0.060 | -0.034 | -0.107 | -0.059 | -0.026 | -0.093 | -0.058 | -0.024 | -0.039 | -0.061 | -0.025 | -0.061 | -0.074 | -0.081 |
| 青海 | -0.429 | -0.069 | -0.018 | -0.335 | -0.065 | -0.054 | -0.316 | -0.058 | -0.058 | -0.293 | 0.002 | -0.058 | -0.282 | -0.025 | -0.053 | -0.274 | 0.024 | -0.048 | -0.265 | 0.041 | -0.049 | -0.264 | 0.011 | -0.058 |
| 宁夏 | -0.384 | -0.007 | -0.008 | -0.322 | -0.052 | -0.047 | -0.258 | -0.053 | -0.056 | -0.218 | -0.035 | -0.038 | -0.209 | -0.034 | -0.036 | -0.200 | -0.045 | -0.034 | -0.188 | -0.043 | -0.035 | -0.170 | -0.051 | -0.056 |
| 新疆 | -0.370 | -0.053 | -0.067 | -0.261 | -0.099 | -0.044 | -0.182 | -0.070 | -0.025 | -0.159 | -0.067 | -0.014 | -0.138 | -0.079 | -0.016 | -0.128 | -0.068 | -0.028 | -0.102 | -0.040 | -0.039 | -0.097 | -0.048 | -0.084 |

表 1-9　2003~2020 年我国各省区市高等教育常规性资源供给分维度得分排名（部分年份）

| 省区市 | 2003年 | | | 2008年 | | | 2013年 | | | 2016年 | | | 2017年 | | | 2018年 | | | 2019年 | | | 2020年 | | |
|---|---|---|---|---|---|---|---|---|---|---|---|---|---|---|---|---|---|---|---|---|---|---|---|---|
| | 人力 | 财力 | 物力 | 人力 | 财力 | 物力 | 人力 | 财力 | 物力 | 人力 | 财力 | 物力 | 人力 | 财力 | 物力 | 人力 | 财力 | 物力 | 人力 | 财力 | 物力 | 人力 | 财力 | 物力 |
| 北京 | 1 | 1 | 1 | 1 | 1 | 1 | 1 | 1 | 1 | 1 | 1 | 1 | 1 | 1 | 1 | 1 | 1 | 1 | 1 | 2 | 1 | 1 | 3 | 1 |
| 天津 | 13 | 5 | 26 | 16 | 9 | 11 | 16 | 5 | 14 | 16 | 6 | 12 | 17 | 5 | 14 | 17 | 5 | 15 | 16 | 10 | 14 | 18 | 14 | 10 |
| 河北 | 15 | 22 | 28 | 17 | 21 | 21 | 17 | 28 | 17 | 17 | 25 | 16 | 16 | 27 | 16 | 16 | 29 | 17 | 17 | 30 | 18 | 16 | 30 | 24 |
| 山西 | 20 | 23 | 30 | 21 | 24 | 28 | 21 | 25 | 26 | 21 | 26 | 25 | 22 | 24 | 26 | 21 | 21 | 23 | 21 | 20 | 23 | 21 | 23 | 30 |
| 内蒙古 | 25 | 29 | 29 | 25 | 23 | 26 | 25 | 20 | 23 | 27 | 17 | 21 | 27 | 20 | 23 | 27 | 16 | 22 | 26 | 21 | 22 | 27 | 19 | 19 |
| 辽宁 | 5 | 14 | 11 | 7 | 8 | 13 | 7 | 15 | 12 | 8 | 19 | 11 | 9 | 22 | 11 | 9 | 24 | 11 | 9 | 25 | 11 | 9 | 17 | 15 |
| 吉林 | 14 | 12 | 13 | 11 | 16 | 15 | 15 | 12 | 16 | 15 | 15 | 14 | 15 | 11 | 12 | 15 | 19 | 16 | 15 | 19 | 16 | 14 | 22 | 13 |
| 黑龙江 | 11 | 13 | 8 | 12 | 14 | 12 | 11 | 8 | 10 | 13 | 10 | 10 | 14 | 9 | 10 | 14 | 10 | 12 | 14 | 14 | 12 | 15 | 13 | 8 |
| 上海 | 3 | 2 | 4 | 3 | 2 | 3 | 3 | 2 | 3 | 3 | 2 | 3 | 3 | 3 | 19 | 3 | 2 | 3 | 3 | 3 | 3 | 3 | 2 | 2 |

续表

| 省区市 | 2003年 | | | 2008年 | | | 2013年 | | | 2016年 | | | 2017年 | | | 2018年 | | | 2019年 | | | 2020年 | | |
|---|---|---|---|---|---|---|---|---|---|---|---|---|---|---|---|---|---|---|---|---|---|---|---|---|
| | 人力 | 财力 | 物力 | 人力 | 财力 | 物力 | 人力 | 财力 | 物力 | 人力 | 财力 | 物力 | 人力 | 财力 | 物力 | 人力 | 财力 | 物力 | 人力 | 财力 | 物力 | 人力 | 财力 | 物力 |
| 江苏 | 2 | 6 | 5 | 2 | 3 | 2 | 2 | 4 | 2 | 2 | 4 | 2 | 2 | 7 | 2 | 2 | 6 | 2 | 2 | 5 | 2 | 2 | 4 | 3 |
| 浙江 | 10 | 4 | 20 | 10 | 6 | 9 | 10 | 6 | 5 | 10 | 5 | 4 | 10 | 4 | 4 | 10 | 4 | 5 | 10 | 4 | 5 | 10 | 6 | 4 |
| 安徽 | 17 | 10 | 24 | 14 | 22 | 23 | 13 | 14 | 18 | 14 | 11 | 17 | 13 | 6 | 15 | 13 | 11 | 14 | 12 | 8 | 15 | 13 | 8 | 22 |
| 福建 | 18 | 11 | 21 | 20 | 10 | 19 | 20 | 17 | 15 | 18 | 12 | 15 | 19 | 12 | 13 | 18 | 12 | 13 | 18 | 13 | 13 | 17 | 15 | 11 |
| 江西 | 24 | 26 | 19 | 22 | 27 | 17 | 22 | 30 | 19 | 22 | 28 | 18 | 21 | 30 | 18 | 22 | 27 | 19 | 22 | 23 | 19 | 22 | 21 | 17 |
| 山东 | 8 | 17 | 14 | 5 | 15 | 4 | 6 | 13 | 4 | 5 | 21 | 4 | 5 | 14 | 6 | 5 | 8 | 6 | 5 | 7 | 6 | 5 | 9 | 5 |
| 河南 | 19 | 15 | 16 | 15 | 29 | 14 | 14 | 29 | 11 | 12 | 30 | 9 | 12 | 29 | 5 | 12 | 28 | 8 | 13 | 28 | 9 | 11 | 27 | 16 |
| 湖北 | 4 | 7 | 12 | 6 | 5 | 6 | 5 | 5 | 7 | 6 | 9 | 6 | 6 | 8 | 5 | 6 | 9 | 5 | 6 | 11 | 7 | 6 | 12 | 9 |
| 湖南 | 12 | 20 | 17 | 13 | 13 | 10 | 12 | 10 | 13 | 11 | 16 | 13 | 11 | 17 | 17 | 11 | 14 | 17 | 11 | 12 | 17 | 12 | 11 | 20 |
| 广东 | 6 | 3 | 6 | 4 | 4 | 5 | 4 | 9 | 6 | 4 | 3 | 3 | 4 | 2 | 3 | 4 | 1 | 4 | 4 | 1 | 4 | 4 | 1 | 6 |
| 广西 | 22 | 24 | 22 | 19 | 26 | 27 | 18 | 26 | 24 | 20 | 29 | 29 | 20 | 28 | 21 | 20 | 30 | 21 | 20 | 29 | 21 | 20 | 28 | 25 |
| 海南 | 26 | 25 | 15 | 28 | 25 | 29 | 28 | 22 | 30 | 28 | 22 | 22 | 28 | 18 | 29 | 28 | 15 | 30 | 28 | 15 | 30 | 28 | 7 | 23 |
| 重庆 | 16 | 9 | 23 | 18 | 11 | 18 | 19 | 11 | 21 | 19 | 20 | 19 | 18 | 23 | 20 | 19 | 23 | 20 | 19 | 22 | 20 | 19 | 24 | 21 |
| 四川 | 7 | 19 | 10 | 8 | 12 | 8 | 8 | 16 | 8 | 7 | 14 | 8 | 7 | 21 | 9 | 7 | 18 | 9 | 8 | 18 | 10 | 7 | 16 | 18 |
| 贵州 | 28 | 30 | 9 | 27 | 30 | 24 | 27 | 21 | 25 | 25 | 27 | 25 | 25 | 10 | 27 | 25 | 22 | 27 | 25 | 26 | 27 | 25 | 29 | 29 |
| 云南 | 21 | 18 | 25 | 23 | 20 | 22 | 23 | 23 | 22 | 23 | 24 | 24 | 23 | 26 | 24 | 24 | 26 | 24 | 23 | 27 | 24 | 23 | 25 | 27 |
| 陕西 | 9 | 8 | 18 | 9 | 7 | 7 | 9 | 3 | 9 | 9 | 8 | 9 | 8 | 13 | 7 | 8 | 13 | 8 | 7 | 9 | 8 | 8 | 5 | 7 |
| 甘肃 | 23 | 21 | 7 | 24 | 19 | 30 | 24 | 27 | 29 | 24 | 18 | 26 | 24 | 19 | 25 | 23 | 20 | 25 | 24 | 24 | 25 | 24 | 26 | 26 |
| 青海 | 30 | 28 | 3 | 30 | 18 | 25 | 30 | 19 | 28 | 30 | 7 | 30 | 30 | 15 | 30 | 30 | 7 | 29 | 30 | 6 | 29 | 30 | 10 | 14 |
| 宁夏 | 29 | 16 | 2 | 29 | 17 | 20 | 29 | 18 | 27 | 29 | 13 | 27 | 29 | 16 | 28 | 29 | 17 | 28 | 29 | 17 | 26 | 29 | 20 | 12 |
| 新疆 | 27 | 27 | 27 | 26 | 28 | 16 | 26 | 24 | 20 | 26 | 23 | 20 | 26 | 25 | 22 | 26 | 25 | 26 | 27 | 16 | 27 | 26 | 18 | 28 |

以及重庆的高等教育人力资源供给位于全国中游水平；山西、内蒙古、江西、海南、贵州、云南、甘肃、青海、宁夏以及新疆则是全国高等教育人力资源供给的下游水平地区，人力资源供给相对较匮乏。

在财力资源投入方面，我国各省区市财力资源供给量的波动性较大，特别是在 2020 年受新冠肺炎疫情影响，高等教育财力资源的供给呈现出断崖式下跌，如天津、山西、辽宁、黑龙江、安徽、福建等地。从财力资源供给得分的排名变化来看，2003～2020 年，内蒙古、江苏、山东、广西、四川、青海以及新疆则保持着良好的增长态势；河北、山西、辽宁、吉林、黑龙江、河南、湖北、重庆、贵州、陕西、甘肃以及宁夏财力资源供给有所下降；北京、天津、上海、江苏、浙江、安徽、福建、湖南、广东、海南以及云南等地的排名都处于稳定发展的态势，有所不同的是北京、上海、江苏、广东以及浙江的财力资源供给常年稳居全国前 5 名；而云南、贵州、河北、海南以及内蒙古等地则常年位于全国末端，财力资源供给稳定匮乏，增长乏力。

在物力资源的供给方面，我国各省区市的物力资源供给总体呈现出轻微下降趋势，这可能是因为资源供给的增长慢于扩招的速度，因此导致了人均资源的下降。具体来看，2003～2020 年，北京、天津、黑龙江、新疆等地的物力资源供给整体呈现持续增长态势，物力资源供给充足；辽宁、黑龙江、上海、江苏、浙江、山东、广东、四川、陕西等地的物力资源供给经历了先下降后上升的发展趋势；河北、山西、内蒙古、安徽、福建、江西、河南、湖北、湖南、广西、海南、重庆、贵州、青海等地则要提高对物力资源供给的重视，早日改善持续走低的发展趋势。

（2）高等教育派生性资源供给得分变化情况

我国各省区市高等教育派生性资源供给得分如表 1-10 所示。2003～2020 年，我国各省区市的高等教育派生性资源供给得分总体呈上升趋势，特别是河北、山西、内蒙古、浙江、安徽、广东、广西、重庆、四川、云南、甘肃及新疆保持了持续性增长。从增长速度来看，东部地区最高，西部地区最低。其中，江苏、北京及广东以年均 20%以上的增速领跑全国，宁夏则成为全国唯一一个年均增速未达到 1%的省份。

具体在人才规模方面，我国各省区市人才规模得分均呈上升趋势，各省区市排名基本保持稳定。这可能是由于衡量人才培养的两个变量分别是"普通高等学校本专科毕业生"和"普通高等学校硕博毕业生"，而随着扩招的推进，我国各省区市的招生规模逐年增加，那么毕业生规模也将逐年增加，继而引起各省区市人才培养得分的增长。同时，我国各省区市、各高校的招生名额由中央政府计划安排，因此，各省区市的名额数量具有相对稳定性,各省区市得分排名保持稳定。在科研成果方面,从得分变化来看,北京、上海、江苏三地科研实力强劲且发展稳步趋升,常年位于全国前3名;江西、湖北、广东、重庆、四川等地的科研成果供给整体上升显著;青海、宁夏、新疆、甘肃、贵州、内蒙古、广西等地的科研成果相对匮乏,常年居于全国下游水平,且年均增速尚未到10%(见表1-11和表1-12)。

（二）经济高质量发展指数

**1. 各省区市历年经济高质量发展指数**

同样,为了检验数据是否适合进行主成分分析,本节首先对经过标准化处理的经济高质量发展指标数据进行 KMO 检验和巴特利特球形检验,结果如表1-13所示。其中,KMO 值为0.789,大于0.7,且显著性值小于0.05,表明数据支持主成分分析。

表1-14描述了主成分分析的初始特征值以及因子解释情况。根据初始特征值>1 的原则,经济高质量发展指标体系共提取主成分五个,累积方差贡献率为70.197%,表明这五个主成分能够解释原始数据70.197%的信息。而后根据主成分的特征值和累积方差贡献率计算出综合指数。

各省区市经济高质量发展指数的得分及排名情况见表1-15。从2003～2020年各省区市的指数变化来看,我国各省区市的经济高质量发展指数都经历了一个不断上升的过程。具体而言:①从我国经济高质量发展指数得分来看:一是我国经济高质量发展指数呈现由东向西逐渐递减的区域特征。北京、上海、广东、天津、浙江与江苏的经济高质量发展指数常年位于全国前列,而贵州、甘肃、宁夏、青海、云南等地的经济高质量发展指数则常年处于全国下游水平,这与我国经济实际发展事实是一致的。二是我国经济高质量发展指数区域发展不平衡现象突出。高于全国平均水平的省区市有北京、天津、辽宁、吉林、黑龙江、上海、江苏、浙江以及广东,多数位于我国东部发达地区。但值得注意的是,尽管辽宁、吉林和黑龙江三地的平均指数得分处于全国平均水平以上,但从近年来三地的发展趋势来看,均处于下降态势。三是我国各省区市的经济高质量发展差距有所缩小。经济高质量发展指数得分最高与得分最低地区的分差从2003年的5.622缩小到了2020年的5.483。②从我国经济高质量发展指数的排名变化来看,北京、天津、内蒙古、上海、江苏、福建、河南、湖南、贵州、云南、甘肃、青海以及宁夏保持相对平稳;浙江、安徽、山东、广东、广西、四川、陕西等地则相对发展较快,排名呈上升趋势;河北、山西、辽宁、吉林、黑龙江、江西、湖北、新疆等地则相对增速较慢,排名有所下降。

表 1-10　2003~2020 年我国各省区市高等教育派生性资源供给得分

| 省区市 | 2003年 | 2004年 | 2005年 | 2006年 | 2007年 | 2008年 | 2009年 | 2010年 | 2011年 | 2012年 | 2013年 | 2014年 | 2015年 | 2016年 | 2017年 | 2018年 | 2019年 | 2020年 |
|---|---|---|---|---|---|---|---|---|---|---|---|---|---|---|---|---|---|---|
| 北京 | 0.401 | 0.525 | 1.381 | 1.496 | 2.046 | 2.597 | 2.577 | 2.597 | 2.811 | 3.214 | 3.252 | 3.538 | 3.753 | 3.834 | 4.706 | 4.674 | 4.607 | 4.323 |
| 天津 | -1.094 | -1.020 | -0.937 | -0.840 | -0.634 | -0.638 | -0.571 | -0.463 | -0.479 | -0.317 | -0.278 | -0.206 | -0.181 | -0.138 | -0.088 | -0.078 | 0.007 | 0.124 |
| 河北 | -0.955 | -0.938 | -0.791 | -0.601 | -0.514 | -0.348 | -0.339 | -0.227 | -0.048 | 0.084 | 0.263 | 0.317 | 0.391 | 0.457 | 0.595 | 0.643 | 0.645 | 0.828 |
| 山西 | -1.177 | -1.174 | -1.057 | -1.028 | -0.932 | -0.864 | -0.797 | -0.760 | -0.641 | -0.580 | -0.528 | -0.428 | -0.376 | -0.251 | -0.055 | -0.025 | 0.032 | 0.112 |
| 内蒙古 | -1.362 | -1.342 | -1.302 | -1.230 | -1.148 | -1.095 | -1.093 | -1.050 | -0.975 | -0.912 | -0.867 | -0.824 | -0.807 | -0.748 | -0.713 | -0.694 | -0.659 | -0.603 |
| 辽宁 | -0.613 | -0.543 | -0.186 | -0.070 | 0.147 | 0.474 | 0.547 | 0.719 | 0.866 | 1.068 | 1.068 | 1.102 | 1.246 | 1.165 | 1.548 | 1.575 | 1.522 | 1.575 |
| 吉林 | -1.002 | -0.862 | -0.720 | -0.581 | -0.366 | -0.427 | -0.285 | -0.305 | -0.118 | 0.035 | 0.112 | 0.095 | 0.168 | 0.161 | 0.412 | 0.333 | 0.415 | 0.481 |
| 黑龙江 | -0.962 | -0.755 | -0.568 | -0.416 | -0.252 | -0.095 | 0.010 | 0.040 | 0.224 | 0.384 | 0.394 | 0.495 | 0.468 | 0.524 | 0.592 | 0.546 | 0.596 | 0.605 |
| 上海 | -0.548 | -0.330 | -0.006 | 0.045 | 0.228 | 0.395 | 0.591 | 0.730 | 0.871 | 0.984 | 0.904 | 0.971 | 1.036 | 1.136 | 1.517 | 1.680 | 1.680 | 1.672 |
| 江苏 | -0.306 | -0.148 | 0.288 | 0.446 | 0.883 | 1.150 | 1.613 | 1.648 | 2.191 | 2.459 | 2.667 | 2.793 | 2.900 | 2.974 | 3.413 | 3.595 | 3.777 | 3.759 |
| 浙江 | -0.985 | -0.829 | -0.677 | -0.437 | -0.411 | -0.211 | -0.119 | 0.054 | 0.209 | 0.423 | 0.480 | 0.495 | 0.610 | 0.764 | 0.918 | 0.999 | 1.018 | 1.059 |
| 安徽 | -1.110 | -1.041 | -0.786 | -0.743 | -0.598 | -0.476 | -0.300 | -0.245 | -0.094 | 0.158 | 0.255 | 0.338 | 0.384 | 0.488 | 0.561 | 0.641 | 0.654 | 0.755 |
| 福建 | -1.259 | -1.202 | -1.136 | -1.040 | -0.860 | -0.752 | -0.427 | -0.567 | -0.465 | -0.324 | -0.205 | -0.117 | -0.030 | 0.044 | 0.160 | 0.159 | 0.207 | 0.248 |
| 江西 | -1.243 | -1.174 | -1.062 | -0.961 | -0.825 | -0.701 | -0.616 | -0.629 | -0.514 | -0.413 | -0.326 | -0.244 | -0.126 | -0.044 | 0.046 | 0.139 | 0.102 | 0.255 |
| 山东 | -0.684 | -0.648 | 0.012 | 0.064 | 0.400 | 0.564 | 0.688 | 0.782 | 0.932 | 1.254 | 1.311 | 1.430 | 1.544 | 1.569 | 2.064 | 1.998 | 2.061 | 2.426 |
| 河南 | -1.064 | -0.942 | -0.790 | -0.557 | -0.314 | -0.108 | 0.097 | 0.060 | 0.287 | 0.441 | 0.582 | 0.825 | 0.920 | 1.168 | 1.465 | 1.545 | 1.740 | 1.920 |
| 湖北 | -0.440 | -0.232 | 0.060 | 0.486 | 0.578 | 0.804 | 0.963 | 0.928 | 1.320 | 1.447 | 1.622 | 1.637 | 1.860 | 2.037 | 2.305 | 2.419 | 2.441 | 2.435 |
| 湖南 | -0.885 | -0.823 | -0.705 | -0.465 | -0.323 | -0.176 | 0.155 | 0.110 | 0.273 | 0.378 | 0.533 | 0.651 | 0.645 | 0.729 | 0.942 | 1.061 | 1.129 | 1.255 |
| 广东 | -0.830 | -0.699 | -0.475 | -0.327 | -0.065 | 0.260 | 0.431 | 0.631 | 0.810 | 1.052 | 1.251 | 1.436 | 1.595 | 1.758 | 2.023 | 2.234 | 2.380 | 2.612 |
| 广西 | -1.331 | -1.282 | -1.232 | -1.157 | -1.071 | -0.999 | -0.928 | -0.874 | -0.777 | -0.671 | -0.637 | -0.588 | -0.500 | -0.436 | -0.355 | -0.263 | -0.160 | -0.009 |
| 海南 | -1.469 | -1.460 | -1.446 | -1.433 | -1.415 | -1.424 | -1.376 | -1.347 | -1.325 | -1.305 | -1.278 | -1.250 | -1.233 | -1.229 | -1.217 | -1.205 | -1.195 | -1.154 |
| 重庆 | -1.170 | -1.114 | -1.032 | -0.910 | -0.739 | -0.618 | -0.475 | -0.429 | -0.324 | -0.250 | -0.168 | -0.104 | 0.023 | 0.146 | 0.251 | 0.311 | 0.358 | 0.477 |
| 四川 | -0.854 | -0.716 | -0.407 | -0.170 | 0.107 | 0.250 | 0.339 | 0.458 | 0.654 | 0.840 | 0.952 | 1.073 | 1.175 | 1.259 | 1.465 | 1.599 | 1.764 | 1.977 |

续表

| 省区市 | 2003年 | 2004年 | 2005年 | 2006年 | 2007年 | 2008年 | 2009年 | 2010年 | 2011年 | 2012年 | 2013年 | 2014年 | 2015年 | 2016年 | 2017年 | 2018年 | 2019年 | 2020年 |
|---|---|---|---|---|---|---|---|---|---|---|---|---|---|---|---|---|---|---|
| 贵州 | -1.387 | -1.375 | -1.316 | -1.257 | -1.200 | -1.177 | -1.142 | -1.123 | -1.067 | -1.018 | -0.986 | -0.889 | -0.845 | -0.772 | -0.643 | -0.642 | -0.645 | -0.440 |
| 云南 | -1.325 | -1.266 | -1.179 | -1.118 | -1.050 | -0.962 | -0.876 | -0.842 | -0.784 | -0.671 | -0.606 | -0.517 | -0.367 | -0.358 | -0.209 | -0.170 | -0.115 | 0.059 |
| 陕西 | -0.629 | -0.474 | -0.275 | -0.202 | 0.113 | 0.333 | 0.407 | 0.516 | 0.631 | 0.857 | 0.983 | 1.047 | 1.278 | 1.423 | 1.704 | 1.714 | 1.607 | 1.751 |
| 甘肃 | -1.320 | -1.263 | -1.196 | -1.148 | -1.031 | -0.941 | -0.922 | -0.858 | -0.771 | -0.693 | -0.636 | -0.615 | -0.560 | -0.514 | -0.492 | -0.451 | -0.439 | -0.379 |
| 青海 | -1.472 | -1.461 | -1.458 | -1.456 | -1.449 | -1.451 | -1.442 | -1.418 | -1.416 | -1.407 | -1.398 | -1.398 | -1.390 | -1.384 | -1.375 | -1.363 | -1.358 | -1.341 |
| 宁夏 | -1.459 | -1.448 | -1.436 | -1.430 | -1.439 | -1.404 | -1.419 | -1.408 | -1.363 | -1.351 | -1.340 | -1.329 | -1.313 | -1.282 | -1.252 | -1.263 | -1.238 | -1.234 |
| 新疆 | -1.408 | -1.374 | -1.334 | -1.258 | -1.247 | -1.227 | -1.182 | -1.148 | -1.114 | -1.095 | -1.060 | -1.052 | -1.038 | -1.016 | -0.957 | -0.950 | -0.910 | -0.847 |

表 1-11 2003~2020 年我国各省区市高等教育派生性资源供给分维度得分（部分年份）

| 省区市 | 2003年 | | 2008年 | | 2013年 | | 2016年 | | 2017年 | | 2018年 | | 2019年 | | 2020年 | |
|---|---|---|---|---|---|---|---|---|---|---|---|---|---|---|---|---|
| | 人才规模 | 科研成果 | 人才规模 | 科研成果 | 人才规模 | 科研成果 | 人才规模 | 科研成果 | 人才规模 | 科研成果 | 人才规模 | 科研成果 | 人才规模 | 科研成果 | 人才规模 | 科研成果 |
| 北京 | 0.012 | 0.428 | 0.207 | 1.187 | 0.308 | 1.208 | 0.386 | 1.245 | 0.499 | 1.321 | 0.492 | 1.370 | 0.490 | 1.229 | 0.518 | 0.584 |
| 天津 | -0.096 | -0.157 | -0.050 | -0.128 | -0.015 | -0.073 | 0.002 | -0.110 | 0.007 | -0.104 | 0.009 | -0.100 | 0.017 | -0.084 | 0.035 | -0.110 |
| 河北 | -0.094 | -0.103 | -0.039 | -0.108 | 0.013 | -0.054 | 0.029 | -0.061 | 0.043 | -0.038 | 0.049 | -0.040 | 0.051 | -0.072 | 0.067 | -0.087 |
| 山西 | -0.109 | -0.145 | -0.075 | -0.184 | -0.044 | -0.179 | -0.023 | -0.143 | -0.007 | -0.093 | -0.002 | -0.146 | 0.002 | -0.122 | 0.010 | -0.139 |
| 内蒙古 | -0.116 | -0.247 | -0.094 | -0.219 | -0.072 | -0.227 | -0.066 | -0.166 | -0.059 | -0.193 | -0.057 | -0.191 | -0.054 | -0.184 | -0.049 | -0.186 |
| 辽宁 | -0.068 | -0.013 | 0.043 | 0.101 | 0.100 | 0.138 | 0.104 | 0.129 | 0.144 | 0.236 | 0.149 | 0.189 | 0.151 | 0.174 | 0.159 | 0.130 |
| 吉林 | -0.089 | -0.165 | -0.028 | -0.137 | 0.019 | -0.077 | 0.025 | -0.120 | 0.054 | -0.084 | 0.046 | -0.091 | 0.049 | -0.026 | 0.060 | -0.068 |
| 黑龙江 | -0.085 | -0.168 | -0.011 | -0.021 | 0.033 | 0.052 | 0.044 | 0.063 | 0.060 | 0.008 | 0.054 | 0.015 | 0.062 | 0.026 | 0.069 | -0.065 |
| 上海 | -0.057 | 0.064 | 0.038 | 0.254 | 0.099 | 0.276 | 0.119 | 0.384 | 0.174 | 0.364 | 0.182 | 0.565 | 0.186 | 0.474 | 0.207 | 0.226 |
| 江苏 | -0.047 | 0.110 | 0.087 | 0.309 | 0.204 | 0.785 | 0.227 | 0.923 | 0.284 | 0.957 | 0.296 | 1.016 | 0.308 | 1.134 | 0.338 | 0.699 |

续表

| 省区市 | 2003年 | | 2008年 | | 2013年 | | 2016年 | | 2017年 | | 2018年 | | 2019年 | | 2020年 | |
|---|---|---|---|---|---|---|---|---|---|---|---|---|---|---|---|---|
| | 人才规模 | 科研成果 | 人才规模 | 科研成果 | 人才规模 | 科研成果 | 人才规模 | 科研成果 | 人才规模 | 科研成果 | 人才规模 | 科研成果 | 人才规模 | 科研成果 | 人才规模 | 科研成果 |
| 浙江 | -0.093 | -0.091 | -0.033 | 0.050 | 0.024 | 0.205 | 0.045 | 0.277 | 0.067 | 0.280 | 0.073 | 0.308 | 0.074 | 0.315 | 0.085 | 0.250 |
| 安徽 | -0.102 | -0.158 | -0.047 | -0.091 | 0.005 | 0.140 | 0.032 | 0.045 | 0.043 | 0.011 | 0.050 | 0.041 | 0.052 | 0.019 | 0.063 | -0.010 |
| 福建 | -0.106 | -0.230 | -0.060 | -0.208 | -0.021 | -0.060 | -0.002 | 0.001 | 0.015 | -0.066 | 0.014 | -0.064 | 0.019 | -0.066 | 0.027 | -0.106 |
| 江西 | -0.108 | -0.224 | -0.069 | -0.134 | -0.030 | -0.166 | -0.013 | -0.081 | 0.002 | -0.115 | 0.010 | -0.100 | 0.006 | -0.085 | 0.017 | -0.019 |
| 山东 | -0.078 | 0.013 | 0.033 | 0.031 | 0.107 | 0.084 | 0.125 | 0.108 | 0.162 | 0.467 | 0.165 | 0.263 | 0.169 | 0.301 | 0.206 | 0.293 |
| 河南 | -0.100 | -0.153 | -0.030 | 0.000 | 0.030 | -0.005 | 0.069 | 0.082 | 0.091 | 0.185 | 0.097 | 0.191 | 0.118 | 0.157 | 0.131 | 0.130 |
| 湖北 | -0.046 | -0.032 | 0.072 | 0.109 | 0.148 | 0.249 | 0.172 | 0.378 | 0.211 | 0.374 | 0.230 | 0.377 | 0.224 | 0.457 | 0.238 | 0.249 |
| 湖南 | -0.088 | -0.080 | -0.017 | -0.072 | 0.041 | 0.048 | 0.058 | 0.034 | 0.079 | 0.096 | 0.082 | 0.206 | 0.093 | 0.196 | 0.103 | 0.233 |
| 广东 | -0.081 | -0.077 | 0.021 | -0.009 | 0.107 | 0.060 | 0.141 | 0.228 | 0.166 | 0.256 | 0.181 | 0.355 | 0.193 | 0.372 | 0.222 | 0.369 |
| 广西 | -0.114 | -0.235 | -0.083 | -0.217 | -0.050 | -0.204 | -0.035 | -0.176 | -0.027 | -0.178 | -0.021 | -0.163 | -0.013 | -0.155 | -0.001 | -0.135 |
| 海南 | -0.124 | -0.263 | -0.120 | -0.259 | -0.109 | -0.248 | -0.105 | -0.248 | -0.104 | -0.241 | -0.102 | -0.243 | -0.101 | -0.244 | -0.098 | -0.230 |
| 重庆 | -0.101 | -0.189 | -0.052 | -0.118 | -0.009 | -0.069 | 0.011 | 0.028 | 0.025 | 0.052 | 0.031 | 0.060 | 0.034 | 0.093 | 0.045 | 0.117 |
| 四川 | -0.079 | -0.104 | 0.017 | 0.075 | 0.086 | 0.056 | 0.100 | 0.237 | 0.123 | 0.273 | 0.135 | 0.333 | 0.146 | 0.372 | 0.174 | 0.290 |
| 贵州 | -0.118 | -0.255 | -0.098 | -0.255 | -0.082 | -0.235 | -0.067 | -0.205 | -0.058 | -0.186 | -0.058 | -0.166 | -0.058 | -0.161 | -0.041 | -0.151 |
| 云南 | -0.113 | -0.239 | -0.078 | -0.217 | -0.045 | -0.211 | -0.028 | -0.164 | -0.011 | -0.188 | -0.011 | -0.142 | -0.008 | -0.135 | 0.008 | -0.138 |
| 陕西 | -0.067 | -0.002 | 0.025 | 0.102 | 0.091 | 0.180 | 0.118 | 0.251 | 0.153 | 0.367 | 0.153 | 0.381 | 0.147 | 0.348 | 0.166 | 0.315 |
| 甘肃 | -0.113 | -0.230 | -0.079 | -0.177 | -0.050 | -0.188 | -0.043 | -0.154 | -0.036 | -0.182 | -0.033 | -0.161 | -0.030 | -0.162 | -0.023 | -0.173 |
| 青海 | -0.124 | -0.265 | -0.122 | -0.265 | -0.118 | -0.258 | -0.116 | -0.257 | -0.114 | -0.261 | -0.113 | -0.261 | -0.113 | -0.257 | -0.111 | -0.258 |
| 宁夏 | -0.123 | -0.264 | -0.118 | -0.260 | -0.112 | -0.261 | -0.108 | -0.243 | -0.105 | -0.235 | -0.106 | -0.249 | -0.104 | -0.241 | -0.103 | -0.243 |
| 新疆 | -0.119 | -0.261 | -0.101 | -0.247 | -0.085 | -0.246 | -0.081 | -0.232 | -0.074 | -0.234 | -0.072 | -0.235 | -0.068 | -0.235 | -0.062 | -0.228 |

表 1-12 2003～2020 年我国各省区市高等教育派生性资源供给分维度得分排名（部分年份）

| 省区市 | 2003 年 | | 2008 年 | | 2013 年 | | 2016 年 | | 2017 年 | | 2018 年 | | 2019 年 | | 2020 年 | |
|---|---|---|---|---|---|---|---|---|---|---|---|---|---|---|---|---|
| | 人才规模 | 科研成果 | 人才规模 | 科研成果 | 人才规模 | 科研成果 | 人才规模 | 科研成果 | 人才规模 | 科研成果 | 人才规模 | 科研成果 | 人才规模 | 科研成果 | 人才规模 | 科研成果 |
| 北京 | 1 | 1 | 1 | 1 | 1 | 1 | 1 | 1 | 1 | 1 | 1 | 1 | 1 | 1 | 1 | 2 |
| 天津 | 15 | 15 | 17 | 17 | 18 | 18 | 18 | 19 | 19 | 20 | 20 | 20 | 19 | 19 | 18 | 20 |
| 河北 | 14 | 11 | 15 | 15 | 15 | 15 | 15 | 17 | 15 | 16 | 15 | 16 | 15 | 18 | 14 | 18 |
| 山西 | 21 | 13 | 21 | 21 | 21 | 21 | 21 | 21 | 21 | 19 | 21 | 22 | 21 | 21 | 21 | 23 |
| 内蒙古 | 25 | 25 | 25 | 25 | 25 | 25 | 25 | 24 | 26 | 26 | 25 | 26 | 25 | 26 | 26 | 26 |
| 辽宁 | 6 | 6 | 4 | 6 | 6 | 8 | 8 | 9 | 8 | 10 | 8 | 12 | 7 | 11 | 9 | 12 |
| 吉林 | 12 | 17 | 12 | 19 | 14 | 19 | 16 | 20 | 14 | 18 | 16 | 18 | 16 | 16 | 16 | 17 |
| 黑龙江 | 10 | 18 | 10 | 12 | 11 | 12 | 13 | 12 | 13 | 15 | 13 | 15 | 13 | 14 | 13 | 16 |
| 上海 | 4 | 3 | 5 | 3 | 7 | 3 | 6 | 3 | 4 | 6 | 4 | 3 | 5 | 3 | 5 | 10 |
| 江苏 | 3 | 2 | 2 | 2 | 2 | 2 | 2 | 2 | 2 | 2 | 2 | 2 | 2 | 2 | 2 | 1 |
| 浙江 | 13 | 10 | 14 | 8 | 13 | 5 | 12 | 5 | 12 | 7 | 12 | 8 | 12 | 8 | 12 | 7 |
| 安徽 | 18 | 16 | 16 | 14 | 16 | 7 | 14 | 13 | 16 | 14 | 14 | 14 | 14 | 15 | 15 | 14 |
| 福建 | 19 | 22 | 19 | 22 | 19 | 16 | 19 | 16 | 18 | 17 | 18 | 17 | 18 | 17 | 19 | 19 |
| 江西 | 20 | 20 | 20 | 18 | 20 | 20 | 20 | 18 | 20 | 21 | 19 | 19 | 20 | 20 | 20 | 15 |
| 山东 | 7 | 4 | 6 | 9 | 5 | 9 | 5 | 10 | 6 | 3 | 6 | 9 | 6 | 9 | 6 | 5 |
| 河南 | 16 | 14 | 13 | 10 | 12 | 14 | 10 | 11 | 10 | 11 | 10 | 11 | 10 | 12 | 10 | 11 |

续表

| 省区市 | 2003 年 | | 2008 年 | | 2013 年 | | 2016 年 | | 2017 年 | | 2018 年 | | 2019 年 | | 2020 年 | |
|---|---|---|---|---|---|---|---|---|---|---|---|---|---|---|---|---|
| | 人才规模 | 科研成果 | 人才规模 | 科研成果 | 人才规模 | 科研成果 | 人才规模 | 科研成果 | 人才规模 | 科研成果 | 人才规模 | 科研成果 | 人才规模 | 科研成果 | 人才规模 | 科研成果 |
| 湖北 | 2 | 7 | 3 | 4 | 3 | 4 | 3 | 4 | 3 | 4 | 3 | 5 | 3 | 4 | 3 | 8 |
| 湖南 | 11 | 9 | 11 | 13 | 10 | 13 | 11 | 14 | 11 | 12 | 11 | 10 | 11 | 10 | 11 | 9 |
| 广东 | 9 | 8 | 8 | 11 | 4 | 10 | 4 | 8 | 5 | 9 | 5 | 6 | 4 | 5 | 4 | 3 |
| 广西 | 24 | 23 | 24 | 24 | 24 | 23 | 23 | 25 | 23 | 22 | 23 | 24 | 23 | 23 | 23 | 21 |
| 海南 | 29 | 28 | 29 | 28 | 28 | 28 | 28 | 29 | 28 | 29 | 28 | 28 | 28 | 29 | 28 | 28 |
| 重庆 | 17 | 19 | 18 | 16 | 17 | 17 | 17 | 15 | 17 | 13 | 17 | 13 | 17 | 13 | 17 | 13 |
| 四川 | 8 | 12 | 9 | 7 | 9 | 11 | 9 | 7 | 9 | 8 | 9 | 7 | 9 | 6 | 7 | 6 |
| 贵州 | 26 | 26 | 26 | 27 | 26 | 26 | 26 | 26 | 25 | 24 | 26 | 25 | 26 | 24 | 25 | 24 |
| 云南 | 23 | 24 | 22 | 23 | 22 | 24 | 22 | 23 | 22 | 25 | 22 | 21 | 22 | 22 | 22 | 22 |
| 陕西 | 5 | 5 | 7 | 5 | 8 | 6 | 7 | 6 | 7 | 5 | 7 | 4 | 8 | 7 | 8 | 4 |
| 甘肃 | 22 | 21 | 23 | 20 | 23 | 22 | 24 | 22 | 24 | 23 | 24 | 23 | 24 | 25 | 24 | 25 |
| 青海 | 30 | 30 | 30 | 30 | 30 | 29 | 30 | 30 | 30 | 30 | 30 | 30 | 30 | 30 | 30 | 30 |
| 宁夏 | 28 | 29 | 28 | 29 | 29 | 30 | 29 | 28 | 29 | 28 | 29 | 29 | 29 | 28 | 29 | 29 |
| 新疆 | 27 | 27 | 27 | 26 | 27 | 27 | 27 | 27 | 27 | 27 | 27 | 27 | 27 | 27 | 27 | 27 |

### 表 1-13 经济高质量发展指标的的 KMO 检验和巴特利特球形检验

| KMO 取样适切性量数 | | 0.789 |
|---|---|---|
| 巴特利特球形检验 | 近似卡方 | 7985.568 |
| | 自由度 | 171 |
| | 显著性 | 0.000 |

### 表 1-14 经济高质量发展指标体系的主成分的特征值及方差贡献率

| 成分 | 初始特征值 | | | 提取载荷平方和 | | |
|---|---|---|---|---|---|---|
| | 总计 | 方差贡献率/% | 累积方差贡献率/% | 总计 | 方差贡献率/% | 累积方差贡献率/% |
| 1 | 6.870 | 36.159 | 36.159 | 6.870 | 36.159 | 36.159 |
| 2 | 2.486 | 13.084 | 49.243 | 2.486 | 13.084 | 49.243 |
| 3 | 1.623 | 8.544 | 57.787 | 1.623 | 8.544 | 57.787 |
| 4 | 1.236 | 6.506 | 64.293 | 1.236 | 6.506 | 64.293 |
| 5 | 1.122 | 5.904 | 70.197 | 1.122 | 5.904 | 70.197 |
| 6 | 0.926 | 4.876 | 75.073 | | | |
| 7 | 0.834 | 4.390 | 79.463 | | | |
| 8 | 0.754 | 3.969 | 83.432 | | | |
| 9 | 0.617 | 3.246 | 86.677 | | | |
| 10 | 0.489 | 2.576 | 89.253 | | | |
| 11 | 0.465 | 2.448 | 91.701 | | | |
| 12 | 0.357 | 1.876 | 93.578 | | | |
| 13 | 0.292 | 1.538 | 95.116 | | | |
| 14 | 0.255 | 1.343 | 96.459 | | | |
| 15 | 0.233 | 1.225 | 97.684 | | | |
| 16 | 0.181 | 0.951 | 98.635 | | | |
| 17 | 0.152 | 0.802 | 99.437 | | | |
| 18 | 0.079 | 0.413 | 99.851 | | | |
| 19 | 0.028 | 0.149 | 100.000 | | | |

### 表 1-15 经济高质量发展指数得分及排名情况

| 省区市 | 2003 年 | | 2007 年 | | 2011 年 | | 2015 年 | | 2019 年 | | 2020 年 | | 平均得分 | 平均值排名 |
|---|---|---|---|---|---|---|---|---|---|---|---|---|---|---|
| | 得分 | 排名 | 得分 | 排名 | 得分 | 排名 | 得分 | 排名 | 得分 | 排名 | 得分 | 排名 | | |
| 北京 | 3.040 | 1 | 3.090 | 1 | 4.469 | 1 | 5.180 | 1 | 5.766 | 1 | 5.244 | 1 | 4.316 | 1 |
| 天津 | -0.268 | 3 | 0.893 | 3 | 1.480 | 4 | 2.138 | 5 | 2.411 | 6 | 2.313 | 6 | 1.457 | 3 |
| 河北 | -1.347 | 14 | -0.870 | 10 | -0.160 | 13 | 0.321 | 11 | 0.753 | 18 | 0.954 | 14 | -0.207 | 13 |

续表

| 省区市 | 2003 年 | | 2007 年 | | 2011 年 | | 2015 年 | | 2019 年 | | 2020 年 | | 平均得分 | 平均值排名 |
|---|---|---|---|---|---|---|---|---|---|---|---|---|---|---|
| | 得分 | 排名 | 得分 | 排名 | 得分 | 排名 | 得分 | 排名 | 得分 | 排名 | 得分 | 排名 | | |
| 山西 | -1.486 | 19 | -1.235 | 22 | -0.652 | 23 | -0.028 | 22 | 0.506 | 22 | 0.386 | 22 | -0.498 | 22 |
| 内蒙古 | -2.203 | 27 | -1.627 | 26 | -0.849 | 25 | -0.376 | 27 | 0.191 | 25 | 0.200 | 25 | -0.856 | 26 |
| 辽宁 | -1.048 | 6 | -0.600 | 7 | 0.032 | 9 | 0.727 | 8 | 0.944 | 12 | 0.834 | 16 | 0.070 | 8 |
| 吉林 | -1.083 | 8 | -0.781 | 9 | -0.140 | 20 | 0.072 | 20 | 0.811 | 16 | 0.825 | 18 | -0.176 | 12 |
| 黑龙江 | -1.486 | 18 | -1.024 | 17 | -0.521 | 21 | 0.185 | 13 | 0.926 | 14 | 0.863 | 15 | -0.347 | 16 |
| 上海 | 1.085 | 2 | 1.506 | 2 | 2.169 | 2 | 2.850 | 2 | 3.248 | 3 | 2.824 | 4 | 2.161 | 2 |
| 江苏 | -0.927 | 5 | 0.205 | 4 | 1.171 | 5 | 2.262 | 3 | 2.993 | 4 | 2.971 | 3 | 1.264 | 5 |
| 浙江 | -1.055 | 7 | -0.236 | 6 | 0.733 | 6 | 1.590 | 6 | 2.555 | 5 | 2.474 | 5 | 0.801 | 6 |
| 安徽 | -1.745 | 23 | -1.285 | 23 | -0.643 | 22 | 0.292 | 12 | 0.933 | 13 | 1.065 | 12 | -0.423 | 17 |
| 福建 | -1.249 | 11 | -0.934 | 13 | -0.032 | 10 | 0.538 | 10 | 0.918 | 15 | 0.826 | 17 | -0.089 | 9 |
| 江西 | -1.293 | 12 | -0.929 | 12 | -0.340 | 15 | -0.211 | 24 | 0.316 | 24 | 0.377 | 23 | -0.469 | 21 |
| 山东 | -1.333 | 13 | -0.651 | 8 | 0.138 | 8 | 0.771 | 7 | 1.334 | 7 | 1.706 | 8 | 0.161 | 7 |
| 河南 | -1.579 | 21 | -1.200 | 20 | -0.495 | 19 | 0.096 | 19 | 0.562 | 21 | 0.712 | 19 | -0.446 | 20 |
| 湖北 | -1.219 | 10 | -0.873 | 11 | -0.311 | 14 | 0.591 | 9 | 1.005 | 10 | 0.988 | 13 | -0.109 | 10 |
| 湖南 | -1.401 | 16 | -1.001 | 15 | -0.399 | 16 | 0.173 | 15 | 1.190 | 8 | 1.301 | 10 | -0.278 | 14 |
| 广东 | -0.792 | 4 | 0.186 | 5 | 1.550 | 3 | 2.206 | 4 | 3.606 | 2 | 3.650 | 2 | 1.446 | 4 |
| 广西 | -2.007 | 24 | -1.427 | 24 | -0.925 | 26 | 0.132 | 17 | 0.502 | 23 | 0.416 | 21 | -0.658 | 24 |
| 海南 | -1.355 | 15 | -0.969 | 14 | 0.216 | 7 | 0.144 | 16 | 0.787 | 17 | 1.881 | 7 | -0.164 | 11 |
| 重庆 | -2.022 | 25 | -1.558 | 25 | -0.671 | 24 | -0.117 | 23 | 0.609 | 20 | 0.280 | 24 | -0.715 | 25 |
| 四川 | -1.635 | 22 | -1.220 | 21 | -0.520 | 20 | 0.064 | 21 | 1.010 | 9 | 1.253 | 11 | -0.442 | 19 |
| 贵州 | -2.582 | 30 | -2.429 | 30 | -1.516 | 30 | -0.686 | 30 | -0.070 | 29 | -0.169 | 29 | -1.443 | 30 |
| 云南 | -2.247 | 28 | -1.756 | 28 | -1.034 | 29 | -0.643 | 29 | -0.136 | 30 | -0.239 | 30 | -1.125 | 29 |
| 陕西 | -1.430 | 17 | -1.146 | 19 | -0.042 | 11 | 0.181 | 14 | 0.947 | 11 | 1.377 | 9 | -0.286 | 15 |
| 甘肃 | -2.029 | 26 | -1.745 | 27 | -0.985 | 28 | -0.468 | 28 | -0.021 | 28 | 0.000 | 28 | -0.991 | 27 |
| 青海 | -1.496 | 20 | -1.007 | 16 | -0.472 | 17 | -0.217 | 25 | 0.100 | 27 | 0.105 | 26 | -0.521 | 23 |
| 宁夏 | -2.414 | 29 | -1.810 | 29 | -0.955 | 27 | -0.237 | 26 | 0.137 | 26 | 0.043 | 27 | -1.001 | 28 |
| 新疆 | -1.159 | 9 | -1.054 | 18 | -0.485 | 18 | 0.111 | 18 | 0.627 | 19 | 0.441 | 20 | -0.436 | 18 |

**2. 各省区市经济高质量发展分维度得分**

　　在对各省区市经济高质量发展的各个维度得分进行分析之前，要先计算出经济高质量发展体系中各项指标的权重，结果如表 1-16 所示。

表 1-16　经济高质量发展体系指标权重

| 一级指标 | 二级指标 | 三级指标 | 权重 |
|---|---|---|---|
| 创新 | 创新投入 | R&D 经费投入力度 | 0.056 |
| | | R&D 人员全时当量 | 0.056 |
| | | 就业人数中大专以上学历占比 | 0.061 |
| | 创新产出 | 发明专利授权占比 | 0.056 |
| | | 技术合同成交额占 GDP 的比重 | 0.059 |
| 协调 | 产业结构 | 产业结构合理化指数 | 0.043 |
| | 收入分配 | 城镇居民与农村居民人均可支配收入比 | 0.044 |
| | 就业状况 | 地区城镇登记失业率 | 0.043 |
| 绿色 | 环境建设 | 建成区绿化覆盖率 | 0.054 |
| | 环境负担 | 单位 GDP 电耗 | 0.049 |
| | | 单位 GDP 二氧化硫排放 | 0.046 |
| | 环境治理 | 工业污染治理完成投资占 GDP 的比重 | 0.049 |
| 开放 | 外贸开放 | 进出口额 | 0.056 |
| | 外资依存 | 外商投资企业投资总额占 GDP 的比重 | 0.056 |
| | 国际游客 | 接待国际游客数 | 0.052 |
| 共享 | 教育公平 | 教育基尼系数 | 0.047 |
| | 公共服务 | 每万人拥有公共汽车数 | 0.058 |
| | | 每万人拥有医疗床位数 | 0.055 |
| | | 地级及以上城市公共图书馆百人均图书拥有量 | 0.060 |

根据各项指标权重计算得到创新、协调、绿色、开放和共享五个维度的得分。

我国各省区市创新发展维度得分变化情况如表 1-17 所示。2003～2020 年，我国 30 个省区市的创新发展得分偶有波动，但总体上呈上升发展态势。具体来看，创新得分较高的地区集中在东部沿海，创新发展得分较低的地区相对集中在西部。北京的创新发展得分远高于我国其他地区，在创新发展方面遥遥领先；天津、上海、江苏、广东、浙江等地的创新得分常年位于全国前 20%，在创新发展方面实力强劲。但是云南、海南、新疆、贵州、青海、内蒙古等地的创新发展增长乏力，创新发展得分始终处于全国尾部。

在协调发展方面，如表 1-18 所示，2003～2020 年我国各省区市的协调发展得分整体上呈上升发展态势，其中，浙江得分增长最为显著，2020 年已成为协调发展得分最高的地区。具体来看，北京、天津和浙江的协调发展得分常年位于全国前列，表明其产业结构、就业结构以及收入分配方面都更为协调；上海、黑龙江、江苏、海南、广东、吉林、江西、湖北、河南等地经济社会发展则较为协调；河北、山西、辽宁、安徽、福建、山东、湖南、广西、重庆、四川以及新疆等地则需提升经济发展的协调性；内蒙古、贵州、云南、陕西、甘肃、青海、宁夏等地的协调发展得分则始终位于全国平均水平以下。

我国各省区市绿色发展维度得分变化情况如表 1-19 所示。从得分变化来看，北京、上海两地的绿色发展得分增长显著，自 2016 年开始快速增长并持续位列全国 1~2 名。除这两个地区外，我国其他省区市的绿色发展得分变化较小。具体来看，河北、山西、吉林、江苏、浙江、安徽、江西、山东、河南、湖南、广东、广西、海南、重庆、四川、贵州、云南以及陕西则呈现波动上涨趋势；内蒙古、黑龙江、山东、广西、云南、陕西、青海、新疆等地的绿色发展得分则有所下降。

我国各省区市开放发展维度得分变化情况如表 1-20 所示。2003~2020 年，广东的开放发展得分显著高于全国其他省区市，这得益于广州的政策和地理优势。除广东外，江苏、上海、浙江、山东、福建等沿海城市的开放发展得分也较高，在对外开放发展方面具备显著的地域优势。但河北、山西、内蒙古、吉林、黑龙江、江西、河南、重庆、四川、海南、贵州、云南、陕西、甘肃、青海、宁夏以及新疆等地区开放发展增速乏力，常年处于全国平均水平以下，这可能是因为这些地区多深处内陆，交通不便，外资吸引力较弱。值得注意的是，海南的开放发展得分在 2020 年增幅显著，这可能是因为 2020 年 6 月《海南自由贸易港建设总体方案》的发布，促使海南一举成为 2020 年外商投资的最热门省份。

我国各省区市共享发展维度得分变化情况如表 1-21 所示。总的来看，我国绝大多数城市的共享发展得分呈波动上升发展趋势。具体来看，北京和上海的共享发展得分稳居全国第一和第二位，但自 2017 年开始，这两个地区的共享发展得分开始呈现下降趋势，可能是因为城市人口规模的增加降低了人均公共服务获得量，继而导致公共服务的得分下降。河北、内蒙古、吉林、江苏、安徽、江西、山东、湖北、海南以及宁夏等地呈现波动增长的发展态势，并于 2012 年达到了共享发展得分的小高峰，这可能是因为第十三次全国民政会议的召开，促使部分地区增加了公共服务的投入量，但是这种即时性的投入并不具备稳定性，2013 年这些地区的共享发展得分又回落到往常水平。天津、山西、辽宁、黑龙江、浙江、福建、河南、湖南、广东、重庆、四川、贵州、云南、陕西、青海、新疆等地的共享发展则处于相对稳定的增长态势。

表 1-17 2003~2020 年我国各省区市创新发展维度得分

| 省区市 | 2003年 | 2004年 | 2005年 | 2006年 | 2007年 | 2008年 | 2009年 | 2010年 | 2011年 | 2012年 | 2013年 | 2014年 | 2015年 | 2016年 | 2017年 | 2018年 | 2019年 | 2020年 |
|---|---|---|---|---|---|---|---|---|---|---|---|---|---|---|---|---|---|---|
| 北京 | 0.423 | 0.572 | 0.597 | 0.479 | 0.469 | 0.502 | 0.578 | 0.574 | 0.705 | 0.793 | 0.748 | 0.767 | 0.807 | 0.858 | 0.908 | 0.877 | 0.974 | 1.000 |
| 天津 | -0.045 | 0.046 | 0.100 | 0.252 | 0.235 | 0.247 | 0.285 | 0.259 | 0.306 | 0.329 | 0.331 | 0.370 | 0.404 | 0.408 | 0.386 | 0.396 | 0.474 | 0.453 |
| 河北 | -0.186 | -0.174 | -0.177 | -0.116 | -0.120 | -0.098 | -0.093 | -0.078 | -0.018 | -0.007 | -0.013 | 0.007 | 0.040 | 0.047 | 0.032 | 0.073 | 0.063 | 0.102 |
| 山西 | -0.079 | -0.066 | -0.073 | -0.074 | -0.126 | -0.103 | -0.089 | -0.099 | -0.042 | -0.043 | -0.054 | -0.020 | 0.051 | 0.051 | 0.040 | 0.021 | 0.018 | -0.038 |
| 内蒙古 | -0.195 | -0.164 | -0.162 | -0.164 | -0.172 | -0.161 | -0.136 | -0.107 | -0.056 | -0.010 | -0.049 | -0.072 | -0.057 | -0.043 | -0.050 | -0.081 | -0.068 | -0.074 |
| 辽宁 | -0.074 | -0.034 | -0.028 | -0.105 | -0.113 | -0.090 | -0.062 | -0.071 | -0.049 | -0.021 | -0.019 | 0.014 | 0.081 | 0.099 | 0.124 | 0.063 | 0.079 | 0.052 |
| 吉林 | -0.110 | -0.045 | -0.056 | -0.061 | -0.080 | -0.059 | -0.025 | -0.041 | 0.023 | 0.044 | 0.031 | 0.009 | 0.031 | 0.065 | 0.125 | 0.105 | 0.144 | 0.119 |
| 黑龙江 | -0.175 | -0.154 | -0.108 | -0.106 | -0.098 | -0.104 | -0.034 | -0.027 | -0.080 | -0.101 | -0.099 | -0.055 | 0.026 | 0.041 | 0.055 | 0.025 | 0.065 | 0.022 |
| 上海 | -0.017 | 0.100 | 0.107 | 0.097 | 0.074 | 0.118 | 0.158 | 0.106 | 0.163 | 0.200 | 0.211 | 0.264 | 0.320 | 0.351 | 0.326 | 0.329 | 0.356 | 0.342 |
| 江苏 | -0.143 | -0.111 | -0.089 | -0.046 | -0.056 | -0.032 | 0.001 | 0.046 | 0.085 | 0.138 | 0.193 | 0.239 | 0.312 | 0.362 | 0.387 | 0.347 | 0.404 | 0.363 |
| 浙江 | -0.200 | -0.154 | -0.158 | -0.130 | -0.116 | -0.079 | -0.056 | -0.036 | 0.018 | 0.041 | 0.063 | 0.103 | 0.155 | 0.188 | 0.219 | 0.247 | 0.316 | 0.331 |
| 安徽 | -0.192 | -0.186 | -0.161 | -0.139 | -0.155 | -0.126 | -0.133 | -0.125 | -0.112 | -0.078 | -0.049 | -0.013 | 0.068 | 0.123 | 0.091 | 0.088 | 0.137 | 0.127 |
| 福建 | -0.230 | -0.216 | -0.203 | -0.200 | -0.196 | -0.165 | -0.120 | -0.131 | -0.070 | -0.040 | -0.040 | -0.018 | -0.016 | 0.000 | 0.026 | 0.012 | 0.029 | 0.001 |
| 江西 | -0.183 | -0.191 | -0.178 | -0.171 | -0.166 | -0.169 | -0.127 | -0.151 | -0.117 | -0.114 | -0.113 | -0.124 | -0.115 | -0.118 | -0.106 | -0.104 | -0.068 | -0.065 |
| 山东 | -0.160 | -0.143 | -0.135 | -0.176 | -0.167 | -0.136 | -0.121 | -0.098 | -0.042 | -0.025 | 0.011 | 0.047 | 0.063 | 0.094 | 0.100 | 0.096 | 0.108 | 0.104 |
| 河南 | -0.204 | -0.188 | -0.185 | -0.170 | -0.167 | -0.159 | -0.122 | -0.106 | -0.052 | -0.046 | -0.033 | -0.019 | -0.005 | 0.024 | 0.026 | 0.006 | 0.014 | 0.029 |
| 湖北 | -0.098 | -0.042 | -0.060 | -0.087 | -0.124 | -0.118 | -0.100 | -0.100 | -0.022 | -0.012 | -0.008 | 0.048 | 0.086 | 0.095 | 0.120 | 0.095 | 0.149 | 0.125 |
| 湖南 | -0.160 | -0.136 | -0.131 | -0.138 | -0.121 | -0.065 | -0.033 | -0.074 | -0.013 | -0.019 | -0.006 | 0.012 | 0.044 | 0.052 | 0.073 | 0.057 | 0.100 | 0.091 |

续表

| 省区市 | 2003年 | 2004年 | 2005年 | 2006年 | 2007年 | 2008年 | 2009年 | 2010年 | 2011年 | 2012年 | 2013年 | 2014年 | 2015年 | 2016年 | 2017年 | 2018年 | 2019年 | 2020年 |
|---|---|---|---|---|---|---|---|---|---|---|---|---|---|---|---|---|---|---|
| 广东 | -0.167 | -0.151 | -0.164 | -0.150 | -0.113 | -0.035 | -0.008 | 0.020 | 0.080 | 0.121 | 0.124 | 0.132 | 0.163 | 0.189 | 0.209 | 0.294 | 0.362 | 0.378 |
| 广西 | -0.231 | -0.195 | -0.190 | -0.148 | -0.170 | -0.171 | -0.132 | -0.110 | -0.074 | -0.052 | -0.040 | 0.004 | 0.097 | 0.144 | 0.106 | 0.044 | 0.027 | -0.043 |
| 海南 | -0.207 | -0.186 | -0.149 | -0.164 | -0.158 | -0.170 | -0.171 | -0.046 | 0.037 | 0.053 | 0.042 | -0.032 | -0.070 | -0.069 | -0.082 | -0.092 | -0.081 | -0.105 |
| 重庆 | -0.192 | -0.189 | -0.190 | -0.213 | -0.217 | -0.180 | -0.177 | -0.151 | -0.129 | -0.124 | -0.133 | -0.111 | -0.098 | -0.062 | -0.029 | -0.034 | 0.003 | -0.015 |
| 四川 | -0.149 | -0.125 | -0.117 | -0.160 | -0.159 | -0.159 | -0.145 | -0.145 | -0.098 | -0.086 | -0.078 | -0.051 | -0.018 | 0.019 | 0.046 | 0.050 | 0.111 | 0.072 |
| 贵州 | -0.182 | -0.089 | -0.147 | -0.149 | -0.146 | -0.128 | -0.123 | -0.107 | -0.078 | -0.132 | -0.124 | -0.113 | -0.109 | -0.036 | -0.059 | -0.075 | -0.059 | -0.087 |
| 云南 | -0.172 | -0.128 | -0.101 | -0.111 | -0.152 | -0.140 | -0.152 | -0.128 | -0.062 | -0.071 | -0.087 | -0.097 | -0.093 | -0.094 | -0.099 | -0.130 | -0.108 | -0.133 |
| 陕西 | -0.051 | 0.049 | 0.032 | -0.067 | -0.075 | -0.064 | -0.056 | -0.064 | 0.044 | 0.072 | 0.058 | 0.092 | 0.074 | 0.044 | 0.133 | 0.118 | 0.178 | 0.182 |
| 甘肃 | -0.108 | -0.043 | -0.064 | -0.050 | -0.046 | -0.025 | -0.029 | -0.012 | 0.034 | 0.015 | 0.019 | 0.018 | 0.038 | 0.036 | 0.014 | -0.008 | -0.003 | -0.018 |
| 青海 | -0.118 | -0.034 | -0.014 | 0.005 | -0.126 | -0.139 | -0.131 | -0.079 | -0.065 | -0.013 | -0.008 | -0.014 | 0.012 | 0.047 | 0.016 | -0.002 | -0.058 | -0.085 |
| 宁夏 | -0.141 | -0.125 | -0.106 | -0.091 | -0.176 | -0.202 | -0.205 | -0.184 | -0.081 | -0.091 | -0.106 | -0.084 | -0.016 | -0.023 | -0.053 | -0.064 | -0.041 | -0.059 |
| 新疆 | -0.157 | -0.157 | -0.173 | -0.164 | -0.185 | -0.192 | -0.183 | -0.163 | -0.118 | -0.089 | -0.107 | -0.101 | -0.075 | -0.055 | -0.051 | -0.055 | -0.035 | -0.093 |

表 1-18　2003~2020 年我国各省区市协调发展维度得分

| 省区市 | 2003年 | 2004年 | 2005年 | 2006年 | 2007年 | 2008年 | 2009年 | 2010年 | 2011年 | 2012年 | 2013年 | 2014年 | 2015年 | 2016年 | 2017年 | 2018年 | 2019年 | 2020年 |
|---|---|---|---|---|---|---|---|---|---|---|---|---|---|---|---|---|---|---|
| 北京 | 0.219 | 0.262 | 0.128 | 0.137 | 0.167 | 0.167 | 0.246 | 0.258 | 0.259 | 0.297 | 0.338 | 0.317 | 0.292 | 0.290 | 0.289 | 0.293 | 0.327 | 0.146 |
| 天津 | 0.063 | 0.079 | 0.070 | 0.069 | 0.072 | 0.054 | 0.058 | 0.076 | 0.138 | 0.195 | 0.282 | 0.196 | 0.180 | 0.184 | 0.183 | 0.183 | 0.186 | 0.229 |
| 河北 | -0.015 | -0.011 | -0.022 | -0.030 | -0.029 | -0.044 | -0.045 | -0.029 | -0.005 | 0.004 | 0.015 | 0.026 | 0.026 | 0.024 | 0.025 | 0.048 | 0.064 | 0.114 |

续表

| 省区市 | 2003年 | 2004年 | 2005年 | 2006年 | 2007年 | 2008年 | 2009年 | 2010年 | 2011年 | 2012年 | 2013年 | 2014年 | 2015年 | 2016年 | 2017年 | 2018年 | 2019年 | 2020年 |
|---|---|---|---|---|---|---|---|---|---|---|---|---|---|---|---|---|---|---|
| 山西 | -0.029 | -0.032 | -0.027 | -0.041 | -0.039 | -0.045 | -0.073 | -0.061 | -0.051 | -0.039 | -0.019 | -0.025 | -0.028 | -0.024 | -0.021 | -0.009 | 0.032 | 0.024 |
| 内蒙古 | -0.098 | -0.101 | -0.088 | -0.087 | -0.086 | -0.085 | -0.091 | -0.088 | -0.071 | -0.064 | -0.055 | -0.046 | -0.049 | -0.049 | -0.045 | -0.038 | -0.029 | -0.010 |
| 辽宁 | -0.069 | -0.061 | -0.058 | -0.062 | -0.052 | -0.044 | -0.053 | -0.034 | -0.026 | -0.021 | -0.003 | 0.002 | 0.004 | -0.011 | -0.012 | -0.016 | -0.013 | 0.003 |
| 吉林 | -0.048 | -0.021 | -0.025 | -0.028 | -0.020 | -0.010 | -0.017 | 0.015 | 0.035 | 0.038 | 0.043 | 0.059 | 0.047 | 0.048 | 0.048 | 0.047 | 0.071 | 0.075 |
| 黑龙江 | -0.062 | -0.050 | -0.060 | -0.062 | -0.050 | -0.037 | -0.044 | -0.020 | 0.010 | 0.016 | 0.010 | 0.033 | 0.043 | 0.055 | 0.066 | 0.079 | 0.110 | 0.162 |
| 上海 | 0.024 | 0.013 | 0.035 | 0.040 | 0.045 | 0.079 | 0.078 | 0.135 | 0.167 | 0.135 | 0.123 | 0.140 | 0.122 | 0.102 | 0.131 | 0.151 | 0.156 | 0.150 |
| 江苏 | 0.036 | 0.044 | 0.030 | 0.026 | 0.028 | 0.020 | 0.023 | 0.035 | 0.049 | 0.058 | 0.071 | 0.079 | 0.086 | 0.087 | 0.090 | 0.094 | 0.100 | 0.105 |
| 浙江 | 0.009 | 0.017 | 0.036 | 0.041 | 0.053 | 0.056 | 0.071 | 0.090 | 0.110 | 0.122 | 0.136 | 0.151 | 0.173 | 0.194 | 0.223 | 0.275 | 0.342 | 0.452 |
| 安徽 | -0.084 | -0.066 | -0.088 | -0.087 | -0.075 | -0.053 | -0.054 | -0.032 | -0.033 | -0.026 | -0.004 | 0.016 | 0.025 | 0.021 | 0.037 | 0.046 | 0.063 | 0.070 |
| 福建 | -0.025 | -0.025 | -0.025 | -0.027 | -0.021 | -0.024 | -0.025 | -0.019 | -0.001 | 0.008 | 0.018 | 0.028 | 0.024 | 0.024 | 0.027 | 0.036 | 0.052 | 0.060 |
| 江西 | -0.029 | -0.016 | -0.019 | -0.026 | -0.027 | -0.015 | -0.017 | -0.004 | 0.029 | 0.031 | 0.028 | 0.030 | 0.034 | 0.040 | 0.047 | 0.050 | 0.085 | 0.087 |
| 山东 | -0.020 | -0.013 | -0.013 | -0.018 | -0.019 | -0.041 | -0.029 | -0.020 | -0.005 | 0.001 | 0.015 | 0.020 | 0.020 | 0.016 | 0.022 | 0.024 | 0.037 | 0.057 |
| 河南 | -0.043 | -0.046 | -0.048 | -0.045 | -0.035 | -0.031 | -0.034 | -0.016 | 0.000 | 0.020 | 0.031 | 0.044 | 0.049 | 0.057 | 0.071 | 0.065 | 0.065 | 0.090 |
| 湖北 | -0.055 | -0.040 | -0.049 | -0.048 | -0.047 | -0.038 | -0.040 | -0.025 | -0.011 | 0.000 | 0.021 | 0.048 | 0.080 | 0.093 | 0.078 | 0.080 | 0.097 | 0.057 |
| 湖南 | -0.068 | -0.084 | -0.083 | -0.085 | -0.088 | -0.077 | -0.075 | -0.065 | -0.057 | -0.057 | -0.049 | -0.040 | -0.038 | -0.041 | -0.035 | -0.019 | 0.029 | 0.060 |
| 广东 | -0.027 | -0.019 | -0.011 | -0.009 | 0.000 | 0.001 | 0.000 | 0.020 | 0.041 | 0.045 | 0.061 | 0.070 | 0.070 | 0.078 | 0.082 | 0.101 | 0.125 | 0.139 |
| 广西 | -0.103 | -0.120 | -0.115 | -0.098 | -0.100 | -0.100 | -0.096 | -0.089 | -0.070 | -0.059 | -0.046 | -0.033 | -0.008 | 0.001 | 0.063 | 0.065 | 0.055 | 0.070 |

续表

| 省区市 | 2003年 | 2004年 | 2005年 | 2006年 | 2007年 | 2008年 | 2009年 | 2010年 | 2011年 | 2012年 | 2013年 | 2014年 | 2015年 | 2016年 | 2017年 | 2018年 | 2019年 | 2020年 |
|---|---|---|---|---|---|---|---|---|---|---|---|---|---|---|---|---|---|---|
| 海南 | -0.017 | -0.007 | -0.009 | -0.031 | -0.028 | -0.028 | -0.021 | 0.000 | 0.136 | 0.098 | 0.095 | 0.099 | 0.107 | 0.108 | 0.117 | 0.120 | 0.127 | 0.116 |
| 重庆 | -0.122 | -0.120 | -0.116 | -0.136 | -0.106 | -0.095 | -0.095 | -0.072 | -0.038 | -0.026 | -0.020 | -0.015 | -0.010 | -0.006 | 0.007 | 0.029 | 0.059 | -0.010 |
| 四川 | -0.092 | -0.081 | -0.079 | -0.086 | -0.077 | -0.080 | -0.076 | -0.063 | -0.052 | -0.044 | -0.039 | -0.034 | -0.025 | -0.023 | -0.014 | 0.006 | 0.019 | 0.019 |
| 贵州 | -0.158 | -0.162 | -0.168 | -0.175 | -0.167 | -0.151 | -0.146 | -0.126 | -0.120 | -0.105 | -0.096 | -0.086 | -0.080 | -0.072 | -0.068 | -0.063 | -0.050 | -0.062 |
| 云南 | -0.171 | -0.186 | -0.171 | -0.169 | -0.159 | -0.151 | -0.152 | -0.135 | -0.124 | -0.117 | -0.110 | -0.103 | -0.098 | -0.081 | -0.061 | -0.066 | -0.055 | -0.063 |
| 陕西 | -0.128 | -0.134 | -0.145 | -0.142 | -0.137 | -0.133 | -0.131 | -0.110 | -0.085 | -0.073 | -0.071 | -0.064 | -0.065 | -0.059 | -0.056 | -0.048 | -0.042 | -0.044 |
| 甘肃 | -0.125 | -0.125 | -0.127 | -0.144 | -0.137 | -0.118 | -0.120 | -0.106 | -0.100 | -0.075 | -0.037 | -0.022 | -0.007 | -0.019 | -0.059 | -0.062 | -0.070 | -0.073 |
| 青海 | -0.132 | -0.133 | -0.133 | -0.137 | -0.133 | -0.131 | -0.130 | -0.116 | -0.101 | -0.075 | -0.059 | -0.047 | -0.050 | -0.046 | -0.045 | -0.035 | 0.034 | 0.064 |
| 宁夏 | -0.097 | -0.089 | -0.098 | -0.097 | -0.102 | -0.110 | -0.102 | -0.088 | -0.079 | -0.075 | -0.065 | -0.055 | -0.052 | -0.048 | -0.045 | -0.041 | -0.027 | -0.013 |
| 新疆 | -0.098 | -0.093 | -0.097 | -0.099 | -0.098 | -0.093 | -0.087 | -0.043 | -0.034 | -0.037 | -0.028 | -0.015 | -0.014 | 0.012 | 0.006 | 0.028 | 0.069 | 0.070 |

表 1-19　2003～2020 年我国各省区市绿色发展维度得分

| 省区市 | 2003年 | 2004年 | 2005年 | 2006年 | 2007年 | 2008年 | 2009年 | 2010年 | 2011年 | 2012年 | 2013年 | 2014年 | 2015年 | 2016年 | 2017年 | 2018年 | 2019年 | 2020年 |
|---|---|---|---|---|---|---|---|---|---|---|---|---|---|---|---|---|---|---|
| 北京 | 0.026 | 0.015 | 0.018 | 0.086 | 0.019 | 0.042 | 0.131 | 0.129 | 0.146 | 0.166 | 0.192 | 0.239 | 0.247 | 0.312 | 0.450 | 0.764 | 1.044 | 1.116 |
| 天津 | -0.026 | -0.020 | 0.098 | 0.050 | 0.014 | 0.000 | -0.021 | -0.025 | -0.007 | -0.010 | -0.003 | 0.026 | 0.043 | 0.031 | 0.035 | 0.053 | 0.069 | 0.082 |
| 河北 | -0.096 | -0.081 | -0.038 | -0.064 | -0.057 | -0.038 | -0.048 | -0.029 | -0.012 | -0.022 | 0.014 | 0.069 | 0.022 | -0.014 | 0.006 | 0.066 | 0.013 | 0.001 |
| 山西 | -0.181 | -0.058 | -0.036 | 0.073 | 0.078 | 0.102 | 0.055 | 0.001 | -0.009 | 0.001 | 0.073 | 0.008 | 0.004 | 0.011 | 0.053 | 0.025 | 0.039 | 0.028 |
| 内蒙古 | -0.199 | -0.180 | -0.221 | -0.084 | -0.105 | -0.066 | -0.077 | -0.098 | -0.042 | -0.068 | 0.050 | 0.116 | 0.009 | 0.004 | 0.002 | -0.020 | -0.042 | -0.064 |

续表

| 省区市 | 2003年 | 2004年 | 2005年 | 2006年 | 2007年 | 2008年 | 2009年 | 2010年 | 2011年 | 2012年 | 2013年 | 2014年 | 2015年 | 2016年 | 2017年 | 2018年 | 2019年 | 2020年 |
|---|---|---|---|---|---|---|---|---|---|---|---|---|---|---|---|---|---|---|
| 辽宁 | -0.048 | -0.008 | 0.055 | 0.097 | -0.013 | -0.017 | -0.019 | -0.030 | -0.029 | -0.020 | 0.007 | 0.025 | -0.001 | -0.038 | -0.007 | -0.023 | -0.006 | 0.000 |
| 吉林 | -0.130 | -0.110 | -0.087 | -0.099 | -0.067 | -0.056 | -0.050 | -0.047 | -0.037 | -0.031 | -0.034 | 0.037 | 0.027 | 0.013 | 0.016 | 0.010 | 0.035 | 0.035 |
| 黑龙江 | -0.144 | -0.140 | -0.148 | -0.118 | -0.090 | -0.066 | -0.046 | -0.052 | -0.011 | -0.025 | 0.028 | 0.023 | 0.017 | 0.006 | -0.016 | -0.016 | -0.018 | -0.014 |
| 上海 | -0.070 | -0.137 | -0.119 | -0.035 | 0.005 | -0.055 | -0.025 | 0.008 | 0.015 | 0.033 | 0.032 | 0.065 | 0.083 | 0.138 | 0.227 | 0.215 | 0.328 | 0.410 |
| 江苏 | -0.059 | -0.029 | 0.011 | 0.002 | 0.042 | 0.028 | 0.012 | 0.006 | 0.020 | 0.028 | 0.042 | 0.048 | 0.064 | 0.073 | 0.070 | 0.090 | 0.093 | 0.118 |
| 浙江 | -0.108 | -0.099 | -0.068 | -0.048 | -0.052 | -0.044 | -0.034 | -0.040 | -0.029 | -0.001 | 0.027 | 0.045 | 0.040 | 0.052 | 0.037 | 0.052 | 0.064 | 0.098 |
| 安徽 | -0.120 | -0.121 | -0.129 | -0.080 | -0.023 | -0.022 | -0.014 | -0.019 | 0.015 | 0.014 | 0.067 | 0.054 | 0.051 | 0.085 | 0.079 | 0.080 | 0.089 | 0.080 |
| 福建 | -0.024 | 0.027 | 0.083 | 0.001 | -0.024 | 0.001 | 0.005 | 0.022 | 0.024 | 0.052 | 0.082 | 0.098 | 0.097 | -0.048 | 0.090 | 0.106 | 0.114 | 0.126 |
| 江西 | -0.123 | -0.062 | -0.046 | -0.034 | 0.015 | 0.034 | 0.049 | 0.084 | 0.088 | 0.082 | 0.103 | 0.105 | 0.091 | 0.078 | 0.093 | 0.116 | 0.112 | 0.110 |
| 山东 | 0.000 | 0.007 | 0.038 | 0.022 | 0.031 | 0.061 | 0.031 | 0.024 | 0.037 | 0.048 | 0.063 | 0.107 | 0.049 | 0.066 | 0.064 | 0.034 | 0.048 | 0.022 |
| 河南 | -0.126 | -0.100 | -0.070 | -0.061 | -0.037 | -0.046 | -0.054 | -0.054 | -0.043 | -0.042 | -0.004 | 0.021 | 0.004 | 0.051 | 0.053 | 0.053 | 0.086 | 0.090 |
| 湖北 | -0.059 | -0.058 | -0.032 | -0.016 | 0.000 | -0.004 | 0.030 | 0.022 | 0.006 | 0.031 | 0.041 | 0.057 | 0.051 | 0.082 | 0.083 | 0.088 | 0.096 | 0.119 |
| 湖南 | -0.122 | -0.075 | -0.024 | -0.015 | -0.026 | -0.007 | -0.005 | -0.002 | 0.003 | 0.028 | 0.047 | 0.065 | 0.100 | 0.105 | 0.115 | 0.108 | 0.115 | 0.126 |
| 广东 | -0.054 | -0.100 | -0.063 | -0.031 | -0.010 | 0.007 | 0.001 | 0.013 | 0.009 | 0.019 | 0.030 | 0.044 | 0.041 | 0.061 | 0.091 | 0.101 | 0.109 | 0.109 |
| 广西 | -0.139 | -0.118 | -0.072 | -0.066 | -0.026 | -0.046 | -0.061 | -0.064 | -0.042 | -0.037 | -0.010 | 0.011 | 0.008 | -0.008 | 0.001 | -0.003 | 0.000 | 0.001 |
| 海南 | -0.069 | -0.037 | -0.081 | 0.027 | -0.010 | 0.017 | 0.014 | 0.027 | 0.055 | 0.069 | 0.061 | 0.086 | -0.001 | 0.039 | 0.061 | 0.052 | 0.071 | 0.068 |
| 重庆 | -0.235 | -0.176 | -0.165 | -0.163 | -0.039 | 0.003 | 0.011 | 0.032 | 0.028 | 0.069 | 0.066 | 0.070 | 0.072 | 0.089 | 0.097 | 0.089 | 0.114 | 0.137 |
| 四川 | -0.142 | -0.060 | -0.073 | -0.043 | -0.041 | -0.025 | -0.040 | -0.030 | -0.005 | 0.001 | 0.013 | 0.021 | 0.024 | 0.042 | 0.061 | 0.072 | 0.083 | 0.092 |

续表

| 省区市 | 2003年 | 2004年 | 2005年 | 2006年 | 2007年 | 2008年 | 2009年 | 2010年 | 2011年 | 2012年 | 2013年 | 2014年 | 2015年 | 2016年 | 2017年 | 2018年 | 2019年 | 2020年 |
|---|---|---|---|---|---|---|---|---|---|---|---|---|---|---|---|---|---|---|
| 贵州 | -0.181 | -0.143 | -0.124 | -0.061 | -0.138 | -0.092 | -0.134 | -0.136 | -0.078 | -0.084 | -0.042 | -0.048 | -0.053 | -0.055 | -0.053 | -0.030 | -0.013 | 0.017 |
| 云南 | -0.150 | -0.167 | -0.159 | -0.135 | -0.101 | -0.087 | -0.054 | -0.043 | -0.026 | -0.004 | -0.011 | -0.002 | -0.010 | -0.013 | -0.011 | 0.007 | 0.012 | 0.016 |
| 陕西 | -0.101 | -0.119 | -0.122 | -0.044 | -0.018 | 0.000 | 0.044 | 0.073 | 0.041 | 0.065 | 0.092 | 0.087 | 0.072 | 0.045 | 0.041 | 0.037 | 0.040 | 0.061 |
| 甘肃 | -0.204 | -0.141 | -0.163 | -0.010 | -0.069 | -0.105 | -0.094 | -0.094 | -0.132 | -0.055 | -0.062 | -0.079 | -0.152 | -0.102 | -0.105 | -0.110 | -0.089 | -0.094 |
| 青海 | -0.282 | -0.269 | -0.255 | -0.202 | -0.201 | -0.186 | -0.119 | -0.192 | -0.139 | -0.144 | -0.145 | -0.067 | -0.130 | -0.054 | -0.155 | -0.134 | -0.102 | -0.135 |
| 宁夏 | -0.239 | -0.001 | -0.201 | -0.044 | -0.018 | 0.114 | -0.020 | -0.045 | -0.078 | -0.028 | 0.096 | 0.219 | -0.006 | 0.168 | -0.023 | -0.035 | -0.044 | -0.037 |
| 新疆 | -0.100 | -0.078 | -0.113 | -0.099 | -0.067 | -0.058 | 0.012 | -0.051 | -0.041 | -0.080 | -0.037 | -0.002 | -0.069 | -0.067 | -0.047 | -0.047 | -0.059 | -0.072 |

表 1-20 2003~2020 年我国各省区市开放发展维度得分

| 省区市 | 2003年 | 2004年 | 2005年 | 2006年 | 2007年 | 2008年 | 2009年 | 2010年 | 2011年 | 2012年 | 2013年 | 2014年 | 2015年 | 2016年 | 2017年 | 2018年 | 2019年 | 2020年 |
|---|---|---|---|---|---|---|---|---|---|---|---|---|---|---|---|---|---|---|
| 北京 | -0.037 | -0.016 | -0.002 | 0.011 | 0.029 | 0.047 | 0.036 | 0.070 | 0.100 | 0.106 | 0.112 | 0.111 | 0.119 | 0.117 | 0.138 | 0.175 | 0.184 | 0.174 |
| 天津 | -0.061 | -0.055 | -0.049 | -0.042 | -0.036 | -0.030 | -0.032 | -0.022 | -0.024 | -0.020 | -0.014 | -0.010 | -0.008 | -0.002 | 0.006 | 0.014 | 0.013 | 0.015 |
| 河北 | -0.073 | -0.068 | -0.067 | -0.065 | -0.061 | -0.057 | -0.058 | -0.053 | -0.047 | -0.046 | -0.048 | -0.046 | -0.046 | -0.044 | -0.041 | -0.036 | -0.026 | -0.012 |
| 山西 | -0.078 | -0.076 | -0.075 | -0.072 | -0.068 | -0.065 | -0.065 | -0.062 | -0.057 | -0.054 | -0.065 | -0.064 | -0.064 | -0.063 | -0.061 | -0.057 | -0.055 | -0.050 |
| 内蒙古 | -0.076 | -0.071 | -0.068 | -0.066 | -0.062 | -0.060 | -0.063 | -0.061 | -0.059 | -0.059 | -0.059 | -0.057 | -0.056 | -0.054 | -0.052 | -0.051 | -0.048 | -0.053 |
| 辽宁 | -0.053 | -0.049 | -0.042 | -0.035 | -0.026 | -0.015 | -0.012 | 0.003 | 0.014 | 0.027 | 0.009 | 0.012 | 0.009 | 0.009 | 0.033 | 0.050 | 0.053 | 0.049 |
| 吉林 | -0.074 | -0.073 | -0.072 | -0.069 | -0.068 | -0.069 | -0.068 | -0.065 | -0.062 | -0.059 | -0.057 | -0.056 | -0.056 | -0.055 | -0.055 | -0.053 | -0.051 | -0.054 |
| 黑龙江 | -0.073 | -0.071 | -0.069 | -0.065 | -0.061 | -0.053 | -0.060 | -0.055 | -0.048 | -0.048 | -0.052 | -0.053 | -0.064 | -0.063 | -0.060 | -0.056 | -0.055 | -0.031 |

续表

| 省区市 | 2003年 | 2004年 | 2005年 | 2006年 | 2007年 | 2008年 | 2009年 | 2010年 | 2011年 | 2012年 | 2013年 | 2014年 | 2015年 | 2016年 | 2017年 | 2018年 | 2019年 | 2020年 |
|---|---|---|---|---|---|---|---|---|---|---|---|---|---|---|---|---|---|---|
| 上海 | 0.001 | 0.031 | 0.050 | 0.068 | 0.094 | 0.112 | 0.104 | 0.153 | 0.173 | 0.179 | 0.185 | 0.208 | 0.230 | 0.244 | 0.270 | 0.300 | 0.307 | 0.311 |
| 江苏 | -0.001 | 0.036 | 0.067 | 0.100 | 0.136 | 0.157 | 0.149 | 0.205 | 0.246 | 0.263 | 0.226 | 0.240 | 0.248 | 0.260 | 0.302 | 0.343 | 0.356 | 0.402 |
| 浙江 | -0.036 | -0.016 | 0.000 | 0.020 | 0.042 | 0.057 | 0.054 | 0.087 | 0.114 | 0.126 | 0.089 | 0.101 | 0.113 | 0.121 | 0.149 | 0.166 | 0.182 | 0.213 |
| 安徽 | -0.075 | -0.072 | -0.070 | -0.067 | -0.063 | -0.059 | -0.057 | -0.051 | -0.042 | -0.033 | -0.036 | -0.033 | -0.021 | -0.027 | -0.018 | -0.008 | 0.004 | 0.023 |
| 福建 | -0.045 | -0.039 | -0.034 | -0.026 | -0.016 | -0.009 | -0.008 | 0.006 | 0.024 | 0.035 | 0.023 | 0.030 | 0.034 | 0.062 | 0.080 | 0.071 | 0.081 | 0.069 |
| 江西 | -0.076 | -0.075 | -0.073 | -0.071 | -0.067 | -0.064 | -0.062 | -0.056 | -0.051 | -0.047 | -0.049 | -0.043 | -0.041 | -0.040 | -0.037 | -0.034 | -0.030 | -0.029 |
| 山东 | -0.050 | -0.040 | -0.031 | -0.020 | -0.006 | 0.005 | 0.007 | 0.028 | 0.050 | 0.060 | 0.052 | 0.061 | 0.056 | 0.062 | 0.091 | 0.105 | 0.149 | 0.268 |
| 河南 | -0.076 | -0.073 | -0.070 | -0.067 | -0.065 | -0.061 | -0.059 | -0.056 | -0.049 | -0.041 | -0.044 | -0.041 | -0.035 | -0.032 | -0.025 | -0.023 | -0.020 | -0.022 |
| 湖北 | -0.073 | -0.070 | -0.066 | -0.063 | -0.059 | -0.058 | -0.057 | -0.049 | -0.042 | -0.037 | -0.034 | -0.029 | -0.023 | -0.020 | -0.013 | -0.002 | 0.012 | 0.002 |
| 湖南 | -0.077 | -0.073 | -0.070 | -0.066 | -0.063 | -0.063 | -0.061 | -0.054 | -0.049 | -0.047 | -0.045 | -0.044 | -0.043 | -0.041 | -0.010 | 0.000 | 0.014 | -0.002 |
| 广东 | 0.153 | 0.211 | 0.266 | 0.316 | 0.386 | 0.414 | 0.415 | 0.504 | 0.563 | 0.602 | 0.630 | 0.631 | 0.641 | 0.654 | 0.872 | 0.933 | 0.924 | 0.886 |
| 广西 | -0.073 | -0.067 | -0.064 | -0.060 | -0.056 | -0.054 | -0.053 | -0.048 | -0.041 | -0.035 | -0.040 | -0.036 | -0.018 | -0.016 | -0.008 | -0.001 | 0.012 | 0.022 |
| 海南 | -0.076 | -0.076 | -0.075 | -0.073 | -0.055 | -0.055 | -0.058 | -0.068 | -0.066 | -0.065 | -0.065 | -0.066 | -0.066 | -0.057 | -0.054 | -0.048 | -0.044 | 0.461 |
| 重庆 | -0.077 | -0.075 | -0.074 | -0.073 | -0.069 | -0.066 | -0.064 | -0.059 | -0.048 | -0.036 | -0.041 | -0.030 | -0.032 | -0.030 | -0.024 | -0.013 | -0.010 | -0.019 |
| 四川 | -0.073 | -0.068 | -0.066 | -0.062 | -0.057 | -0.061 | -0.058 | -0.052 | -0.042 | -0.032 | -0.030 | -0.024 | -0.025 | -0.021 | -0.010 | 0.002 | 0.040 | 0.026 |
| 贵州 | -0.080 | -0.078 | -0.078 | -0.077 | -0.076 | -0.076 | -0.076 | -0.075 | -0.074 | -0.072 | -0.071 | -0.069 | -0.068 | -0.069 | -0.070 | -0.067 | -0.066 | -0.059 |
| 云南 | -0.070 | -0.069 | -0.065 | -0.061 | -0.056 | -0.053 | -0.050 | -0.044 | -0.037 | -0.029 | -0.043 | -0.042 | -0.016 | -0.015 | -0.007 | 0.002 | 0.008 | -0.009 |
| 陕西 | -0.074 | -0.071 | -0.069 | -0.067 | -0.065 | -0.065 | -0.063 | -0.055 | -0.049 | -0.041 | -0.046 | -0.041 | -0.036 | -0.031 | -0.020 | -0.004 | -0.001 | -0.009 |

续表

| 省区市 | 2003年 | 2004年 | 2005年 | 2006年 | 2007年 | 2008年 | 2009年 | 2010年 | 2011年 | 2012年 | 2013年 | 2014年 | 2015年 | 2016年 | 2017年 | 2018年 | 2019年 | 2020年 |
|---|---|---|---|---|---|---|---|---|---|---|---|---|---|---|---|---|---|---|
| 甘肃 | -0.080 | -0.078 | -0.077 | -0.077 | -0.076 | -0.078 | -0.079 | -0.077 | -0.077 | -0.077 | -0.076 | -0.077 | -0.077 | -0.077 | -0.075 | -0.074 | -0.073 | -0.074 |
| 青海 | -0.081 | -0.081 | -0.081 | -0.080 | -0.080 | -0.080 | -0.080 | -0.080 | -0.080 | -0.080 | -0.080 | -0.080 | -0.079 | -0.079 | -0.079 | -0.079 | -0.079 | -0.079 |
| 宁夏 | -0.080 | -0.080 | -0.080 | -0.080 | -0.080 | -0.080 | -0.080 | -0.080 | -0.080 | -0.080 | -0.080 | -0.079 | -0.078 | -0.078 | -0.073 | -0.076 | -0.074 | -0.075 |
| 新疆 | -0.078 | -0.077 | -0.076 | -0.075 | -0.073 | -0.071 | -0.073 | -0.071 | -0.069 | -0.067 | -0.066 | -0.067 | -0.069 | -0.069 | -0.066 | -0.063 | -0.067 | -0.065 |

表 1-21　2003~2020 年我国各省区市共享发展维度得分

| 省区市 | 2003年 | 2004年 | 2005年 | 2006年 | 2007年 | 2008年 | 2009年 | 2010年 | 2011年 | 2012年 | 2013年 | 2014年 | 2015年 | 2016年 | 2017年 | 2018年 | 2019年 | 2020年 |
|---|---|---|---|---|---|---|---|---|---|---|---|---|---|---|---|---|---|---|
| 北京 | 0.381 | 0.331 | 0.278 | 0.328 | 0.339 | 0.376 | 0.402 | 0.281 | 0.429 | 0.263 | 0.485 | 0.499 | 0.509 | 0.540 | 0.570 | 0.506 | 0.517 | 0.343 |
| 天津 | -0.031 | -0.006 | 0.004 | 0.059 | 0.038 | 0.073 | 0.097 | 0.059 | 0.108 | 0.153 | 0.177 | 0.163 | 0.145 | 0.199 | 0.237 | 0.149 | 0.140 | 0.101 |
| 河北 | -0.159 | -0.137 | -0.135 | -0.094 | -0.070 | -0.031 | -0.038 | -0.011 | 0.024 | 0.133 | 0.052 | 0.040 | 0.072 | 0.047 | 0.108 | 0.089 | 0.093 | 0.111 |
| 山西 | -0.118 | -0.092 | -0.102 | -0.078 | -0.049 | 0.186 | -0.002 | 0.002 | 0.014 | 0.080 | 0.057 | 0.034 | 0.036 | 0.055 | 0.084 | 0.085 | 0.125 | 0.125 |
| 内蒙古 | -0.256 | -0.201 | -0.210 | -0.176 | -0.151 | -0.125 | -0.115 | -0.104 | -0.076 | 0.098 | -0.004 | -0.009 | 0.002 | 0.082 | 0.031 | 0.026 | 0.108 | 0.105 |
| 辽宁 | -0.030 | 0.001 | -0.011 | -0.008 | 0.009 | 0.018 | 0.036 | 0.044 | 0.087 | 0.086 | 0.098 | 0.127 | 0.142 | 0.174 | 0.207 | 0.205 | 0.208 | 0.182 |
| 吉林 | -0.075 | -0.071 | -0.106 | -0.085 | -0.056 | -0.032 | -0.011 | 0.016 | 0.027 | 0.111 | 0.052 | 0.046 | 0.047 | 0.061 | 0.066 | 0.096 | 0.114 | 0.135 |
| 黑龙江 | -0.084 | -0.052 | -0.113 | -0.058 | -0.033 | -0.003 | 0.006 | 0.028 | 0.060 | 0.071 | 0.087 | 0.086 | 0.103 | 0.113 | 0.165 | 0.185 | 0.216 | 0.205 |
| 上海 | 0.313 | 0.308 | 0.249 | 0.252 | 0.264 | 0.267 | 0.279 | 0.248 | 0.307 | 0.218 | 0.289 | 0.306 | 0.326 | 0.339 | 0.390 | 0.323 | 0.333 | 0.206 |
| 江苏 | -0.224 | -0.192 | -0.160 | -0.152 | -0.093 | -0.059 | -0.031 | -0.048 | 0.002 | 0.146 | 0.065 | 0.062 | 0.092 | 0.092 | 0.110 | 0.086 | 0.136 | 0.132 |
| 浙江 | -0.179 | -0.162 | -0.131 | -0.155 | -0.117 | -0.078 | -0.052 | -0.062 | -0.016 | 0.071 | 0.033 | 0.054 | 0.077 | 0.077 | 0.140 | 0.120 | 0.141 | 0.084 |
| 安徽 | -0.251 | -0.242 | -0.278 | -0.249 | -0.232 | -0.194 | -0.183 | -0.163 | -0.100 | 0.015 | -0.068 | -0.057 | -0.051 | -0.022 | 0.010 | 0.002 | 0.021 | 0.042 |
| 福建 | -0.193 | -0.195 | -0.153 | -0.180 | -0.178 | -0.152 | -0.121 | -0.110 | -0.055 | 0.020 | 0.004 | 0.004 | 0.034 | 0.027 | 0.034 | 0.033 | 0.045 | 0.040 |

续表

| 省区市 | 2003年 | 2004年 | 2005年 | 2006年 | 2007年 | 2008年 | 2009年 | 2010年 | 2011年 | 2012年 | 2013年 | 2014年 | 2015年 | 2016年 | 2017年 | 2018年 | 2019年 | 2020年 |
|---|---|---|---|---|---|---|---|---|---|---|---|---|---|---|---|---|---|---|
| 江西 | -0.189 | -0.181 | -0.188 | -0.176 | -0.148 | -0.114 | -0.101 | -0.104 | -0.053 | 0.039 | -0.018 | -0.027 | -0.016 | -0.044 | 0.042 | 0.012 | 0.033 | 0.043 |
| 山东 | -0.252 | -0.222 | -0.195 | -0.109 | -0.067 | -0.036 | -0.047 | -0.047 | -0.010 | 0.179 | 0.047 | 0.041 | 0.078 | 0.072 | 0.097 | 0.077 | 0.087 | 0.105 |
| 河南 | -0.159 | -0.141 | -0.157 | -0.148 | -0.118 | -0.099 | -0.083 | -0.086 | -0.066 | 0.004 | -0.025 | -0.017 | 0.000 | 0.020 | 0.055 | 0.078 | 0.076 | 0.099 |
| 湖北 | -0.201 | -0.195 | -0.191 | -0.144 | -0.107 | -0.086 | -0.083 | -0.086 | -0.039 | 0.151 | 0.014 | 0.022 | 0.036 | 0.059 | 0.040 | 0.047 | 0.055 | 0.075 |
| 湖南 | -0.168 | -0.131 | -0.144 | -0.113 | -0.075 | -0.071 | -0.046 | -0.043 | -0.020 | 0.036 | 0.027 | 0.067 | 0.104 | 0.131 | 0.136 | 0.168 | 0.216 | 0.214 |
| 广东 | -0.193 | -0.153 | -0.135 | -0.123 | -0.071 | -0.044 | -0.014 | -0.018 | 0.034 | 0.060 | 0.087 | 0.076 | 0.090 | 0.075 | 0.117 | 0.072 | 0.088 | 0.089 |
| 广西 | -0.228 | -0.189 | -0.176 | -0.133 | -0.098 | -0.073 | -0.047 | -0.078 | -0.079 | 0.048 | -0.017 | -0.013 | -0.007 | 0.009 | 0.040 | 0.058 | 0.056 | 0.049 |
| 海南 | -0.228 | -0.169 | -0.193 | -0.157 | -0.161 | -0.142 | -0.129 | -0.085 | -0.021 | 0.091 | 0.011 | 0.021 | 0.049 | 0.012 | 0.048 | 0.036 | 0.166 | 0.169 |
| 重庆 | -0.180 | -0.204 | -0.195 | -0.158 | -0.110 | -0.101 | -0.123 | -0.125 | -0.094 | -0.037 | -0.004 | -0.023 | -0.008 | 0.024 | 0.063 | 0.031 | 0.058 | 0.056 |
| 四川 | -0.207 | -0.192 | -0.242 | -0.204 | -0.155 | -0.118 | -0.106 | -0.107 | -0.042 | -0.017 | 0.004 | 0.030 | 0.032 | 0.021 | 0.070 | 0.052 | 0.078 | 0.187 |
| 贵州 | -0.280 | -0.260 | -0.282 | -0.289 | -0.234 | -0.210 | -0.181 | -0.182 | -0.181 | -0.176 | -0.103 | -0.043 | -0.059 | -0.048 | -0.033 | -0.020 | -0.004 | -0.008 |
| 云南 | -0.245 | -0.221 | -0.243 | -0.204 | -0.180 | -0.148 | -0.161 | -0.141 | -0.112 | -0.072 | -0.067 | -0.036 | -0.022 | -0.012 | 0.015 | 0.009 | 0.030 | 0.018 |
| 陕西 | -0.196 | -0.173 | -0.166 | -0.143 | -0.107 | -0.081 | -0.049 | -0.033 | 0.033 | 0.043 | 0.086 | 0.072 | 0.078 | 0.100 | 0.096 | 0.076 | 0.152 | 0.203 |
| 甘肃 | -0.297 | -0.293 | -0.285 | -0.287 | -0.243 | -0.221 | -0.208 | -0.180 | -0.133 | -0.059 | -0.075 | -0.095 | -0.097 | -0.080 | -0.064 | -0.025 | 0.025 | 0.011 |
| 青海 | -0.162 | -0.126 | -0.117 | -0.076 | -0.065 | -0.061 | -0.084 | -0.005 | -0.016 | -0.095 | -0.062 | -0.040 | -0.056 | -0.019 | 0.015 | 0.007 | -0.008 | -0.028 |
| 宁夏 | -0.275 | -0.204 | -0.267 | -0.204 | -0.177 | -0.104 | -0.102 | -0.078 | -0.050 | 0.052 | 0.001 | 0.009 | 0.029 | 0.032 | 0.059 | 0.011 | 0.026 | -0.004 |
| 新疆 | -0.036 | -0.021 | -0.039 | -0.005 | 0.068 | 0.044 | 0.060 | 0.058 | 0.112 | 0.137 | 0.154 | 0.173 | 0.184 | 0.160 | 0.174 | 0.173 | 0.174 | 0.122 |

总的来看，2003～2020 年我国各省区市高等教育资源供给指数与经济高质量发展指数的变化均呈现增长趋势，但各省区市在高等教育资源供给和经济高质量发展方面的表现各不相同。为进一步区分我国不同省区市在高等教育资源供给与经济高质量发展之间的特征，本节根据各地区高等教育资源供给和经济高质量发展的平均得分排名，将 30 个省区市归类到四种类型中（表 1-22）。

表 1-22  我国各省区市的类型划分

| 类型 | 省区市 |
| --- | --- |
| 经济发展质量强—高等教育供给强 | 北京、上海、广东、江苏、浙江 |
| 经济发展质量强—高等教育供给弱 | 海南、天津、福建、河北、黑龙江、吉林、辽宁 |
| 经济发展质量强—高等教育供给强 | 陕西、湖北、山东、四川、安徽、河南、湖南、重庆 |
| 经济发展质量弱—高等教育供给弱 | 广西、江西、山西、云南、青海、甘肃、新疆、内蒙古、贵州、宁夏 |

# 第四节  我国高等教育资源供给与经济发展相关性

## 一、模型设定与变量选取

（一）中介效应模型

由前述分析可知，我国高等教育资源供给与经济发展有理论上的相关性，高等教育资源供给可以通过"常规性资源供给——经济发展"和"派生性资源供给——经济发展"两种路径作用到经济发展中。但值得注意的是，派生性资源作为高等教育发展过程中产生的资源，其形成的基础由常规性资源构成。基于此，构建出高等教育资源供给对经济高质量发展的作用路径（图 1-2）。

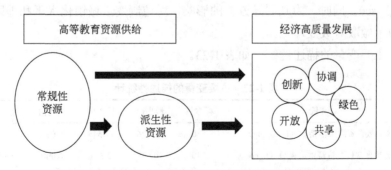

图 1-2  高等教育资源供给对经济高质量发展的作用路径

为了进一步明确高等教育资源供给与经济高质量发展之间的关系，以及详细剖析不同类型的高等教育资源对经济高质量发展之间的影响，本节构建如下中介效应模型：

$$qeg_{it} = \alpha_0 + \alpha_1 h\_con_{it} + \alpha_2 control_{it} + \varepsilon_{it} \qquad (1\text{-}2)$$

$$h\_der_{it} = \beta_0 + \beta_1 h\_con_{it} + \beta_2 control_{it} + \varepsilon_{it} \qquad (1\text{-}3)$$

$$qeg_{it} = \gamma_0 + \gamma_1 h\_con_{it} + \gamma_2 h\_der_{it} + \gamma_3 control_{it} + \varepsilon_{it} \qquad (1\text{-}4)$$

式中，$i$ 表示地区；$t$ 表示时间；$qeg_{it}$ 表示被解释变量经济高质量发展指数；$h\_con_{it}$ 表示解释变量高等教育常规性资源供给得分；$h\_der_{it}$ 表示中介变量高等教育派生性资源供给得分；$control_{it}$ 表示一系列控制变量；$\varepsilon_{it}$ 表示扰动项。

首先，对系数 $\alpha_1$ 的显著性进行检验，显著则按中介效应立论；其次，依次对系数 $\beta_1$、$\gamma_2$ 的显著性进行检验，都显著则进行下一步检验；最后，对系数 $\gamma_1$ 的显著性进行检验，当系数 $\gamma_1$ 显著且与系数 $\beta_1$、$\gamma_2$ 同号时，则存在中介效应，中介效应占总效应的比重为 $\beta_1\gamma_2 / \alpha_1$。

### （二）变量选取与说明

**1. 解释变量**

本节以高等教育常规性资源供给得分（h_con）作为解释变量。

**2. 被解释变量**

本节以经济高质量发展指数（qeg）作为被解释变量。

**3. 中介变量**

本节以高等教育派生性资源供给得分（h_der）作为中介变量。

**4. 控制变量**

根据已有研究，其他影响经济高质量发展的控制变量包括：①城镇化水平（urb_level）：用城镇人口占年末总人口的比重表示；②地区高校数量（high_sc）。同时，为减弱异方差的影响，对控制变量城镇化水平和地区高校数量做取对数处理。

主要变量的描述性统计如表 1-23。

表 1-23　主要变量的描述性统计

| 变量 | 样本量 | 最小值 | 最大值 | 平均值 | 标准差 |
|---|---|---|---|---|---|
| 高等教育资源供给指数（h_supply） | 540 | -2.676 | 11.548 | 0.000 | 2.196 |
| 高等教育常规性资源供给得分（h_con） | 540 | -0.538 | 2.304 | 0.000 | 0.403 |
| 人力资源（human） | 540 | -0.432 | 1.010 | 0.000 | 0.230 |
| 财力资源（wealth） | 540 | -0.133 | 0.868 | 0.000 | 0.139 |

续表

| 变量 | 样本量 | 最小值 | 最大值 | 平均值 | 标准差 |
|---|---|---|---|---|---|
| 物力资源（material） | 540 | -0.181 | 0.686 | 0.000 | 0.103 |
| 高等教育派生性资源供给得分（h_der） | 540 | -1.472 | 4.706 | 0.000 | 1.190 |
| 人才规模（graduate） | 540 | -1.245 | 3.909 | 0.000 | 0.982 |
| 科研成果（research） | 540 | -0.228 | 1.071 | 0.000 | 0.235 |
| 经济高质量发展指数（qeg） | 540 | -1.765 | 8.380 | 0.000 | 1.406 |
| 创新（creat） | 540 | -0.233 | 0.998 | 0.000 | 0.190 |
| 协调（concert） | 540 | -0.188 | 1.002 | 0.000 | 0.109 |
| 开放（open） | 540 | -0.080 | 0.926 | 0.000 | 0.138 |
| 绿色（green） | 540 | -0.273 | 1.046 | 0.000 | 0.108 |
| 共享（share） | 540 | -0.292 | 0.570 | 0.000 | 0.148 |
| 城镇化水平（urb_level） | 540 | 24.800 | 90.810 | 53.970 | 14.640 |
| 地区高校数量（high_sc） | 540 | 9.000 | 167.000 | 76.750 | 37.070 |

## 二、实证结果与分析

### （一）单位根检验

采用 2003～2020 年 30 个省区市面板数据，在回归分析之前，首先对各变量进行平稳性检验，以规避时间序列的"伪回归"情况。鉴于本面板数据属于短面板，因此采用 HT 和 IPS 两种检验方法对面板数据序列的平稳性进行检验。如表 1-24 所示，相关变量均在 10% 的水平上通过了显著性检验。据此，可以判定所有变量均不存在单位根，序列平稳。

表 1-24　单位根检验结果

| 变量 | 检验方法 | | 结果 |
|---|---|---|---|
| | HT | IPS | |
| h_supply | -12.5319*** | -6.9705*** | 平稳 |
| human | -10.4416*** | -5.8194*** | 平稳 |
| wealth | -1.6189* | -4.4497*** | 平稳 |
| material | -18.9021*** | -8.8751*** | 平稳 |
| h_con | -15.1570*** | -6.8577*** | 平稳 |
| graduate | -4.4903** | -5.3025*** | 平稳 |
| research | -3.5195*** | -2.7630** | 平稳 |

续表

| 变量 | 检验方法 | | 结果 |
| --- | --- | --- | --- |
| | HT | IPS | |
| h_der | $-3.2885^{***}$ | $-2.0738^{**}$ | 平稳 |
| qeg | $-5.9281^{***}$ | $-4.7230^{***}$ | 平稳 |
| creat | $-0.3001^{*}$ | $-2.7512^{***}$ | 平稳 |
| concert | $-2.3832^{*}$ | $-1.7314^{**}$ | 平稳 |
| open | $-3.6756^{***}$ | $-1.9707^{*}$ | 平稳 |
| green | $-8.5492^{***}$ | $-7.0709^{***}$ | 平稳 |
| share | $-11.0044^{***}$ | $-6.4673^{***}$ | 平稳 |
| urb_level | $-4.9305^{*}$ | $-3.6170^{***}$ | 平稳 |
| high_sc | $-10.3987^{***}$ | $-5.8301^{***}$ | 平稳 |

注：***、**和*分别表示在1%、5%和10%水平上显著。

## （二）高等教育资源供给与经济高质量发展的全域性分析

本节选择固定效应模型用作分析，基准回归结果见表 1-25。模型 1 是高等教育资源供给指数与经济高质量发展指数的回归模型，回归结果表明，高等教育资源供给对高质量的经济发展有着显著的促进作用。模型 2 为高等教育常规性资源供给对经济高质量发展的基准回归。模型 3 为高等教育派生性资源供给对经济高质量发展的基准回归。模型 4 则是将高等教育常规性资源供给与派生性资源供给纳入到一个框架内，检验其对经济高质量发展的影响。由模型 4 可以看出，各个变量均通过了 1% 的显著性检验，表明高等教育常规性资源供给与派生性资源供给也均对经济高质量发展发挥着显著的促进作用。其中，高等教育常规性资源供给每提高一个单位，经济高质量发展将提高 1.479 个单位；高等教育派生性资源供给每提高一个单位，经济高质量发展将提高 0.879 个单位。对于控制变量而言，在全国层面上，城镇化水平和地区高校数量对经济高质量发展均有拉动作用。

表 1-25　基准模型回归结果

| 变量 | 模型 1 | 模型 2 | 模型 3 | 模型 4 |
| --- | --- | --- | --- | --- |
| urb_level | $2.520^{***}$ | $2.414^{**}$ | $2.914^{***}$ | $2.418^{***}$ |
| | （13.70） | （13.24） | （15.26） | （13.81） |
| high_sc | $0.599^{***}$ | $0.686^{***}$ | $0.644^{**}$ | $0.559^{***}$ |
| | （4.17） | （4.87） | （4.22） | （4.11） |

续表

| 变量 | 模型1 | 模型2 | 模型3 | 模型4 |
|------|------|------|------|------|
| h_supply | 0.428*** | | | |
| | （19.38） | | | |
| h_con | | 2.044*** | | 1.479*** |
| | | （19.98） | | （11.62） |
| h_der | | | 1.821*** | 0.879*** |
| | | | （16.62） | （6.94） |
| 固定效应 | 是 | 是 | 是 | 是 |
| 常数项 | −12.4019 | −12.4479 | −14.2100 | −11.8954 |
| $R^2$ | 0.8026 | 0.7898 | 0.7792 | 0.8033 |
| 观测值 | 540 | 540 | 540 | 540 |

注：***和**分别表示在1%和5%水平上显著。

**1. 常规性资源供给与经济高质量发展子系统**

表 1-26 展现了高等教育常规性资源供给的三个维度对经济高质量发展各个子系统的影响。

**表 1-26　高等教育常规性资源供给与经济高质量发展子系统的相关性分析**

| 变量 | 总体（qeg） | 经济高质量发展子系统 | | | | |
|------|------|------|------|------|------|------|
| | | 创新（creat） | 协调（concert） | 绿色（green） | 开放（open） | 共享（share） |
| human | 2.2089*** | 0.6840*** | 0.1288*** | 0.0827* | 0.4265*** | 0.1640*** |
| | （10.81） | （15.98） | （5.37） | （1.84） | （10.50） | （6.32） |
| wealth | 0.3886* | 0.1006** | 0.0346 | 0.0260 | 0.3542*** | 0.0052 |
| | （1.67） | （0.79） | （2.23） | （0.51） | （7.66） | （0.11） |
| material | 0.1407 | 0.0550 | 0.0212 | 0.0064 | 0.0690** | 0.0530* |
| | （0.84） | （0.61） | （1.44） | （0.17） | （3.25） | （1.67） |
| 控制变量 | 是 | 是 | 是 | 是 | 是 | 是 |
| 固定效应 | 是 | 是 | 是 | 是 | 是 | 是 |
| 常数项 | −3.1554 | 0.0647 | 0.7712 | 0.5555 | 0.5518 | −1.3897 |
| $R^2$ | 0.6893 | 0.5824 | 0.7843 | 0.1069 | 0.2951 | 0.3604 |
| 观测值 | 540 | 540 | 540 | 540 | 540 | 540 |

注：***、**和*分别表示在1%、5%和10%水平上显著。

总体来看，高等教育人力资源供给和财力资源供给与经济高质量发展指数呈显著正相关，这表明人力资源和财力资源的供给均能不同程度地推动经济发展。其中，人力资源供给对经济高质量发展的影响最大，高等教育人力资源供给每增加 1 个单位，经济高质量发展将增加 2.2089 个单位；财力资源供给每增加一个单位，经济高质量发展将增加 0.3886 个单位。

聚焦于高等教育常规性资源供给对经济高质量发展的各个子系统的影响来看，①高等教育人力资源供给是最为重要的一项资源，它的供给效用与经济高质量发展全面相关。高等教育人力资源供给每增长一个单位，创新发展维度将增长 0.6840 个单位、协调发展维度将增长 0.1288 个单位、绿色发展维度将增长 0.0827 个单位、开放发展维度将增长 0.4265 个单位、共享发展维度将增长 0.1640 个单位。②高等教育财力资源供给对经济高质量发展的影响主要体现在创新发展和开放发展。具体在创新发展方面，高等教育财力资源供给对其在 5% 的水平上显著正相关，这表明高校经费供给的增长，特别是科研经费与生均经费的提升也能够推动我国的创新发展。在开放发展方面，高等教育财力资源供给在 1% 的水平上显著，表明高等教育财力资源供给有助于推动我国开放发展，这可能是因为高等教育经费资源的增加一方面能够引进优质的外国教育资源，另一方面也能在一定程度上推进地区人力资本的增长和科学技术水平的提升，继而吸引外国企业落户。③高等教育物力资源供给则在开放发展和共享发展维度显著正相关，高等教育物力资源供给每增长一个单位，开放发展维度将增长 0.0690 个单位，共享发展维度将增长 0.0530 个单位。

**2. 派生性资源供给与经济高质量发展子系统**

表 1-27 呈现了高等教育派生性资源供给的两个维度对经济高质量发展整体以及各个子系统的影响。

**表 1-27　高等教育派生性资源供给与经济高质量发展子系统的相关性分析**

| 变量 | 总体 (qeg) | 经济高质量发展子系统 | | | | |
|---|---|---|---|---|---|---|
| | | 创新 (creat) | 协调 (concert) | 绿色 (green) | 开放 (open) | 共享 (share) |
| graduate | 1.7923*** | 0.7829*** | 0.3236* | 1.4591*** | 0.4748* | 0.3753* |
| | (4.23) | (8.49) | (9.56) | (0.13) | (1.82) | (2.07) |
| research | 0.6596*** | 0.0796** | 0.0384* | 0.2822** | 0.1080*** | 0.0118 |
| | (0.67) | (2.60) | (2.73) | (0.63) | (3.46) | (0.04) |
| 控制变量 | 是 | 是 | 是 | 是 | 是 | 是 |
| 固定效应 | 是 | 是 | 是 | 是 | 是 | 是 |
| 常数项 | −2.5325 | 0.6502 | 0.7269 | 0.6941 | 0.6756 | −1.1473 |
| $R^2$ | 0.6113 | 0.4315 | 0.7892 | 0.0547 | 0.1077 | 0.7179 |
| 观测值 | 540 | 540 | 540 | 540 | 540 | 540 |

注：***、**和*分别表示在 1%、5% 和 10% 水平上显著。

　　总的来看，高等教育人才规模和科研成果均对我国高质量的经济发展发挥着显著的促进作用，其中人才规模每增加一个单位，经济高质量发展将增加 1.7923 个单位；科研成果每增加一个单位，经济高质量发展将增加 0.6596 个单位。

　　具体来看，在创新发展方面，高等教育人才规模在 1%的水平上显著正相关，科研成果则在 5%的水平上显著正相关，表明高等教育可以通过人才产出和科研成果产出提升经济社会创新水平。在协调发展方面，高等教育人才规模和科研成果均在10%的水平上对其产生正向作用，这可能是因为高素质人才产出和科技发展对于产业结构优化、提高整体收入水平有着促进作用。绿色发展方面，高等教育人才规模和科研成果均发挥着显著的正向作用。这是因为一方面通过高校人才培养提高了人们的环保意识，提升社会对环境建设的重视程度，另一方面高校科研成果也可以通过改进生产工艺降低污染从而达到推动绿色发展的目的。在开放发展方面，高等教育的人才规模在 10%的水平上与其显著正相关，这表明人力资本的增加可能会提高区域的外资吸引力，这与已有研究结论一致（张心悦和闵维方，2021）。在共享发展方面，高等教育的人才规模资源能够显著促进共享发展。这可能是因为出于对高质量人才的需求，政府会通过完善公共服务设施，优化居住环境等手段吸引人才、留下人才，因此，高等教育的人才产出将有助于促进社会共享。

### （三）高等教育资源供给与经济高质量发展的区域异质性分析

#### 1. 高等教育常规性资源供给与经济高质量发展

　　从不同区域的对比来看，高等教育常规性资源供给对我国东部、中部、西部地区均存在显著性影响（表 1-28）。其中，东部地区的高等教育常规性资源供给对经济高质量发展的贡献度要高于中部和西部，表明在东部地区通过增加高等教育的常规性资源供给更能促进经济发展质量的提高。具体从三大地区来看，对东部地区而言，高等教育人力资源供给在推动东部地区经济发展过程中作用最大，财力资源和物力资源的供给则无显著相关性，东部地区也可通过增加高质量的人力资源供给实现高等教育和经济的共同发展。对中部地区而言，人力资源供给在 1%的水平上显著正相关，财力资源供给在 5%的水平上显著正相关，物力资源供给在 10%的水平上显著正相关，表明高等教育的人力资源、财力资源以及物力资源供给均对中部地区的经济高质量发展具有促进作用，这意味着可进一步通过提升中部地区高等教育常规性资源的"量"和"质"增进高等教育的外溢效用。西部地区则是人力资源供给与财力资源供给对经济社会发展的影响更为显著，表明西部地区可以通过引进优质人才，增加经费供给等路径驱动经济发展。

表 1-28　不同地区高等教育常规性资源供给与经济高质量发展的相关性分析

| 变量 | 地区 | | | | | |
|---|---|---|---|---|---|---|
| | 东部 | | 中部 | | 西部 | |
| h_con | 1.7280*** (11.40) | | 2.8424*** (10.77) | | 1.4390*** (5.38) | |
| human | | 2.2245*** (6.51) | | 4.1745*** (11.43) | | 1.7515*** (4.51) |
| wealth | | 0.0627 (0.18) | | 1.4408** (2.50) | | 1.3457** (2.76) |
| material | | 0.1458 (0.67) | | 0.9985* (1.75) | | 0.7882 (1.23) |
| 控制变量 | 是 | | 是 | | 是 | |
| 固定效应 | 是 | | 是 | | 是 | |
| 观测值 | 234 | | 108 | | 198 | |
| 常数项 | −19.2890 | −4.9340 | −7.1880 | −4.4448 | −13.2600 | −23.8643 |
| $R^2$ | 0.7764 | 0.7209 | 0.7331 | 0.7515 | 0.7223 | 0.3070 |

注：***、**和*分别表示在1%、5%和10%水平上显著。

**2. 高等教育派生性资源供给与经济高质量发展**

如表 1-29 所示，高等教育派生性资源供给与我国东部、中部、西部三地均在 10%的水平上显著相关，表明派生性资源供给的进步能够显著推动我国各个区域的经济高质量发展。具体来看，对东部地区而言，人才规模和科研成果产出是推动东部地区经济高质量发展较为有力的路径。对中部地区而言，人才规模资源对推动中部地区经济高质量发展贡献远大于科研成果，科研成果效用的落后俨然已成为中部地区高等教育发展的"短板"面。对西部地区而言，西部地区的人才规模和科研成果对推动区域经济高质量发展的效用均处于较低水平，这意味着西部地区高等教育系统的派生性资源供给可能与西部区域经济高质量发展存在错位现象。

表 1-29　不同地区高等教育派生性资源供给与经济高质量发展的相关性分析

| 变量 | 地区 | | | | | |
|------|------|------|------|------|------|------|
| | 东部 | | 中部 | | 西部 | |
| h_der | 1.7379*** | | 1.3628*** | | 0.5043** | |
| | (10.71) | | (3.98) | | (2.35) | |
| graduate | | 1.8708** | | 3.6730*** | | 0.4457* |
| | | (2.80) | | (3.54) | | (0.26) |
| research | | 0.5890** | | 0.4780* | | 0.6115* |
| | | (2.97) | | (1.90) | | (1.87) |
| 控制变量 | 是 | | 是 | | 是 | |
| 固定效应 | 是 | | 是 | | 是 | |
| 观测值 | 234 | | 108 | | 198 | |
| 常数项 | −19.4840 | −3.5080 | −13.6039 | 1.4816 | −15.8794 | −6.6503 |
| $R^2$ | 0.7792 | 0.6306 | 0.7520 | 0.9638 | 0.7039 | 0.9615 |

注：***、**和*分别表示在1%、5%和10%水平上显著。

### （四）高等教育派生性资源供给的中介效应分析

为进一步探究高等教育常规性资源供给与派生性资源供给如何协同作用经济高质量发展，采取 Bootstrap 方法对高等教育派生性资源供给的中介效应进行检验。结果如表 1-30 所示。

表 1-30　高等教育派生性资源的中介效应

| 变量 | qeg | h_der | qeg |
|------|------|-------|------|
| h_con | 2.0440*** | 0.6425*** | 1.4794*** |
| | (19.98) | (18.74) | (11.62) |
| h_der | | | 0.8792*** |
| | | | (6.94) |
| urb_level | 2.4240*** | 0.0070 | 2.4183*** |
| | (13.24) | (0.11) | (13.81) |
| high_sc | 0.6860*** | 0.1437*** | 0.5596*** |
| | (4.87) | (18.74) | (4.11) |
| 常数项 | −12.4470 | −0.6283 | −11.8950 |
| $R^2$ | 0.7898 | 0.8487 | 0.8033 |
| 观测值 | 540 | | |
| 固定效应 | 是 | | |
| 中介效应检验<br>（置信区间） | Bootstrap 中介效应检验：<br>95%置信区间[0.1431, 0.7050]<br>中介效应占总效应比=45.44% | | |

注：***表示在1%水平上显著。

中介效应模型的第一步检验了高等教育常规性资源供给对经济高质量发展的影响，其影响系数为 2.0440 且在 1%的水平上显著；第二步检验高等教育常规性资源供给对高等教育派生性资源供给的影响，结果表明高等教育常规性资源供给对派生性资源供给的回归系数在 1%的水平上显著，影响系数为 0.6425；第三步则检验高等教育常规性资源供给和高等教育派生性资源供给共同对区域经济高质量发展的影响，结果显示两者的回归系数均在 1%的水平上显著，表明派生性资源供给的中介效应存在。随后通过 Bootstrap 方法测算得出，高等教育派生性资源供给的中介效应占总效应比值为 45.44%，即高等教育常规性资源供给一方面可以直接作用经济高质量发展，另一方面则可以通过派生性资源供给作用经济高质量发展。

（五）稳健性检验

考虑到自变量与因变量之间可能存在反向因果关系，即经济高质量发展会进一步促进高等教育资源供给水平的提升，由此可能导致潜在的内生性问题。基于此，本节将解释变量滞后一期作为工具变量进行 2SLS 回归，检验结果见表 1-31。结果显示本节工具变量选取有效，同时高等教育常规性资源供给与派生性资源供给对经济高质量发展依旧呈现显著正相关，验证了本节基准回归结果的稳健性。

表 1-31　稳健性检验结果

| 变量 | 2SLS | 动态 GMM |
|---|---|---|
| | qeg | qeg |
| L.qeg | | 0.6950*** |
| | | （8.87） |
| L.h_con | 1.4020*** | |
| | （3.17） | |
| h_con | | 0.2902** |
| | | （2.25） |
| h_der | 0.3722* | 0.3450** |
| | （1.89） | （3.38） |
| high_sc | 0.2395* | 0.0217 |
| | （1.75） | （0.07） |
| urb_level | 0.4924** | 0.5264 |
| | （1.97） | （1.47） |
| 固定效应 | 是 | 是 |
| LM 统计量 | 218.041 | |
| | [0.000] | |

| 变量 | 2SLS | 动态 GMM |
|---|---|---|
| | qeg | qeg |
| F 统计量 | 365.195<br>[16.380] | |
| 常数项 | −3.475 | |
| $R^2$ | 0.8040 | |
| 观测值 | 540 | 540 |

注：***、**和*分别表示在 1%、5%和 10%水平上显著。

同时，考虑到动态面板数据可能存在的偏误影响，本节又采用动态 GMM 方法进行估计，将被解释变量的滞后一期作为解释变量进行回归，结果见表 1-31。结果显示，高等教育资源供给对经济高质量发展的影响依旧显著，说明在考虑动态面板产生的偏差滞后，基准结果依旧稳健。

## 第五节 我国高等教育资源供给的优化建议

### 一、我国高等教育资源供给的特征

总的来看，2003～2020 年我国各省区市的高等教育资源供给指数整体呈现上升趋势，在空间分布格局上呈现东高西低，东中西内部交错分布态势，东部地区高等教育资源供给指数明显高于中西部地区。具体来讲：

一是从高等教育资源的区域分布来看，我国高等教育资源供给呈现多中心的发散性特征。东部地区的高等教育资源供给指数呈现"高原—峡谷"状，其既有常年稳居全国前列的北京、上海、江苏等资源供给强劲的"高原"省区市，也有常年位于全国尾端水平的"峡谷"省区市，如海南 2020 年高等教育资源供给指数全国排名第 29。西部地区则呈现"高峰—洼地"特征，在西部地区普遍落后的情况下，陕西和四川凭借丰富的高校资源成为西部地区的翘楚，两地的高等教育资源供给指数平均得分排名分别位列全国第 7 和第 10。中部地区则是丘陵状发展，内部差异较小，除湖北外，其他地区的高等教育资源供给则常年位于全国中游水平。

二是从不同类型的高等教育资源供给变化来看，常规性资源供给在资源总水平提升中具有较大贡献，派生性资源供给则增速稍低。2003～2020 年，我国高等教育资源供给水平的增长总体上是一种以常规性资源供给为主导的增长。一方面是因为高校扩招政策的实施，需要更多的常规性资源供给以支撑更大体量的师生规模；另一方面也表明了常规性资源是支撑和推动高等教育发展最核心的资源要素。而派生性资源作为高等教育发展过程中所生成的资源要素，其增速同比低于常规性资源增速，这符合高等教育发展的实际情况，无论是人才培养还是科研产出，都需要经历长时间的积累形成，高等教育效益的生成具有长效性。

三是通过对 2003～2020 年我国各省区市在常规性资源供给得分排名、派生性资源供给得分排名以及高等教育资源供给指数得分排名进行横向对比发现，常规性资源供给的差距主导了我国中部地区与西部地区资源供给水平的差异；而派生性资源供给的差距则主导了我国东部地区与中部地区资源投入的差异。因此，如果以常规性资源代表高等教育规模，以派生性资源代表高等教育质量，则我国东、中部的地区高等教育的发展差异是质量上的差距，而西部地区与东部地区高等教育发展的差异则既存在规模差距，也存在质量差距。

## 二、我国高等教育资源供给对经济发展的影响

在高等教育资源供给与经济发展的关系上，本章的实证研究结果已证明高等教育资源供给对推动经济高质量发展存在显著的增进效益。具体来讲：

一是当前我国高等教育常规性资源供给对促进经济高质量发展的贡献要大于派生性资源供给。这意味着增加对高等教育的直接供给，特别是增加人力资源供给是有效提升高等教育对经济高质量发展促进作用的直接路径。但需要注意的是，高等教育常规性资源供给对经济的贡献并非会一直高于派生性资源供给的贡献，鉴于高等教育资源供给回报所具有的滞后性，高等教育派生性资源供给对经济高质量发展的影响是需要在高等教育不断发展过程中积累转化而来。因此，长期来看，推动高等教育派生性资源供给，特别是推动高等教育科研创新水平的提高才是增进高等教育与经济发展的可持续之路。

二是不同类型的高等教育资源供给对推动经济高质量发展的作用各异。人力资源、财力资源以及人才规模资源是当下我国高等教育资源供给体系对经济高质量发展施加影响的核心要素，物力资源与科研成果资源的贡献则比较小。这表明当前我国高等教育派生性资源主要通过人力资本积累来推动经济高质量发展，科技创新这条路径尚未完全发挥出应有的效用。

三是不同类型的高等教育资源供给对不同地区影响程度不一。整体来看，一方面，高等教育常规性资源供给对经济高质量发展的贡献度呈现中部＞西部＞东部的特点。这可能是因为，高等教育普及化进程对区域经济

协调发展的正向效应具有"边际递减"的规律（罗富政和陈丽媛，2022），近年来，随着中西部地区高等教育水平的不断提升，其带来的经济社会效益逐步释放并呈加速趋势。另一方面，高等教育派生性资源供给对经济高质量发展的贡献度呈现则东部＞中部＞西部。在增进高等教育资源供给路径上，不同地区应因地制宜地选择优化路径。

### 三、"质量时代"下我国高等教育资源供给的优化方向

随着经济转向高质量发展阶段，我国高等教育事业发展也已进入"质量时代"（汤俊雅，2015）。为充分发挥我国高等教育在经济新发展阶段中的作用，需加快建设一个与高质量发展相适应、相协同的高质量教育资源供给体系。对此，我国高等教育资源供给可以从以下几方面作出改进。

#### （一）树立"质量意识"，推动高等教育资源供给"由量及质"变化

当下，我国高等教育资源供给所存在的短缺现象主要由"人民对优质教育资源的需求与现实长期的低端供给之间的矛盾"所引发（何慧星和张雅旋，2017）。因此，解决优质高等教育资源供给不足的矛盾是提升我国高等教育资源供给质量的现实要求。在增进优质高等教育资源供给方面，一要提高教育经费的供给，为高等教育其他资源的获取提供资金保障。二要大力引进国内外的优质师资。我国高校和政府要通过提升人才待遇、完善招聘流程、改进教学科研环境、优化生活条件等举措吸引人才、筛选合适人才、留住人才，从而提升师资队伍的质量。三要通过转变教育观念、加强课程建设、优化专业设置、完善培养途径等方式全面推动人才培养质量的提升。

#### （二）遵循因地制宜原则，特色化高等教育资源供给方案

我国各个地区在制定区域高等教育发展政策时，应坚持因地制宜的原则，可根据"强长板、补短板"的改进路径推动高等教育资源增量的提升。首先对东部地区而言，一方面可着力增加高质量的常规性资源供给，特别是高质量的师资资源供给；另一方面也要重视人才规模的扩大和科研成果的输出。其次对中部地区而言，在增加常规性资源供给的同时也要着力提升区域高校的科研创新能力。最后，对于西部地区而言，既要增加人力资源和财力资源的直接供给，推动西部地区高等教育外溢效用的提升，也要持续推动地区高等教育人才规模和科研成果的增加，从而更好地达成服务区域经济发展的目的。

### （三）健全资源互助机制，发挥不同地区的资源禀赋优势

不均衡性作为高等教育资源地区分布的特性之一，常常会诱发高等教育发展不公平问题。因此，基于不同地区之间的发展差异，可通过健全资源互助机制进一步提升资源利用效率。具体来讲，一方面针对"经济发展质量强—高等教育供给强"的"双强"地区要打造强校帮扶机制，不断扩大东部高校对中西部地区高校的对口支援力度，支持东部地区高校通过平台合作、经验交流、对口支援等方式带动中西部地区高等教育的共同发展，促进高等学校之间的良性互动。另一方面针对"经济发展质量弱—高等教育供给弱"的"双弱"地区可以建立资源帮扶机制，以教育财政经费、优质教师资源流动支持等方面作为切入点，进行一定量的额外帮扶。

### （四）构建协同发展机制，激发高等教育资源的规模效应

一要创新区域高等教育合作机制，多途径利用优质高等教育资源。如鼓励和支持各地区开展多种形式的区域高等教育协作和招生、院校合作，形成以东带西、东中西共同发展的格局。二要鼓励各地区根据区位特点和高校类型，探索多样化的产学研融合发展途径。可通过政策手段引导地方高校服务本地，建立地区经济—高校人才培养协同发展体系，为区域科技创新和经济发展提供人才、技术和智力支撑。三要引导高校资源共享机制的构建，鼓励各地高校发挥信息技术优势，通过优质信息数据的高速汇聚和空间传输，推动优质教育教学资源共享。资源共享机制的建立不仅能够提升学校既存资源整体利用率，还能够缓解高校间因资源供应差异带来的发展困境，对于促进各级各类高校教学和科研质量提升，缩小省际教育资源分布差异具有重要意义。

### （五）完善资源管理机制，增进高等教育资源的使用成效

一要不断提高政府作为高等教育资源配置掌舵者的宏观调控力度，对标高等教育事业发展目标，提升高等教育财政拨款的精细化水平，充分发挥财政资金的引导与撬动效应，通过加大转移支付力度、逐步缓解地区教育发展不均衡问题。二可以通过对经费配置的动态监测，构建高等教育经费资源动态调整机制，促进经费资源的竞争性分配，深化高等教育供给侧结构性改革，为高等教育聚焦人才培养和重点项目攻坚克难提供最坚实的支持与保障。三要加强资源使用的监管，健全以政府为核心，多元主体参与的资源监管体制，发挥政府统筹协调各方的作用，鼓励院校管理者、教

师和学生等多元主体积极参与其中（孙学玉和周义程，2004），动态跟进高校学校的资源利用成效，定期优化教育资源供给内容，推动高等教育资源供给环境的优化。

## 第六节　本 章 小 结

从资源的视角来看，我国高等教育系统本质上就是由各类资源相互作用而形成的综合体。伴随着高等教育普及化时代的到来，我国高等教育正处在社会转型和高等教育转型发展双重叠加的历史时期（邬大光和李国强，2016），高等教育资源供给的质量对高等教育本身乃至社会的方方面面都发挥着重要的作用。本章从资源供给的视角出发，系统梳理了我国不同地区、不同类型的高等教育资源供给演变趋势，也进一步测度了我国高等教育资源供给对经济高质量发展的影响。研究发现：①我国各地区高等教育资源供给总量呈增长趋势；②我国高等教育资源分布呈由东向西逐渐减少的地域特征；③我国高等教育资源供给与经济高质量发展呈正相关，但不同的资源类型对经济高质量发展子系统的影响各不相同；④不同地区的主导资源存在差异，派生性资源的供给主导了东部地区与中部地区高等教育资源供给水平的差距，而常规性资源供给则主导了西部地区与中部地区的差距。随着"质量时代"的来临，如何在资源供给层面进一步推动高等教育高质量发展、从而满足国家建设对高等教育质量发展的高要求业已成为我国高等教育领域的重要课题。

# 第二章　高等教育规模发展与经济增长

自 1999 年推行高校扩招政策以来,我国接受高等教育的人口规模不断扩张,而随之带来的经济溢出效应也逐渐显现,已有研究从以下方面探讨了高等教育扩招与经济增长的关系:首先,基于国家层面的宏观视角研究,例如,梁海燕和徐超(2016)、李子联(2020a)均从宏观视角指出高等教育的扩招为我国带来了显著的改革红利,在国民经济增长的过程中起到了重要的推动作用;其次,基于我国行政区域划分的中观视角研究,例如李彬彬和杨晓萍(2015)指出,西部地区时常出现高等教育规模发展显著低于经济增长率的情形,秦永和王孝坤(2017)进一步指出在我国不同区域高等教育规模扩张对经济增长的效果存在差异,中西部地区的促进效果要显著高于东部地区;最后,基于高等教育细分类别的微观视角研究,例如许玲(2013)通过对高等职业教育规模变化与经济发展的关系研究发现,与普通高等教育相比,经济增长与高等职业教育之间的关系更加密切,高斌和段鑫星(2019)通过对研究生教育规模与经济发展的关系研究发现,研究生的扩招能够促进经济的跨区域式增长。

现有研究多从高等教育规模与 GDP 的关系视角论述高等教育规模扩张的效果与作用,很显然不论是采用生产法、收入法还是支出法计算出的 GDP 都无法直接反映高等教育规模扩张的因素和作用,高等教育规模对 GDP 影响的理论逻辑在于高等教育对人才、科学、技术所产生的溢出效应在经济发展过程中所发挥的影响和作用,为了更加准确直观地反映高等教育规模在经济增长过程中所起到的作用,本章采用被视为全面反映科技进步指标的全要素生产率作为高等教育规模扩张的直接影响变量,并采用 SFA 方法计算获得 2000～2019 年除我国港澳台之外的 31 个省区市的全要素生产率,从高等教育规模扩张对经济增长贡献的演变特征、结果和原因方面进行研究与探索。

## 第一节　高等教育规模发展与经济增长的关系研究

不同学者从不同视角对高等教育规模与经济增长的关系展开了研究:陈建伟和苏丽锋(2014)指出高等教育规模在储蓄与经济增长之间起到关

键的中间桥梁作用，当储蓄不能转换为有效投资与消费时，纯粹的高储蓄并不能起到促进经济增长的作用，而高等教育能够加速这一转换过程进而推动经济的增长；李子联（2020a）指出高等教育制度的良性改革能够有效促进科学技术的创新进而推动国民经济的增长，而且实现高等教育从规模扩张到质量提升将更有利于科技创新。

中华人民共和国教育部（以下简称教育部）2020 年全国教育事业发展统计公报的数据显示，全国高等教育在学规模达到了 4183 万人，高等教育毛入学率达到 54.4%，全国共有普通高等学校 2738 所，其中本科院校 1270 所，高职（专科）院校 1468 所。高等教育规模持续扩大在一定程度上影响了"央地"两级财政对高等教育的投入。不论从现有规模还是财政能力来看，未来相当长的一段时间内高等教育的规模将会处于一个维持和调整的状态。因此，分析总结高等教育规模扩张对经济增长的贡献和变化特征是未来在高等教育规模相对稳定的背景下调整和维持资源投入的重要依据。

## 一、研究的理论基础

脱钩理论的提出是为了界定阻断经济增长与资源消耗或环境污染之间联系的状态，世界银行对"脱钩"概念的界定包括了两个方面：一是去物质化，二是去污染化，主要是指经济活动对环境影响逐步减少的过程（De Bruyn and Opschoor，1997）。脱钩理论被学界普遍接受的标志是 2002 年经济合作与发展组织（Organization for Economic Co-operation and Development，OECD）在农业经济研究中提出环境污染与经济绩效之间的关联相脱离的概念（OECD，2002），自此学界产生了关于脱钩理论的两个研究方向，一是对脱钩理论本身的研究与拓展，二是对脱钩理论的应用研究。

### 1. 针对脱钩理论本身的研究与拓展

De Bruyn 和 Opschoor（1997）通过 19 个国家关于环境压力的具体指标与经济增长的脱钩关系的实证研究表明，脱钩关系可以分为绝对脱钩、相对脱钩和复钩三大种类。Vehmas 等（2003）在脱钩关系中加入了经济衰退的因素，进一步将脱钩界定为强脱钩、相对脱钩和衰退性脱钩三类。Juknys（2003）将资源的消耗与经济增长之间存在的脱钩界定为初级脱钩，将环境的变化与经济增长之间存在的脱钩界定为次级脱钩。Tapio（2005）采用弹性指数对脱钩进行界定，依据脱钩系数将脱钩划分为强脱钩、相对脱钩、衰退性脱钩、强负脱钩、弱负脱钩、扩张性负脱钩、增长连结和衰退性连结 8 类，由于弹性指数采用的是变化率的比值，具有较好的稳定性，因此也得到了学界的广泛认同。

**2. 脱钩理论的应用研究**

近年来，国内学者以脱钩理论为基础展开了大量的应用型研究，脱钩理论的研究范围得到了极大的拓展。孙耀华和李忠民（2011）采用脱钩理论对碳排放与中国区域经济增长之间的关系进行了研究，结果发现大部分区域处于相对脱钩的状态。刘爱东等（2014）采用脱钩理论对1990~2011年的碳排放与中国出口贸易增长之间的关系进行了研究，结果发现两者呈现出相对脱钩的状态，进而提出通过减少碳排放促进两者脱钩的观点。马海良等（2018）采用脱钩理论对2006~2015年的城镇化与工业用水之间的关系进行了研究，结果显示2006~2015年整体呈现脱钩的状态，相比之下2011~2015年的脱钩程度更高。郑炎辉等（2021）采用脱钩理论对广东省各产业经济发展水平与水资源利用的关系进行了研究，结果显示2015~2017年广东省经济增长与水资源脱钩的情况较好，但存在一定程度的空间差异。

## 二、现有研究的局限性与脱钩理论的可行性

现有高等教育规模与经济关系的研究主要采用的是基于定量的因果判断与分析。例如，陈建伟和苏丽锋（2014）采用面板数据的多元回归分析方法（回归的过程中使用了广义矩估计）对高等教育扩张的经济增长效应进行了研究；高斌和段鑫星（2019）采用面板数据的多元回归分析方法（主要采用VAR模型，辅以格兰杰因果关系检验、平稳性检验和协整检验）对研究生教育规模与经济增长的动态关系进行了研究；梁海燕和徐超（2016）采用面板数据的多元回归分析方法（固定效应和随机效应模型）就我国高等教育人口规模与经济增长的关系问题展开了研究。

回归分析是研究一个或者多个因变量与一个自变量之间关系的统计学方法，其中的一个重要功能就是运行因素分析，即从影响变量变化的因变量之中寻找到哪些因素对因变量产生了影响（贾俊平等，2000）。现有研究基于多元回归分析方法对高等教育规模与经济发展之间的关系展开研究，并通过回归系数的显著性水平来判断两者之间的关系，通过构建调节效应模型检验其他相关因素的影响效果。这一方法的局限性在于仅能找到高等教育规模对经济增长影响的证据，以及影响经济增长的其他因素，但是高等教育规模对经济增长影响的程度（强度）无法通过传统的回归分析来观察。采用脱钩理论对高等教育规模与经济增长的关系进行研究，首先可以实现对关系强度的类别界定（强脱钩、相对脱钩、衰退性脱钩、强负脱钩、弱负脱钩、扩张性负脱钩、增长连结和衰退性连结），然后讨论高等教育规

模对经济增长影响作用的程度（强度），这一方法的使用能够从更深的层次和更广的维度审视高等教育规模对经济增长的影响和作用。

## 三、基于脱钩理论的实证研究

### 1. 数据来源与选择

本章在构建高等教育规模和经济增长两个重要变量的过程中依据以下两方面因素对变量进行选择和测量。一方面，现有研究多以 GDP 为结果变量来界定高等教育规模与经济增长的关系，而这一关系并非直接关系，由于高等教育规模的扩张影响了区域人才、科学和技术的存量和产出，进而影响到区域经济的发展，因此高等教育规模与 GDP 实际上存在一个间接的影响关系，为了更加准确直观地反映高等教育规模在经济增长过程中所起到的作用，本章采用能全面反映科技进步指标的全要素生产率作为经济增长的测量变量，全要素生产率参照 Li 等（2016）的做法采用 SFA 方法进行计算。数据的原始值来自于 2000～2019 年《中国统计年鉴》。

另一方面，依据《中国教育统计年鉴》的统计口径，高等教育涵盖了研究生、普通本专科、成人本专科、网络本专科、高等教育自学考试本专科等各种形式的在学人数，其中普通本专科在 2000～2019 年的规模扩招处于绝对优势，且对经济的贡献更为显著和突出。因此本节选取了普通本专科毕业生规模作为高等教育规模的测量变量。数据的原始值来自于 2000～2019 年《中国教育统计年鉴》，以及 CSMAR 和 CNRDS 数据库。

### 2. 研究方法

Tapio（2005）提出的 Tapio 脱钩模型以时期为时间尺度，这一方法有效克服了 OECD 初始模型因为基期选择所造成的缺陷，使得分析更加客观和准确。本章引入该理论模型到高等教育规模（scale of higher education，SHE）与经济增长（economic growth，EG）之间的时序演化关系的分析中，并采用弹性分析法测度脱钩程度，具体表达式见公式（2-1）。

$$R = \frac{\Delta SHE}{\Delta EG} = \frac{\dfrac{SHE_n - SHE_{n-1}}{SHE_{n-1}}}{\dfrac{EG_n - EG_{n-1}}{EG_{n-1}}} \qquad (2\text{-}1)$$

式中，$R$ 表示脱钩弹性系数；$\Delta SHE$ 表示高等教育规模的变化率；$SHE_n$ 和 $SHE_{n-1}$ 分别表示第 $n$ 年和第 $n-1$ 年的高等教育规模；$\Delta EG$ 表示全要素生产率的变化率，$EG_n$ 和 $EG_{n-1}$ 分别表示第 $n$ 年和第 $n-1$ 年的全要素生产率。借鉴吴丹（2014）和李宁等（2017）的做法，将脱钩的具体类型划分为

8 种（表 2-1）。

表 2-1 基于 Tapio 脱钩理论的类型判别标准

| 脱钩类型 | ΔSHE | ΔEG | R | 脱钩判断 |
|---|---|---|---|---|
| 脱钩 | >0 | <0 | ≤0 | 强脱钩 |
| | >0 | >0 | (0,0.8) | 相对脱钩 |
| | <0 | <0 | ≥1.2 | 衰退性脱钩 |
| 负脱钩 | <0 | >0 | ≤0 | 强负脱钩 |
| | <0 | <0 | (0,0.8) | 弱负脱钩 |
| | >0 | >0 | ≥1.2 | 扩张性负脱钩 |
| 连结 | >0 | >0 | [0.8,1.2) | 增长连结 |
| | <0 | <0 | [0.8,1.2) | 衰退性连结 |

如表 2-1 与图 2-1 所示，当高等教育规模的变化率与全要素生产率的变化率存在正负差异时，就出现了绝对脱钩状态：高等教育规模的变化率大于 0、全要素生产率的变化率小于 0 时为强脱钩；高等教育规模的变化率小于 0、全要素生产率的变化率大于 0 时为强负脱钩。以上两类脱钩都属于绝对脱钩状态，表明高等教育规模增长的同时全要素生产率在下降，或者高等教育规模下降的同时全要素生产率在增长。这一状态的存在与高等教育规模对经济增长有贡献作用的解释并不一致。

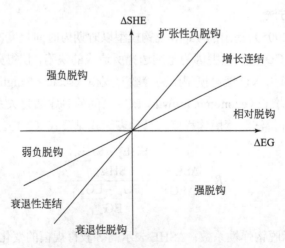

图 2-1 高等教育规模与经济增长的脱钩状态

当高等教育规模的变化率与全要素生产率的变化率之间存在同正或同

负时，会出现其他相应的脱钩关系。同正变化包括相对脱钩：$\Delta SHE>0$，$\Delta EG>0$，$R\in(0,0.8)$；增长连结：$\Delta SHE>0$，$\Delta EG>0$，$R\in[0.8,1.2)$；扩张性负脱钩：$\Delta SHE>0$，$\Delta EG>0$，$R\geqslant 1.2$，以上三种状态表明高等教育规模增长的同时全要素生产率在上升，但是上升的幅度（弹性大小）存在差异，相对脱钩弹性最小，扩张性负脱钩弹性最大。这一状态的存在与高等教育规模对经济增长有贡献作用的解释一致。

同负变化包括弱负脱钩：$\Delta SHE<0$，$\Delta EG<0$，$R\in(0,0.8)$；衰退性连结：$\Delta SHE<0$，$\Delta EG<0$，$R\in[0.8,1.2)$；衰退性脱钩：$\Delta SHE<0$，$\Delta EG<0$，$R\geqslant 1.2$，以上三种状态表明高等教育规模下降的同时全要素生产率在下降，但是下降的幅度（弹性大小）存在差异，弱负脱钩弹性最小，衰退性脱钩弹性最大，这一状态的存在与高等教育规模对经济增长有贡献作用的解释一致。

借鉴《中国统计年鉴》区域划分方法，结合中国自然资源分布与经济社会发展特征，下节将31个省区市划分为东部、中部和西部三大区域进行数据的分析与讨论。

## 第二节　中国三大经济区高等教育规模发展对经济增长的脱钩效应分析

### 一、东部高等教育规模与经济增长的脱钩效应分析

东部地区包括北京、天津、河北、上海、江苏、浙江、福建、山东、广东、海南、辽宁和广西12个省区市。该区域约占全国面积的13.6%，人口约占42%（未计算台湾、香港和澳门），2005~2020年中国财政净上缴额为正的地区均在东部沿海这一区域，这里分布着中国重要的城市群与经济区：京津冀一体化经济区、长三角经济圈、粤港澳大湾区、环渤海经济区、广西北部湾经济区和海南经济特区。以2000~2019年高等教育规模和全要素生产率的数据为基础，依据公式（2-1）计算出东部地区高等教育规模与经济增长的脱钩效应指数（表2-2）。

表2-2　东部地区高等教育规模与经济增长的脱钩效应

| 年份 | 北京 | 天津 | 河北 | 上海 | 江苏 | 浙江 | 福建 | 山东 | 广东 | 海南 | 辽宁 | 广西 |
|---|---|---|---|---|---|---|---|---|---|---|---|---|
| 2000 | -0.499 | -0.886 | -1.270 | -0.715 | -0.659 | -0.928 | -0.939 | -1.256 | -0.958 | -1.804 | -0.656 | -0.952 |
| 2001 | -0.485 | -0.490 | -0.538 | -0.360 | -0.677 | -0.850 | -0.285 | -0.777 | -0.257 | -0.699 | -0.210 | -0.326 |
| 2002 | 0.177 | 0.234 | 0.092 | 0.107 | 0.045 | 0.138 | 0.274 | 0.248 | 0.244 | 1.296 | 0.140 | 0.127 |

续表

| 年份 | 北京 | 天津 | 河北 | 上海 | 江苏 | 浙江 | 福建 | 山东 | 广东 | 海南 | 辽宁 | 广西 |
|------|------|------|------|------|------|------|------|------|------|------|------|------|
| 2003 | 0.111 | 0.278 | 0.201 | 0.083 | 0.139 | 0.101 | 0.626 | 0.249 | 0.285 | 0.098 | 0.095 | 0.190 |
| 2004 | 2.394 | 2.089 | 1.816 | 2.427 | 3.244 | 2.475 | 1.458 | 2.065 | 3.461 | 10.808 | 1.890 | 3.913 |
| 2005 | -0.113 | -0.354 | -0.156 | 0.140 | -0.635 | -1.048 | -1.002 | -0.643 | -1.166 | 0.656 | -0.593 | 0.242 |
| 2006 | 0.094 | 0.121 | -0.177 | -0.107 | -0.252 | -0.326 | -0.026 | -0.042 | -0.172 | -0.491 | -0.089 | -0.113 |
| 2007 | 0.829 | 0.339 | 0.319 | 0.414 | 0.409 | 0.524 | 0.256 | 0.327 | 0.606 | 0.281 | 0.378 | 0.327 |
| 2008 | 3.002 | 0.446 | 0.395 | 0.348 | 1.282 | 4.842 | 5.356 | 0.874 | 1.374 | 0.432 | 0.751 | 0.858 |
| 2009 | -0.375 | -0.149 | -0.207 | -0.372 | -0.170 | -0.138 | -0.062 | -0.244 | -0.201 | -0.068 | -0.210 | -0.177 |
| 2010 | -0.055 | 0.202 | 0.072 | 0.016 | 0.100 | 0.011 | 0.172 | 0.024 | 0.009 | 0.065 | 0.071 | 0.182 |
| 2011 | -0.093 | -0.336 | -1.382 | 0.635 | -0.799 | 2.296 | -0.146 | -1.228 | 3.068 | -0.270 | 0.703 | -0.118 |
| 2012 | -1.877 | -0.831 | -0.665 | -1.204 | -1.141 | -1.073 | -0.630 | -0.878 | -1.320 | -0.639 | -0.749 | -1.834 |
| 2013 | 0.789 | 0.342 | 0.444 | 0.524 | 0.423 | 0.605 | 0.305 | 0.332 | 0.412 | 0.331 | 0.370 | 0.476 |
| 2014 | 0.153 | -0.077 | -0.098 | -0.180 | 0.107 | 1.599 | 0.284 | 0.258 | 0.370 | -0.263 | 0.040 | 8.117 |
| 2015 | 0.362 | 0.174 | 0.617 | 0.272 | 0.313 | 0.351 | 0.230 | 0.282 | 0.404 | 0.028 | 0.141 | 0.377 |
| 2016 | -0.092 | -0.072 | 0.074 | -0.047 | 0.033 | -0.124 | -0.168 | 0.065 | -0.062 | 0.023 | -0.029 | 0.030 |
| 2017 | -0.071 | -0.152 | 0.506 | 0.141 | 0.160 | -0.128 | -0.312 | -0.521 | 0.408 | 0.523 | -0.134 | 0.419 |
| 2018 | 0.069 | -0.060 | -0.393 | -0.007 | -0.288 | -0.237 | -0.679 | -0.361 | -0.349 | -0.154 | -0.198 | -0.389 |
| 2019 | 0.047 | 0.002 | -0.035 | -0.039 | -0.187 | -0.321 | -0.437 | -0.452 | -0.299 | -0.562 | -0.624 | -0.305 |

依据表 2-1 的判别标准对东部地区高等教育规模与经济增长脱钩演变结果进行了判断和界定（表 2-3），并依据表 2-3 的时间特征构建东部地区高等教育规模与经济增长脱钩效应的时间分异表（表 2-4）。

研究数据表明东部地区高等教育规模与经济增长脱钩演变结果存在两种矛盾的状态。一方面，高等教育规模的变化率与全要素生产率的变化率之间存在正负差异的绝对脱钩状态（强脱钩和强负脱钩）；另一方面，高等教育规模的变化率与全要素生产率的变化率之间又存在同向变动的关系：同正变化关系（相对脱钩、增长连结和扩张性负脱钩）、同负变化关系（弱负脱钩、衰退性连结和衰退性脱钩）。两种状态的存在对高等教育规模与经济增长关系的解释刚好相反，前一种状态的存在否定了高等教育规模对经济增长的贡献作用，后一种状态的存在肯定了高等教育规模对经济增长的贡献作用。东部地区两种状态的同时存在说明在 2000～2019 年的 20 年间随着时间的变化，高等教育规模与经济增长的关系也在变化，及在不同时间阶段展现出不同的关系特征，这说明高等教育规模对经济的影响并非持续连贯和一致同向的。

表 2-3　东部地区高等教育规模与经济增长脱钩演变结果

| 年份 | 北京 | 天津 | 河北 | 上海 | 江苏 | 浙江 | 福建 | 山东 | 广东 | 海南 | 辽宁 | 广西 |
|---|---|---|---|---|---|---|---|---|---|---|---|---|
| 2000 | 强脱钩 | 强脱钩 | 强脱钩 | 强脱钩 | 强脱钩 | 强脱钩 | 强脱钩 | 强脱钩 | 强脱钩 | 强脱钩 | 强脱钩 | 强脱钩 |
| 2001 | 强脱钩 | 强脱钩 | 强脱钩 | 强脱钩 | 强脱钩 | 强脱钩 | 强脱钩 | 强脱钩 | 强脱钩 | 强脱钩 | 强脱钩 | 强脱钩 |
| 2002 | 相对脱钩 | 相对脱钩 | 相对脱钩 | 相对脱钩 | 相对脱钩 | 相对脱钩 | 相对脱钩 | 相对脱钩 | 相对脱钩 | 增长连结 | 相对脱钩 | 相对脱钩 |
| 2003 | 相对脱钩 | 相对脱钩 | 相对脱钩 | 相对脱钩 | 相对脱钩 | 相对脱钩 | 相对脱钩 | 相对脱钩 | 相对脱钩 | 相对脱钩 | 相对脱钩 | 相对脱钩 |
| 2004 | 扩张性负脱钩 | 扩张性负脱钩 | 扩张性负脱钩 | 扩张性负脱钩 | 扩张性负脱钩 | 扩张性负脱钩 | 扩张性负脱钩 | 扩张性负脱钩 | 扩张性负脱钩 | 扩张性负脱钩 | 扩张性负脱钩 | 扩张性负脱钩 |
| 2005 | 强脱钩 | 强脱钩 | 强脱钩 | 弱脱钩 | 强脱钩 | 强脱钩 | 强脱钩 | 强脱钩 | 强脱钩 | 相对脱钩 | 强脱钩 | 弱负脱钩 |
| 2006 | 弱负脱钩 | 弱负脱钩 | 强脱钩 | 强脱钩 | 强脱钩 | 强脱钩 | 强脱钩 | 强脱钩 | 强脱钩 | 强脱钩 | 强脱钩 | 强脱钩 |
| 2007 | 衰退性连结 | 弱负脱钩 | 弱负脱钩 | 弱负脱钩 | 弱负脱钩 | 弱负脱钩 | 弱负脱钩 | 弱负脱钩 | 弱负脱钩 | 弱负脱钩 | 弱负脱钩 | 弱负脱钩 |
| 2008 | 扩张性负脱钩 | 弱负脱钩 | 强脱钩 | 相对脱钩 | 扩张性负脱钩 | 扩张性负脱钩 | 增长连结 | 扩张性负脱钩 | 相对脱钩 | 相对脱钩 | 相对脱钩 | 增长连结 |
| 2009 | 强负脱钩 | 强负脱钩 | 强负脱钩 | 强负脱钩 | 强负脱钩 | 强负脱钩 | 强负脱钩 | 强负脱钩 | 强负脱钩 | 强负脱钩 | 强负脱钩 | 强负脱钩 |
| 2010 | 强负脱钩 | 相对脱钩 | 相对脱钩 | 相对脱钩 | 相对脱钩 | 相对脱钩 | 相对脱钩 | 相对脱钩 | 相对脱钩 | 相对脱钩 | 相对脱钩 | 相对脱钩 |
| 2011 | 强脱钩 | 强脱钩 | 强脱钩 | 弱负脱钩 | 强负脱钩 | 扩张性负脱钩 | 强脱钩 | 强脱钩 | 扩张性负脱钩 | 强负脱钩 | 相对脱钩 | 强脱钩 |
| 2012 | 强脱钩 | 强脱钩 | 强脱钩 | 强脱钩 | 强脱钩 | 强脱钩 | 强脱钩 | 强脱钩 | 强脱钩 | 强脱钩 | 强脱钩 | 强脱钩 |
| 2013 | 弱负脱钩 | 弱负脱钩 | 弱负脱钩 | 弱负脱钩 | 弱负脱钩 | 弱负脱钩 | 弱负脱钩 | 弱负脱钩 | 弱负脱钩 | 弱负脱钩 | 弱负脱钩 | 弱负脱钩 |
| 2014 | 弱负脱钩 | 强脱钩 | 强负脱钩 | 强脱钩 | 相对脱钩 | 衰退性脱钩 | 弱负脱钩 | 相对脱钩 | 相对脱钩 | 强脱钩 | 相对脱钩 | 扩张性负脱钩 |
| 2015 | 相对脱钩 | 相对脱钩 | 相对脱钩 | 相对脱钩 | 相对脱钩 | 相对脱钩 | 相对脱钩 | 相对脱钩 | 相对脱钩 | 相对脱钩 | 相对脱钩 | 相对脱钩 |
| 2016 | 强负脱钩 | 强负脱钩 | 相对脱钩 | 强负脱钩 | 相对脱钩 | 强负脱钩 | 相对脱钩 | 强负脱钩 | 相对脱钩 | 相对脱钩 | 强负脱钩 | 相对脱钩 |
| 2017 | 强负脱钩 | 强负脱钩 | 相对脱钩 | 相对脱钩 | 相对脱钩 | 强负脱钩 | 强负脱钩 | 强负脱钩 | 相对脱钩 | 弱负脱钩 | 强负脱钩 | 相对脱钩 |
| 2018 | 弱负脱钩 | 相对脱钩 | 强脱钩 | 强脱钩 | 强脱钩 | 强脱钩 | 强脱钩 | 强脱钩 | 强脱钩 | 强脱钩 | 强脱钩 | 强脱钩 |
| 2019 | 弱负脱钩 | 弱负脱钩 | 强脱钩 | 强脱钩 | 强脱钩 | 强脱钩 | 强脱钩 | 强脱钩 | 强脱钩 | 强脱钩 | 强脱钩 | 强脱钩 |

表 2-4 东部地区高等教育规模与经济增长脱钩效应的时间分异

| 省区市 | 强脱钩 | 相对脱钩 | 衰退性脱钩 | 强负脱钩 | 弱负脱钩 | 扩张性负脱钩 | 增长连结 | 衰退性连结 |
|---|---|---|---|---|---|---|---|---|
| 北京 | 2000, 2001, 2005, 2011, 2012 | 2002, 2003, 2015 | | 2009, 2010, 2016, 2017 | 2006, 2013, 2014, 2018, 2019 | 2004, 2008 | | 2007 |
| 天津 | 2000, 2001, 2005, 2011, 2012, 2014 | 2002, 2003, 2010, 2015, 2018 | | 2009, 2016, 2017 | 2006, 2007, 2008, 2013, 2019 | 2004 | | |
| 河北 | 2000, 2001, 2005, 2006, 2008, 2011, 2012, 2018, 2019 | 2002, 2003, 2010, 2015, 2016, 2017 | | 2009, 2014 | 2007, 2013 | 2004 | | |
| 上海 | 2000, 2001, 2006, 2012, 2014, 2018, 2019 | 2002, 2003, 2008, 2010, 2015, 2017 | | 2009, 2016 | 2005, 2007, 2011, 2013 | 2004 | | |
| 江苏 | 2000, 2001, 2005, 2006, 2012, 2018, 2019 | 2002, 2003, 2010, 2014, 2015, 2016, 2017 | | 2009, 2011 | 2007, 2013 | 2004, 2008 | | |
| 浙江 | 2000, 2001, 2005, 2006, 2012, 2018, 2019 | 2002, 2003, 2010, 2015 | 2014 | 2009, 2016, 2017 | 2007, 2013 | 2004, 2008, 2011 | | |
| 福建 | 2000, 2001, 2005, 2006, 2011, 2012, 2018, 2019 | 2002, 2003, 2010, 2015 | | 2009, 2016, 2017 | 2007, 2013, 2014 | 2004, 2008 | | |
| 山东 | 2000, 2001, 2005, 2006, 2011, 2012, 2018, 2019 | 2002, 2003, 2010, 2014, 2015, 2016 | | 2009, 2017 | 2007, 2013, | 2004 | 2008 | |
| 广东 | 2000, 2001, 2005, 2006, 2012, 2018, 2019 | 2002, 2003, 2010, 2014, 2015, 2017 | | 2009, 2016 | 2007, 2013 | 2004, 2008, 2011 | | |
| 海南 | 2000, 2001, 2006, 2012, 2014, 2018, 2019 | 2003, 2005, 2008, 2010, 2015, 2016 | | 2009, 2011 | 2007, 2013, 2017 | 2004 | 2002 | |
| 辽宁 | 2000, 2001, 2005, 2006, 2012, 2018, 2019 | 2002, 2003, 2008, 2010, 2011, 2014, 2015 | | 2009, 2016, 2017 | 2007, 2013 | 2004 | | |
| 广西 | 2000, 2001, 2011, 2012, 2018, 2019 | 2002, 2003, 2010, 2015, 2016, 2017 | | 2009 | 2005, 2007, 2013 | 2004, 2014 | 2008 | |

从不同类型的脱钩状态出现的频率来看，东部地区高等教育规模与全要素生产率的绝对脱钩状态出现 8～11 次，最少的是广西，20 年间出现了 8 次，最多的是河北和福建，均出现了 11 次；同正变化状态（相对脱钩、增长连结和扩张性负脱钩）出现 5～9 次，最少的是北京，20 年间仅出现了 5 次，最多的是广东、江苏和广西，均出现了 9 次；同负变化关系（弱

负脱钩、衰退性连结和衰退性脱钩)出现 2～6 次,最多的是北京,20 年间出现了 6 次,最少的是河北、江苏、浙江、山东、广东和辽宁,均出现了 2 次。

## 二、中部高等教育规模与经济增长的脱钩效应分析

中部地区包括山西、安徽、江西、河南、湖北、湖南、黑龙江、吉林和内蒙古 9 个省区,该区域面积占全国 29%,人口占 35.6%,具有显著的自然资源、能源和矿产资源的优势,尤其是黑龙江和吉林的林木业资源、山西的煤炭资源、湖北的水电资源等,该区域最具有竞争力的经济区是长江中游城市群经济带。以 2000～2019 年高等教育规模和全要素生产率的数据为基础,依据公式(2-1)计算出中部地区高等教育规模与经济增长的脱钩效应指数(表 2-5)。

表 2-5　中部地区高等教育规模与经济增长的脱钩效应

| 年份 | 山西 | 安徽 | 江西 | 河南 | 湖北 | 湖南 | 黑龙江 | 吉林 | 内蒙古 |
|---|---|---|---|---|---|---|---|---|---|
| 2000 | -0.654 | -1.113 | -0.656 | -1.070 | -0.874 | -0.696 | -0.710 | -0.479 | -1.597 |
| 2001 | -0.581 | -0.488 | -0.842 | -0.302 | -0.194 | -0.250 | -0.370 | -0.320 | -0.344 |
| 2002 | 0.529 | 0.238 | 0.572 | 0.224 | 0.181 | 0.424 | 0.119 | 0.265 | 0.062 |
| 2003 | 0.207 | 0.200 | 0.290 | 0.145 | 0.211 | 0.184 | 0.066 | 0.209 | 0.386 |
| 2004 | 3.365 | 2.878 | 3.245 | 2.903 | 2.103 | 2.020 | 3.467 | 2.424 | 1.640 |
| 2005 | -0.318 | -2.372 | -0.617 | -0.258 | 0.084 | -0.487 | 0.257 | -0.151 | 0.113 |
| 2006 | -0.119 | -0.223 | -0.166 | -0.216 | -0.199 | -0.060 | -0.099 | -0.020 | -0.023 |
| 2007 | 0.613 | 0.178 | 0.266 | 0.384 | 0.527 | 0.274 | 0.329 | 0.482 | 0.212 |
| 2008 | 2.243 | 0.565 | -3.289 | 1.687 | 1.663 | 0.381 | 0.889 | 20.178 | 0.882 |
| 2009 | -0.087 | -0.160 | -0.047 | -0.124 | -0.108 | -0.215 | -0.155 | -0.158 | -0.099 |
| 2010 | 0.278 | 0.148 | 0.095 | 0.146 | 0.096 | -0.077 | -0.113 | -0.055 | 0.066 |
| 2011 | 0.137 | -7.218 | 0.219 | -0.879 | -1.017 | -0.224 | -0.330 | -0.871 | -0.243 |
| 2012 | -1.278 | -0.580 | -0.569 | -0.932 | -0.740 | -1.039 | -1.250 | -1.516 | -1.045 |
| 2013 | 0.383 | 0.350 | 0.271 | 0.395 | 0.398 | 0.443 | 0.471 | 0.568 | 0.551 |
| 2014 | 0.054 | -1.931 | -3.993 | -0.428 | -0.146 | -1.369 | 0.028 | -0.125 | -0.352 |
| 2015 | 0.184 | 0.232 | 0.189 | 0.293 | 0.280 | 0.299 | 0.287 | 0.356 | 0.129 |
| 2016 | -0.098 | -0.121 | -0.019 | 0.003 | -0.035 | 0.053 | -0.179 | -0.113 | -0.022 |
| 2017 | -0.179 | 0.229 | -0.705 | 2.573 | -0.064 | 1.205 | -0.044 | 0.000 | -0.081 |
| 2018 | -0.070 | -0.128 | -0.368 | -0.636 | -0.355 | -0.539 | -0.116 | -0.200 | -0.024 |
| 2019 | -0.304 | -0.601 | -0.615 | -0.244 | -0.159 | -0.258 | -0.298 | -0.345 | -0.162 |

依据表 2-1 的判别标准对中部地区高等教育规模与经济增长脱钩演变结果进行了判断和界定（表 2-6），并依据表 2-6 的时间特征构建了中部地区高等教育规模与经济增长脱钩效应的时间分异表（表 2-7）。

研究数据表明中部地区高等教育规模与经济增长脱钩演变结果存在两种矛盾的状态。一方面，高等教育规模的变化率与全要素生产率的变化率之间存在正负差异的绝对脱钩状态（强脱钩和强负脱钩）；另一方面，高等教育规模的变化率与全要素生产率的变化率之间又存在同向变动的关系：同正变化关系（相对脱钩、增长连结和扩张性负脱钩）、同负变化关系（弱负脱钩）。两种状态的存在对高等教育规模与经济增长关系的解释刚好相反，前一种状态的存在否定了高等教育规模对经济增长的贡献作用，后一种状态的存在肯定了高等教育规模对经济增长的贡献作用，中部地区两种状态的同时存在说明在 2000～2019 年的 20 年间随着时间的变化，高等教育规模与经济增长的关系也在变化，及在不同时间阶段展现出不同的关系特征，这说明高等教育规模对经济的影响并非持续连贯和一致同向的。

从不同类型的脱钩状态出现的频率来看，中部地区高等教育规模与全要素生产率的绝对脱钩状态出现 10～12 次，最少的是山西和河南，20 年间出现了 10 次，最多的是江西和吉林，均出现了 12 次；同正变化状态（相对脱钩、增长连结和扩张性负脱钩）出现 5～8 次，最少的是江西和黑龙江，20 年间仅出现了 5 次，最多的是河南，出现了 8 次；同负变化关系（弱负脱钩）出现 2～4 次，最多的是山西和黑龙江，20 年间出现了 4 次，最少的是江西、湖北、内蒙古、安徽、河南、湖南和吉林，均出现了 2 次。

表 2-6　中部地区高等教育规模与经济增长脱钩演变结果

| 年份 | 山西 | 安徽 | 江西 | 河南 | 湖北 | 湖南 | 黑龙江 | 吉林 | 内蒙古 |
|------|------|------|------|------|------|------|--------|------|--------|
| 2000 | 强脱钩 | 强脱钩 | 强脱钩 | 强脱钩 | 强脱钩 | 强脱钩 | 强脱钩 | 强脱钩 | 强脱钩 |
| 2001 | 强脱钩 | 强脱钩 | 强脱钩 | 强脱钩 | 强脱钩 | 强脱钩 | 强脱钩 | 强脱钩 | 强脱钩 |
| 2002 | 相对脱钩 | 相对脱钩 | 相对脱钩 | 相对脱钩 | 相对脱钩 | 相对脱钩 | 相对脱钩 | 相对脱钩 | 相对脱钩 |
| 2003 | 相对脱钩 | 相对脱钩 | 相对脱钩 | 相对脱钩 | 相对脱钩 | 相对脱钩 | 相对脱钩 | 相对脱钩 | 相对脱钩 |
| 2004 | 扩张性负脱钩 | 扩张性负脱钩 | 扩张性负脱钩 | 扩张性负脱钩 | 扩张性负脱钩 | 扩张性负脱钩 | 扩张性负脱钩 | 扩张性负脱钩 | 扩张性负脱钩 |
| 2005 | 强脱钩 | 强脱钩 | 强脱钩 | 强脱钩 | 弱负脱钩 | 强脱钩 | 弱负脱钩 | 强脱钩 | 弱负脱钩 |
| 2006 | 强脱钩 | 强脱钩 | 强脱钩 | 强脱钩 | 强脱钩 | 强脱钩 | 强脱钩 | 强脱钩 | 强脱钩 |

续表

| 年份 | 山西 | 安徽 | 江西 | 河南 | 湖北 | 湖南 | 黑龙江 | 吉林 | 内蒙古 |
|---|---|---|---|---|---|---|---|---|---|
| 2007 | 弱负脱钩 | 弱负脱钩 | 弱负脱钩 | 弱负脱钩 | 弱负脱钩 | 弱负脱钩 | 弱负脱钩 | 弱负脱钩 | 弱负脱钩 |
| 2008 | 扩张性负脱钩 | 相对脱钩 | 强脱钩 | 扩张性负脱钩 | 扩张性负脱钩 | 相对脱钩 | 增长连结 | 扩张性负脱钩 | 增长连结 |
| 2009 | 强负脱钩 | 强负脱钩 | 强负脱钩 | 强负脱钩 | 强负脱钩 | 强负脱钩 | 强负脱钩 | 强负脱钩 | 强负脱钩 |
| 2010 | 相对脱钩 | 相对脱钩 | 相对脱钩 | 相对脱钩 | 相对脱钩 | 强负脱钩 | 强负脱钩 | 强负脱钩 | 相对脱钩 |
| 2011 | 弱负脱钩 | 强脱钩 | 弱负脱钩 | 强脱钩 | 强脱钩 | 强脱钩 | 强脱钩 | 强脱钩 | 强脱钩 |
| 2012 | 强脱钩 | 强脱钩 | 强脱钩 | 强脱钩 | 强脱钩 | 强脱钩 | 强脱钩 | 强脱钩 | 强脱钩 |
| 2013 | 弱负脱钩 | 弱负脱钩 | 弱负脱钩 | 弱负脱钩 | 弱负脱钩 | 弱负脱钩 | 弱负脱钩 | 弱负脱钩 | 弱负脱钩 |
| 2014 | 弱负脱钩 | 强脱钩 | 强脱钩 | 强脱钩 | 弱负脱钩 | 强脱钩 | 弱负脱钩 | 强脱钩 | 强脱钩 |
| 2015 | 相对脱钩 | 相对脱钩 | 相对脱钩 | 相对脱钩 | 相对脱钩 | 相对脱钩 | 相对脱钩 | 相对脱钩 | 相对脱钩 |
| 2016 | 强负脱钩 | 强负脱钩 | 强负脱钩 | 相对脱钩 | 强负脱钩 | 相对脱钩 | 强负脱钩 | 强负脱钩 | 强负脱钩 |
| 2017 | 强负脱钩 | 相对脱钩 | 强负脱钩 | 扩张性负脱钩 | 强负脱钩 | 扩张性负脱钩 | 强负脱钩 | 相对脱钩 | 强负脱钩 |
| 2018 | 强脱钩 | 强脱钩 | 强脱钩 | 强脱钩 | 强脱钩 | 强脱钩 | 强脱钩 | 强脱钩 | 强脱钩 |
| 2019 | 强脱钩 | 强脱钩 | 强脱钩 | 强脱钩 | 强脱钩 | 强脱钩 | 强脱钩 | 强脱钩 | 强脱钩 |

表 2-7　中部地区高等教育规模与经济增长脱钩效应的时间分异

| 省区市 | 强脱钩 | 相对脱钩 | 衰退性脱钩 | 强负脱钩 | 弱负脱钩 | 扩张性负脱钩 | 增长连结 | 衰退连结 |
|---|---|---|---|---|---|---|---|---|
| 山西 | 2000, 2001, 2005, 2006, 2012, 2018, 2019 | 2002, 2003, 2010, 2015 | | 2009, 2016, 2017 | 2007, 2011, 2013, 2014 | 2004, 2008 | | |
| 安徽 | 2000, 2001, 2005, 2006, 2011, 2012, 2014, 2018, 2019 | 2002, 2003, 2008, 2010, 2015, 2017 | | 2009, 2016 | 2007, 2013 | 2004 | | |
| 江西 | 2000, 2001, 2005, 2006, 2008, 2012, 2014, 2018, 2019 | 2002, 2003, 2010, 2015 | | 2009, 2016, 2017 | 2007, 2011, 2013 | 2004 | | |
| 河南 | 2000, 2001, 2005, 2006, 2012, 2014, 2018, 2019 | 2002, 2003, 2010, 2015, 2016 | | 2009, 2011 | 2007, 2013 | 2004, 2008, 2017 | | |
| 湖北 | 2000, 2001, 2006, 2011, 2012, 2018, 2019 | 2002, 2003, 2010, 2015 | | 2009, 2014, 2016, 2017 | 2005, 2007, 2013 | 2004, 2008 | | |

| 省区市 | 强脱钩 | 相对脱钩 | 衰退性脱钩 | 强负脱钩 | 弱负脱钩 | 扩张性负脱钩 | 增长连结 | 衰退性连结 |
|---|---|---|---|---|---|---|---|---|
| 湖南 | 2000, 2001, 2005, 2006, 2011, 2012, 2014, 2018, 2019 | 2002, 2003, 2008, 2015, 2016 | | 2009, 2010 | 2007, 2013 | 2004, 2017 | | |
| 黑龙江 | 2000, 2001, 2006, 2011, 2012, 2018, 2019 | 2002, 2003, 2015 | | 2009, 2010, 2016, 2017 | 2005, 2007, 2013, 2014 | 2004 | 2008 | |
| 吉林 | 2000, 2001, 2005, 2006, 2011, 2012, 2014, 2018, 2019 | 2002, 2003, 2015, 2017 | | 2009, 2010, 2016 | 2007, 2013 | 2004, 2008 | | |
| 内蒙古 | 2000, 2001, 2006, 2011, 2012, 2014, 2018, 2019 | 2002, 2003, 2010, 2015 | | 2009, 2016, 2017 | 2005, 2007, 2013 | 2004 | 2008 | |

## 三、西部高等教育规模扩张与经济增长的脱钩效应分析

西部地区包括四川、重庆、贵州、云南、西藏、陕西、甘肃、青海、宁夏和新疆 10 个省区市，该区域面积占全国 57.4%，人口占 22.4%，能源和矿产资源丰富，主要的经济区有成渝地区双城经济圈和关中平原城市群经济圈。以 2000～2019 年高等教育规模和全要素生产率的数据为基础，依据公式（2-1）计算出西部地区高等教育规模与经济增长的脱钩效应指数（表 2-8）。

表 2-8　西部地区高等教育规模与经济增长的脱钩效应

| 年份 | 重庆 | 四川 | 贵州 | 云南 | 西藏 | 陕西 | 甘肃 | 青海 | 宁夏 | 新疆 |
|---|---|---|---|---|---|---|---|---|---|---|
| 2000 | -0.921 | -1.112 | -0.732 | -0.462 | -0.773 | -0.942 | -0.951 | -1.933 | -1.136 | -1.557 |
| 2001 | -0.437 | -0.370 | -1.033 | -0.668 | -0.099 | -0.299 | -0.674 | -0.323 | -0.441 | -0.415 |
| 2002 | 0.128 | 0.314 | -0.182 | 0.425 | 0.460 | 0.205 | 0.157 | 0.015 | 0.037 | 0.006 |
| 2003 | 0.237 | 0.180 | 0.247 | 0.172 | 0.238 | 0.167 | 0.138 | 0.319 | 0.263 | 0.031 |
| 2004 | 3.234 | 2.681 | 8.116 | 6.780 | 1.577 | 1.910 | 2.710 | 4.105 | 5.239 | 3.635 |
| 2005 | -0.209 | -0.729 | 3.086 | -0.223 | -5.493 | 0.390 | 0.185 | -1.325 | -0.082 | 0.611 |
| 2006 | -0.151 | 0.060 | 0.097 | 0.060 | -0.076 | -0.013 | -0.394 | 0.081 | -0.174 | 0.083 |
| 2007 | 0.433 | 0.412 | 0.447 | 0.639 | 0.497 | 0.218 | 0.382 | 0.603 | 0.779 | 0.455 |
| 2008 | 1.839 | 1.250 | 0.963 | 1.384 | 1.833 | 7.027 | 1.107 | 1.034 | 1.300 | 3.687 |
| 2009 | -0.123 | -0.217 | -0.156 | -0.273 | -0.170 | -0.104 | -0.193 | -0.650 | -0.314 | -0.133 |
| 2010 | 0.240 | 0.275 | 0.116 | 0.243 | 0.044 | 0.035 | 0.126 | 0.034 | 0.211 | 0.158 |
| 2011 | -1.256 | 1.358 | -0.822 | -8.535 | -0.858 | 0.839 | 13.711 | -0.837 | -0.834 | 2.134 |
| 2012 | -1.153 | -1.371 | -1.951 | -0.827 | -1.616 | -0.701 | -1.022 | -1.389 | -2.660 | -1.110 |
| 2013 | 0.459 | 0.528 | 0.359 | 0.364 | 0.618 | 0.336 | 0.572 | 0.425 | 0.449 | 0.365 |

续表

| 年份 | 重庆 | 四川 | 贵州 | 云南 | 西藏 | 陕西 | 甘肃 | 青海 | 宁夏 | 新疆 |
|---|---|---|---|---|---|---|---|---|---|---|
| 2014 | -0.811 | -0.252 | 0.415 | 2.721 | 0.528 | -0.426 | -0.143 | -0.839 | 0.059 | -0.323 |
| 2015 | 0.229 | 0.202 | 0.419 | 0.370 | 1.145 | 0.111 | 0.097 | 0.330 | 0.428 | 0.320 |
| 2016 | -0.074 | -0.087 | 0.289 | 0.000 | -0.083 | -0.037 | -0.002 | 0.125 | 0.043 | 0.115 |
| 2017 | -0.068 | 0.361 | 0.543 | -1370.799 | -184.835 | 0.301 | 0.766 | -0.107 | 0.213 | 2.178 |
| 2018 | -0.028 | -0.207 | -0.293 | -0.573 | 0.100 | -0.195 | -0.148 | -0.135 | -0.238 | -0.269 |
| 2019 | -0.380 | -0.187 | -0.266 | -0.108 | -0.100 | -0.465 | -0.196 | -0.100 | -0.425 | -0.194 |

依据表 2-1 的判别标准对西部地区高等教育规模与经济增长脱钩演变结果进行了判断和界定（表 2-9），并依据表 2-9 的时间特征构建了西部地区高等教育规模与经济增长脱钩效应的时间分异表（表 2-10）。

表 2-9　西部地区高等教育规模与经济增长脱钩演变结果

| 年份 | 重庆 | 四川 | 贵州 | 云南 | 西藏 | 陕西 | 甘肃 | 青海 | 宁夏 | 新疆 |
|---|---|---|---|---|---|---|---|---|---|---|
| 2000 | 强脱钩 | 强脱钩 | 强脱钩 | 强脱钩 | 强脱钩 | 强脱钩 | 强脱钩 | 强脱钩 | 强脱钩 | 强脱钩 |
| 2001 | 强脱钩 | 强脱钩 | 强脱钩 | 强脱钩 | 强脱钩 | 强脱钩 | 强脱钩 | 强脱钩 | 强脱钩 | 强脱钩 |
| 2002 | 相对脱钩 | 相对脱钩 | 强负脱钩 | 相对脱钩 | 相对脱钩 | 相对脱钩 | 相对脱钩 | 相对脱钩 | 相对脱钩 | 相对脱钩 |
| 2003 | 相对脱钩 | 相对脱钩 | 相对脱钩 | 相对脱钩 | 相对脱钩 | 相对脱钩 | 相对脱钩 | 相对脱钩 | 相对脱钩 | 相对脱钩 |
| 2004 | 扩张性负脱钩 | 扩张性负脱钩 | 扩张性负脱钩 | 扩张性负脱钩 | 扩张性负脱钩 | 扩张性负脱钩 | 扩张性负脱钩 | 扩张性负脱钩 | 扩张性负脱钩 | 扩张性负脱钩 |
| 2005 | 强脱钩 | 强脱钩 | 衰退性脱钩 | 强脱钩 | 强脱钩 | 弱负脱钩 | 弱负脱钩 | 强脱钩 | 强脱钩 | 弱负脱钩 |
| 2006 | 强脱钩 | 弱负脱钩 | 弱负脱钩 | 弱负脱钩 | 强脱钩 | 强脱钩 | 强脱钩 | 弱负脱钩 | 强脱钩 | 弱负脱钩 |
| 2007 | 弱负脱钩 | 弱负脱钩 | 弱负脱钩 | 弱负脱钩 | 弱负脱钩 | 弱负脱钩 | 弱负脱钩 | 弱负脱钩 | 弱负脱钩 | 弱负脱钩 |
| 2008 | 扩张性负脱钩 | 扩张性负脱钩 | 增长连结 | 扩张性负脱钩 | 扩张性负脱钩 | 扩张性负脱钩 | 增长连结 | 增长连结 | 扩张性负脱钩 | 扩张性负脱钩 |
| 2009 | 强负脱钩 | 强负脱钩 | 强负脱钩 | 强负脱钩 | 强负脱钩 | 强负脱钩 | 强负脱钩 | 强负脱钩 | 强负脱钩 | 强负脱钩 |
| 2010 | 相对脱钩 | 相对脱钩 | 相对脱钩 | 相对脱钩 | 相对脱钩 | 相对脱钩 | 相对脱钩 | 相对脱钩 | 相对脱钩 | 相对脱钩 |
| 2011 | 强脱钩 | 扩张性负脱钩 | 强脱钩 | 强脱钩 | 强脱钩 | 增长连结 | 扩张性负脱钩 | 强脱钩 | 强脱钩 | 扩张性负脱钩 |
| 2012 | 强脱钩 | 强脱钩 | 强脱钩 | 强脱钩 | 强脱钩 | 强脱钩 | 强脱钩 | 强脱钩 | 强脱钩 | 强脱钩 |

| 年份 | 重庆 | 四川 | 贵州 | 云南 | 西藏 | 陕西 | 甘肃 | 青海 | 宁夏 | 新疆 |
|---|---|---|---|---|---|---|---|---|---|---|
| 2013 | 弱负脱钩 | 弱负脱钩 | 弱负脱钩 | 弱负脱钩 | 弱负脱钩 | 弱负脱钩 | 弱负脱钩 | 弱负脱钩 | 弱负脱钩 | 弱负脱钩 |
| 2014 | 强脱钩 | 强脱钩 | 相对脱钩 | 扩张性负脱钩 | 弱负脱钩 | 强负脱钩 | 强脱钩 | 强脱钩 | 相对脱钩 | 强脱钩 |
| 2015 | 相对脱钩 | 相对脱钩 | 相对脱钩 | 相对脱钩 | 增长连结 | 相对脱钩 | 相对脱钩 | 相对脱钩 | 相对脱钩 | 相对脱钩 |
| 2016 | 强脱钩 | 强负脱钩 | 相对脱钩 | 强负脱钩 | 强负脱钩 | 强负脱钩 | 强负脱钩 | 相对脱钩 | 相对脱钩 | 相对脱钩 |
| 2017 | 强负脱钩 | 相对脱钩 | 相对脱钩 | 强脱钩 | 强负脱钩 | 相对脱钩 | 相对脱钩 | 强负脱钩 | 相对脱钩 | 扩张性负脱钩 |
| 2018 | 强脱钩 | 强脱钩 | 强脱钩 | 强脱钩 | 弱负脱钩 | 强脱钩 | 强脱钩 | 强脱钩 | 强脱钩 | 强脱钩 |
| 2019 | 强脱钩 | 强脱钩 | 强脱钩 | 强脱钩 | 强脱钩 | 强脱钩 | 强脱钩 | 强脱钩 | 强脱钩 | 强脱钩 |

表 2-10　西部地区高等教育规模与经济增长脱钩效应的时间分异

| 省区市 | 强脱钩 | 相对脱钩 | 衰退性脱钩 | 强负脱钩 | 弱负脱钩 | 扩张性负脱钩 | 增长连结 | 衰弱性连结 |
|---|---|---|---|---|---|---|---|---|
| 重庆 | 2000, 2001, 2005, 2006, 2011, 2012, 2014, 2018, 2019 | 2002, 2003, 2010, 2015 | | 2009, 2017 | 2007, 2013, 2016 | 2004, 2008 | | |
| 四川 | 2000, 2001, 2005, 2012, 2014, 2018, 2019 | 2002, 2003, 2010, 2015, 2017 | | 2009 | 2006, 2007, 2013, 2016 | 2004, 2008, 2011 | | |
| 贵州 | 2000, 2001, 2011, 2012, 2018, 2019 | 2003, 2010, 2014, 2015, 2016, 2017 | 2005 | 2002, 2009 | 2006, 2007, 2013 | 2004 | | 2008 |
| 云南 | 2000, 2001, 2005, 2011, 2012, 2017, 2018, 2019 | 2002, 2003, 2010, 2015 | | 2009 | 2006, 2007, 2013, 2016 | 2004, 2008, 2014 | | |
| 西藏 | 2000, 2001, 2005, 2006, 2011, 2012, 2019 | 2002, 2003, 2010 | | 2009, 2017 | 2007, 2013, 2014, 2016, 2018 | 2004, 2008 | | 2015 |
| 陕西 | 2000, 2001, 2006, 2012, 2018, 2019 | 2002, 2003, 2010, 2015, 2017 | | 2009, 2014 | 2005, 2007, 2013, 2016 | 2004, 2008 | | 2011 |
| 甘肃 | 2000, 2001, 2006, 2012, 2014, 2018, 2019 | 2002, 2003, 2010, 2015, 2017 | | 2009 | 2005, 2007, 2013, 2016 | 2004, 2011 | | 2008 |
| 青海 | 2000, 2001, 2005, 2011, 2012, 2014, 2018, 2019 | 2002, 2003, 2010, 2015, 2016 | | 2009, 2017 | 2006, 2007, 2013 | 2004 | | 2008 |
| 宁夏 | 2000, 2001, 2005, 2006, 2011, 2012, 2014, 2018, 2019 | 2002, 2003, 2010, 2015, 2016, 2017 | | 2009 | 2007, 2013 | 2004, 2008 | | |
| 新疆 | 2000, 2001, 2012, 2014, 2018, 2019 | 2002, 2003, 2010, 2015, 2016 | | 2009 | 2005, 2006, 2007, 2013 | 2004, 2008, 2011, 2017 | | |

　　研究数据表明，西部地区高等教育规模与经济增长脱钩演变结果存在两种矛盾的状态。一方面，高等教育规模的变化率与全要素生产率的变化率之间存在正负差异的绝对脱钩状态（强脱钩和强负脱钩），另一方面，高等教育规模的变化率与全要素生产率的变化率之间又存在同向变动的关系：同正变化关系（相对脱钩、增长连结和扩张性负脱钩）、同负变化关系（弱负脱钩和衰退性脱钩）。两种状态的存在对高等教育规模与经济增长关系的解释刚好相反，前一种状态的存在否定了高等教育规模对经济增长的贡献作用，后一种状态的存在肯定了高等教育规模对经济增长的贡献作用，西部地区两种状态的同时存在说明在 2000～2019 年的 20 年间，随着时间的变化，高等教育规模与经济增长的关系也在变化，及在不同时间阶段展现出不同的关系特征，这说明高等教育规模对经济的影响并非持续连贯和一致同向的。

　　从不同类型的脱钩状态出现的频率来看，西部地区高等教育规模与全要素生产率的绝对脱钩状态出现 7～11 次，最少的是新疆，20 年间出现了 7 次，最多的是重庆，出现了 11 次；同正变化状态（相对脱钩、增长连结和扩张性负脱钩）出现 6～9 次，最少的是重庆和西藏，20 年间仅出现了 6 次，最多的是新疆，出现了 9 次；同负变化关系（弱负脱钩和衰退性脱钩）出现 2～5 次，最多的是西藏，20 年间出现了 5 次，最少的是宁夏，出现了 2 次。

## 第三节　高等教育规模发展对经济增长的区域异质性分析

### 一、东部、中部和西部三大经济区绝对脱钩状态的频次差异分析

　　绝对脱钩状态（包括了强脱钩和强负脱钩）是指高等教育规模的变化率与全要素生产率的变化率之间存在负向变化的状态，这种状态表明高等教育规模增长的同时全要素生产率在下降，或者高等教育规模下降的同时全要素生产率在增长。这一状态的存在有力地证明了高等教育规模对经济增长并非起到绝对持续的正向影响作用。为了进一步研究我国东部、中部和西部三大经济区之间的绝对脱钩状态的差异，本节采用以下三个步骤展开实证分析：第一，对样本数据进行描述性统计分析；第二，采用单因素方差分析方法对不同区域之间的差异进行检验，第三，采用基于 LSD 的事后多重比较分析方法对不同区域之间的差异进行两两比较。

如表 2-11 所示，总样本包括了我国 31 个省区市，在 2000～2019 年我国东部、中部和西部地区出现绝对脱钩状态的频率均值分别是 9.58、11.00 和 8.80，标准差分别为 0.996、0.707 和 1.229，相比之下西部地区数据分布的离散程度更大。

表 2-11 描述性统计分析表

| 区域 | 样本量 | 均值 | 标准差 | 标准误 | 95%置信区间 | | 最小值 | 最大值 |
| --- | --- | --- | --- | --- | --- | --- | --- | --- |
| | | | | | 下限 | 上限 | | |
| 1 | 12 | 9.58 | 0.996 | 0.288 | 8.95 | 10.22 | 8 | 11 |
| 2 | 9 | 11.00 | 0.707 | 0.236 | 10.46 | 11.54 | 10 | 12 |
| 3 | 10 | 8.80 | 1.229 | 0.389 | 7.92 | 9.68 | 7 | 11 |
| 总计 | 31 | 9.74 | 1.316 | 0.236 | 9.26 | 10.22 | 7 | 12 |

注："1"表示东部地区，"2"表示中部地区，"3"表示西部地区。

如表 2-12 所示，不同区域的组间平方和为 23.419，均值为 11.709，$F$ 值为 11.497，对应的 $P$ 值近似为 0，在 0.05 的显著性水平下判断东部、中部和西部三个不同区域之间的完全脱钩状态存在显著的差异，即不同区域的完全脱钩状态存在显著的差异。

表 2-12 单因素方差分析表

| | 平方和 | 自由度 | 均值 | $F$ 值 | $P$ 值 |
| --- | --- | --- | --- | --- | --- |
| 组间 | 23.419 | 2 | 11.709 | 11.497 | 0.000 |
| 组内 | 28.517 | 28 | 1.018 | | |
| 总计 | 51.935 | 30 | | | |

如表 2-13 所示，区域 1 与区域 2 的平均差异为-1.417，$P$ 值为 0.004，在 0.05 的显著性水平下可以判断区域 1 完全脱钩频数显著小于区域 2 的完全脱钩频数，说明东部地区完全脱钩状态要显著低于中部地区。区域 1 与区域 3 的平均差异为 0.783，$P$ 值为 0.081，在 0.05 的显著性水平下可以判断区域 1 完全脱钩频数与区域 3 的完全脱钩频数差异并不显著，说明东部地区完全脱钩状态与西部地区的差异并不显著。区域 2 与区域 3 的平均差异为 2.200，$P$ 值为 0.000，在 0.05 的显著性水平下可以判断区域 2 完全脱钩频数显著大于区域 3 的完全脱钩频数，说明中部地区完全脱钩状态要显著高于西部地区。

表 2-13 两两比较分析表

| (I) 区域 | (J) 区域 | 平均差异 | 标准误 | P 值 | 95%置信区间 | |
|---|---|---|---|---|---|---|
| | | | | | 下限 | 上限 |
| 1 | 2 | −1.417* | 0.445 | 0.004 | −2.33 | −0.51 |
| | 3 | 0.783 | 0.432 | 0.081 | −0.10 | 1.67 |
| 2 | 1 | 1.417* | 0.445 | 0.004 | 0.51 | 2.33 |
| | 3 | 2.200* | 0.464 | 0.000 | 1.25 | 3.15 |
| 3 | 1 | −0.783 | 0.432 | 0.081 | −1.67 | 0.10 |
| | 2 | −2.200* | 0.464 | 0.000 | −3.15 | −1.25 |

注：*表示平均值差异在 0.05 水平显著；"1"表示东部地区，"2"表示中部地区，"3"表示西部地区。

综上所述，从绝对脱钩状态来看，东部、中部和西部存在以下三种关系：①区域 1（东部）＜区域 2（中部），2000～2019 年东部地区处于完全脱钩状态的频率显著低于中部地区，由此可见高等教育规模扩张的效果在中部地区相对更差；②区域 3（西部）＜区域 2（中部），2000～2019 年西部地区处于完全脱钩状态的频率显著低于中部地区，由此可见高等教育规模扩张的效果在中部地区相对更差；③区域 1（东部）和区域 3（西部）之间完全脱钩状态的频率差距并不显著，因此可以判断，中部地区的绝对脱钩状态相比之下最高，高等教育规模扩张的效果在中部地区最差。

## 二、东部、中部和西部三大经济区同正变化状态的频次差异分析

同正变化状态（包括了相对脱钩、增长连结和扩张性负脱钩）是指高等教育规模的变化率与全要素生产率的变化率之间存在同正变化的状态，即高等教育规模增长的同时全要素生产率也在上升，这一状态的存在有力地证明了高等教育规模对经济增长具有持续正向的促进作用。为了进一步研究我国东部、中部和西部三大经济区之间的同正变化状态的差异，本节采用以下三个步骤展开实证分析：第一，对样本数据进行描述性统计分析；第二，采用单因素方差分析方法对不同区域之间的差异进行检验，第三，采用基于 LSD 的事后多重比较分析方法对不同区域之间的差异进行两两比较。

如表 2-14 所示，总样本包括了我国 31 个省区市，2000～2019 年我国东部、中部和西部地区出现同正变化状态的频率均值分别为 7.33、6.22 和 7.50，标准差分别为 1.303、0.972 和 0.972，相比之下东部地区数据分布的离散程度更大。

表 2-14　描述性统计分析表

| 区域 | 样本量 | 均值 | 标准差 | 标准误 | 95%置信区间 | | 最小值 | 最大值 |
|---|---|---|---|---|---|---|---|---|
| | | | | | 下限 | 上限 | | |
| 1 | 12 | 7.33 | 1.303 | 0.376 | 6.51 | 8.16 | 5 | 9 |
| 2 | 9 | 6.22 | 0.972 | 0.324 | 5.48 | 6.97 | 5 | 8 |
| 3 | 10 | 7.50 | 0.972 | 0.307 | 6.80 | 8.20 | 6 | 9 |
| 总计 | 31 | 7.06 | 1.209 | 0.217 | 6.62 | 7.51 | 5 | 9 |

注："1"表示东部地区，"2"表示中部地区，"3"表示西部地区。

如表 2-15 所示，不同区域的组间平方和为 9.149，均值为 4.574，$F$ 值为 3.689，对应的 $P$ 值为 0.038，在 0.05 的显著性水平下判断东部、中部和西部三个不同区域之间的同正变化状态存在显著的差异，即不同区域的同正变化状态存在显著的差异。

表 2-15　单因素方差分析表

| | 平方和 | 自由度 | 均值 | $F$ 值 | $P$ 值 |
|---|---|---|---|---|---|
| 组间 | 9.149 | 2 | 4.574 | 3.689 | 0.038 |
| 组内 | 34.722 | 28 | 1.240 | | |
| 总计 | 43.871 | 30 | | | |

如表 2-16 所示，区域 1 与区域 2 的平均差异为 1.111，$P$ 值为 0.032，在 0.05 的显著性水平下可以判断区域 1 同正变化状态的频率显著大于区域 2 同正变化状态的频率，说明东部地区同正变化状态要显著强于中部地区，区域 1 与区域 3 的平均差异为-0.167，$P$ 值为 0.729，在 0.05 的显著性水平下可以判断区域 1 同正变化状态的频率与区域 3 同正变化状态的频率差异并不显著，说明东部地区同正变化状态与西部地区的差异并不显著。区域 2 与区域 3 的平均差异为-1.278，$P$ 值为 0.019，在 0.05 的显著性水平下可以判断区域 2 同正变化状态的频率显著小于区域 3 同正变化状态的频率，说明中部地区同正变化状态要显著低于西部地区。

综上所述，从同正变化状态来看，东部、中部和西部存在以下三种关系：①区域 1（东部）＞区域 2（中部），2000～2019 年东部地区处于同正变化状态的频率要显著高于中部地区，由此可见高等教育规模扩张的效果在东部地区相对更好；②区域 3（西部）＞区域 2（中部），2000～2019 年西部地区处于同正变化状态的频率要显著高于中部地区，由此可见高等教育规模扩张的效果在西部地区相对更好；③区域 1（东部）和区域 3（西部）

之间同正变化状态的频率差距并不显著。因此可以判断，中部地区的同正变化状态相比之下最低，高等教育规模扩张的效果在中部地区最差（与前述结论一致）。

表 2-16　两两比较分析表

| （I）区域 | （J）区域 | 平均差异 | 标准误 | P 值 | 95%置信区间 | |
| --- | --- | --- | --- | --- | --- | --- |
| | | | | | 下限 | 上限 |
| 1 | 2 | 1.111* | 0.491 | 0.032 | 0.11 | 2.12 |
| | 3 | -0.167 | 0.477 | 0.729 | -1.14 | 0.81 |
| 2 | 1 | -1.111* | 0.491 | 0.032 | -2.12 | -0.11 |
| | 3 | -1.278* | 0.512 | 0.019 | -2.33 | -0.23 |
| 3 | 1 | 0.167 | 0.477 | 0.729 | -0.81 | 1.14 |
| | 2 | 1.278* | 0.512 | 0.019 | 0.23 | 2.33 |

注：*表示平均值差异在 0.05 水平显著；"1"表示东部地区，"2"表示中部地区，"3"表示西部地区。

研究结果显示，绝对脱钩状态中部地区相对最高，东部和西部地区相对较低且差异不显著，同正变化状态中部地区相对最低，东部和西部地区相对较高且差异不显著，这一结论符合逻辑且能够相互印证，研究结果稳健可靠。

## 第四节　高等教育规模发展对经济增长贡献的特征及其理论解释

### 一、高等教育规模与经济增长矛盾状态的解释

本章基于脱钩理论对高等教育规模与经济增长之间的关系进行了研究，结果显示高等教育规模与经济增长两者之间的关系存在以下特征：高等教育规模不仅仅会起到提升全要素生产率的作用（使二者处于同正变化状态），高等教育规模与全要素生产率还存在绝对脱钩状态和同负变化状态，以上两种状态的存在证明了高等教育规模并非对经济具有持续的促进作用，还存在无效甚至反作用的情形。

现有研究证明高等教育规模与经济增长之间存在传导机制：陈建伟和苏丽锋（2014）认为高等教育规模之所以能够促进经济增长是因为高等教育规模的扩张能够加速储蓄向有效投资与消费的转化，进而促进经济的增长，李子联（2020a）认为高等教育制度的良性改革能够有效促进科学技术

的创新进而推动国民经济的增长,张心悦和马莉萍(2022)指出高等教育规模将直接影响技术效率和增加人力资本存量,进而提升全要素生产率并促进经济的增长。由此可见高等教育规模对经济增长的影响是因为其触发了传导机制(加速储蓄转化、促进科学技术创新、提升技术效率和人力资本),进而对经济增长发挥作用。本章的实证结果表明高等教育规模并非对经济具有持续的促进作用,还存在无效甚至是反作用,这说明可能存在高等教育对经济增长的传导机制被打破或者严重削弱的情况,重新梳理2000~2019年高等教育规模与经济增长的脱钩数据,发现以下特征。

第一,全国31个省区市无一例外均在2009年出现绝对脱钩的状态(强负脱钩),即高等教育规模上升而经济增长反而出现下降。2008年底由美国次贷危机引发的金融危机席卷全球,从而导致世界经济遭受到重创,亚洲经济也受到了严重的影响,2008年11月这场危机开始对中国对外贸易产生实质性影响,2009年第一季度的经济增幅跌至6.6%,进出口增速出现负值,大量企业减产或关门倒闭。可见经济危机对传导机制有直接负面的作用。

第二,全国31个省区市无一例外均在2018年和2019年出现绝对脱钩的状态(强脱钩),即高等教育规模下降而经济增长出现上升。从2018年3月开始中美出现了较为激烈的贸易摩擦,美国从制裁中兴通讯和华为,到开启对中国贸易的反倾销调查,这一系列事件对中国高新技术产业、外贸行业及其相关产业造成实质性的损害。可见中美的贸易摩擦对传导机制有直接负面的作用。

第三,全国31个省区市无一例外均在2002年和2003年出现了同正变化状态(相对脱钩、增长连结),高等教育规模上升而经济增长率也上升;尤其是到了2004年,所有省区市均出现了扩张性负脱钩,高等教育规模上升而经济增长率则出现了更大幅度的上升。2001年11月中国加入世界贸易组织(WTO)为中国经济打入一剂强心针,一方面扩大了中国的出口贸易,促进了外资的引进力度,另一方面激发了中国企业参与国际竞争的意识,推动了我国的技术进步。可见中国加入世界贸易组织对传导机制有直接正面的作用。

综上所述,当高等教育对经济增长的传导机制被打破或者严重削弱时(如出现类似经济危机、贸易摩擦等事件),高等教育规模与经济发展关系就会出现绝对脱钩,即高等教育规模扩张对经济发展没有作用甚至是反作用,当高等教育对经济增长的传导机制加强时(如出现类似加入世界贸易组织等事件),高等教育规模与经济发展关系就会出现同正变化,即高等教育规模扩张对经济发展产生促进作用。

## 二、高等教育规模与经济增长关系的中部"塌陷"特征及解释

我国高等教育规模对经济增长的贡献呈现出了中部"塌陷"的特征，在东部和西部地区高等教育规模扩张对经济增长具有更强的促进作用，而中部地区高等教育规模扩张对经济增长的促进作用相对更弱。这一状态的存在证明了我国高等教育规模发展的经济贡献存在区域的差异性。张心悦和马莉萍（2022）指出高等教育规模将直接影响技术效率和增加人力资本存量，进而提升全要素生产率，本节借鉴张心悦的研究成果，从人力资本存量和技术效率两个视角解释高等教育规模对经济增长贡献的特征。

### 1. 基于人力资本存量视角的解释

从人力资本存量的视角来看，由于人力资本存量存在区域性流动的特征，因而高等教育规模扩张的效果并不能完全作用于本区域内的人力资本存量，这就使得高等教育规模通过改变人力资本存量进而影响经济发展的路径失效。李倩和秦尊文（2015）研究发现我国中部地区是人口的净流出区域，且省外流入的人口对经济贡献率较小。鲁丽梅等（2019）指出中部地区劳动力与经济发展之间并非互为因果的推动关系，尽管劳动力流入对区域经济有显著的正向作用，但是区域经济发展对吸引劳动力流入却存在显著的负向作用。因此相比之下中部地区高等教育规模扩张对中部地区人力资本存量的影响不大（高等教育人才外流的情况突出），进而对中部地区的全要素生产率产生影响。

2000 年中央提出的西部大开发战略和 2013 年国家提出的"一带一路"倡议给西部地区带来了显著发展机遇，与此同时这一政策也为西部地区带来了显著的劳动力回流，尽管与东部的人才吸引力相比存在较大的差距，但与中部地区比较，吸引力相对有所提升，因此西部地区高等教育规模扩张对西部地区人力资本存量的影响提升（高等教育人才外流情况缓解），进而对西部地区的全要素生产率产生影响。

由此可见，东部地区人才的高吸引力、中部地区人才的外流以及西部地区持续的国家政策的共同作用，是高等教育规模扩张的经济贡献呈现出中部"塌陷"的一个重要原因。

### 2. 基于技术效率视角的解释

从技术效率的视角来看，技术转化主体系统中包括了高校和企业两个部分，高校是技术成果转化的载体和受体，而企业则是高校技术成果的主要需求来源，企业有效的需求将直接影响高校技术成果转化的速度和规模

（张平和黄贤涛，2011），国内大部分具有创新能力和竞争能力的企业总部均设在东部沿海省份，这一区域也成为高校技术成果转化需求的集中区域。因此尽管中部具有较多的优质高校，但是具体技术成果的转化还需依靠经济发达、企业众多和技术创新需求更强的东部地区，因此相比之下中部地区高等教育规模扩张对中部地区技术转化效率影响不大（高校科技成果异地转化的情况突出），进而对中部地区的全要素生产率产生影响。

2000 年中央提出的西部大开发战略和 2013 年国家提出的"一带一路"倡议给西部地区带来了显著的发展机遇，该政策为这一地区带来了国内知名企业和具有一定创新能力的中小企业，尽管与东部的技术转化需求和能力相比存在较大的差距，但与中部地区比较，能力相对有所提升，因此西部地区高等教育规模扩张对西部地区技术转化能力的影响提升（技术转化效率低的情况有所缓解），进而对西部地区的全要素生产率产生影响。

由此可见，我国区域技术转化效率呈现出"东高、中低、西增"的状态，是高等教育规模扩张的经济贡献相应呈现出中部"塌陷"的另一个重要原因。

## 第五节　本 章 小 结

本章以脱钩理论为基础，采用单因素方差分析方法和基于 LSD 的事后多重比较分析方法就高等教育规模与经济增长之间的关系问题展开了研究，结果表明：①高等教育规模并非对经济具有持续的促进作用，高等教育规模不仅仅会起到提升全要素生产率的作用（使二者处于同正变化状态），高等教育规模与全要素生产率还存在绝对脱钩状态和同负变化状态，以上两种状态的存在证明了高等教育规模对经济的影响还存在无效甚至反作用的情形；②高等教育规模对经济增长的贡献具有中部"塌陷"特征，东部和西部地区高等教育规模扩张对经济增长具有更强的促进作用，而中部地区高等教育规模扩张对经济增长的促进作用相对更弱。这一状态的存在证明了我国高等教育规模发展的经济贡献存在区域的差异性。

尽管当前已有研究不论是基于国家层面的宏观视角、基于我国行政区域划分的中观视角还是基于高等教育细分类别的微观视角的研究，均已证明高等教育规模对经济增长具有正向的影响作用，但由于方法的局限性，现有研究并没有清晰地阐述高等教育规模扩张对经济增长贡献的演变特征、结果和原因。回顾过去 20 年高等教育规模与经济发展之间的关系可以看到，高等教育规模对经济增长的影响并非起到持续的促进作用,各个省份、各个区域存在较为显著的差异,而且促进作用和效果呈现出显著的中部地区低、东西部地区相对较高的中部"塌陷"特征。

在高等教育实现普及化的大背景下,这一状态和特征在未来将可能出现以下的演化路径:第一,高等教育规模扩张对经济增长的贡献持续走弱,绝对脱钩出现的频率会逐渐增加,随着高等教育普及化的实现,未来高等教育规模扩张的速度将明显放缓。第二,新冠肺炎疫情的常态防控对我国人口流动产生了较大的影响,中部人口回流困难,短期内改变中部塌陷的可能性不大。第三,新冠肺炎疫情的不确定性和动态性变化对"一带一路"沿线国家的经济将产生较大影响,这将直接影响到我国"一带一路"倡议的实施和推广,进而对西部人力资本增长和创新企业的生存空间产生负面的影响。

# 第三章　高等教育发展与产业结构变迁

产业结构是一个国家经济的发展脉络，既是过往发展所形成的基底，也表明当下一个国家的综合国力，同时也预示着一国未来的发展潜力。随着中国经济发展进入新常态，为了实现经济动能的转换，对产业结构转变提出了新的要求。2020 年，党的十九届五中全会对产业结构转变做出重要部署：坚持把发展经济着力点放在实体经济上，推进产业基础高级化、产业链现代化，提升产业链供应链现代化水平，发展战略性新兴产业，加快发展现代服务业（张莫等，2020）。可见，推动产业结构的调整升级对"十四五"时期经济高质量发展和新经济格局具有重大现实意义。

产业结构的变迁离不开人力资本的积累与科技创新的支撑。而高等教育既是人力资本积累的重要来源，也是科技创新的重要支撑，对地区的产业发展水平，以及人才培养力、吸引力有重要影响（赵之灿和田浩然，2023）。而现今我国已建成世界上最大规模的高等教育体系，并已进入普及化发展新阶段，高等学校、教职工及学生数量有较大的增长。截至 2021 年 12 月，全国普通高等学校数量为 2738 所，高校每年毕业生达 826.5 万人，教职工人数为 270.1183 万人，与 2002 年相比分别增加了 1.97 倍、6.18 倍和 1.77 倍①。这些突出的宏观数据显示我国高等教育已有了长足的发展，但高等教育发展与产业结构变迁的内在联系无从反映。因此提出相关思考问题：高等教育发展如何影响产业结构变迁？对三次产业的影响程度是否相同，存在何种差异？两者作用机制是什么？厘清上述问题有助于进一步认识高等教育发展对产业结构变迁的影响机制，从理论层面深化了解两者内在联系，并为实现我国人才强国、经济高质量发展提供可参考依据。

综上，本章在分析高等教育发展对产业结构变迁影响基础上，实证验证两者之间所存在的中介影响效应及具体路径。对比过往研究，本章主要创新及贡献如下：第一，本章将从构成高等教育系统的规模、结构和质量三个要素出发，多方面探究高等教育发展对产业结构变迁的影响；第二，引入产业结构合理化指标，同时考量产业转型升级及产业内部升级指标，深入分析高等教育发展对产业结构变迁的影响；第三，结合中介效应及异

---

① 数据来源：WIND 数据库。

质性分析探讨高等教育发展对产业结构变迁的影响机制，以丰富两者内在联系发展研究，为后续研究提供可借鉴的分析路径。

## 第一节 高等教育发展与产业结构变迁文献回顾及研究假设

### 一、高等教育发展与产业结构变迁

产业结构变迁从动态角度看可分为两个维度，即产业结构合理化和产业结构高级化（干春晖等，2011）。产业结构高级化又可分为三次产业逐级跃迁或产业内部升级，即产业结构重心从第一产业逐渐转向第二产业，再转向为第三产业；亦或是产业内部自身行业及产品从低附加值转向高附加值的转变过程（徐德云，2019）。影响产业结构变迁的因素中，人力资本作为产业结构调整智力支撑是使其转变的关键性要素之一（杨林等，2015）。而人力资本积累其实质由高等教育发展水平所决定，发展高等教育可以提升人力资本的质量，也可提升劳动力知识技能，进而推动产业结构转变并促进经济增长（闵维方，2017）。

高等教育发展与产业结构之间存在动态关联关系（Illingworth，1996）。随着我国高等教育的不断发展，中国高等教育由"精英教育"向"大众教育"转型，各学科专业的毕业生规模增加，在一定程度上适应了中国产业结构的转型升级进程。多数学者从不同层次的高等教育探讨高等教育与产业结构两者之间的关系，如在专科（高职）层次，李晓明（2012）认为产业转型升级使社会对技术应用型人才的需求规模不断扩大、需求层次不断提升，同时也迫切要求举办本科层次高职教育；李礼等（2021）认为高等职业教育发展规模和实际 GDP 间存在长期均衡关系，职业院校在校生人数尤其是高职高专院校在校生人数的增加能够有效促进实际 GDP 的增长；谢汝宗等（2022）研究发现高职教育在短期内可以促进产业结构升级，且在西部地区的正向效应具有持续性，可整体上高职教育投入与产业结构升级并不协同，但现阶段仍存在较大的发挥空间。在本科层次，杨水根等（2022）运用熵值法和协同度模型测算发现本科专业与产业结构系统历经"基本同步—超前—基本同步"的动态耦合过程，认为应进一步完善本科教育建设，提升教育资源配置效率；高文豪和崔盛（2021）同样认为，为了适应产业结构的调整，本科教育应成为高等教育主体，进一步采取大力发展应用型本科教育的举措；但有其他学者认为本科及以上教育规模的大幅度调整，虽然满足了劳动力群体提升学历的要求，可从现实情况来看，其调整的规模和速度超过了市场的容纳度，劳动力市场更加青睐学历更高的本科及以上学历的学生，对高职专科学生的就业造成了一定程度的冲击（苏丽锋和陈建伟，2016；张明广和茹宁，2020）。在研究生层次，杨玉（2014）认为研究生教育发展是区域经济的动力源泉，主要因为区域经济的高技术化和产业结构的高级化，都必须有充足的高等人力资源储备，而研究生教育规模扩张不仅直接促进更多受教育者成长，还会促进区域优质社会人力资本的积累（高晓清和杨洋，2022）。

此外，也有相关学者研究高等教育规模发展对单一产业的影响作用，如王章豹和童月（2016）研究高等工程教育与第二产业之间的联系，发现两者是相互影响、相互促进和共同发展的，虽然短期内高等工程教育规模对第二产业增长没有产生较大影响，但存在增长趋势；吴东姣和马永红（2019）则发现研究生教育规模对第三产业经济发展具有积极的促进作用，其中硕士生教育规模对第三产业经济发展的促进作用较明显且见效更快。

整体上，高等教育发展对产业结构变迁的影响大多具有直接且正向的效应，且这种影响在不同层次的高等教育中有所区分。但从产业结构变迁维度来看，现有研究较少关注高等教育发展对产业结构合理化和产业内部升级的影响，仅采用产业结构升级维度较为单一。此外，高等教育发展可分为规模、结构和质量三要素，但实际研究中多对某一要素进行单独分析，故本章为了研究的完整性将三种要素进行整体分析，深入探究高等教育发展对产业变迁的影响作用。

提出研究假设 H1：在一定条件下，高等教育发展对产业结构变迁具有显著正向影响。

## 二、高等教育发展对产业结构变迁的影响机制

对过往相关文献收集及分析可知，高等教育发展主要通过人力资本水平、技术创新水平、劳动生产水平、消费需求水平的改变为产业结构变迁提供转换条件。

人力资本形成的重要途径主要为教育，而人力资本的积累可以促进产业结构转型升级。一方面，高等教育规模的扩张致使人力资本大量积累，许多高学历人才进入并沉积到多行业、多产业领域，不断提高人力资本配置效率，进而改变产业结构，带来社会总产出的快速增长（李勇和段诗宁，2021）。同时，高等教育集群式发展显著降低了劳动成本和正式的高学历员工雇佣规模（陈建伟和孙志军，2022），这将进一步促进人力资源要素优化。

另一方面，高等教育在促进人力资本积累的过程中，提高了人才培养的社会适应性和"全人"的数量，个体由于掌握了更多的知识、技能与素养，逐渐脱离了单一产业形态下的简单劳动，而不断向更高级产业形态下的复杂劳动趋进（张海生，2021），但整个过程将致使从事偏劳动密集型产业的劳动力数量不断减少，而趋于资本密集型与技术密集型产业得到快速发展，整体产业结构转换升级。

提出研究假设 H2：在一定条件下，高等教育发展可以通过提升人力资本水平促进产业结构变迁。

技术创新是经济高质量发展的驱动力，而高等教育对国家基础研发和技术创新具有关键性影响。技术创新的发挥离不开高等教育所培养的高技能高素质人才的支撑，而人力资本与技术创新具有空间外溢效应，人力资本产生知识外溢效应，促进本地区和邻近地区技术创新，本地区技术创新在区域间扩散，也会促进邻近地区技术创新（黄容霞等，2021）。而技术创新一方面可通过影响产业结构合理化，提高经济发展质量，另一方面可通过影响产业结构高级化，增强经济系统的更新再发展能力（张跃胜等，2022）。此外，高等教育的发展培育了大批高技术人才，良好的教育可以使劳动者更快地掌握新技术，通过不同技术的交叉和不同产业的融合，产生激进式技术创新，并把研发成果投入到其所在区域进行技术转移，促进区域创新环境的形成（孟照海，2018），进一步加大技术溢出效应，推动产业结构不断升级。

提出研究假设 H3：在一定条件下，高等教育发展可以通过提升技术创新水平促进产业结构变迁。

劳动生产水平可通过劳动者所受教育层次的提升而提升，进而为产业结构升级创造条件。一方面，劳动者通过高等教育可以学习到相关先进技术，提升自身劳动素质，且接受过高等教育的劳动者具有明显的自我选择效应，有能力的个体流动到生产效率更高的一线和新一线城市的意愿更强（黄静和祝梦迪，2021），亦或是从第一产业向第二、第三产业转移，从而获得更高的教育回报率。另一方面，高等教育学制设计的灵活性和学习内容的多选择性，相互衔接的"立交桥式"培养过程，使个体知识能力、研究水平和社会实践得到较大提升，促使其能够胜任不同产业形态的职业，并拓宽了劳动参与的多样性（林成华等，2020）。另外，为了实现经济高质量发展，需通过提升劳动生产率来保持经济的合理增长水平，同时也需要优化劳动生产率提升的动力结构实现经济发展方式的转变（杭敬等，2015）。

提出研究假设 H4：在一定条件下，高等教育发展可以通过提升劳动生产水平促进产业结构变迁。

消费需求由居民可支配收入所决定，消费需求的改变可同步促使产业结构的改变。从实际来看，教育水平的提高确实能提高居民整体消费结构中的高层次消费，且高等教育对消费能力、消费结构的改善作用更为突出（闵维方等，2021）。居民消费改善或升级代表着人均可支配收入的增加，收入的增加会使人们不再满足于必需型消费品的需求，而是会增加对享受型消费品的需求（龙少波和丁点尔，2022）。市场机制会放大该现象，从需求端传向供给端，致使生产享受型消费品等相关产业得到良好发展，以致相关产业在经济结构中占据越来越主导的地位（杨天宇和陈明玉，2018）。

提出研究假设 H5：在一定条件下，高等教育发展可以通过提升消费需求水平促进产业结构变迁。

## 第二节　模型设定与变量选取

### 一、模 型 设 定

为了验证高等教育发展对中国产业结构变迁的影响效应，设定基准回归模型如下：

$$Industry_{it} = \alpha_0 + \alpha_1 High\ Education_{it} + \alpha_2 Control_{it} + \mu_{0it} \quad (3\text{-}1)$$

式中，$i$ 表示地区；$t$ 表示时间；$Industry_{it}$ 表示 $i$ 地区在第 $t$ 年的产业结构合理化指数、转型升级指数或内部升级指数；$High\ Education_{it}$ 表示 $i$ 地区在第 $t$ 年的高等教育发展水平（规模、结构及质量）；$\alpha_1$ 表示高等教育发展对产业结构变迁的影响程度；$Control_{it}$ 表示控制变量，主要包括经济发展水平、外商投资水平、政府支出水平、城镇化水平指标；$\mu_{0it}$ 表示误差项（随机扰动项）。

同时，鉴于本节使用面板数据，考虑面板数据在时间与地区维度上的差异性，用 Hausman 检验之后，根据检验结果选用固定效应模型，在式（3-1）基准回归模型上进行构建，具体如式（3-2）所示：

$$Industry_{it} = \beta_0 + \beta_1 High\ Education_{it} + \beta_2 Control_{it} + Province_i + Year_t + \mu_{1it}$$

$$(3\text{-}2)$$

式中，$Province_i$ 表示地区固定效应；$Year_t$ 表示时间固定效应；其余变量含义与式（3-1）相同。

此外，本节进一步构建中介效应模型，以此验证人力资本水平、技术创新水平、劳动生产水平、消费需求水平在高等教育发展对产业结构变迁影响中的中介作用，具体模型如下：

$$\text{Ind}_{it} = \gamma_0 + \gamma_1 \text{High Education}_{it} + \gamma_2 \text{Control}_{it} + \Pr\text{ovince}_i + \text{Year}_t + \mu_{2it}$$
（3-3）

$$\text{Pcap}_{it} = \delta_0 + \delta_1 \text{High Education}_{it} + \delta_2 \text{Control}_{it} + \Pr\text{ovince}_i + \text{Year}_t + \mu_{3it}$$
（3-4）

$$\text{Tech}_{it} = \varepsilon_0 + \varepsilon_1 \text{High Education}_{it} + \varepsilon_2 \text{Control}_{it} + \Pr\text{ovince}_i + \text{Year}_t + \mu_{4it}$$
（3-5）

$$\text{Labor}_{it} = \tau_0 + \tau_1 \text{High Education}_{it} + \tau_2 \text{Control}_{it} + \Pr\text{ovince}_i + \text{Year}_t + \mu_{5it}$$
（3-6）

$$\text{Consum}_{it} = \theta_0 + \theta_1 \text{High Education}_{it} + \theta_2 \text{Control}_{it} + \Pr\text{ovince}_i + \text{Year}_t + \mu_{6it}$$
（3-7）

$$\text{Ind}_{it} = \vartheta_0 + \vartheta_1 \text{High Education}_{it} + \vartheta_2 \text{Pcap}_{it} + \vartheta_3 \text{Tech}_{it} + \vartheta_4 \text{Labor}_{it}$$
$$+ \vartheta_5 \text{Consum}_{it} + \vartheta_6 \text{Control}_{it} + \text{Province}_i + \text{Year}_t + \mu_{7it}$$
（3-8）

式中，$\text{Ind}_{it}$ 表示 $i$ 地区在第 $t$ 年的产业结构合理化指数、转型升级指数或内部升级指数；$\text{Pcap}_{it}$、$\text{Tech}_{it}$、$\text{Labor}_{it}$、$\text{Consum}_{it}$ 分别表示 $i$ 地区在第 $t$ 年的人力资本水平、技术创新水平、劳动生产水平、消费需求水平；$\text{Control}_{it}$ 表示控制变量；$\mu_{it}$ 表示误差项（随机扰动项）；$\gamma_1$ 表示高等教育发展对产业结构变迁的总效应；$\vartheta_1$ 表示高等教育发展对产业结构变迁的直接效应；$\delta_1$、$\varepsilon_1$、$\tau_1$、$\theta_1$ 分别表示高等教育通过改变人力资本水平、技术创新水平、劳动生产水平、消费需求水平所产生的间接效应。

## 二、变量选取与说明

### （一）被解释变量

本节的被解释变量为产业结构变迁，具体从产业结构合理化、产业转型升级和产业内部升级进行衡量。

产业结构合理化主要指各产业间的聚合密度，其一方面表示各产业之间的相互协调程度，另一方面则反映对资源有效利用的程度，本节借鉴干春晖等（2011）学者所重新定义的泰尔指数，以此衡量产业结构合理化，具体计算公式如下：

$$\text{TL} = \sum_{a=1}^{3} \left(\frac{\text{GDP}_a}{\text{GDP}}\right) \ln\left(\frac{\text{GDP}_a}{\text{Emp}_a} \Big/ \frac{\text{GDP}}{\text{Emp}}\right)$$
（3-9）

式中，TL 表示产业结构合理化程度；$a$ 表示三次产业；GDP 表示地区生产总值；Emp 表示就业数量。TL 值只有在产业结构完全合理的状态下才为0，即产业结构为均衡状态时，TL 值为 0；反之，产业结构越偏离均衡状态，

TL 值越大。

产业转型升级可以理解为三次产业间的地位变化，即各产业权重占比的变化（杜传忠和许冰，2017），本节借鉴徐德云（2008）所构建的产业升级公式，以此衡量产业转型升级程度，具体公式如下：

$$TU = \sum_{a=1}^{3} GDP_a \times a = GDP_1 \times 1 + GDP_2 \times 2 + GDP_3 \times 3 (1 \leqslant TU \leqslant 3) \quad (3\text{-}10)$$

式中，TU 表示产业转型升级程度；$a$ 表示三次产业；$GDP_a$ 表示各产业的产值比重。TU 值的范围为 1～3，如果 TU 值等于 1 或接近于 1，则表示以第一产业为主的产业转型，属于农耕社会；如果 TU 值等于 3 或接近于 3，则表示以第三专业为主的产业转型，属于服务社会；如果 TU 值等于 2 或接近于 2，则表示产业转型处于上述两者之间，以工业化经济为主，属于工业社会。

产业内部升级主要指产业内部劳动密集型产业转化升级为资本密集型及技术密集型产业。在我国，第一产业主要为农业，第二产业主要为工业，第三产业则主要为服务业，本节借鉴吴嘉琦和闵维方（2022）所使用的方法，以高端工业及高端服务业占各自产业增加值的比例衡量产业内部升级，具体公式如下：

$$IU_a = \sum_{x=1}^{n} IT_{ax} / IA_a \quad (3\text{-}11)$$

式中，$IU_a$ 表示第 $a$ 产业内部升级程度；$IT_{ax}$ 表示第 $a$ 产业中高端行业 $x$ 的营业利润（收入）；$IA_a$ 表示第 $a$ 产业增加值。$IU_a$ 越大，表示产业中高端行业占比越大，即产业内部趋于高级化。

（二）解释变量

本节的解释变量为高等教育发展，但因高等教育发展不仅体现在规模上，还体现在结构与质量上，故不能使用单一指标对高等教育发展进行衡量。本节借鉴赵庆年和刘克（2022）所采取的研究方法，利用高等教育规模、结构及质量三个要素来衡量高等教育发展水平，具体采用地区年度普通高等学校招生人数作为高等教育规模（SCA）的测量指标；以地区年度普通高等学校生均教育经费支出来测量高等教育质量（QUA）要素；采用地区年度普通高等学校硕博在校生人数与本专科在校生人数的比来反映高等教育层次结构（LEV）；采用地区年度普通高等学校高职专科在校生人数与本科在校生人数的比来测算高等教育类型结构（TYP）。

（三）中介变量及控制变量

本节中介变量主要为人力资本水平（Pcap）、技术创新水平（Tech）、劳动生产水平（Labor）、消费需求水平（Consum），其中，人力资本水平（Pcap）使用地区人均受教育年限减全国平均水平所得到的相对值进行表示（汪伟等，2015）；技术创新水平（Tech）使用地区专利申请量进行表示（阳立高等，2018）；劳动生产水平（Labor）使用地区单位劳动产出进行表示（Mankiw，2021）；消费需求水平（Consum）使用非日常生活必需消费支出占居民人均消费支出的比例进行表示（吴嘉琦和闵维方，2022）。

关于控制变量，参考以往相关文献，本节主要使用经济发展水平、外商投资水平、政府支出水平、城镇化水平指标，其中经济发展水平（EDL）使用人均地区生产总值指数进行表示；外商投资水平（FDI）使用地区外商直接投资额进行表示；政府支出水平（GOV）使用地方政府财政支出占生产总值的比例进行表示；城镇化水平（URB）使用地区城镇人口占总人口的比例进行表示。

## 三、数据来源

本节以 2005～2019 年 31 个省级区市为分析对象，主要数据来源为《中国统计年鉴》《中国教育经费统计年鉴》《中国工业统计年鉴》《中国第三产业统计年鉴》以及各省区市统计年鉴等相关数据库，表 3-1 为变量定义。

表 3-1　变量定义

| 类型 | 变量名称 | | 变量定义 | 均值 | 标准差 |
|---|---|---|---|---|---|
| 被解释变量 | 产业结构合理化（TL） | | 三次产业结构均衡的变化 | 0.15 | 0.17 |
| | 产业转型升级（TU） | | 三次产业权重占比的变化 | 1.08 | 0.58 |
| | 产业内部升级（IU） | | 以高端工业占产业增加值的比例 | 0.03 | 0.03 |
| | | | 以高端服务业占产业增加值的比例 | 0.12 | 0.04 |
| 解释变量 | 高等教育发展（High Education） | 高等教育规模（SCA） | 地区年度普通高等学校招生人数 | 22.08 | 14.19 |
| | | 高等教育层次结构（LEV） | 地区年度普通高等学校硕博在校生人数与本专科在校生人数的比 | 7.75 | 6.46 |
| | | 高等教育类型结构（TYP） | 地区年度普通高等学校高职专科在校生人数与本科在校生人数的比 | 71.61 | 23.29 |

续表

| 类型 | 变量名称 | | 变量定义 | 均值 | 标准差 |
|------|---------|---|---------|------|--------|
| 解释变量 | 高等教育发展（High Education） | 高等教育质量（QUA） | 地区年度普通高等学校生均教育经费支出 | 22.54 | 11.16 |
| 中介变量 | 人力资本水平（Pcap） | | 地区人均受教育年限减全国平均水平所得到的相对值 | 0.99 | 0.10 |
| | 技术创新水平（Tech） | | 地区专利申请量 | 20.22 | 21.14 |
| | 劳动生产水平（Labor） | | 地区单位劳动产出 | 14.26 | 3.43 |
| | 消费需求水平（Consum） | | 非日常生活必需消费支出占居民人均消费支出的比例 | 0.51 | 0.12 |
| 控制变量 | 经济发展水平（EDL） | | 人均地区生产总值指数 | 1.10 | 0.03 |
| | 外商投资水平（FDI） | | 地区外商直接投资额 | 11.10 | 15.42 |
| | 政府支出水平（GOV） | | 地方政府财政支出占生产总值的比例 | 0.12 | 0.07 |
| | 城镇化水平（URB） | | 地区城镇人口占总人口的比例 | 0.53 | 0.15 |

## 第三节　实证结果与分析

### 一、高等教育发展对产业结构合理化和产业转型升级的影响

高等教育发展对产业结构合理化具有正向显著影响，且高等教育规模对产业结构合理化具有更为显著的促进作用。具体而言，见表3-2第一列，在控制其他变量的条件下，高等教育规模每扩张 1%，产业结构合理化指数显著提高 0.232%。究其原因，我国高等教育此前发展较慢，致使我国人才稀少，大多数劳动力集中在第一产业与第二产业，第三产业较为落后。直到教育部在1998年底颁布了《面向21世纪教育振兴行动计划》，提出"积极稳步发展高等教育，高等教育入学率达到11%左右"，我国高等教育进入快速发展阶段，各类人才如井喷式增长，各行各业拥有了发展的核心资源；此外，我国以往粗放式发展模式盲目追求数量扩张和成本最小化，忽视了资源的有效配置和环境的保护，致使产业结构不合理，而现阶段我国进入经济发展新常态，传统经济发展动能已不能满足如今需求，需要转换经济发展动能，而高等教育规模的扩张为经济发展新动能提供人才与技术保证，进而推动了产业结构趋于合理化；高等教育质量与层次结构对产业结构合理化的影响稍弱于高等教育规模，主要因为无论是教育经费及硕博比例，均需落实到高校中，更多的是提升高校本身的研究环境及技术转移

机制，对产业结构无法形成直观影响，需经过相对转化才可对产业结构合理化产生影响；此外，高等教育类型结构对产业结构合理化的影响较小，专科教育占比随着高等教育普及化进程以及经济发展的阶段性变化，无疑是逐渐缩小的，其对产业结构合理化的作用也是逐步降低的。

**表 3-2　高等教育发展对产业结构合理化和产业转型升级的影响程度**

| 变量 | 第一列 | | | | 第二列 | | | |
|---|---|---|---|---|---|---|---|---|
| | TL | TL | TL | TL | TU | TU | TU | TU |
| SCA | 0.232*** | | | | 0.728** | | | |
| | (0.121) | | | | (0.432) | | | |
| LEV | | 0.161** | | | | 0.618*** | | |
| | | (0.070) | | | | (0.876) | | |
| TYP | | | 0.049** | | | | 0.146** | |
| | | | (0.292) | | | | (0.069) | |
| QUA | | | | 0.169*** | | | | 0.339*** |
| | | | | (0.044) | | | | (0.116) |
| EDL | 0.270** | 0.130* | 0.231** | 0.387*** | 0.027** | 0.018** | 0.020*** | 0.016*** |
| | (0.601) | (0.047) | (0.722) | (0.192) | (0.003) | (0.001) | (0.006) | (0.004) |
| FDI | 0.376*** | 0.214** | 0.072 | 0.181*** | 0.057 | 0.045* | 0.054 | 0.065* |
| | (0.005) | (0.125) | (0.051) | (0.054) | (0.079) | (0.091) | (0.083) | (0.039) |
| GOV | 0.183 | 0.085** | 0.032* | 0.192 | 0.002** | 0.013* | 0.034 | 0.051* |
| | (0.024) | (0.012) | (0.035) | (0.074) | (0.008) | (0.042) | (0.057) | (0.026) |
| URB | 0.134** | 0.256 | 0.084* | 0.101** | 0.177* | 0.094* | 0.132* | 0.083* |
| | (0.023) | (0.145) | (0.056) | (0.031) | (0.059) | (0.120) | (0.058) | (0.047) |
| 常数项 | -6.340 | -7.115 | -2.079 | -2.269 | -12.843 | -18.534 | -21.798 | -7.093 |
| 地区固定效应 | 是 | 是 | 是 | 是 | 是 | 是 | 是 | 是 |
| 时间固定效应 | 是 | 是 | 是 | 是 | 是 | 是 | 是 | 是 |
| $R^2$ | 0.595 | 0.551 | 0.335 | 0.576 | 0.613 | 0.693 | 0.740 | 0.583 |

注：***、**和*分别表示在 1%、5%和 10%水平上显著；括号内的是相应的 T 检验值。

　　在产业转型升级中，高等教育发展与产业转型升级系数显著为正，高等教育规模与层次结构对其具有显著影响。具体见表 3-2 第二列，在控制其他变量的条件下，高等教育规模每扩张 1%，产业转型升级指数显著提高 0.728%；高等教育层次结构每提升 1%，产业转型升级指数显著提高 0.618%，两者对产业转型升级影响显著的主要原因在于高等教育规模扩大为学生提供了更多学习知识和技能的机会，使得学生更具备适应市场需求的能力，而这些受过高等教育的劳动力可以更好地适应新技术和新市场的发展，有可能短时间内就可以推动产业结构的转型升级。高等教育层次结构中的硕博比例高，代表研究成果产出越高，硕博研究生往往具有更高的学术水平和研究能力，他们的研究成果和论文往往具有较高的学术价值和实用价值，可以形成科技产业化，促进产业升级和转型。而高等教育类型结构与质量对产业转型升级影响相对较小，但两者比对产业结构合理化的影响要大。

## 二、高等教育发展对产业内部升级的影响

高等教育发展对产业内部升级具有显著性正向作用，高等教育规模及层次结构影响效果最为显著。

在第二产业内部，高等教育层次结构每提升 1%，第二产业内部升级指数就显著提高 1.786%；而高等教育规模每扩张 1%，第二产业内部升级指数就显著提高 1.649%（表 3-3）。对比高等教育类型结构和质量要素，高等教育规模及层次结构要素对第二产业内部升级的影响效果最大，其主要原因在于我国是一个拥有庞大工业体系的国家，其经济发展模式以工业化为主旋律，工业是经济增长的重要支柱，工业发展，特别是高新技术制造业、战略性新兴产业，如新能源汽车、生物医药、芯片等高端工业发展离不开大量的专业型高学历人才。而高等教育规模扩张及硕博比例增加，可以培养出大量的专业人才，他们不仅掌握着现代全球科技的先进理论和技术，而且拥有一定的创新能力。这些高学历人才将他们的知识和技术运用到第二产业的生产中，可以推进产业技术升级和提高产业科技含量，提高生产率，提高产品附加值；而且高等教育硕博比例增加不仅代表其培养拥有高新技术的生产工程师和技术人员，还培养精英管理和销售人员，这可以填补管理和营销等领域的人才空缺，提高第二产业的整体经营管理水平，增强产业竞争力。高等教育类型结构和质量要素对第二产业内部升级的影响效果接近，专科比例的提高与高等教育经费投入的增加有利于培养具备高技能水平的劳动工人，其对高新技术行业具有积极驱动作用，可以推动第二产业根据市场需求快速调整产业结构,提高产业适应性和市场竞争力。整体上，在工业升级和转型过程中，高等教育规模、结构及质量三要素可以为人才培养、产业升级等方面提供支持，推动第二产业的发展和优化。

高等教育规模要素对第三产业内部升级影响效果最大，高等教育层次结构、质量、类型结构要素影响效果次之。具体而言，高等教育规模每扩张 1%，第三产业内部升级指数就显著提高 0.847%（表 3-3）。高等教育规

模的发展，推动了服务业的不断升级和提高，推进了服务业向高端服务业的转型升级，加速了传统服务业转型升级，服务业的高端服务能力逐步强化，拓宽了服务业的增长空间；而高等教育层次结构及质量要素可能主要在科技创新方面发挥着重要作用，为服务业注入新动力，推动了高端服务业的发展，如在金融领域，大数据、区块链等新技术的应用，推动了金融服务业的进一步发展；此外，高等教育发展对于加强国际服务贸易和服务外包具有重要意义，它可以带来国际传统和先进经验，分享同一行业和市场的最新趋势和模式，推进服务业的国际化发展。总之，高等教育规模、结构及质量三要素，对服务业，特别是高端服务业的发展挖潜和推动，具有积极的意义。在未来，随着高等教育不断推向更深层次和更宽广的领域，将进一步支撑服务业的快速而稳健发展。

表 3-3　高等教育发展对产业内部升级的影响程度

| 变量 | 第一列 | | | | 第二列 | | | |
|------|------|------|------|------|------|------|------|------|
| | IU2 | IU2 | IU2 | IU2 | IU3 | IU3 | IU3 | IU3 |
| SCA | 1.649*** | | | | 0.847*** | | | |
| | (0.254) | | | | (0.482) | | | |
| LEV | | 1.786*** | | | | 0.531** | | |
| | | (0.087) | | | | (0.783) | | |
| TYP | | | 0.525** | | | | 0.190** | |
| | | | (0.215) | | | | (0.078) | |
| QUA | | | | 0.626** | | | | 0.486* |
| | | | | (0.314) | | | | (0.160) |
| EDL | 0.160** | 0.032** | 0.148*** | 0.010* | 0.176** | 0.212* | 0.085** | 0.153* |
| | (0.632) | (0.002) | (0.015) | (0.005) | (0.091) | (0.125) | (0.057) | (0.105) |
| FDI | 0.002*** | 0.004** | 0.006 | 0.009* | 0.001** | 0.002 | 0.041** | 0.002* |
| | (0.451) | (0.002) | (0.002) | (0.002) | (0.028) | (0.004) | (0.002) | (0.001) |
| GOV | 0.235** | 0.038** | 0.004** | 0.015 | 0.047** | 0.022*** | 0.031* | 0.038 |
| | (0.434) | (0.035) | (0.030) | (0.053) | (0.070) | (0.014) | (0.011) | (0.025) |
| URB | 0.005** | 0.006** | 0.050* | 0.013 | 0.063** | 0.095** | 0.078*** | 0.056* |
| | (0.012) | (0.005) | (0.005) | (0.015) | (0.089) | (0.037) | (0.015) | (0.043) |
| 常数项 | -2.360 | -1.349 | -5.311 | -3.935 | -5.230 | -4.595 | -7.682 | -6.472 |
| 地区固定效应 | 是 | 是 | 是 | 是 | 是 | 是 | 是 | 是 |
| 时间固定效应 | 是 | 是 | 是 | 是 | 是 | 是 | 是 | 是 |
| $R^2$ | 0.534 | 0.442 | 0.489 | 0.476 | 0.617 | 0.579 | 0.403 | 0.685 |

注：***、**和*分别表示在1%、5%和10%水平上显著；括号内的是相应的T检验值。

　　在四大控制变量中，经济发展水平、外商投资水平、政府支出水平、城镇化水平指标对产业结构变迁具有较为显著的影响。具体而言，经济发展水平越高，外商直接投资越多，政府支出越多，城镇化水平越高，越有利于产业结构变迁。一方面，经济发展水平越高，产业结构也会发生变化，当发展到一定程度代表其第三产业占据经济总量的比重越来越大，一个国家或地区的经济发展就进入到了服务业阶段。在服务业发展阶段，工业和农业的重要性逐渐降低，而服务业的重要性逐渐提高。在发达国家，服务业通常占经济总量相当大的比例，而工业和农业的比重较小。而当经济发展的同时，外商投资也将持续扩大，其可以引进新技术、优质资本、管理经验，将技术和管理经验转移到当地，推动当地产业结构升级和优化，进一步促进经济升级。另一方面，政府支出一般用于包括基础设施、社会保障、公共卫生、教育等方面的投资。在基础设施建设方面，参与基础设施建设的企业和从业人员增多，从而推动工程设备、材料等相关产业的发展；而政府的社会保障政策可以降低企业的用工成本，带动低工资产业发展，为低收入人群的就业提供保障，推动低收入产业的生产和发展；在公共卫生上，如医疗保健等有利于保障人民健康，推动医疗卫生产业的发展，增加就业岗位，也对其他产业的发展有促进作用；教育领域可以提供职业技能和高端科技人才培训，培养高素质的劳动力和专业人才，促进各种产业的升级。最后，城镇化提高了总体劳动力的集聚程度与城市化服务需求的增长，但同时也促进了工业化和服务化的发展，既促进了初级产业规模减小，也使城市的制造业和服务业占比不断增加，加速了产业结构的升级和优化，并对当地经济、社会和环境产生持续影响。

### 三、高等教育发展对产业结构变迁的区域异质性分析

　　由于我国各地区高等教育发展不平衡，为进一步分析不同地区高等教育发展对产业结构变迁的影响情况，本节对东部、中部和西部地区[①]分别再次进行回归估计，结果如表3-4所示。

　　对于不同地区，高等教育发展对产业结构变迁的影响存在显著差异（表3-4）。从东部地区看，高等教育发展对产业结构变迁的影响效果大部分高于全国性检验结果。具体而言，高等教育规模、层次结构、质量要素对第三产业内部转型升级的影响效果最大，而类型结构要素则对产业转型升级

---

　　① 东部地区包括北京、天津、河北、辽宁、吉林、黑龙江、上海、江苏、浙江、福建、山东、广东和海南；中部地区包括山西、安徽、江西、河南、湖北和湖南；西部地区包括内蒙古、广西、重庆、四川、贵州、云南、西藏、陕西、甘肃、青海、宁夏和新疆。

表 3-4　区域异质性检验结果

| 变量 | 东部地区 | | | | 中部地区 | | | | 西部地区 | | | |
|---|---|---|---|---|---|---|---|---|---|---|---|---|
| | TL | TU | IU2 | IU3 | TL | TU | IU2 | IU3 | TL | TU | IU2 | IU3 |
| SCA | 0.658*** | 0.561*** | 1.217** | 2.573*** | 0.447*** | 0.349** | 1.748*** | 0.532*** | 0.234*** | 0.347*** | 0.441*** | 0.213*** |
| | (0.267) | (0.184) | (0.834) | (0.648) | (0.412) | (0.631) | (0.294) | (0.080) | (0.294) | (0.102) | (0.078) | (0.199) |
| LEV | 0.324*** | 0.796** | 1.394*** | 1.867*** | 0.142** | 0.531** | 1.264** | 0.439*** | 0.115*** | 0.420** | 0.238** | 0.144** |
| | (0.143) | (0.387) | (0.946) | (0.780) | (0.176) | (0.783) | (0.182) | (0.063) | (0.246) | (0.294) | (0.062) | (0.094) |
| TYP | 0.239** | 0.316*** | 0.113** | 0.258*** | 0.539*** | 0.438* | 0.627** | 0.232*** | 0.240*** | 0.394** | 0.229** | 0.101*** |
| | (0.097) | (0.045) | (0.015) | (0.011) | (0.513) | (0.699) | (0.076) | (0.013) | (0.018) | (0.590) | (0.145) | (0.087) |
| QUA | 0.459*** | 0.247*** | 0.728*** | 1.239** | 0.178* | 0.334*** | 0.435* | 0.367*** | 0.111*** | 0.157*** | 0.084** | 0.071* |
| | (0.254) | (0.031) | (0.625) | (0.660) | (0.164) | (0.529) | (0.242) | (0.134) | (0.033) | (0.118) | (0.024) | (0.026) |

注：***、**和*分别表示在1%、5%和10%水平上显著；括号内的是相应的T检验值。

影响效果最大，主要原因可能分两个方面：第一，中国产业高质量发展水平呈现出"东部高、中部平均，西部低"的总体格局，东部地区服务业发展水平远高于中西部地区，而随着东部地区高等教育发展，进一步促使当地人力资本结构高级化，其程度越高，越有利于当地服务业结构升级（骆菩函，2021）；第二，成本是产业转移的主要影响因素之一，在成本方面具体包括生产成本、运输成本、政策成本等（雒海潮和苗长虹，2019），东部地区相比中西部地区而言，其地价、租金、运输成本等综合性成本较高，第二产业在城市发展中的规模逐渐受到限制，且东部地区对相关产业环境规制较为严格，资源环境制约与污染排放压力越来越大，迫使相当一部分制造业向中西部地区转移，进而使东部地区产业结构更加偏重第三产业发展，而高等教育发展，尤其是研究生教育发展对第三产业发展的促进作用是较为显著的（吴东姣和马永红，2019），由此可侧面说明东部地区高等教育发展更侧重于影响第三产业内部升级及产业结构转型升级。

从中部地区看，高等教育发展对产业结构变迁的影响效果低于东部地区，但高等教育类型结构对产业结构变迁的影响均高于东部地区。具体而言，高等教育发展对第二产业内部升级的影响效果最大，主要原因在于东部地区第二产业进行外部转移，其主要转移地区为中西部地区，这使中西部地区第二产业发展迅速，而中部地区的高等教育发展恰恰为相关产业提供了更为优质的人才、技术、发展动力等，所以中部地区高等教育发展更侧重于影响第二产业内部升级。同时，中部地区本科院校数量虽少于东部地区，但其高等职业教育规模扩大促进了中部地区技术型人力资本积累，为地区先进制造业等产业布局与发展提供了支撑，从而促使了高等职业教育对产业结构变迁正向影响效果。

从西部地区看，高等教育发展对产业结构变迁的影响效果低于东中部地区，主要原因在于西部地区高等教育与产业发展水平均落后于东中部地区。由于历史、经济、自然条件等客观原因，西部地区长期以来高等教育与经济发展基础相对薄弱，并且西部地区人才流失严重，造成该地区未能有效获得高等教育发展所带来的产业结构升级效应（张艳等，2021），但这也侧面表示高等教育发展对西部地区产业结构变迁存在着巨大的影响潜力。因此西部地区应进一步促进高等教育发展水平的提升，加大投入和建设力度，留住高质量人才，提高教育质量和促进经济发展。

## 四、高等教育发展对产业结构变迁的作用机制

为了进一步分析高等教育发展对产业结构变迁的作用机制，本节运用Bootstrap 法检验中介变量的影响效应，具体结果如表 3-5 所示。

表 3-5　中介效应检验结果

| 变量 | 第一列 | 第二列 | 第三列 | 第四列 |
|---|---|---|---|---|
| High Education-Pcap-TL | 0.102*** (0.423) | | | |
| High Education-Tech-TL | 0.024*** (0.014) | | | |
| High Education-Labor-TL | 0.078*** (0.070) | | | |
| High Education-Consum-TL | 0.002*** (0.001) | | | |
| High Education-Pcap-TU | | 0.247*** (0.087) | | |
| High Education-Tech-TU | | 0.064*** (0.031) | | |
| High Education-Labor-TU | | 0.023*** (0.018) | | |
| High Education-Consum-TU | | 0.011*** (0.006) | | |
| High Education-Pcap-IU2 | | | 0.156*** (0.117) | |
| High Education-Tech-IU2 | | | 0.162*** (0.144) | |

续表

| 变量 | 第一列 | 第二列 | 第三列 | 第四列 |
|---|---|---|---|---|
| High Education-Labor-IU2 | | | 0.073** (0.059) | |
| High Education-Consum-IU2 | | | 0.045*** (0.027) | |
| High Education-Pcap-IU3 | | | | 0.034*** (0.021) |
| High Education-Tech-IU3 | | | | 0.059*** (0.041) |
| High Education-Labor-IU3 | | | | 0.031** (0.019) |
| High Education-Consum-IU3 | | | | 0.074*** (0.040) |
| 间接效应 | 0.206*** (0.053) | 0.345*** (0.048) | 0.436*** (0.039) | 0.198*** (0.072) |
| 直接效应 | 0.131** (0.028) | 0.317*** (0.023) | 0.067 (0.054) | 0.014 (0.005) |
| 总效应 | 0.337*** (0.068) | 0.662*** (0.077) | 0.503*** (0.120) | 0.212*** (0.023) |

注：***、**和*分别表示在1%、5%和10%水平上显著；括号内的是相应的T检验值。

高等教育发展可以通过提升人力资本水平、促进技术进步、提高劳动生产率及消费需求升级促使产业结构合理化。具体从表3-5第一列得，高等教育发展对产业结构合理化的总效应为0.337，其中直接效应为0.131，间接效应为0.206，起到部分中介作用。其中，高等教育发展通过提升人力资本水平、技术创新水平、劳动生产水平和消费需求水平所产生的间接效应分别为0.102、0.024、0.078、0.002，人力资本水平影响效应最大，劳动生产水平、技术创新水平及消费需求水平则依次减弱。

高等教育发展同样可以通过提升人力资本水平、促进技术进步、提高劳动生产率及消费需求升级促使产业转型升级。具体从表3-5第二列得，高等教育对产业转型升级的总效应为0.662，其中直接效应为0.317，间接效应为0.345，起到部分中介作用。对于中介变量，人力资本水平、技术创新水平、劳动生产水平和消费需求水平的间接效应分别为0.247、0.064、0.023、0.011，高等教育通过人力资本水平促进产业转型升级的效应更加明显。

高等教育发展可通过中介变量促使产业内部升级，技术创新水平对第二产业内部升级的效应最显著，消费需求水平对第三产业内部升级的效应最显著。具体从表 3-5 第三列和第四列得，高等教育发展对第二产业内部升级总效应为 0.503，人力资本水平、技术创新水平、劳动生产水平及消费需求水平所产生的间接效应为 0.156、0.162、0.073、0.045，直接效应不显著，起到完全中介效应，相较而言，高等教育通过提高技术创新水平、人力资本水平促进第二产业内部升级的效应更显著；高等教育发展对第三产业内部升级总效应为 0.212，人力资本水平、技术创新水平、劳动生产水平及消费需求水平所产生的间接效应为 0.034、0.059、0.031、0.074，直接效应不显著，起到完全中介效应，而高等教育通过提高消费需求水平、技术创新水平和人力资本水平促进第三产业内部升级的效应更显著。

## 五、稳健性检验

从研究的科学性与可靠性出发，本节采用替换变量对实证结果进行稳健性检验。具体使用教育支出强度作为高等教育发展的替代指标进行稳健性检验，教育支出强度用财政支出中的教育支出占总产值的比重来表示，与上文结果进行对比可得，各变量影响程度有所改变，符合预期猜想，说明研究方法与变量选择良好，整体模型结果依然稳健。故认为上述结论具有正确性，检验结果如表 3-6 所示。

表 3-6  稳健性检验结果

| 变量 | TL | TU |
|---|---|---|
| SCA | 0.525*** | 1.165** |
| | (0.215) | (0.160) |
| EDL | 0.081** | 0.049** |
| | (0.012) | (0.006) |
| FDI | 0.148*** | 0.006* |
| | (0.015) | (0.002) |
| GOV | −0.031 | 0.212** |
| | (−0.011) | (0.125) |
| URB | 0.349** | 0.048 |
| | (0.152) | (0.029) |
| 常数项 | −6.690 | −3.031 |
| 地区固定效应 | 是 | 是 |
| 时间固定效应 | 是 | 是 |
| $R^2$ | 0.513 | 0.475 |

注：***、**和*分别表示在 1%、5%和 10%水平上显著；括号内的是相应的 T 检验值。

## 第四节 高等教育发展对产业结构变迁的影响与改进措施

### 一、高等教育持续发展下对产业结构变迁的影响

本章基于省级面板数据,使用固定效应模型探究了高等教育发展对产业变迁的影响程度与作用机制,主要结论如下。

第一,在产业结构变迁过程中,高等教育规模要素发挥了首要作用,这一点充分体现了高等教育扩招的价值。高等教育层次结构要素发挥了次要作用,表明以扩大硕博研究生招生及其比例为代表的高等教育层次结构优化已经取得了不错的效果。尽管高等教育质量要素在产业结构合理化方面发挥了不错的作用,但整体而言,我国高等教育的质量要素和类型结构要素对产业结构变迁的影响还比较有限,表明高等教育质量提升和类型结构优化是未来我国高等教育发展的一个重要方向。

第二,由于东中西部地区高等教育资源分配不均衡,各地区高等教育三要素对产业结构变迁过程的重要性具有显著差异。东部地区:高等教育规模和层次结构要素发挥主要作用,这一点充分证明了东部地区拥有相对优势的高等教育资源下,其对产业结构变迁的影响无疑是巨大的;但在类型结构和质量要素上部分略低于全国平均水平,表示其仍需对质量和类型结构进行优化。中部地区:高等教育类型结构要素发挥主要影响作用,表示中部地区主要依赖高等职业教育所带来的发展红利,高职教育能够对产业结构变迁形成有效支撑;而在规模、层次结构及质量要素上部分低于全国平均水平,侧面印证中部地区教育资源弱于东部地区,其对产业结构的影响相对较小,可增加相关支持与投入,提供产业结构变迁及经济发展的支撑。西部地区:高等教育类型结构要素同样发挥主要影响作用,但各要素大部分低于全国平均水平,代表着其高等教育资源与产业发展水平均落后于东中部地区,也表明高等教育对西部地区产业结构变迁的影响效用并未完全发挥,两者存在巨大的发展空间。

第三,高等教育发展通过提升人力资本水平,促进技术进步,提高劳动生产率及消费需求升级促使产业结构合理化、产业转型升级及产业内部升级。其中,高等教育发展通过提升人力资本水平对促进产业结构合理化的影响效用最大,劳动生产水平、技术创新水平及消费需求水平则对产业结构合理化影响依次减弱;对于产业转型升级,高等教育通过人力资本水平促进产业转型升级的效应更加明显;相比较而言,高等教育通过提高技

术创新水平、人力资本水平实现第二产业内部升级的效应更显著，通过提高消费需求水平、技术创新水平和人力资本水平实现第三产业内部升级的效应更显著。

## 二、高等教育持续发展下对产业结构的改进措施

在面向"十四五"新发展阶段，科技创新和产业结构调整呈现加速"变革"的局面，高等教育高质量发展形势紧迫，提升高等教育质量，加快培养拔尖创新人才，加快解决"卡脖子"科技问题都是急需解决的问题。鉴于此，本章提出相关建议，主要从国家宏观、地区中观、要素微观三方面进行，以期为发挥高等教育发展对产业结构变迁影响的持续作用带来一定的启示。

第一，从国家宏观层面看，应持续加大教育投入力度，扩大硕博研究生占比，优化调整高等教育结构及提升高等教育质量，从而促使传统产业结构转变，使其更加符合新的经济形势。一方面，国家可构建大区域统筹优化配置高等教育资源的机制，针对不同地区合理增加相关教育投入，适当调整高等教育规模空间布局，根据社会需求动态调整高等教育结构，在教育与产业资源优势地区扩大硕博研究生占比，在教育与产业资源相对弱势的地区采取"助强现有、扶持创新、提升层次"的方式，进一步推进产政学研合作，深化产教融合，形成"教育—产业"双向联动，通过结构优化克服供给过剩和发展错位的问题，实现产业形态创新与高等教育发展的有效联结；另一方面，产业转型升级往往需要大批高技术人才，国家应坚持高等教育发展数量与质量并举，以学科及结构高质量推动高等教育高质量发展，注重建设"学科、层次、规模"相互促生的循环系统，通过职普相融、专本相通、区域联合、企业定向就业等方式重点培养与支持高质量人才，不断提高人才培养对产业结构变迁的适应性，以满足新发展格局下新兴产业的人才需求。

第二，从地区中观层面看，应合理配置东中西三大地区高等教育资源，地区间加快形成"点线面"帮扶结合，鼓励跨国跨区域双向人才流动及交流合作，为地区产业结构合理、转型升级提供重要支持。对于东部地区，政府应持续加大高等教育经费投入及扩大硕博招生比例，优先夯实研究生教育发展的"地基"，将高校的优秀人才和知识资源转化为产业升级的动力。同时产业结构变迁也意味着高等教育结构重心逐渐向上移动，尤其东部地区服务业较为发达，东部地区政府应大力实现高职教育本科化，提升高等教育办学整体水平，优化高等教育结构。此外，东部地区高等教育院

校可面向全球建立全方位高等教育战略合作关系，就关键领域的先进技术加快与发达国家进行深度合作交流，鼓励跨国人才双向流动，进一步提升自身高等教育质量。对于中部地区，高校可以强化职业技能需求为导向，引"产"入"教"，突出高质量创新，而中部地区政府可以在教育经费分配时对相对弱势的高等教育院校给予更多投入倾斜，帮助其快速突破发展瓶颈，稳定高素质人才培养的规模和质量。同时，中部地区政府可制定更具吸引力的人才招引政策，打造"引育、吸纳、续留"特色人才的立体链条，建立起"高校—人才—产业"的良性循环互动。对于西部地区，政府应充分挖掘西部区域特色资源，以地区产业形态和结构调整为依据，推动产学研合作，切实扩大高等教育规模及提升高等教育质量。同时，西部地区政府可引导构建区域高等教育合作示范基地，以西部地区为主要参与者，中部与东部地区为辅助者，形成"点线面"帮扶、"东中西"呼应的结构，激励与吸引东中部地区高质量人才西向流动，以此弥补西部地区高等教育区域发展短板。

第三，从要素微观层面看，建设高质量的高等教育发展体系，促进人力资本、科技创新、生产力水平、消费市场等方面提升，进而推动产业从低效率、低质量、低单价生产向高开放、高质量、高能力、高智力和高附加值方向调整。政府应进一步完善高质量高等教育制度建设，鼓励和支持高等教育集群式发展，并利用新一代信息技术构架终身学习体系，为产业结构变迁输送源源不断的高质量人才，为搭建人才与创新高地动态赋能。同时，以改革科研评价制度为突破口激发高校、研究机构及企业科研人员创新活力，并鼓励教师和科研人员在高校、研究机构与企业之间双向交流互动，融合学术界与产业界优势，共同培养大量高素质、高学历、高技术人才，促进人力、知识与技术三者外溢效应，提升高校与企业科技创新水平，使科研成果快速有效转化，加速区域创新环境的形成，推动产业结构不断升级。此外，应透过市场信号的传导提前规划专业与产业结构布局，充分发挥高校专业及学科等优势，优化与产业结构变迁相适应的课程体系，为劳动力提供教育支撑，提升与市场相匹配的劳动力生产率，进而促进劳动力收入增加，推动消费升级和产业升级。

## 第五节　本章小结

在产业结构变迁过程中，首先，高等教育规模要素发挥了首要作用，而层次结构要素发挥了次要作用，质量要素和类型结构要素对产业结构变迁的影响还比较有限；其次，东中西部地区高等教育各要素对产业结构变迁过程的重要性具有显著差异，东部地区高等教育规模和层次结构要素发挥主要作用，中部与西部地区高等教育类型结构要素发挥主要影响作用；最后，高等教育发展通过提升人力资本水平、促进技术进步、提高劳动生产水平及消费需求升级促使产业结构变迁。未来，我国政府应进一步完善高质量高等教育发展体系，持续加大教育及相关要素投入力度，扩大高等教育规模及硕博研究生占比，并合理配置东中西三大地区高等教育资源，地区间加快形成"点线面"帮扶结合，积极鼓励跨国跨区域双向人才流动及交流合作，以此推动产业结构升级。

# 第四章 高等教育系统要素协同与经济增长[①]

规模、结构和质量要素协同发力是高等教育促进经济高质量发展的重要路径，而目前关涉高等教育规模、结构和质量要素协同促进经济增长的积极效应尚未得到有效验证。本章以中国省级行政区为分析对象，利用2005～2019年31个省区市的面板数据，通过门槛回归模型分析高等教育规模、层次结构、类型结构和质量要素促进经济发展的门槛效应。为中国高等教育在普及化发展阶段，促进高等教育规模、结构和质量要素协调发展，推动资源配置达到"帕累托最优"，进而实现高等教育的经济效益最大化。

## 第一节 高等教育系统要素促进经济增长协同效应的问题缘起

党的二十大报告指出，高质量发展是全面建设社会主义现代化国家的首要任务；教育、科技、人才是全面建设社会主义现代化国家的基础性、战略性支撑。我国高等教育与经济社会发展密不可分，越来越多的学者关注到高等教育在中国经济增长奇迹中的积极效应，并不断尝试从中国特有的招生制度和教育体制方面对这种积极效应进行归因（王少媛，2019）。这突出表现在，改革开放40多年来，高等教育规模逐渐扩大，为中国经济迅速发展提供了"质优量大"的人力资本。但随着高等教育从"精英化"迈入了"普及化"发展阶段，中国的劳动力市场出现了"人才荒"和"求职难"并存的结构性矛盾，这对中国经济的高质量发展带来了巨大挑战。而通过高等教育结构优化与质量提升会逐渐消减人才培养与劳动力市场的供需失衡，因此促进高等教育规模、结构和质量要素协同发展是推动经济可持续增长的关键。中国政府一直将教育作为保障民生与社会建设的重要抓手，持续推进高等教育规模扩大、结构调整与质量提升将成为未来高等教育事业发展的主旋律，这必将对中国经济转型发展产生深远影响。然而，现有研究尚未有效验证高等教育规模、结构和质量要素对经济增长的协同

---

[①] 本章核心内容刊发在《教育研究》2022年第10期上。

效应，无法为促进高等教育三要素协调发展提供学理参考与决策依据。因此，对高等教育规模、结构和质量要素之于经济发展的协同效应及其作用机制进行研究具有重要的理论与现实意义。

相关文献主要围绕以下几个方面展开讨论。第一，高等教育规模影响经济发展的研究。主要对高等教育规模扩大对经济发展是否存在正向影响进行检验。例如，Schofer 和 Meyer（2005）使用面板回归方法对 20 世纪全球高等教育规模扩大的影响进行分析。结果显示，规模扩大尽管带来了"过度教育"的担忧，但也促进了优质人力资本的积累。有学者对英国的研究表明，高等教育规模扩大对经济发展产生了积极效应，其内在机制是高等教育提升了劳动力的工作技能（Holmes，2013）。Polat（2017）研究发现高等教育扩招将促进低教育水平家庭出身的个体获取受高等教育的机会，由此表明高等教育规模发展在促进经济增长的过程中增强了社会代际流动的公平效应。从中国的经验来看，有学者基于凯恩斯经济学原理和人力资本理论研究发现，中国高等教育扩招带来了经济增长效应和人力资本发展效益（Wang and Liu，2011），且这种积极效应存在显著的空间外溢性（王淑英和杨祺静，2022）。此外，还有学者研究发现，中国从 1999 年开始的高等教育扩张促进了企业家人力资本的提升，进而成为中国生产力增长的重要驱动力（Feng et al.，2022）。张心悦和马莉萍（2022）指出高等教育规模扩大提升了全要素生产率，从而推动中国经济转型升级。

第二，高等教育结构影响经济发展的相关研究。这主要集中于对高等教育层次结构与经济发展的适配性进行讨论。Blinova 等（2021）研究表明，高等教育人才培养结构对经济发展存在显著性影响，因此政府部门需要不断完善相关制度体系，推动本国高等教育人才培养结构优化升级，以满足未来经济发展需要。国内学者对此议题讨论更多，刘志林（2019）使用多种统计方法对 1982～2017 年中国高等教育与经济发展的数据进行分析。结果表明，高等教育层次结构的调整与优化，与经济增长之间显著性水平不断提高，表明高等教育层次结构是经济发展重要的影响因素。赵庆年和曾浩泓（2020）进一步研究指出，当前中国高等教育层次结构与经济发展的不适应性在于，以研究生学历为代表的高层次人才占比依然较低，不足以满足我国新兴产业发展的需要。这项研究为我们理解并化解中国高等教育层次结构与经济发展的内在矛盾提供了思路借鉴。此外，李立国等（2022）研究表明，随着中国经济不断发展，未来高等教育层次结构中，研究生教育占比有更大的增长空间。

第三，高等教育质量与经济增长关系的研究。主要对高等教育质量提升带来的经济发展效益和作用规律进行分析。国外有学者研究表明，强化高等教育质量，有助于提升劳动人口的认知能力，进而带来知识经济增长效应（Hanushek and Woessmann，2007）。同时，Hanushek 和 Woessmann（2011）研究发现，高等教育质量提升促进经济增长的边际效应存在区域异质性。还有学者从人力资本投资理论的角度分析了高等教育质量对经济发展的影响（Castelló-Climent and Hidalgo-Cabrillana，2012），结果表明，高等教育质量决定了人力资本的构成和增长态势，由于不同经济体发展程度的差异，高等教育质量对经济增长存在阶段性影响。从发展中国家的案例来看，Bloom 等（2014）通过研究非洲国家的样本发现，质量要素是实现高等教育经济发展功能的关键。国内学者在论证了高等教育质量提升有益论的基础上，进一步对质量提升的策略进行了探索。例如，别敦荣和易梦春（2021）基于国家层面的全局视角，认为在普及化阶段，树立"参与式治理"理念，构建共同治理的高等教育质量保障体系，有助于高校毕业生有效融入社会，参与生产实践活动，更好地服务经济社会发展。闫艳（2020）则从区域发展的角度指出，以地方政府自主评价的方式来建构高等教育质量保障体系，有助于推动区域高等教育与社会经济协同发展。

综上，结合一些学者的研究，高等教育要素对经济发展的影响效应主要特征为以下几个方面。首先，现有文献较多针对国家层面，较少以省级行政区作为分析对象。在中国，省级行政区在高等教育发展规划与经济建设过程中拥有较大自主权，高等教育发展水平与经济发达程度在省级行政区间的差异亦十分凸显；其次，高等教育的经济发展功能是规模、结构和质量要素协同作用的结果，但已有文献往往从单一要素的视角展开分析，无法全面阐释高等教育促进经济发展的实现机制；最后，较少文献基于中国东部、中部和西部的情况进行对比分析。借由现有研究的不足，本章试图解决如下问题：高等教育规模、结构和质量要素影响省级行政区经济发展的作用机制如何？高等教育规模、结构和质量要素在促进高等教育经济发展功能实现过程中是否存在协同效应？东中西部三大区域存在何种差异？

基于此，本章深入研析中国 31 个省级行政区高等教育规模、结构和质量要素对经济发展的影响。研究的主要思路为：使用 2005～2019 年中国31 个省区市数据，运用面板数据分析方法估计高等教育三类要素对省级行政区经济发展的影响机制。考虑到结构和质量作为高等教育的关键要素，在招生规模不断扩大背景下，政府部门会通过调整结构和质量要素以实现高等教育资源投入达到"帕累托最优"，同时为扩大高等教育结构优化与质量提升的空间并带来更大的经济收益，高等教育规模发展也将成为政府部门的必然选择。借此说明，高等教育规模要素对经济发展的影响可能会依赖于结构和质量要素的积累程度而产生非线性关系，反之亦然。因此，本章采用面板门槛回归模型，实证检验高等教育规模与结构、质量要素对经济发展的协同影响是否存在门槛效应，并得出相应的估计参数。研究结论可为学界论证高等教育规模、结构和质量要素对经济发展的协同效应提供经验证据，同时为政府部门制定高等教育与经济发展相关政策提供决策参考。

## 第二节 高等教育规模、结构和质量要素影响经济增长的内在机理

在"投入—产出"的经典分析框架中，高等教育资源要素投入与经济增长之间的关系，主要表现为高等教育规模、结构和质量要素促进经济效益提升的内生增长逻辑。新古典增长理论和新熊彼特增长理论均认为，高等教育在国家创新发展与生产力进步中承担着重要职责，政府的制度改革与政策实施是促进优质创新人力资本积累、实现经济社会发展的关键路径（Aghion and Howitt，1992；Nelson，1985；柳卸林等，2017）。高等教育资源是伴随着政府投入增加而稳健增长的资源，又是一种有限稀缺性资源要素，在分配过程中必然追求要素投入达到规模经济的目标，进而实现"帕累托最优"（Hochman and Rodgers，1969）。在这一过程中，高等教育规模、结构和质量要素在复杂机制作用下得以合理配置，规模、结构和质量要素投入也将取得收益最大化。因而，理论界围绕高等教育资源配置效率最大化的内在机理进行了深入讨论，形成了以市场和政府为中心的二元话语格局。其中，"市场中心论"强调市场在高等教育资源配置中的关键作用，高等教育规模、结构和质量要素的市场化协同机制将有助于实现产出效益最大化（王亚杰和陈岩，2016）。而"政府有效论"主张通过制度性安排构建中央到地方的高等教育规模、结构和质量要素协同促进社会可持续发展的层级调控机制，形成高等教育服务经济社会发展的协同治理体系（刘伟，2017）。特别是新制度经济学派指出，制度在资源配置与经济运行中发挥着关键作用（Williamson，1979），因而高等教育规模、结构和质量要素配置达到"帕累托最优"，并有效协同促进经济发展的内在机理讨论应当回归制度改革的价值自觉。

中国的经济改革符合新制度经济学规律（张五常，2008），在高等教育领域同样存在制度改革的烙印。改革开放以来，我国政府在高等教育治理过程中，始终坚持通过制度建设积极推动高等教育规模、结构和质量要素

不断发展，进而助力经济社会繁荣。从规模要素来看，1999 年中国高等教育规模扩大政策正式实施，高等教育的人才培育功能不断强化，为我国从教育落后的国家发展成为教育大国乃至教育强国奠定了坚实基础（李庆丰和周作宇，2020）。高等教育规模发展促进了劳动力素质提升，有助于社会积累高质量的人力资本、增强科技创新活力和拓宽教育消费市场，进而推动经济增长。首先，高等教育规模发展为社会人力资本高质量积累创造了孵化场地。高等教育规模发展为社会培养了大量的高学历人才，在市场机制作用下，这些高学历人才逐渐成长为适应经济发展的高素质人才，随着招生人数不断增长，为经济发展积累了"质优量大"的人力资本（马浚锋和胡阳光，2022）。其次，高等教育规模扩大不断为社会输送具有创新思维与竞争力的高学历人才，科技创新人才队伍日益壮大。在国际竞争格局下，这些高学历人才的整体创造力随着高等教育规模发展被不断放大，为促进中国经济转型发展，建设成为世界一流创新型经济体持续发力。最后，高等教育规模发展带动了教育消费性市场的崛起，与之对应的教学科研、社会服务、社会保障等产业不断形成，为经济增长与产业结构优化带来了巨大动能。此外，随着高校与企业等经济主体的持续互动，衍生出高等教育"产学研用"等类型的协同发展模式（Etzkowitz and Leydesdorff，2000），科学研究成果快速转化平台不断建构，促进了高等教育的"知识价值"向"经济价值"持续转化。

高等教育对经济发展影响的增强还反映在高等教育结构要素的分化与调整上。一直以来，中国政府聚焦于推进高等教育现代化，通过一系列制度改革持续优化高等教育结构，以服务经济社会发展。当前中国高等教育结构体系呈现出多元化、高等次、系统性的变化趋势，高等教育层次结构、科类结构、类型结构和区域布局结构等正在有序协调发展（刘献君，2019）。而高等教育结构体系促进经济增长的发力点，在不同社会发展阶段存在差异。在社会主义经济发展初期，各类产业发展尚不成熟，急需培养大量的专业性人才来促进各行业快速融入计划经济体系（廖苑伶和周海涛，2020）。此时，高等教育科类结构成为影响经济发展的关键。随着中国经济不断腾飞，高质量发展成为时代主流。高等教育类型结构和层次结构调整成为高等教育制度改革与经济可持续发展的应然之要。

高等教育类型结构优化将促进普通高等职业教育与普通高等教育的协调发展，以满足不同地区劳动力市场对应用型人才与研究型人才的供求需要，形成当地产业布局、产业结构调整与生产模式运行的内生动力。而高等教育层次结构升级在经济增长中的作用体现为：其一，高等教育层次结构满足了人才培养学历层次多样性的要求，有助于提高研究生高学历人才的培养比例，优化人力资本结构，满足劳动力市场升级和经济转型发展要求（赵红霞和朱惠，2021）；其二，高等教育层次结构发展满足了不同人群的受教育需求，促进了教育机会公平，有利于提升社会劳动力的整体素质，助力经济稳健发展；其三，高等教育层次结构发展，优化了不同学历（专本硕博）人才的培养比例（赵庆年和李玉枝，2021），有助于高知识科研人才队伍建设，为突破国外先进技术封锁，提升中国经济竞争力，跨越"中等收入陷阱"，形成"智力"支撑。

与高等教育规模和结构要素不同的是，质量要素提升以高校人才培养效果和高等教育资源投入—产出效率为导向，对经济发展的影响更为直接。因而，中国政府在高等教育投入增量制度改革中，投入了大量的资源，以强化高等教育质量进而支撑经济发展。从治理举措来看，人力、物力和财力是高等教育质量提升的三个路径。其中，在人力方面，主要通过提高教师业务水平、扩大师生比，进而加强师资队伍建设，提升高等教育教学质量；在物力方面，主要通过完善教学基础设施和后勤保障体系，促进人才培养质量提升。但以上两种治理路径和财力投入直接关联，因此高等教育的经费投入是保证人才培养质量的关键。现有研究也将高等教育经费投入表征质量要素（张心悦和马莉萍，2022），说明增加经费投入是强化高等教育质量的有效路径。高等教育质量对经济发展的影响具体表现为：其一，强化高等教育质量，有利于提升受教育者的知识素养、认知能力和就业技能，增加个体就业机会和水平，进而促进社会就业率整体提升，推动经济发展（李子联，2020b）；其二，高等教育质量提升反映了教育资源配置的效率，随着高等教育质量不断发展教育资源的投入—产出效率逐渐提高，社会全要素生产率得以提升，为经济建设创造了优质条件；其三，强化高等教育质量，有利于提升人力资本质量，适应了经济转型发展的现实要求。

基于上述分析可知，高等教育规模、层次结构、类型结构和质量要素均是通过促进人力资本高质量积累和提升社会科技创新能力等作用机制对经济增长产生不同程度的影响。因此，高等教育规模、结构和质量在实现经济发展功能的过程中具有高度协同性。由此反映出，制度改革的目的不仅是通过增加高等教育规模、层次结构、类型结构和质量要素投入量以提升经济增长动能，更是为促进高等教育规模、层次结构、类型结构和质量要素在经济增长过程中形成积极的协同效应。因而本章遵循厘清制度改革目的与价值的演绎思路，为构建研究发现与新制度主义理论以及内生经济增长学说进行适度对话提供了有益窗口。

　　从系统科学的理论出发，规模、结构、质量是构成高等教育系统的三个要素，经济发展效益是高等教育系统功能发挥的结果，即规模、结构、质量三个要素共同作用使然。但高等教育规模、结构和质量要素对经济发展的协同效应并非简单的叠加作用，而是要素间有序互动的过程。具体表现为，高等教育质量提升与结构优化将促进高等教育规模发展为社会积累更优质的人力资本，可以适应竞争日益激烈的劳动力市场需求，促进经济转型升级。而高等教育结构优化与质量提升的经济增益效果，必须通过高等教育规模来承载。随着规模不断扩大，推进高等教育结构和质量要素发展的经济价值才能不断显现。同时，结构优化为质量提升取得经济效益积累了不同类型、层次的人力资本，质量提升促进了结构优化在输送优质人才资源的过程中实现更大的经济价值。由此可知，高等教育规模、结构和质量要素对经济发展的协同效应存在要素积累的门槛机制，当三大要素的发展程度处于最优门槛值域时，才能实现要素协调匹配，进而最有效率地实现高等教育的经济发展功能。此外，受制于时空环境的变化，高等教育规模、结构和质量要素促进经济增长的协同也可能形成时空差异的协同系统。以上为本章对高等教育经济发展功能实现原理的简要阐释，本章遵循实践嵌入理论的研究进路，通过实证证据对上述理论进行具有边际贡献的创新性演绎，并提出切实可行的政策建议，以回应高等教育赋能社会经济发展的研究关切与现实需要。

## 第三节　模型设定与变量选取

### 一、研究方法讨论与计量模型设定

　　随着高等教育规模要素与结构要素、质量要素的深入互动，高等教育规模、结构和质量三个要素在促进高等教育经济发展功能实现的过程中逐渐产生协同效应，为我们打开了研究窗口。高等教育规模与结构、质量要素对经济增长的协同作用可能会存在内生门槛值或临界值。因而，本章认为高等教育规模要素对经济增长的正向影响存在高等教育层次、类型结构和质量提升的门槛机制，高等教育的层次、类型结构与质量要素对经济发展的积极影响存在高等教育规模扩大的门槛机制。同时，高等教育质量要素的经济增长效应存在层次结构、类型结构的门槛机制，与之对应，层次结构、类型结构的经济促进作用存在质量要素的门槛效应。为了验证上述推论，本章借鉴 Hansen（1999）的面板门槛研究思想，设定模型如下：

$$Y_{it} = \Omega + a_1 X_{it} \times I\ (q_{it} \leqslant \gamma_1) + a_2 X_{it} \times I\ (\gamma_1 < q_{it} \leqslant \gamma_2) + \cdots + a_n Sca_{it}$$

$$\times I\ (\gamma_n - 1 < q_{it} \leqslant \gamma_n) + a_{n+1} Sca_{it} \times I\ (q_{it} > \gamma_n) + 6C_{it} + \mu_{it} + \varepsilon_{it} \qquad (4\text{-}1)$$

式中，$i$ 和 $t$ 分别表示地区和时间；$\Omega$ 表示常数项；$C_{it}$ 表示一系列控制变量；$Y_{it}$ 表示被解释变量，即地区年度实际 GDP；$X_{it}$ 表示解释变量，在不同模型中对应为高等教育规模要素 Sca、层次结构要素 LStr、类型结构要素 TStr 和质量要素 Qua；$q_{it}$ 表示门槛变量，在不同模型中分别为高等教育规模要素 Sca、层次结构要素 LStr、类型结构要素 TStr 和质量要素 Qua；$I$（·）表示示性函数；$a_1$、$a_2$、$\cdots$、$a_{n+1}$ 表示解释变量的待估计系数；$\gamma_1$、$\gamma_2$、$\cdots$、$\gamma_n$ 表示待估计门槛值；$6$ 表示控制变量 $C_{it}$ 的待估计系数；$\varepsilon_{it}$ 表示随机扰动项。

## 二、变量选取与说明

### （一）被解释变量

由文献回顾和理论分析可知，高等教育的经济发展功能主要体现在地区年度 GDP 的增长方面。因此，为了检验高等教育规模、结构和质量三大要素在实现高等教育经济发展功能过程中的作用效果，借鉴刘守英等（2020）的研究思路，本节选取了地区年度实际 GDP（亿元）来表征经济增长情况，并将其作为被解释变量。

### （二）门槛变量

理论分析部分阐释了规模、结构和质量要素在实现高等教育经济发展功能过程中的作用机理。其中，高等教育规模要素对经济增长的影响存在结构、质量要素的门槛效应，同时高等教育质量要素、结构要素对经济增长的影响也存在规模要素的门槛效应。为了检验以上理论推演结论是否成立，我们采用地区年度普通高等学校招生人数（万人）作为高等教育规模（Sca）的测量指标（岳昌君和邱文琪，2020）。同时，借鉴张心悦和马莉萍（2022）在分析高等教育质量提升全要素生产率的作用机制过程中的指标选取思路，以地区年度普通高等学校生均教育经费支出（元/人）来测量地区高等教育的质量要素（Qua）。值得说明的是，本节在高等教育层次结构要素测量指标选取过程中，为有效反映劳动力市场对人才学历层级需求不断升级的客观情况，借鉴李锋亮和王瑜琪（2021）的研究思路，采用地区年度普通高等学校硕博在校生人数（万人）与本专科在校生人数（万人）的比（%）来反映高等教育的层次结构（LStr）。同时，考虑到目前普通高等职业教育依然以专科教育为主，其在本科教育层面依然处于初步探索阶段

（祁占勇和杜越，2020），因而本节采用地区年度普通高等学校专科在校生人数（万人）与本科在校生人数（万人）的比（%）来测算职业高等教育类型结构（TStr）。

（三）控制变量

社会经济发展状况是系统性因素作用的结果，它不仅会受到高等教育发展的影响，还会受到相应的经济政策、产业类型与社会保障等因素的影响。因此，本节参照已有研究的做法，在计量模型中加入了一些重要的控制变量，以减少遗漏变量产生的内生性问题。具体包括：①常住人口城镇化水平（Urb_level）。吴士炜和汪小勤（2017）研究认为人口城镇化推动了经济增长，因而本节采用地区年度城镇常住人口数（万人）在总人口数（万人）中的占比（%）来测量常住人口城镇化水平。②对外开放程度（Open）。在全球化时代，推动"引进来、走出去"相结合，有助于打通国内国际双循环，促进社会经济持续增长。为此，本节借鉴陆铭和陈钊（2004）的思路，通过地区年度经营单位所在地（按美元与人民币年度平均汇率折算）的货物进出口总额（亿元）与 GDP（亿元）的比值来测算地区对外开放程度。③社会公共卫生服务投入（Ser_invest）。余静文和苗艳青（2019）研究认为，政府扩大公共卫生投入，通过健康人力资本的提高来带动经济增长。本节按照地区年度人均公共卫生服务投入额（元/人）来测算社会公共卫生服务投入。④宏观经济调控状况（CPI）。CPI 是居民消费价格指数，作为测量地区物价波动与通货膨胀程度的关键指标，它反映了宏观调控的实施状况和经济发展的稳健性程度。因而本节将地区年度 CPI 作为控制变量进行考察。⑤基础设施供给水平（S_facil）。一直以来"要想富、先修路"成为地方发展的重要方式，本节借鉴汪伟等（2015）的思路，采用地区年末公路里程（万公里）×10000 与行政区划面积（公里$^2$）之比的方法对地区年度基础设施供给水平进行测算。⑥财政收入（financial）。借鉴周振和孔祥智（2019）的方法我们采用地区年度财政一般预算收入来测量地区财政收入水平。具体变量定义和测量方法见表 4-1。

表 4-1　变量定义与测量

| 变量类型 | 变量名称 | 变量代码 | 变量定义与测量 |
| --- | --- | --- | --- |
| 被解释变量 | 经济增长 | GDP | 地区年度实际 GDP（亿元） |
| 门槛变量 | 高等教育规模 | Sca | 地区年度普通高等学校招生人数（万人） |
| | 高等教育质量 | Qua | 地区年度普通高等学校生均教育经费支出（元/人） |

| 变量类型 | 变量名称 | 变量代码 | 变量定义与测量 |
|---|---|---|---|
| 门槛变量 | 高等教育层次结构 | LStr | 地区年度普通高等学校硕博在校生人数（万人）/本专科在校生人数（万人）×100（%） |
| | 高等教育类型结构 | TStr | 地区年度普通高等学校专科在校生人数（万人）/本科在校生人数（万人）×100（%） |
| 控制变量 | 常住人口城镇化水平 | Urb_level | 地区年度城镇常住人口数（万人）/总人口数（万人）×100（%） |
| | 对外开放程度 | Open | 地区年度经营单位所在地（按美元与人民币年度平均汇率折算）的货物进出口总额（亿元）/GDP（亿元）×100（%） |
| | 社会公共卫生服务投入 | Ser_invest | 地区年度人均公共卫生服务投入额（元/人） |
| | 宏观经济调控状况 | CPI | 地区年度居民消费价格指数 |
| | 基础设施供给水平 | S_facil | 地区年末公路里程（万公里）×10000/行政区划面积（公里$^2$） |
| | 财政收入 | financial | 地区年度财政一般预算收入（亿元） |

## 三、数据来源与描述性统计

本章使用 2005～2019 年 31 个省区市的平衡面板数据来考察高等教育规模、结构和质量要素促进经济增长的协同效应。被解释变量和控制变量的原始数据来源于历年《中国统计年鉴》，门槛变量中的高等教育规模变量、结构变量和质量变量的原始数据分别来源于历年《中国教育统计年鉴》《中国教育经费统计年鉴》和中国国家统计局。样本中所有变量的数据完整无缺失。表 4-2 呈现了各变量的描述性统计结果。其中，经济增长（GDP）的标准差为 17 597.900，由此说明我国区域经济发展水平存在巨大差异。高等教育规模（Sca）的标准差为 14.191，高等教育层次结构（LStr）和高等教育类型结构（TStr）的标准差分别为 6.460、23.297，高等教育质量（Qua）的标准差为 11 166.050，也说明地区间高等教育规模、结构、质量要素的发展水平均存在巨大差异。此外，本节以地区年度普通高等学校硕博在校生人数与本专科在校生人数的比来测量高等教育层次结构。从结果来看，其均值仅为 7.746%，由此说明目前硕博高学历人才培养还处于低规模发展阶段。

**表 4-2 描述性统计**

| 变量 | 样本量 | 均值 | 标准差 | 最小值 | 最大值 |
|---|---|---|---|---|---|
| GDP | 465 | 18 269.940 | 17 597.900 | 248.800 | 107 987.000 |
| Sca | 465 | 22.087 | 14.191 | 0.760 | 69.670 |
| LStr | 465 | 7.746 | 6.460 | 1.659 | 45.411 |

续表

| 变量 | 样本量 | 均值 | 标准差 | 最小值 | 最大值 |
|------|--------|------|--------|--------|--------|
| TStr | 465 | 71.611 | 23.297 | 14.050 | 162.610 |
| Qua | 465 | 22 547.720 | 11 166.050 | 7 514.930 | 74 270.330 |
| Urb_level | 465 | 50.156 | 21.147 | 9.850 | 100.000 |
| Open | 465 | 0.288 | 0.354 | 0.013 | 1.784 |
| Ser_invest | 465 | 307.566 | 243.914 | 32.050 | 2 080.390 |
| CPI | 465 | 102.677 | 1.790 | 97.650 | 110.090 |
| S_facil | 465 | 0.821 | 0.495 | 0.036 | 2.126 |
| financial | 465 | 1 887.815 | 1 946.278 | 12.030 | 12 654.530 |

## 第四节　实证结果与分析

### 一、平稳性检验

由于涉及面板数据的时间效应，为规避时间序列的"伪回归"情况，需要在实证分析前，对面板数据的回归变量序列进行单位根检验。表 4-3 呈现了 LLC、ADF-Fisher 和 Hadri LM 三种面板数据平稳序列检验方法的检测结果，相关变量均在 1%的水平上通过了显著性检验。据此，可以判定所有变量均不存在单位根，序列平稳。

表 4-3　平稳性检验

| 变量 | 检验方法 | | | 检验结果 |
|------|------|------|------|----------|
| | LLC | ADF-Fisher | Hadri LM | |
| GDP | $-2.842^{***}$ | $2.744^{***}$ | $25.245^{***}$ | 平稳 |
| Sca | $-14.618^{***}$ | $11.009^{***}$ | $10.774^{***}$ | 平稳 |
| LStr | $-8.061^{***}$ | $10.701^{***}$ | $11.076^{***}$ | 平稳 |
| TStr | $-4.949^{***}$ | $2.460^{***}$ | $33.752^{***}$ | 平稳 |
| Qua | $-2.740^{***}$ | $22.872^{***}$ | $10.749^{***}$ | 平稳 |
| Urb_level | $-3.390^{***}$ | $11.811^{***}$ | $22.407^{***}$ | 平稳 |
| Open | $-3.352^{***}$ | $5.230^{***}$ | $20.360^{***}$ | 平稳 |
| Ser_invest | $-6.601^{***}$ | $15.415^{***}$ | $10.298^{***}$ | 平稳 |
| CPI | $-15.271^{***}$ | $22.880^{***}$ | $5.119^{***}$ | 平稳 |
| S_facil | $-10.232^{***}$ | $3.041^{***}$ | $25.826^{***}$ | 平稳 |
| financial | $-2.612^{***}$ | $2.350^{***}$ | $44.540^{***}$ | 平稳 |

注：\*\*\*表示在1%水平上显著。

## 二、门槛效应回归结果与分析

### （一）门槛效应检验

首先本节对高等教育规模要素对经济增长的促进作用存在高等教育结构和质量提升的门槛效应，同时高等教育结构、质量要素对经济发展的积极影响存在高等教育规模扩大的门槛效应的推论是否成立进行检验。根据公式（4-1）给出的相关变量可能存在的影响关系与门槛效应，本节通过 1000 次"自举法"（Bootstrap）检验重复，按照门槛个数由少到多的顺序，对具有统计学显著性意义的门槛数和门槛值进行识别，以无法拒绝零假设前的最大门槛数来确定模型存在几重门槛，得到了样本门槛检验的最终结果（表 4-4）。

表 4-4　以高等教育规模、结构和质量要素为门槛变量的显著性检验和置信区间

| 门槛变量 | 门槛数 | $F$ 值 | 临界值 | | | 门槛值 | 95%的置信区间 |
|---|---|---|---|---|---|---|---|
| | | | 1% | 5% | 10% | | |
| LStr | 单一 | 125.480*** | 33.418 | 40.054 | 64.819 | 10.996*** | [9.957, 13.621] |
| | 双重 | 40.190 | 86.399 | 124.802 | 179.848 | | |
| TStr | 单一 | 59.890** | 29.148 | 37.918 | 64.975 | 65.761** | [63.108, 69.014] |
| | 双重 | 13.880 | 26.040 | 32.918 | 46.474 | | |
| Qua | 单一 | 80.610*** | 26.106 | 33.151 | 47.674 | 33 857.711*** | [30 345.731, 38 465.340] |
| | 双重 | 49.350 | 83.727 | 101.083 | 142.419 | | |
| Sca | 单一 | 82.630*** | 36.907 | 44.664 | 59.962 | 45.530*** | [40.950, 55.010] |
| | 双重 | 62.610 | 137.518 | 170.924 | 231.430 | | |
| Qua | 单一 | 16.670 | 20.502 | 27.292 | 40.696 | | |
| Sca | 单一 | 25.970 | 29.531 | 29.815 | 29.815 | | |
| Qua | 单一 | 46.890* | 32.257 | 40.020 | 61.905 | 21 221.900** | [18 014.530, 22 073.669] |
| | 双重 | 26.960 | 53.555 | 69.596 | 104.932 | | |
| Sca | 单一 | 87.850*** | 33.312 | 38.905 | 57.500 | 21.740*** | [20.150, 24.850] |
| | 双重 | 93.650*** | 31.300 | 39.493 | 66.313 | 45.530*** | [40.950, 55.010] |
| | 三重 | 39.550 | 100.112 | 126.109 | 162.248 | | |
| LStr | 单一 | 3.100 | 29.547 | 38.025 | 50.614 | | |
| TStr | 单一 | 64.780** | 34.887 | 49.319 | 83.026 | 43.180** | [35.022, 54.211] |
| | 双重 | 7.740 | 30.787 | 40.020 | 67.571 | | |

注：***、**和*分别表示在 1%、5%和 10%水平上显著。

表 4-4 呈现了理论阐释中相关变量的门槛效应估计值和显著性检验，其中，高等教育层次结构、类型结构和质量要素对高等教育规模要素之于经济增长的促进作用均存在单一门槛效应，且达到了 5% 的显著性水平；高等教育规模扩大对层次结构、质量要素之于经济发展的积极影响分别在 1% 的显著性水平上具有单一门槛效应和双重门槛效应；质量要素对类型结构要素之于经济发展的积极影响在 5% 的水平上存在单一门槛阈值；类型结构要素对质量要素之于经济增长的积极效应也在 5% 的水平上存在单一门槛阈值；此外，层次结构要素对质量要素之于经济发展的正向影响均未形成显著的互向协同的门槛机制，原因可能在于研究生扩招引发的经费不足、资源紧缺等内生性问题依然突出，其对经济增长的协同效应释力还未有效激发（李遥等，2015）。而高等教育规模扩大对类型结构要素之于经济发展的积极影响尚未形成门槛效应。原因可能在于专科教育占比随着高等教育普及化进程以及经济发展的阶段性变化发生上下波动，专科在校生占比先增大、后减少（李立国等，2022）。由此导致，应用型人才规模积累放缓，其对经济增长的积极效应还未达成新的"质变"。基于上述门槛效应的检验结果，本节将在以高等教育层次结构、类型结构和质量要素为门槛变量的规模要素影响经济发展的门槛模型中依照单一门槛效应进行分析；在以高等教育规模要素为门槛变量的层次结构、质量要素促进经济增长的门槛模型中分别依照单一门槛和双重门槛效应进行分析。

为了检验表 4-4 中的门槛值是否真实存在，本节根据门槛模型中，似然比（likelihood ratio，LR）统计量趋近于 0 时对应的 $x$ 值就是门槛估计值的原理，绘制了上述 8 个门槛估计值 10.996、65.761、33 857.711、45.530、21 221.900、21.740、45.530 和 43.180 在 95% 的置信区间下的 LR 统计图，结果依次见图 4-1。其中，虚线表示临界点 7.35，LR 统计量最低点为对应的真实门槛值，显见的是 8 个门槛值的 LR 统计量均低于 7.35，据此可知上述 8 个门槛值是真实有效的。

（二）门槛效应分析

在表 4-5 中，模型（1）～（3）分别表示以高等教育层次结构、类型结构、质量要素为门槛变量的规模要素影响经济增长的门槛模型参数估计。由模型（1）可知，高等教育层次结构要素对规模要素影响经济发展的门槛值为 10.996%，依据门槛变量的系数，当高等教育层次结构要素值低于 10.996%，即地区年度普通高等学校硕博在校生人数与本专科在校生人数之比小于等于 10.996% 时，规模要素对地区经济增长的影响系数为 420.605，

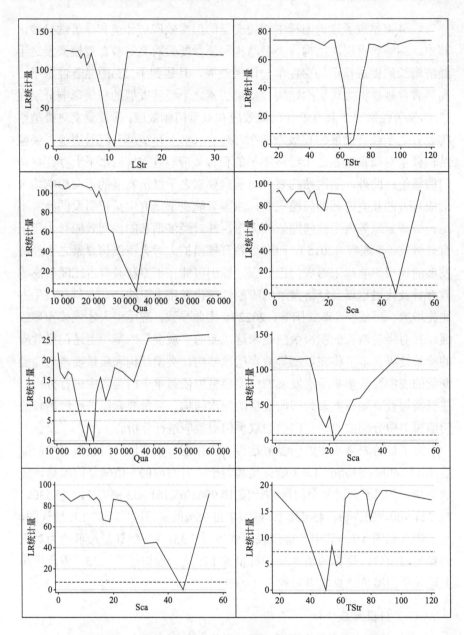

图 4-1　高等教育规模、结构和质量要素的门槛值估计结果

在 1%的统计水平上显著；而高等教育层次结构要素值超过 10.996%后，结构要素与规模要素对经济增长的协同效应进一步释放，规模要素对经济发展的影响系数上升为 541.728，通过了 1%水平的显著性检验。由此说明，随着高等教育不断发展，提升研究生招生比例带来了经济增长收益。但从样本数据可知，截至 2019 年末，全国只有 10 个省区市的普通高等学校硕

博在校生人数与本专科在校生人数之比超过了 10.996%，未来需要进一步提升地区硕博研究生人才的培养规模，以充分释放规模发展协同结构优化带来的经济增长效益。

表 4-5 高等教育规模、结构和质量要素影响经济发展的门槛效应估计结果

| 变量 | (1) | (2) | (3) | (4) | (5) | (6) | (7) |
|---|---|---|---|---|---|---|---|
| Sca (LStr≤10.996) | 420.605*** (38.348) | | | | | | |
| Sca (LStr>10.996) | 541.728*** (43.321) | | | | | | |
| Sca (TStr≤65.761) | | 493.578*** (49.907) | | | | | |
| Sca (TStr>65.761) | | 604.560*** (48.371) | | | | | |
| Sca (Qua≤33 857.711) | | | 295.892*** (45.862) | | | | |
| Sca (Qua>33 857.711) | | | 390.122*** (40.922) | | | | |
| LStr (Sca≤45.530) | | | | −259.437*** (95.607) | | | |
| LStr (Sca>45.530) | | | | 378.867*** (122.466) | | | |
| Qua (Sca≤21.740) | | | | | 0.014 (0.026) | | |
| Qua (21.740< Sca≤45.530) | | | | | 0.235*** (0.030) | | |
| Qua (Sca>45.530) | | | | | 0.387*** (0.036) | | |
| TStr (Qua≤21 221.900) | | | | | | −13.116 (12.974) | |
| TStr (Qua>21 221.900) | | | | | | 11.248 (13.681) | |
| Qua (TStr≤43.180) | | | | | | | −0.038 (0.032) |
| Qua (TStr>43.180) | | | | | | | 0.034 (0.037) |
| Urb_level | −44.589 (42.137) | 10.969 (45.911) | −14.794 (43.739) | 57.623 (45.159) | −7.073 (42.231) | 39.394 (50.747) | 79.946 (52.495) |
| Open | 1 490.894 (1 078.188) | 849.606 (1 171.963) | 751.208 (1 117.267) | 2 294.464* (1 171.768) | 808.675 (1 094.493) | 1 265.909 (1 271.964) | 1 400.927 (1 272.240) |
| Ser_invest | −4.652*** (0.802) | −5.000*** (0.888) | −4.490*** (0.834) | −2.904*** (1.049) | −2.355** (1.014) | −5.797*** (1.030) | −7.356*** (1.098) |

| 变量 | （1） | （2） | （3） | （4） | （5） | （6） | （7） |
|------|------|------|------|------|------|------|------|
| CPI | −28.237<br>（60.210） | −25.994<br>（65.664） | 1.480<br>（63.641） | −136.787**<br>（65.696） | −81.004<br>（61.618） | −4.785<br>（72.117） | −18.476<br>（71.820） |
| S_facil | 626.206<br>（952.063） | 1 281.531<br>（1 032.047） | 1 655.468*<br>（981.267） | 4 189.504***<br>（1 016.369） | 3 536.671***<br>（951.130） | 3 271.099***<br>（1 092.656） | 3 970.156***<br>（1 077.872） |
| financial | 6.944***<br>（0.161） | 6.912***<br>（0.177） | 6.311***<br>（0.184） | 7.175***<br>（0.175） | 6.173***<br>（0.192） | 8.020***<br>（0.169） | 7.854***<br>（0.168） |
| 常数项 | −21.620<br>（6 705.818） | −2 765.176<br>（7 341.267） | −1 612.854<br>（7 023.472） | 12 501.770*<br>（7 329.851） | 9 325.080<br>（6 833.599） | 726.084<br>（7 905.307） | −2 447.912<br>（7 977.216） |
| $R^2$ | 0.958 | 0.950 | 0.955 | 0.949 | 0.956 | 0.941 | 0.941 |
| 观测值 | 465 | 465 | 465 | 465 | 465 | 465 | 465 |

注：***、**和*分别表示在1%、5%和10%水平上显著；括号内为标准误。

由模型（2）可知，高等教育类型结构要素之于规模要素影响经济增长的单一门槛值为65.761%，当地区年度普通高等学校专科在校生人数与本科在校生人数之比小于等于65.761%时，规模要素对经济增长的影响系数为493.578，通过了1%统计水平的显著性检验。而当高等教育类型结构要素值超过65.761%后，规模要素对经济发展的影响系数上升至604.560，且在1%的统计水平上显著。由此说明大力发展职业教育有助于应用型、技术型人力资本持续积累，促进社会经济发展。从样本可知，不同地区专科在校生人数存在明显差异，表现为东部地区招生规模小，且存在缩招情况，而中西部地区招生规模大，且呈扩招趋势。说明，高等职业教育在东部和中西部地区的重视程度与发展环境存在差异。原因可能在于，中西部地区加工制造等劳动密集型产业布局较多，对具有高等职业教育背景的人才需求旺盛，而东部地区经济发展水平高、产业结构相对高级，因而更重视对研究型人才的培养。

根据模型（3），高等教育规模扩大对经济增长的影响存在质量要素的单一门槛效应，门槛值为33 857.711元，当高等教育质量要素值小于等于33 857.711元，即地区年度普通高等学校生均教育经费支出小于等于33 857.711元时，高等教育规模要素对经济发展的影响系数为295.892，在1%的统计水平上显著。而当生均教育经费支出超过33 857.711元后，规模要素对经济增长的影响系数上升至390.122，在1%的统计水平上显著。由此说明在招生规模扩大背景下，地方政府增加高等教育生均经费投入，将提升高等教育人才培养质量，进而更好激发规模要素与质量要素的协同效应，促进经济持续增长。但从样本数据可知，截至2019年末，全国尚有

14 个省区市的生均教育经费支出未达到 33 857.711 元，且主要集中于中西部地区，因此，相应地区要进一步提升高等教育生均经费投入，实现高等教育服务经济社会不断发展。

模型（4）反映了高等教育层次结构要素对经济增长的影响存在高等教育规模要素的单一门槛，门槛值是 45.530 万人。在地区年度普通高等学校招生人数小于等于 45.530 万人时，高等教育层次结构要素对经济增长的影响系数为-259.437，随着招生人数超过 45.530 万人，高等教育层次结构要素对经济发展的影响系数为 378.867，且在 1%的统计水平上具有显著性。模型（5）呈现出高等教育质量要素对经济增长的影响存在高等教育规模要素的双重门槛，当地区招生规模未达到 21.740 万人时，高等教育质量要素对经济增长的积极影响并不明显，而当招生人数跨过门槛值 21.740 万人以后，高等教育质量要素对经济发展的影响系数为 0.235，通过了 1%的统计水平的显著性检验。进一步地，当招生人数超过 45.530 万人后，高等教育质量要素对经济发展的影响系数继续上升为 0.387，相较于 0.235 增长超过 60%。由模型（4）～（5）的结果可知，有序扩大高等教育招生规模，将促进高等教育在层次结构调整与人才培养质量提升的过程中为经济增长持续赋能。

模型（6）～（7）分别呈现了高等教育类型结构要素影响经济发展以质量要素为单一门槛效应估计结果，以及质量要素影响经济增长的类型结构要素单一门槛效应估计结果。从模型（6）～（7）的结果可知，类型结构要素影响经济发展的单一质量要素门槛值（地区年度普通高等学校生均教育经费支出）为 21 221.900 元，质量要素影响经济增长的单一类型结构要素（地区年度普通高等学校专科在校生人数与本科在校生人数之比）的门槛值为 43.180%。尽管模型（6）～（7）中的类型结构变量和质量要素的估计系数在跨越上述门槛值前后的估计系数由负数变为正数，但均未在 10%的统计水平上显著，因而类型结构要素和质量要素对经济发展的协同促进效应未被有效证实。原因可能在于我国高职高专预算经费虽逐年增加，但在本科教育的资源挤占下，高职（专科）教育在高等教育体系内处于劣势（吴晓锋，2012）。

综上可知，高等教育规模、层次结构、类型结构和质量要素对经济增长的影响的互动关系具有一定的复杂性。其中，高等教育规模要素和层次结构要素对经济增长的影响存在双向协同效应；规模要素和质量要素对经济发展的积极作用也存在双向协同效应；而规模要素对经济发展的正向影响仅存在类型结构的单向协同效应；类型结构与质量要素、层次结构与质量要素均未在促进经济发展的过程中产生明显的协同关系，有待于进一步激发协同增益效能。有鉴于此，本节在后续异质性分析过程中，将以前三类协同关系作为讨论的重点。

（三）区域异质性分析

由于中国区域间的经济基础和资源禀赋存在明显差异，高等教育规模、结构和质量要素的协同系统可能存在空间异质性规律。因而，本节将全国31个省区市的总样本分成了东部地区、中部地区和西部地区三个子样本，依次检验高等教育规模要素影响经济发展的层次结构、类型结构和质量要素的门槛效应，以及高等教育层次结构、类型结构和质量要素影响经济增长的规模要素的门槛效应在三个地区的作用效果。[①]延续分析全国样本时使用的门槛效应与门槛值的识别方法，在通过 1000 次"自举法"（Bootstrap）检验重复后，得出了东部地区、中部地区和西部地区相关变量的门槛模型分析结果，依次对应为表 4-6、表 4-7 和表 4-8。囿于篇幅，本节未呈现分区域门槛效应分析部分的 LR 统计图。

如表 4-6 所示，在东部地区，高等教育规模对经济发展的影响存在层次结构、类型结构以及质量要素的单一门槛效应，这与全国样本的显著性检验结果基本一致。从影响系数上看，东部地区的高等教育规模要素跨过层次结构和质量要素最大门槛值后，对经济发展的影响系数均呈现增长趋势。但东部地区的高等教育规模要素跨过类型结构最大门槛值后，对经济发展的影响系数呈现递减趋势，即存在规模不经济的情况。原因可能如前文所述，东部地区的产业结构更为高级，对高等职业教育的人才需求较少，因而增加专科教育投入带来更多的经济增长的边际效应呈递减趋势。同时，东部地区高等教育规模扩大的重心不在高等职业教育领域，地区高等教育规模扩大也未成为类型结构影响经济增长的门槛机制。由模型（4）可知，东部地区的高等教育层次结构对经济增长的影响存在规模发展的单一门槛效应，与全国样本的估计结果类似。而高等教育质量对经济增长的影响存在规模发展的双重门槛效应，且跨过规模要素最大门槛值后的影响系数为0.573，高于全国层面的 0.387。说明东部地区依托于资源禀赋条件在高等教育经费投入方面具有的明显优势，且有效转化为了经济增长动能。以上分析结果表明，高等教育规模和层次结构、质量要素协同促进了东部地区

---

① 本节依据国家统计局对东中西三大经济地带的区域划分方法，将全国分为东部地区包括北京、天津、河北、辽宁、上海、江苏、浙江、福建、山东、广东、海南；中部地区包括山西、吉林、黑龙江、安徽、江西、河南、湖北、湖南；西部地区包括内蒙古、广西、重庆、四川、贵州、云南、西藏、陕西、甘肃、青海、宁夏、新疆。

的经济增长。

表 4-6　东部地区高等教育规模、结构和质量要素影响经济增长的门槛回归结果

| 变量 | （1） | （2） | （3） | （4） | （5） |
|---|---|---|---|---|---|
| Sca | 129.137<br>（94.807） | 821.015***<br>（111.723） | 234.260**<br>（104.260） | | |
| | 245.171**<br>（100.583） | 608.309***<br>（109.587） | 391.582***<br>（99.389） | | |
| | 528.930***<br>（105.140） | | | | |
| LStr | | | | −200.065<br>（151.605） | |
| | | | | 1 100.969***<br>（246.162） | |
| Qua | | | | | 0.020<br>（0.054） |
| | | | | | 0.369***<br>（0.065） |
| | | | | | 0.573***<br>（0.095） |
| 控制变量 | 是 | 是 | 是 | 是 | 是 |
| 常数项 | 19 230.120<br>（15 487.790） | 6 432.491<br>（16 528.020） | 6 432.491<br>（16 528.020） | 9 544.758<br>（17 339.240） | 15 267.930<br>（17 237.680） |
| 门槛数 | 双重 | 单一 | 单一 | 单一 | 双重 |
| 门槛变量 | LStr | TStr | Qua | Sca | Sca |
| 门槛值-1 | 10.996*** | 65.877*** | 33 633.281*** | 33.590* | 20.000** |
| 门槛值-2 | 23.907* | | | | 43.950** |
| 置信区间-1 | [9.918,<br>12.295] | [63.182,<br>68.305] | [26 957.100,<br>40 701.859] | [42.660,<br>52.280] | [15.890,<br>22.170] |
| 置信区间-2 | [6.487,<br>30.286] | | | | [41.370,<br>46.670] |
| $F$-1 | 73.660** | 78.190** | 38.630** | 33.590* | 39.120** |
| $F$-2 | 23.510* | | | | 30.890** |
| $R^2$ | 0.969 | 0.965 | 0.964 | 0.961 | 0.963 |
| 观测值 | 165 | 165 | 165 | 165 | 165 |

注：***、**和*分别表示在1%、5%和10%水平上显著；括号内为标准误。

中部地区样本估计结果显示，高等教育规模要素对经济发展的影响不存在层次结构、类型结构和质量要素的门槛效应，这与全国样本估计结果不同。原因可能在于中部地区高等教育生均经费投入、高等职业教育规模和硕博研究生招生比例低于东部地区或西部地区。以 2019 年为例，东部地

区、中部地区和西部地区的高等教育生均经费投入与硕博研究生在校生比例分别为 40 216.990 元、24 910.363 元、31 539.076 元和 13.745%、7.357%、7.791%，由此可见，中部地区还未形成高等教育质量提升、层次结构与类型结构优化促进规模发展取得更大经济收益的门槛机制，反映出"中部塌陷"问题依然存在。此外，如表 4-7 所示，中部地区的高等教育层次结构、类型结构和质量要素对经济增长的影响均存在规模发展的单一门槛效应，但层次结构、质量要素对经济增长的影响系数明显低于全国层面和东部地区样本的估计结果。原因可能在于中部地区人才流动至东部地区的主要迁移模式比较稳定（齐宏纲等，2022），中部地区高等教育规模扩大后，其人力资本红利转移到了东部地区，进而造成中部地区人才培养的规模效益形成缓慢。从类型结构来看，高等职业教育规模扩大促进了中部地区应用型人力资本积累，为地区劳动密集型产业布局与发展提供支撑，促进地区高等职业教育取得更大的经济增长收益。

表 4-7　中部地区高等教育规模要素影响经济增长的门槛回归结果

| 变量 | （1） | （2） | （3） |
|---|---|---|---|
| LStr | 96.876<br>（293.412） | | |
| | 580.912*<br>（298.139） | | |
| TStr | | 74.275***<br>（17.251） | |
| | | 111.976***<br>（18.565） | |
| Qua | | | −0.079<br>（0.067） |
| | | | 0.114***<br>（0.067） |
| 控制变量 | 是 | 是 | 是 |
| 常数项 | −9 276.171<br>（13 369.840） | −9 875.380<br>（12 416.030） | −14 869.960<br>（12 729.420） |
| 门槛数 | 单一 | 单一 | 单一 |
| 门槛变量 | Sca | Sca | Sca |
| 门槛值 | 40.210* | 40.210*** | 40.210*** |
| 置信区间 | [37.430, 44.880] | [39.070, 44.880] | [37.430, 44.880] |
| $F$ | 24.850* | 22.240*** | 41.740*** |
| $R^2$ | 0.965 | 0.970 | 0.968 |
| 观测值 | 120 | 120 | 120 |

注：***和*分别表示在 1% 和 10% 水平上显著；括号内为标准误。

如表 4-8 所示，西部地区高等教育规模要素对经济发展的促进作用存在层次结构和质量要素的门槛效应，同时，高等教育层次结构和质量要素对经济增长也存在规模要素的门槛效应。由此可知，在高等教育规模扩大背景下，西部地区不断提升高等教育生均经费投入和硕博研究生招生比例，将促进招生规模增长承载更大的经济发展空间。同时，西部地区层次结构、类型结构和质量要素对经济增长的影响均存在规模发展的单一门槛机制。但层次结构、质量要素在超过规模要素门槛值后，对经济增长的影响系数均远低于东部地区。类型结构在超过规模要素门槛值后也远低于中部地区。因此，留住人才是西部地区促进规模扩大、质量提升与类型结构优化协同推动经济增长的重要前提。

表 4-8　西部地区高等教育规模、结构和质量要素影响经济增长的门槛回归结果

| 变量 | (1) | (2) | (3) | (4) | (5) |
|---|---|---|---|---|---|
| Sca | 321.562***<br>(41.046) | 276.166***<br>(43.685) | | | |
| | 427.270***<br>(42.480) | 332.723***<br>(46.042) | | | |
| LStr | | | 183.734<br>(114.292) | | |
| | | | 638.114***<br>(124.849) | | |
| TStr | | | | −1.222<br>(10.719) | |
| | | | | 25.486**<br>(11.823) | |
| Qua | | | | | −0.024<br>(0.021) |
| | | | | | 0.103***<br>(0.024) |
| 控制变量 | 是 | 是 | 是 | 是 | 是 |
| 常数项 | −10 585.830**<br>(4 380.080) | −9 629.994**<br>(4 732.753) | −11 221.160**<br>(5 346.764) | −10 387.080*<br>(5 413.964) | −9 327.228*<br>(5 287.630) |
| 门槛数 | 单一 | 单一 | 单一 | 单一 | 单一 |
| 门槛变量 | LStr | Qua | Sca | Sca | Sca |
| 门槛值 | 7.613*** | 27 971.420*** | 20.950** | 20.950* | 20.950** |
| 置信区间 | [7.097,<br>7.879] | [25 899.545,<br>35 280.700] | [19.210,<br>24.840] | [19.210,<br>24.840] | [19.210,<br>24.840] |
| $F$ | 50.370*** | 49.380*** | 44.710** | 27.680* | 57.730** |
| $R^2$ | 0.974 | 0.970 | 0.961 | 0.961 | 0.962 |
| 观测值 | 180 | 180 | 180 | 180 | 180 |

注：***、**和*分别表示在 1%、5%和 10%水平上显著；括号内为标准误。

综上可知，高等教育规模、层次结构、类型结构以及质量要素对经济增长的门槛效应的区域异质性十分明显，反映出区域高等教育规模与层次结构、类型结构要素，规模与质量要素在促进经济增长过程中的协同系统运行效果存在明显差异。其中，东部地区和西部地区形成了高等教育规模与层次结构、质量要素推动经济增长的互动叠加效应和互向促进机制，而中部地区仅存在高等教育规模要素对质量、层次结构和类型结构要素推动经济增长的单向协同的促进机制。在此基础上，比较不同区域高等教育规模、层次结构、类型结构和质量要素对经济增长的门槛系数发现，由于规模要素促进类型结构要素获取经济增长收益的贡献率在中部地区最大（111.976），东部地区不存在，西部地区次之（25.486），说明高等教育规模要素促进类型结构要素取得经济增长收益的作用自东向西呈倒"U"形曲线分布；规模要素促进层次结构要素获取经济增长收益的贡献率在东部地区最大（1100.969），西部地区次之（638.114），中部地区最低（580.912），因而高等教育规模要素促进层次结构要素取得经济增长收益的作用自东向西呈"U"形曲线分布；同时，比较三个地区规模要素促进质量要素获得经济发展收益的影响系数发现，规模要素促进质量要素获得经济发展收益的边际效应呈现出自东向西的"区域边际效应递减规律"。按照类似比较方式可知，高等教育层次结构和质量要素促进规模要素获取经济增长收益自东向西呈"U"形曲线分布，而类型结构对规模要素获取经济增长收益的促进作用在中西部尚未形成门槛机制。

（四）时期异质性分析

党的十八大以来，中国特色社会主义进入新时代，随着国内政治经济体制改革不断加快，国际科技竞争和产业革命激烈程度日益加剧，高等教育被赋予了新的历史使命（刘海峰和韦骅峰，2021）。为此，中国政府加快了对高等教育发展的政策改革与治理创新，以高等教育质量提升和结构优化为导向，不断推进新时代高等教育现代化更好服务经济社会发展。可以说，新时代的到来促使中国高等教育发展进入了新的重要历史阶段。鉴于此，本节以 2012 年为关键时间节点，将总样本分为 2005～2012 年子样本和 2013～2019 年子样本进行门槛回归，深入考察不同时期中国高等教育规模、结构和质量要素对经济增长的门槛效应，以回应未来一段时期中国高等教育与经济发展的现实需要。表 4-9 和表 4-10 分别呈现了 2012 年以前子样本和 2012 年之后子样本的估计结果，囿于篇幅本节未给出此部分估计结果的 LR 统计图。

本节对 2005～2012 年的样本分析发现，高等教育层次结构、类型结构和质量要素不存在规模要素的门槛效应。原因可能是中国在高等教育扩招政策实施后，飞速驶入了大众化阶段，此时的发展模式是"重规模，而轻质量与结构"，进而造成质量下滑与结构优化缓慢，不利于经济增长，这种情况曾在世界各发达国家普遍出现。同时，由于高等教育资源配置不均，中国高等教育扩招引致了"泥足现象"，加剧了人口红利被稀释等负效应（梁显平和林成华，2020）；但高等教育结构和质量要素对规模要素实现经济增长目标的促进效应在这一时期已经形成。表 4-9 的列（1）～（3）对应为以高等教育层次结构、类型结构和质量要素为门槛变量的估计结果，2005～2012 年，高等教育结构要素优化与质量要素提升促进了高等教育规模发展带来更多的经济增长空间。但在此阶段，类型结构对规模要素扩大获取经济增长收益存在显著的规模不经济情况。

表 4-9　2005～2012 年高等教育结构和质量要素影响经济增长的门槛回归结果

| 变量 | （1） | （2） | （3） |
|---|---|---|---|
| Sca | 311.534*** | 358.824*** | 195.844*** |
| | （40.269） | （40.156） | （39.724） |
| | 375.607*** | 300.115*** | 244.812*** |
| | （41.479） | （41.339） | （38.473） |
| 控制变量 | 是 | 是 | 是 |
| 常数项 | 14 613.010** | 11 997.320* | 12 283.520** |
| | （6 879.080） | （6 928.724） | （6 203.134） |
| 门槛数 | 单一 | 单一 | 单一 |
| 门槛变量 | LStr | TStr | Qua |
| 门槛值 | 4.531*** | 97.033** | 11 134.760*** |
| 置信区间 | [3.811, 4.773] | [89.497, 102.710] | [10 745.800, 11 649.150] |
| $F$ | 24.950** | 35.020*** | 54.440*** |
| $R^2$ | 0.967 | 0.965 | 0.972 |
| 观测值 | 248 | 248 | 248 |

注：***、**和*分别表示在1%、5%和10%水平上显著；括号内为标准误。

表 4-10 为 2012 年以后子样本的门槛回归估计结果，其中列（1）、列（2）是以高等教育层次结构和质量要素为门槛变量的估计结果，列（3）、列（5）显示了以高等教育规模要素为门槛变量的回归结果。由表 4-10 可

知，新时代以来，高等教育规模要素对经济增长的影响存在层次结构和质量要素的单一门槛效应，高等教育层次结构、类型结构和质量要素对经济增长的影响存在规模要素的单一门槛效应，且三类要素跨过门槛限制后的影响系数均显著为正。因而，新时代高等教育规模、层次结构和质量要素在促进经济增长的过程中存在互向叠加效应。

表 4-10  2012 年之后高等教育规模、结构和质量要素影响经济增长的门槛回归结果

| 变量 | （1） | （2） | （3） | （4） | （5） |
|---|---|---|---|---|---|
| Sca | 439.589*** (73.214) | 392.496*** (70.937) | | | |
| | 558.024*** (75.951) | 441.145*** (70.824) | | | |
| LStr | | | 25.991 (172.512) | | |
| | | | 557.682** (220.951) | | |
| TStr | | | | 69.781** (33.989) | |
| | | | | 173.759*** (39.909) | |
| Qua | | | | | 0.048 (0.047) |
| | | | | | 0.188*** (0.049) |
| 控制变量 | 是 | 是 | 是 | 是 | 是 |
| 常数项 | 26 929.060 (29 513.360) | 34 106.850 (28 476.600) | −10 803.900 (29 812.910) | −21 494.610 (33 163.900) | 23 688.770 (30 145.010) |
| 门槛数 | 单一 | 单一 | 单一 | 单一 | 单一 |
| 门槛变量 | LStr | Qua | Sca | Sca | Sca |
| 门槛值 | 11.852*** | 33 633.281*** | 45.270*** | 45.270*** | 45.270*** |
| 置信区间 | [10.613, 14.373] | [30 943.900, 36 799.750] | [39.890, 52.280] | [39.890, 52.280] | [39.890, 52.280] |
| $F$ | 51.740*** | 97.500*** | 83.380*** | 40.370*** | 78.620*** |
| $R^2$ | 0.866 | 0.876 | 0.854 | 0.818 | 0.858 |
| 观测值 | 217 | 217 | 217 | 217 | 217 |

注：***和**分别表示在1%和5%水平上显著；括号内为标准误。

　　时间异质性分析表明，不同时期高等教育规模要素对结构和质量要素的经济增长收益存在差异。其中，2012 年之前，规模要素对层次结构、类型结构和质量要素获取经济增长收益的促进效应并不明显，进入新时代后，这一情况明显改善。而高等教育层次结构和质量要素对规模发展取得经济增长收益在不同时期均存在显著的促进作用。但从影响系数上看，高等教育层次结构和质量要素对规模要素取得经济增长的促进效应存在明显差异。具体而言，2012 年之后的子样本中规模要素对经济发展的影响系数明显高于前一段时期（2005～2012 年）的影响系数。此外，前一段时期类型结构对规模要素获取经济增长收益的规模不经济情况已经不显著存在。由此说明，随着高等教育类型结构和层次结构不断优化以及质量不断提升，规模要素促进经济增长的积极效应日益凸显。这反映出，党的十八大以来，中国高等教育扩招政策从强规模到重质量与优结构纵深推进取得初步成效，证实了新时代成为高等教育获取规模效益的时间拐点。因此，有序扩大高等教育规模，加强高等教育结构优化和质量提升相关的资源投入，将促进社会优质人力资本积累以持续释放经济增长动能。

　　需要指出的是，为有效检验本节以 2012 年为关键时间节点进行异质性分析的科学性与有效性。本节进一步参照 Heckman（2005）的思路及王永进和冯笑（2018）的做法，即通过构建"反事实框架"（counterfactual framework）进行安慰剂检验的策略，具体采取了将 2012 年这一关键时间节点，提前三年（为 2009 年）方式，进而将总样本拆分为 2005～2009 年和 2010～2019 年两个子样本，并将此人为干预的虚假时间节点的分组样本分别进行模型回归。结果发现，人为干预的分组回归结果出现了与事实明显不符的情况。如下表 4-11 和表 4-12 可知，在 2005～2009 年的子样本中高等教育规模要素对经济增长的影响系数在类型结构要素的单一门槛机制作用下，从 339.366 上升为 416.362，同时，在 2010～2019 年的子样本中，高等教育规模对经济增长的影响系数在类型结构要素的单一门槛机制作用下，由 517.186 下降为 398.180。而现实情况是，我国高等教育规模不断扩大、高等职业教育人才积累不断加快，高等教育类型结构亦持续优化，奠定了中国经济腾飞的基础（李礼等，2021），其对经济增长的促进作用进一步释放。由此可以推断，上述人为干预情况确实是反事实的，2012 年（党的十八大）作为我国高等教育规模要素与类型、层次结构要素，规模要素和质量要素协同促进经济增长的关键时间节点是符合事实的，相应分析结果也是可以成立的。

表 4-11　2005～2009 年高等教育结构和质量要素影响经济增长的门槛回归结果

| 变量 | （1） | （2） | （3） | （4） | （5） | （6） |
|---|---|---|---|---|---|---|
| Sca | 375.663*** (34.416) | 327.791*** (35.268) | 339.366*** (34.603) | | | |
| | 455.649*** (35.406) | 299.204*** (36.801) | 416.362*** (34.714) | | | |
| LStr | | | | −490.516*** (137.451) | | |
| | | | | −7.864 (179.942) | | |
| TStr | | | | | 6.069 (12.256) | |
| | | | | | 19.344 (12.817) | |
| Qua | | | | | | 0.035 (0.037) |
| | | | | | | 0.190*** (0.048) |
| 控制变量 | 是 | 是 | 是 | 是 | 是 | 是 |
| 常数项 | −1 332.116 (5 585.974) | −3 166.852 (5 728.422) | −1 015.276 (5 664.646) | 7 395.639 (7 277.283) | 1 395.442 (7 495.630) | 1 108.075 (7 681.417) |
| 门槛数 | 单一 | 单一 | 单一 | 单一 | 单一 | 单一 |
| 门槛变量 | LStr | Qua | TStr | Sca | Sca | Sca |
| 门槛值 | 3.578*** | 10 780.960*** | 107.715*** | 30.180*** | 30.180*** | 30.180*** |
| 置信区间 | [3.029, 3.760] | [10 634.231, 11 406.560] | [103.032, 116.016] | [26.790, 33.650] | [25.935, 33.650] | [25.935, 33.650] |
| $F$ | 59.530*** | 53.110*** | 74.460*** | 28.210** | 44.260*** | 28.870** |
| $R^2$ | 0.971 | 0.970 | 0.970 | 0.952 | 0.948 | 0.945 |
| 观测值 | 155 | 155 | 155 | 155 | 155 | 155 |

注：***和**分别表示在 1%和 5%水平上显著；括号内为标准误。

表 4-12　2009 年之后高等教育结构和质量要素影响经济增长的门槛回归结果

| 变量 | （1） | （2） | （3） | （4） | （5） | （6） |
|---|---|---|---|---|---|---|
| Sca | 378.379*** (56.606) | 383.422*** (56.495) | 517.186*** (70.568) | | | |
| | 477.405*** (60.386) | 488.422*** (61.397) | 398.180*** (64.387) | | | |
| | | 607.691*** (61.419) | | | | |
| LStr | | | | 76.661 (144.369) | | |
| | | | | 628.559*** (171.245) | | |

续表

| 变量 | (1) | (2) | (3) | (4) | (5) | (6) |
|---|---|---|---|---|---|---|
| TStr | | | | | | |
| Qua | | | | | | 0.032 |
| | | | | | | (0.035) |
| | | | | | | 0.199*** |
| | | | | | | (0.039) |
| 控制变量 | 是 | 是 | 是 | 是 | 是 | 是 |
| 常数项 | -2 376.488 | 16 630.620 | -15 469.560 | -1 642.762 | — | 2 286.769 |
| | (14 011.050) | (14 104.760) | (15 924.950) | (15 476.690) | | (15 365.470) |
| 门槛数 | 单一 | 双重 | 单一 | 单一 | — | 单一 |
| 门槛变量 | LStr | Qua | TStr | Sca | Sca | Sca |
| 门槛值-1 | 6.685*** | 30 794.380*** | 64.785*** | 20.840*** | | 20.840*** |
| 门槛值-2 | — | 33 902.121** | — | — | — | — |
| 置信区间-1 | [6.157, 7.006] | [28 030.375, 37 365.250] | [63.182, 67.233] | [19.850, 24.750] | — | [19.850, 24.750] |
| 置信区间-2 | — | [29 709.460, 37 365.250] | — | — | — | — |
| F-1 | 88.910*** | 96.890*** | 35.420*** | 52.730** | 8.64 | 49.510** |
| F-2 | — | 24.900** | — | — | — | — |
| $R^2$ | 0.920 | 0.921 | 0.898 | 0.903 | — | 0.907 |
| 观测值 | 310 | 310 | 310 | 310 | 310 | 310 |

注：***和**分别表示在1%和5%水平上显著；括号内为标准误。

# 第五节　高等教育系统要素协同促进经济增长的总结与启示

## 一、研 究 结 论

本章在理论与实证相结合的研究进路指引下，通过引入新制度经济学和内生经济增长学说等理论，以制度改革为线索，构建了高等教育规模、结构与质量要素协同促进经济增长的理论演绎框架，进而展开实证研究。为此，本章利用2005~2019年全国31个省区市面板数据，首次通过门槛回归模型实证检验了中国省级行政区高等教育规模、层次结构、类型结构和质量要素促进地方经济增长的协同效应。本章的研究结论是较为直观的：

首先，全国层面上，高等教育层次结构、类型结构与质量要素促进了规模要素取得更大的经济增长收益。同时，规模扩大有助于层次结构和质量要素更好地推动经济增长。由此说明规模要素与层次结构、质量要素协同促进了地方经济发展，而类型结构要素对规模要素获取经济增长收益仅存在单向促进效应，结构要素和质量要素对经济发展协同效应未有效形成；其次，从区域异质性的分析结果来看，规模要素促进类型结构要素取得经济增长收益的作用自东向西呈倒"U"形曲线分布；规模要素促进层次结构要素取得经济增长收益的作用自东向西呈"U"形曲线分布；规模要素促进质量要素获得经济发展收益的作用呈现出自东向西的"区域边际效应递减规律"；层次结构和质量要素促进规模要素获取经济增长收益自东向西呈"U"形曲线分布，而类型结构要素对规模要素获取经济增长收益的促进作用在中西部尚未形成门槛机制。此外，考虑时间异质性发现，进入新时代后，质量要素和层次结构要素对规模要素获取经济增长收益的互相协同促进作用持续增强。同时，类型结构要素对规模要素获取经济增长收益不存在规模不经济的情况。

## 二、政策建议

本章的研究结论是十分清晰的，高等教育规模要素与层次结构、类型结构要素，以及规模要素和质量要素对经济发展有显著的协同促进效应。就当前中国高等教育与经济发展的治理现况而言，区域经济社会发展的失衡持续导致了高等教育资源禀赋与经济发展水平产生了明显的区域差异格局。高等教育规模、结构和质量要素高效、合理配置是制度深化改革与治理体系优化升级的重要面向，促进高等教育规模、结构和质量要素协同发展，可以成为推进经济社会治理效能的有效举措。其一，在国家层面，需要加强顶层设计，持续深化制度改革，夯实制度基础，优化高等教育资源配置，不断提升中国高等教育体系的承载力与牵引力。同时，持续优化政策体系，创新治理方式，提升治理效能，畅通高等教育规模、结构和质量要素的协同进路，特别是积极构建质量与结构要素的协同桥梁，为实现高等教育规模、结构和质量要素深度耦合与互向嵌入提供有效支撑，最终实现高等教育服务经济社会可持续高质量发展的根本价值。因而，各级政府应积极落实高等教育规模、结构和质量协同发展的治理原则与目标，因地制宜地有序扩大高等教育招生规模，提高研究生招生比例，优化学历层次结构，促进高等职业教育发展，优化人才培养类型结构。同时，加强教育经费投入促进质量提升，推进高等教育资源配置达到"帕累托最优"，为实现经济社会又好又快发展持续赋能。

其二，对于不同地区而言，东部地区继续扩大硕博研究生高层次人才的培养比例，促进高等职业教育从专科层面向本科乃至研究生层面发展。依托于地区财政收支优势，加强人才培养经费投入，可以进一步激发高等教育规模、结构和质量要素互向叠加促进经济增长的机制韧性，加快地区人力资本高质量积累，迅速形成高水平人才高地，服务经济高速发展的需要；中部地区高等教育质量要素和结构要素的门槛机制尚未形成，未来需要持续增加高等教育经费投入，提高硕博研究生的培养规模，提升高等职业教育规模与水平，服务地方产业发展，为早日实现"中部崛起"提供人才支撑。同时，中部地区也要在留住人才、用好人才方面给予一些关注；西部地区人才存量较低，极大地限制了人才规模效应带来的经济增长弹性与发展空间。因此，西部地区促进高等教育规模、层次结构、类型结构和质量要素提升的同时，要不断优化人才成长环境，完善人才队伍建设的制度机制，积极融入国内统一大市场，扩宽东部地区剩余人才转入渠道，有效承接东部地区人才红利，推动地区人力资本规模、结构与质量升级，助力地区经济快速增长。此外，政府应通过财政转移支付方式加大对西部等经济落后地区的高等教育投入，以保证经济落后地区的高等教育数量和质量，促进我国各地区的平衡发展（邓娅和闵维方，2001）。最后，坚持习近平新时代中国特色社会主义思想指引，坚定不移走中国特色社会主义发展道路，为促进高等教育跨越式发展赋能经济增长"保驾护航"。

总体而言，本章的研究价值主要体现在两个方面：一是实证揭示了高等教育规模、结构和质量要素对经济增长的协同效应及其作用边界。同时，从理论上阐释了高等教育规模、结构和质量要素协同影响地区经济增长的内在原理与普遍规律，实现了实证发现与理论框架系统耦合的边际贡献。二是基于经验证据与理论演绎的研究结论，提出了高等教育规模、结构和质量要素协同促进经济发展行之有效的政策建议。

## 第六节　本　章　小　结

本章研究发现，全国层面上，高等教育规模要素对经济增长的影响存在层次结构、质量要素的门槛效应，同时，高等教育层次结构和质量要素对经济增长的影响存在规模要素的门槛效应，说明规模要素与层次结构、质量要素对经济增长产生了互向叠加效应，而类型结构要素对规模要素获取经济增长收益仅存在单向促进效应，结构要素与质量要素对经济发展尚未形成明显的协同效应。区域异质性分析发现，规模要素促进类型结构要素取得经济增长收益的作用自东向西呈倒"U"形曲线分布；规模要素促进层次结构要素取得经济增长收益的作用自东向西呈"U"形曲线分布；规模要素促进质量要素获得经济增长收益的作用呈现出自东向西的"区域边际效应递减规律"；层次结构和质量要素促进规模要素获取经济增长收益自东向西呈"U"形曲线分布。进入新时代后，高等教育规模、层次结构和质量要素促进经济增长的协同效应持续增强。

# 第五章　高等教育规模发展与其社会功能拓展

自 1999 年扩招以来，我国高等教育事业进入快速发展的时期，规模扩张成为这一阶段最显著的特征。自 21 世纪初至 2021 年，高等教育毛入学率由的 10.5%增长至 57.8%，在学总规模由 1100 万人增长至 4430 万人，连续 22 年维持正增长。高等教育规模扩张同时促使着高等教育与社会的关系及自身的结构和质量也在发生变化，并进一步导致高等教育社会功能的演变。高等教育社会功能即指高等教育对社会的作用，可分政治、经济、文化等几个方面（邬大光和赵婷婷，1995）。这些功能不仅表现着社会政治、经济、文化，而且主动地参与其中的变革，使之表现出不同的功能（张西方，2010）。潘懋元（2001）认为，高等学校为"适应社会的学术性要求，逐步承担了一些培养人才以外的社会功能"。自 1999 年以来，随着高校招生人数的增加，高等教育越来越多地承担起缓解社会就业压力等作用。尽管过去我国高等教育也发挥过类似的作用，但由于整体规模较小，这些作用的发生是少见且成效较低的。如今，这些作用变得越来越常见且发挥着较大的效果。这些作用的变化实质并未超出政治、经济、文化等高等教育社会功能范畴，是在原有社会功能的基础上延伸出的新的样态，并拓展了原有社会功能的内涵。

然而，无论是大学知识与道德的权威性和前瞻性的下降，抑或是育人活动功利化倾向的弥漫，规模扩张后的高等教育系统在社会功能凸显之余，屡屡暴露出育人危机问题，反映出高等教育社会功能与育人功能发挥之间的冲突。在社会发展对普及化阶段高等教育的功能产生更高需求、高等教育规模仍将持续增加的背景下，从社会学的角度对我国高等教育社会功能的拓展现象进行审视，无疑对促进我国高等教育与社会良性协调发展具有重要的现实意义。

针对高等教育社会功能的拓展现象，现有研究已取得一定成果。尤其是当高等教育社会学研究走向深处之时，研究的核心超越了对高等教育具有何种社会功能的表层论争。为帮助高等教育更好地发挥对社会的作用，研究聚焦开始于高等教育社会功能的形成和演变过程及其影响因素。

在国外相关研究方面，结构功能理论为高等教育社会功能的形成与演变提供了重要视角，帕森斯则是其中的集大成者。他为教育功能研究提供了 AGIL 图式的分析框架（Swanson et al.，1954）。他认为，任何社会系统都要遵循四种基本功能，即适应（adaption）、目标达成（goal attainment）、整合（integration）和模式维持（latency pattern）。这四种基本功能相互联系和影响，对系统本身和所属大系统的生存于发展起着促进作用。帕森斯的这一图式被广泛用于对教育系统及其各分支系统进行结构功能分析。罗伯特·金·默顿（Robert K. Merton）进一步发展了功能分析的方法。他提出"显性功能"（manifest function）与"隐性功能"（latent function）等概念，避免了社会行为主观动机与其客观结果的混淆（默顿，1990）。此外，关于高等教育社会功能是否会发生变化，国外学者普遍达成了其内涵还会继续延伸的共识。如 Kerr（1994）在《高等教育的伟大转型》（*The Great Transformation in Higher Education*）一书中指出，高等教育有许多功能，而且功能还会继续增加。联合国教科文组织在 2021 年发布的报告中更是强调，对于未来新的教育社会契约，高等教育将对其发展起到更加关键的支持作用（The International Commission on the Futures of Education，2021）。

在国内相关研究方面，随着国内高等教育社会学研究的深入、1999 年扩招带来高等教育规模的快速扩张，以及 21 世纪初中国加入世界贸易组织等大事件的发生，该领域研究亦取得一定成果。其中，如赵文华的《高等教育系统分析》、张德祥和周润智的《高等教育社会学》、王处辉的《高等教育社会学》、吴康宁的《教育社会学》等专著对教育或高等教育的社会功能进行了专门且系统分析。关于高等教育社会功能的形成，目前普遍认为这是一个动态的过程。一些学者提出，高等教育功能的发挥主要包括高等教育产品的输入和高等教育产品的利用两个环节（全国十二所重点师范大学联合编写组，2002）。吴康宁（1996）认为，教育从承受社会期待到最终对社会系统产生功能作用，至少经历确立取向、发生行动、产生和衍生结果等阶段。赵文华在《高等教育系统分析》一书中提出的观点也与之类似。关于高等教育社会功能形成和演变过程中的影响因素，学者普遍认同教育自身与外部社会形成的内外部因素会同时产生制约的观点。如李增华等（2011）认为，社会条件和自身品质是功能有效释放的关键。就内部影响因素而言，鉴于"结构决定功能"的观点已经得到广泛认可，高等教育自身的结构被视为最关键的内部影响因素。但也有一些学者指出，高深知识是功能释放的基础（唐德海和牛军明，2015）。而对于外部影响因素而言，一些学者则提出了不同的观点。李枭鹰（2016）提出，社会需要是功能形成和释放的外部动力。而钱强（2007）认为，社会思潮是功能形成和释放的关键外部因素。赵哲和宋丹（2018）则指出了高等教育供给侧改革对推动功能释放存在影响。另有一些学者从现实的情况中指出制约功能发挥的影响因素。如张砚清（2014）指出宏观层面的不平衡和微观层面的无序交织会影响和制约社会功能的有效发挥。景杰（2005）认为高等教育的功能极化、程度限制、条件限制会造成功能限制。

在此基础上，关于高等教育社会功能演变问题的研究热度也在提升。如徐辉和李薇（2013）分析了 19～21 世纪大学社会功能的变化，阐释了 21 世纪以后高等教育社会功能多样化、加强化的特点。管弦和樊明成（2005）分析了经济形态变迁和高等教育社会功能演进之间的关系，认为高等教育在回应社会对其提出不同诉求的过程中，社会功能会不断演变，在总体上呈越来越强的趋势。1999 年扩招后高等教育出现新功能的现象受到一些学者的关注。如有学者认为，生产力发展和人们对大学的重新认识驱使高等教育社会服务功能发生拓展，并表现在为社会提供思想资源、与社会经济和科技更紧密的结合、与社会更高层次的双向参与和广泛参与市场调节与支配等方面（周光迅，2004）。还有部分学者认为，高等教育的拓展功能主要表现为知识性功能、批判性功能和创新性功能（张西方，2010），并指出新时期高等教育的宏观社会功能主要有系统的支持功能、全球范围内的交换功能和系统内的调适功能（张砚清，2014）。在众多的研究当中，张国强（2017）、任燕红（2012）、张震（2016）等学者开始尝试结合了社会学中关于教育功能形成的研究成果，分析高等教育功能在不同的社会发展阶段变迁及背后的逻辑。这些研究为高等教育社会功能研究提供了新视角。

但是，当前研究尽管捕捉到高等教育社会功能拓展的表现，但仍留下了以下疑问：自 1999 年以来我国高等教育社会功能的内涵发生了何种拓展？这种变化与扩招政策下的高等教育规模扩张之间存在何种关系？这种变化对高等教育的本体功能有何种影响？我们应该如何认识和对待这种变化？针对这些问题，本章以扩招以来中国高等教育社会功能的拓展现象为切入点，利用高等教育社会学理论与系统论观点解析社会功能内涵拓展的原因，并对其影响展开探讨，以期为决策者优化高等教育社会功能发挥提供帮助。

## 第一节　1999 年以来高等教育社会功能内涵的拓展

现有研究表明，高等教育社会功能会随着经济社会的发展和教育实践的推进而不断变化。这种变化可通过人们对于高等教育社会功能的认识和高等教育社会功能内涵的变迁进行窥探。在众多影响因素当中，规模往往是影响高等教育社会功能产生结果的前提和基础因素。20 世纪中后期，我国社会曾一度盛行"读书无用论"的观点，归根结底是由于高等教育彼时较小的规模限制了其在社会生活中的功能结果。但随着 1999 年扩招以来高等教育覆盖面的扩大，普通民众对高等教育的重视程度越来越高。2021 年全国高考报名人数上升至历史高位，往届生报名人数占报名人数比重也在持续增长。人们对高等教育看法变迁的背后，反映了高等教育在社会生活的地位上升和高等教育社会功能结果出现变化的客观事实。

目前多数研究主要从社会的作用类型角度对高等教育社会功能进行划分。在此角度下，高等教育的社会功能包括政治、经济、文化功能三个方面。自 1999 年扩招以来，中国高等教育随着自身规模的发展，从政治到文化领域对社会逐渐表现出多种新的积极作用，进一步拓展和丰富了原有社会功能的内涵。

## 一、政治功能内涵的拓展：日益成为社会稳定的"压舱石"

在当代中国，学者认为教育的政治功能则主要体现在：一是教育传播一定社会的政治意识形态，使受教育者形成适应和拥护一定社会政治制度的思想意识和行为方式；二是通过教育培养和选拔国家政权行政管理人才，促进政治的稳定、改革和发展（寻立祥，2003）。近年来，随着高等教育绝对规模和受教育人口的扩大，高等教育政治功能产生了新的内涵。习近平总书记指出："我国高等教育发展方向要同我国发展的现实目标和未来方向紧密联系在一起，为人民服务，为中国共产党治国理政服务，为巩固和发展中国特色社会主义制度服务，为改革开放和社会主义现代化建设服务。"这表明了高校不仅要立德树人，更要为治国理政提供解决方案和智慧。因此，1999 年以来高等教育政治功能除了体现对受教育者传播主流政治意识形态，包括培养拥护现行社会政治制度和主流意识形态的受教育者及进一步选拔专门政治人才，更拓展出通过参与社会治理，促进社会公平、维护社会秩序和政治局势稳定的内涵。具体表现在以下方面。

第一，高校已能通过大学生思想政治工作间接维护和巩固社会主流思想舆论。一个社会是否文明进步、安定和谐，很大程度上取决于公民的政治思想道德素质（《中国特色社会主义理论与实践研究》编写组，2018）。而大学生的政治思想道德素质又对社会的安定繁荣有着更加直接影响。其一，青年群体是社会构成的中坚力量，而接受过高等教育的青年人作为同龄人中具有较高科学文化素养的人群，极易引领同龄人的思想方向。其二，随着高等教育规模扩张，中国社会公民中接受过高等教育的人口逐步提升。

第七次全国人口普查公报显示,每 10 万人拥有大学教育程度的人数占比从 2010 年的 8.9%上升至 2020 年的 15.5%。其三,大学生思维活跃、接触新思想快,同时社会知识和阅历又比较欠缺,容易受外部不良势力的蛊惑和煽动。以互联网为例,迅速发展的互联网曾一度充斥着不理性的氛围,隐藏着诱发影响社会安稳的因素。党的十八大以来,以习近平同志为核心的党中央高度重视高校党的建设和思想政治工作。习近平总书记在全国高校思想政治工作会议、学校思想政治理论课教师座谈会等不同场合多次强调思想政治教育的重要性,为新时代做好大学生思想政治教育工作指明前进方向。全国各高校立足育人之本,通过课程思政、党团活动、校园文化等方式构筑新质思政工作能力,在培养社会主义建设者和接班人、塑造青年奋斗观过程中积极发挥"主渠道""主阵地"作用。一大批受过高等教育的青年在境内外舆论场勇敢发声,支持党和国家事业发展,为维护社会稳定起到了良好的积极作用。因此,高等教育能够通过培养拥护社会主义事业的受教育者,间接引导社会新生代青年的思想动向,进而巩固社会的安定团结。

第二,高校逐渐成为解决社会就业问题的"缓冲阀"。经济发展具有波动性,经济低迷通常带来社会各部门用人需求不足、就业率下降的问题。中国是世界人口最多的国家,大量未就业人员将是社会巨大的不稳定因素。20 世纪六七十年代兴起的上山下乡运动,使农村一度成为解决城市就业的主要"缓冲阀"。在运动最为蓬勃的 1966~1972 年,实际下乡人数达 715 万,占城镇中学毕业生总数的 41.8%(顾洪章,2009),使其余一半的中学毕业生顺利地进入工矿、商店等企事业单位就业,保证了社会安定团结。而在扩招进程中,随着高等教育供给能力的提高,高等教育系统无形中逐渐代替农村承担起社会就业"缓冲阀"的作用。从供给的角度来看,适龄青年接受高等教育的机会大幅增加。扩招过程中高等教育规模扩张带来的溢出,大幅扩大了适龄青年的入学覆盖面。1999 年,全国 18 岁人口约为 1610.6 万人[①],普通本专科招生人数为 159.7 万人,招生人数仅覆盖 9.9%的适龄人口。而在 2020 年,全国 18 岁人口约 1404.3 万人,普通本专科招生人数已经达到 967.5 万人,覆盖约 68.9%的适龄人口,已然超过了当年上山下乡运动的规模。此外,高等教育规模扩张也为招生带来更大的弹性。如 2020 年由于新冠肺炎疫情影响大学生就业率,教育部对此作出了扩大研究生招生 18.9 万人,专升本规模增加 32.2 万人的决定,并重启了于 2019

---

① 根据当年人口变动情况抽样调查数据换算,下同。

年暂停的第二学士学位教育，为本科毕业生创造更多再学习机会。从需求的角度来看，继续升学成为毕业生解决就业的可行途径。在经济形势向好的情况下，由于用人供不应求，劳动力通常倾向于面向社会就业；反之，低迷的用人需求则会诱发受教育的巨大需求。如在金融危机爆发的 2008年，高考报名人数达到了 1050 万。而后随着经济回暖，报名人数逐步回落。在经济低迷导致就业遇冷的年份，更多的高中和本专科毕业生得以继续接受高等教育，有效地缓解了大学毕业生的就业压力。通过吸纳一部分学生继续接受教育，调节社会总就业情况，高等教育成为中国社会就业的主要"缓冲阀"，进而强化了高等教育维护社会稳定的重要作用。

第三，高校已成为社会治理的重要咨询方。知识经济时代，高等教育已不只为政府提供专门的政治人才，还通过各种方式为政府决策提供重要支撑。在实际生活中，高校可通过承担哲学社会科学课题、专家咨询、参与听证等方式为政府各项政策制定提供决策参考，从而起到维护社会稳定的作用。但在 1999 年以前由于绝对规模较小，高校能够提供决策参考的力量并不庞大，该作用并未凸显。1999 年以来，随着高校专家力量在规模扩张中的不断壮大，国家逐渐高度重视高校在政府决策咨询的作用。2007 年党的十七大报告提出，要"鼓励哲学社会科学界为党和人民事业发挥思想库作用"。2010 年的《国家中长期教育改革和发展规划纲要（2010—2020年）》进一步明确指出，高等教育要"积极参与决策咨询，充分发挥智囊团、思想库作用"。2014 年教育部印发的《中国特色新型高校智库建设推进计划》与 2015 年中共中央办公厅、国务院办公厅印发的《关于加强中国特色新型智库建设的意见》均对推动高校智库发展完善提出了要求。自 1999年以来，教育部依托全国高校相继设立了 151 个人文社会科学重点研究基地（科研院所），并在此基础上建设了一批高校智库。截至 2020 年，在中国智库索引（Chinese think tank index，CTTI）来源智库中，高校智库共有663 家，已占总数的 70.5%（吕诚诚等，2020）。

随着高等教育规模扩张的推进，我国高校在人文社会科学领域的研究力量得到大幅度充实，逐步建立起一支规模庞大的教师和研究生队伍，在政府日常和重要决策的参与度已大幅增强，为维护社会秩序起到更为重要的作用。2020 年，高校向有关部门提交研究与咨询报告 33 689 项，相当于1999 年的 6.2 倍，成果被政府部门采纳率达 46.2%。在 2020 年 CTTI 来源智库的年度成果评选中，高校智库成果数量占全部年度成果的 71.7%，成为成果数量最多的智库类型（光明网，2020）。1999 年以来高校智力服务能力整体提升，在国家治理体系中发挥愈发重要的作用，成为社会治理和政府决策的重要咨询方。

## 二、经济功能内涵的拓展：逐渐成为消费经济的"支撑点"

在 1999 年扩招之前，尽管高等教育经济功能客观存在，但由于彼时人们认知的偏差以及高等教育规模的限制，我国高等教育经济功能并未表现出十分突出的结果。因此在过去，有学者认为，高等教育的经济功能体现在为经济发展输送人才和作为知识生产车间为经济发展提供动力（赵文华，2000）。也有学者认为其主要表现在：高等教育培养的高级人才是经济增长的永恒动力、可大幅提高劳动生产率、以科研服务社会经济、可拉动相关产业的投资和消费（李星云，2006）。高等教育扩大社会消费、拉动经济增长的作用虽曾在扩招初期就引起人们的关注，但由于彼时社会消费水平较低，"教育致贫"的现象使人们对该作用的认识存在争议。但在 1999 年以后，随着高等教育在学总人数规模上升，其经济功能的结果愈发明显。大批学者运用不同方法证明高等教育的规模扩张对经济增长产生促进作用，印证了规模扩张下高等教育经济功能得到强化的结果。同时，人们也逐渐认识到高等教育拉动消费的作用。近年来，规模日益庞大的高等教育消费逐渐构成消费需求导向型经济的重要组成部分，拓展了高等教育经济功能的内涵。

高等教育消费包括了三部分内容：一是学习型消费，包括用于实验实习、图书资料、科研仪器设备等支出；二是生活型消费，包括学生的吃、住、行、用等开销；三是延伸型消费，包括增加教职员工就业及其消费、高校建筑、社会服务消费等。高等教育消费于拉动内需、刺激经济的作用不容小觑。有学者在大众化进程之初就曾估计，中国居民的潜在教育费用支出约 2500 亿元，相当于当年全国教育总经费（马述忠等，1999）。以 1999 年扩招为例，中央政府为化解经济低迷所作出扩大高等教育招生规模的决定，即刻拉动了社会相应部门的需求。根据北京大学的一项研究测算，1999 年中国普通高校招生规模扩大到 156 万人，给相应部门最终需求带来的增量所带动的国民经济总产出为 123 亿元，若每年以供 10 万人使用的规模投资新建校舍、购买大型仪器设备，则又可带动 107 亿元的社会总产出（丁小浩和陈良焜，2000）。

这一作用随着 2011 年后消费成为中国拉动经济发展的主要方向后更为突出。2012～2020 年，中国社会消费品零售总额从 20.6 万亿增长到 39.2 万亿，年均增长约 8.4%，成为仅次于美国的全球第二大消费市场（北京青年报，2020）。随着中国经济发展水平的提高，居民家庭收入也"水涨船高"。

2013~2021 年居民可支配收入[①]由 18 311 元上升到 35 128 元，年均增长率超过 8%。收入的提高使得更多家庭在满足日常生活之余有足够财力支持子女接受高等教育，也为大学生消费提供了坚实保障。在此背景下，随着普通高等学校总数由 1999 年的 1071 所提升至 2021 年的 3012 所，由高等教育衍生的学习消费、生活消费及延伸消费均有长足增长。在学习消费方面，根据《2020 年高校图书馆发展报告》（教育部高等学校图书情报工作指导委员会，2022）抽样数据，高校图书馆文献资源购置费平均为 605.4 万元，接近 2008 年均值的 2.0 倍，年均增长 5.8%。在生活消费方面，根据艾媒咨询发布的《2021 年中国大学生消费行为调研分析报告》显示，大学生群体的月均生活费也随之增加，月均收入中位数为 1516 元，预计 2021 年中国在校大学生的年度消费规模约为 7609 亿元（艾媒咨询，2021）。若按此估算，该消费规模占当年社会消费品零售总额 44.1 万亿元的 1.7%，相当于当年全国烟酒类零售消费的 1.5 倍。在延伸消费方面，高校规模增长也通过《中国教育统计年鉴》（中华人民共和国教育部发展规划司，2000，2020）中的数据表现给出了高校社会服务消费、教职员工消费、高校基建消费等延伸消费扩大的答案。首先，全国普通高校科技经费支出和人文、社会科学研究与发展经费支出分别由 1998 年的 73.7 亿元和 2.3 亿元上涨到 2019 年的 2233.8 亿元和 233.1 亿元，实现了数量级的增长。其次，校舍需求增加使得高校基本建设投资由 1999 年的 100.2 亿元上升到 2019 年的 1168.3 亿元，有效带动了建筑等相关行业的需求。与此同时，高校教职工总数也由 1999 年的 106.5 万人上升到 2019 年的 256.7 万人，在为社会带来更多就业岗位的同时也刺激了更多的消费。此外，高校科研实力的增强也带来了社会对高校科研服务消费的增加。全国普通高等学校技术转让、专利出售带来的收入由 1998 年的 5.5 亿元和 0.6 亿元增长到 2019 年的 28.8 亿元和 40.4 亿元，技术转让增长达 5.3 倍，专利出售收入增长甚至达 73.5 倍。

在居民可支配收入上升的背景下，中国储蓄率由 2010 年的 50.7% 下降到 2021 年的 45.5%[②]，部分储蓄流入了消费领域。而教育文化消费成为居民消费的新热点。在 1999~2021 年期间，全国居民人均消费支出由 2658 元增长至 24 100 元，人均教育文化娱乐消费支出则由 223 元上升至 2599

---

① 数据来源：国家统计局网站"国家数据"中的"年度数据"，由于 2013 年前调查范围、调查方法、指标口径均有所不同，故未作比较，网址：http://data.stats.gov.cn/easyquery.htm?cnC01。
② 数据来源：CEIC 数据库中中国的"总储蓄率"，网址：https://www.ceicdata.com/zh-hans/indicator/china/gross-savings-rate。

元，占总消费支出比例由 8.4%上升到 10.8%[①]。近年来教育培训机构的蓬勃发展，表明我国家庭对高质量教育消费诉求强烈。同时，在 2017 年国务院提出"保证国家财政性教育经费支出占国内生产总值比例一般不低于4%"（新华社，2017）的背景下，高校用于实验实习、图书资料、科研仪器设备等消费有了坚实保障。如此可见，高等教育蕴藏着庞大的消费潜力，已经并将长期成为消费拉动经济的重要支撑点。

### 三、文化功能内涵的拓展：逐步成为文化国际交流的"助推器"

关于高等教育文化功能的内涵，潘懋元和朱国仁（1995）曾提出体现在文化的选择、传递、传播、保存、批判、创造等。有学者进一步总结，认为高等教育的文化功能具体体现在四个方面，即文化保存与继承功能、文化传播与交流功能、文化选择与批判功能和文化发展与创新能力（王处辉，2009）。但在过去，我国高等教育发挥文化传播与交流作用的范围主要局限在国内。这是因为自改革开放初期至党的十六大召开前，高等教育的对外交流主要围绕着学习借鉴发达国家的科学文化知识和有益的办学治学经验而展开（张继桥和刘宝存，2019）。随着进入大众化阶段后规模和影响力的扩大，中国高等教育通过中外学术交流、留学生教育、境外办学等渠道，逐步扮演起文化国际交流"助推器"的角色，塑造了高等教育文化功能的新内涵，这种塑造反映在以下两个方面。

一方面，中外学术交流搭建了文化国际交流的重要桥梁。学术交流是高等教育中不可或缺的一部分。以南开大学组织召开明清史国际研讨会为起点，中外高校之间开展学术研究交流和合作的机会越来越频繁。2019 年在中国召开的 383 场学术会议中，带有国际交流性质的会议就有 296 场，其中关于哲学、人文科学和社会科学的会议占 56 场，研讨内容涵盖了马克思主义中国化、中国历史和地理等议题。[②]中国社会和文化研究是当下中外学术研究合作和研讨当中的热点话题。中外在高等教育系统层面进行的人文哲学社科类学术交流和合作，为世界各国了解中国社会和文化提供了窗口，为中国文化传向世界搭建了重要桥梁，在一定程度上消除了西方世界对中华文化的误解。

另一方面，国内高校留学生教育和境外办学成为文化国际交流的重要方式。2003 年，外国来华留学人员数量仅为 7.8 万人（教育部国际合作与

---

① 数据来源：国家统计局网站"国家数据"中的"年度数据"，由于 2013 年前调查范围、调查方法、指标口径均有所不同，故未作比较，网址：http://data.stats.gov.cn/easyquery.htm?cnC01。

② 数据来源：中国学术会议网的检索结果，网址：http://conf.cnki.net/index.aspx。

交流司，2004）。而截至 2018 年，中国已经吸引了来自 196 个国家和地区共 49.2 万人来华留学（教育部国际合作与交流司，2019）。国际留学生来华之后不仅学习汉语，还学习中国的生活方式、了解国内的当下社会制度和历史风俗习惯。这些潜移默化的文化影响，不仅让来自世界各地的留学生可以更多地了解真实的传统和现代中国文化，也在无形中培养一个个中国文化的传播大使。近年来，一批来华留学生正以自媒体等方式积极传播中国文化，在网络平台上构筑起一条连通中国与世界的桥梁。此外，由中外高等教育机构合作开设的孔子学院自 2004 年起在全世界蓬勃发展，推广中国语言文化。截至 2022 年，全球在 153 个国家（地区）共设有 488 所孔子学院。①自 2002 年《高等学校境外办学暂行管理办法》颁布以来，如老挝苏州大学、同济大学佛罗伦萨校区、北大汇丰商学院英国校区等一批境外办学机构和项目在世界各地设立。截至 2018 年，全国 84 所高校共举办境外办学机构和项目 128 个，为中国文化海外传播提供良好平台。

高等教育的文化国际交流功能主要在于推动本国文化走出国门，扩大自身优秀文化在全球传播范围，从而起到提升国家文化"软实力"的作用。目前，规模和影响力日渐扩大的中国高等教育逐步成为文化国际交流的"助推器"，通过中外高等教育学术交流、留学生教育和境外办学的方式服务中华文化"走出去"的任务，以切实的行动和成效提升中国文化的国际地位和话语权。

## 第二节　1999 年以来高等教育社会功能内涵的拓展逻辑

教育的社会功能理论提出，教育功能是一个动态过程。一般认为，高等教育社会功能的形成包括承受功能期待、发挥功能行动与产生功能结果三个过程。社会功能演变的发生必然依赖该过程的变化。在各种因素的共同作用下，高等教育在社会生活中的功能结果发生着动态变化，最终导致高等教育社会功能的内涵发展变化。1999 年以来中国高等教育社会功能内涵的拓展并非凭空而生或是某个发展阶段的必然结果，其拓展正是遵循以上逻辑。

系统方法是社会学常用方法，也是认识这种变化的有效工具之一。该方法通过综合探索系统内外的相互作用和变化，以有效地认识和改造对象。

---

① 数据来源："孔子学院"网站中"全球孔院"的统计，网址：https://www.ci.cn/#/site/GlobalConfucius。

在承受功能期待到最终对社会产生功能结果的过程中，功能作为系统的一种整体涌现性，由组分、结构和环境共同决定（苗东升，2020）。其中，环境是系统之外一切关联事物的总和，高等教育系统与之不断进行着物质、能量和信息的交换。组分是按照系统结构特质所划分的部分，如院系既是大学的组分，又是高等教育系统的组分。结构是系统组分之间关联方式的总和，如研究生教育、本科教育和专科教育形成高等教育系统层次结构，公办高校与民办高校形成举办者结构等。环境对系统功能的效应在于，环境既为系统提供资源，还对系统施加需求和约束，对系统的塑造施加影响。组分效应在于，组分的性质直接限定系统功能的类型和范围。没有具备必要特性和素质的组分，就没有所期望的系统功能。结构效应对系统功能起着最关键的作用。不同的结构不仅能使组分产生互动从而实现不同的功能行动，结构的合理性还会影响功能行动发挥的效果。

在讨论环境效应、组分效应和结构效应时，不可忽视系统规模的影响。只有达到一定规模之后，系统才能有能力承受外部环境的功能期待，使功能行动充分发挥、功能结果充分显现。过去二十余年来，中国高等教育进入快速发展期，首先带来的变化是规模的急剧扩张。这一过程并非基于原有环境、组分和结构的机械性、重复性发展。自1999年扩招以来，高等教育系统的环境、组分和结构均发生变化，这些变化对高等教育社会功能的效应如下。

### 一、环境效应：环境对高等教育功能的新期待推动了规模扩张

在一定的历史阶段，大学曾经"独立于社会之外，对地区或国家变革和进步的迫切需要及要求无动于衷"（潘懋元，2001）。随着改革开放后我国高等教育系统与经济社会交流的深入，环境对于高等教育功能的效应逐渐加强。在功能形成过程中，这种效应表现如下。

经济社会不同的发展阶段对生产要素提出各异的需求。随着改革开放以来我国经济的快速发展，系统外部环境对高素质劳动力、高水平知识和技术等依赖于教育实现的生产要素产生了更大的需要。具体而言，这种需要来源于三个方面。

首先是我国经济转型发展的需要。随着经济转型升级带来全国产业结构的调整，我国就业人员结构已经呈现出第三产业比重最高、第二产业和第一产业的比重依次递减的态势。劳动力人口已经向以计算机、金融、房地产、教育和公共服务等对个体专业知识和技术技能要求更高的第三产业倾斜。目前，经济社会对以体力劳动为主的低人力资本的需求逐渐减少，

对以知识和技术为支撑的高人力资本的需求逐步增加。这要求高等教育系统为提升全社会人力资本发挥长期作用。

其次是国家竞争力提升的需要。经济时代的到来，使当下的国际竞争趋于教育和人才的竞争。联合国教科文组织曾指出："没有更多更高质量的高等教育，发展中国家将会越来越难从全球性知识经济中受益。"（邬大光，2008）自 2001 年加入世界贸易组织以来，中国深入参与各类国际性事务，并在经济体量上处于世界领先地位。但从总体上看，我国在全球教育和人才的竞争中并未占有明显优势。尽管 2020 年我国建成了世界上最大规模的教育体系，但我国高等教育仍处于大而不强的境况。我国高等教育尚不能完全满足建设社会主义现代化强国的要求，与发达国家的教育建设相比仍有一定差距。因此，建设高等教育强国成为我国进入大众化阶段尤其是新时代后，提升国际竞争力，获取更有利国际发展站位的必然要求。

最后是解决社会发展问题的需要。中国的高等教育扩招过程，也正是中国经济社会快速发展的过程。经济社会快速发展过程常常伴生一些特殊情况，而政府必须寻找解决这些新情况的手段。例如，1997~1998 年的亚洲金融危机，促使政府探寻刺激社会消费、缓解就业压力的新手段。又如，国内日益复杂的意识形态形势，要求政府积极引导青年的思想，使其与社会核心价值观念相匹配。

上述情况均要求尽快寻求可靠有效的解决方案，高等教育成为这一选择。但是，在新中国成立后的五十余年中，我国长期处于精英高等教育阶段。由于 1999 年以前高等教育总体规模较小，单纯依赖组分和结构的调整无法有效承担起应对外部新情况的作用。为了尽快使高等教育满足外部环境的功能期待，扩张规模成为首要任务。

在这种情况下，规模扩张使高等教育系统发生新的功能行动，并形成了正反馈效应。在精英高等教育阶段，由于绝对规模较小，高等教育不具备发生新功能行动所必需的组分和结构，系统功能行动范围较窄，无法有效承担起应对外部新情况的作用。以政治功能为例，1990 年中国城镇登记失业人口达 383 万人（国家统计局人口和就业统计司，2021），而彼时普通高等学校招生人数仅为 63.7 万人，不到失业人口的 1/5，无法满足大部分高中生升学的需求，更无法起到缓解就业、维护社会稳定的作用。为了尽快使高等教育满足外部环境的功能期待，发展规模成为首要任务。1999 年，党中央正是在面对越来越艰难的国家治理风险之下，决定进一步加快扩招的速度，由此启动了我国高等教育规模的快速发展（Wang，2014）。

随着高等教育在学总规模的提升，更多的民众拥有了受高等教育的机会，原本由少数社会精英才能享受的高等教育"特权"成了更广泛民众所享受的"权利"，缓解就业等作用得以实现。在规模扩张进程中逐步壮大的高等教育系统，不仅产生新的功能结果，又因满足了外部环境的功能期待，让外部环境对高等教育的功能期待进一步增强，形成正反馈效应。例如在缓解当前就业压力、解决高技能人才短缺的需求之下，高职院校继2019年扩招100万人以后，又进一步在2020～2021年扩招200万人。那么，规模扩张何以使高等教育系统发生新的功能行动？以下将从系统的组分和结构方面作进一步分析。

### 二、组分效应：规模扩张下组分的多元进化扩展了功能行动的范围

改革开放以来，原来单一的中国高等教育系统在社会需求下更加变得多元化。而扩招以来规模扩张的需要加快了系统组分多元化的速度。如本科层次职业教育、专业学位研究生教育、民办高校、自学考试、境外办学等新组分因规模快速发展的需求而加速出现或加强，并随着规模扩张成为高等教育系统的重要组分。例如，科研人员和成果数量在扩招进程中急速膨胀，推动着科技成果转化服务体系等促进科技成果转化的新组分得以建立，使高等教育科研成果的产业化成为可能。还有如本科层次职业教育和专业学位研究生是在规模扩张中为适应社会发展对职业技能型人才和应用型人才更高的需求而得以加强；民办高校因减轻规模扩张中政府财政投入压力而备受重视；自学考试的发展是满足大众化初期普通高等教育规模不足的补充。正是规模扩张推动系统组分由单一加速走向多元，为结构调整和功能内涵的拓展奠定了基础。本科层次职业教育组分的加入，充实了高等职业教育体系，为其吸纳更广泛社会人员接受教育提供了基础；专业学位研究生组分的加强，使得在经济低迷的年份更高教育层次的招生得以适度增加；境外办学组分的出现，为中国高等教育拓展海外教育市场提供了平台，使中国高等教育实现"走出去"的文化国际交流成为可能。

### 三、结构效应：规模扩张下结构的调整优化了功能行动的发挥

除了新组分的加速加入以外，扩招政策下规模增长的需求也推动高等教育系统的结构不断调整。1999年以后，尤其是进入高等教育大众化阶段，中国通过社会办学、成人自考等方式实现了高等教育规模的快速增长，使高等教育层次、类型、举办者、区域等结构发生了较大改变。

从层次结构角度来看，博士研究生、硕士研究生、普通本科和普通专科招生人数由 2002 年的 3.8 万、16.4 万、158.8 万和 161.7 万人上升至 2021 年的 12.5 万、105.1 万、444.5 万和 552.6 万人。其中本研比由 2002 年的 7.9：1 调整至 2021 年的 3.8：1，本硕比更由 2002 年的 9.7：1 调整至 2021 年的 4.2：1。在规模扩张当中，高等教育层次结构的"重心"正不断上移。从类型结构角度来看，自 1998 年的《面向 21 世纪教育振兴行动计划》提出调整高等教育结构，并将招生计划增量的部分主要用于高等职业教育，中国高等职业教育和普通高等教育进入到协同并举的轨道。2021 年高职（专科）院校招生 552.6 万人，高等职业教育在规模扩张中逐渐占到了高等教育类型结构的"半壁江山"。从举办者结构角度来看，2002 年，中国的 131 所民办普通高等学校仅占全国 1396 所普通高等学校的 9.4%。而到了 2021 年，中国民办高等教育机构合计 764 所，占全国高校总数的比例 25.4%；普通、职业本专科在校生 845.74 万人，占全国普通、职业本专科在校生的比例 24.19%。中国高等教育规模快速发展的背后离不开民办高等教育的大力支撑。从区域结构角度来看，中国华北、东北、华东、中南、西南和西北地区的普通高等教育招生人数由 2002 年的 48.8 万、35.5 万、99.9 万、78.5 万、31.9 万和 25.8 万人，上升至 2020 年的 116.2 万、76.2 万、273.8 万、292.0 万、135.2 万和 74.0 万人，其中西南、西北等高等教育实力较弱的地区增长速度在各地区中排名前列。实证研究表明，扩招对中国总体入学机会地区差异缩小影响显著，且差异缩小主要发生在扩招后（张东海和李莉，2019）。

系统结构是决定功能发挥的最主要因素。通过高等教育层次、类型、举办者、区域等结构的调整，高等教育系统功能行动的发挥更好地适应了经济社会新情况的需要。如民办教育规模的扩大，既有效减轻了规模扩张中政府直接举办高校的财政压力，又扩充地方就业岗位和消费市场的发展；研究生层次规模和高等职业教育类型规模的扩大，不仅让高校成为社会就业的"缓冲阀"成为可能，而且更好地适应了知识生产的需要，为国际学术交流提供了保障；区域结构的调整，使高等教育在全国各地延伸，为促进全社会稳定提供了关键载体。

## 四、逻辑解释：规模扩张促成环境、组分和结构共同效应

高等教育社会功能的形成遵循承受功能期待、发挥功能行动与产生功能结果的过程。规模扩张促成环境、组分和结构在此过程中的共同效应，组成了高等教育社会功能内涵拓展的逻辑（图 5-1）。

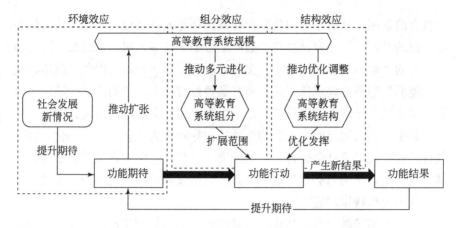

图 5-1　扩招以来中国高等教育社会功能内涵拓展的逻辑

第一，社会发展的新情况使高等教育系统承受外部环境新的、更高的功能期待。为了让系统尽快有能力承受这种期待，迅速扩张规模成为首要任务，由此形成了环境效应。

第二，高等教育规模的扩张推动着高等教育系统组分的多元进化和系统结构的优化调整。这是由于规模的迅速扩张需要基于新组分和新结构才能实现，因而加速了组分和结构的变化。新组分扩展了功能行动的范围，结构的变化则优化了功能行动的发挥，由此形成了组分效应和结构效应。

第三，扩展和优化后的系统功能行动得以产生新的功能结果。从实际情况来看，这种新的功能结果最终得以形成正反馈的效果。

总体来说，社会发展新情况是高等教育功能拓展的前提，高等教育组分和结构的变化是高等教育社会功能拓展的必要条件。高等教育社会功能的拓展离不开环境、组分和结构三种效应的共同作用。而高等教育的规模扩张，既顺应了社会发展对高等教育系统的更大期待，又促使组分和结构变化，使高等教育系统获取应对外部需求的能力，成为沟通三者的桥梁。高等教育的规模扩张促成环境、组分、结构共同效应，最终推动了扩招以来中国高等教育社会功能内涵的拓展。

## 第三节　高等教育社会功能内涵拓展过程中的冲突与反思

扩招以来高等教育社会功能内涵的拓展表明，高等教育正在主动适应社会主体的需求，促进中国经济社会发展的社会功能逐渐凸显。这种功能的演变不仅促进了高等教育自身的发展，包括推动了高等教育多元化发展进程、提升了我国对高等教育外部关系规律认识，同时还提升民众接受高等教育的意愿，从需求方的角度推动我国高等教育迅速迈入普及化。但不容忽视的是，高等教育社会功能的凸显带来了诸多危机，如延续了过去多次出现的"政治功能强，经济、文化功能弱"和"经济功能强，政治、文化功能弱"等不协调现象。又如随着高等教育社会功能的凸显，随之而来的"学历社会"现象在规模扩张之下引发阻碍社会流动的倾向。

其中，最为明显的是社会功能的挤占导致育人主体功能的弱化。高等教育功能存在"重社会轻育人"的冲突，反映于"学生在大学里学什么、能学到什么、学得怎么样"这三个育人功能发挥的核心问题中。在此，将针对该问题作特别阐述。

第一，高等教育社会功能的凸显削弱了大学知识生产的主动性，降低了育人活动的前瞻性。大学是社会高深知识和先进思想的汇集地，天然地具有引领社会潮流的优势与能力。高等教育到底应生产什么知识？学生应该学什么？大学在回应社会发展的需求之时，也在主动创造这些问题的答案。从历史上看，高等教育育人活动曾经很好地发挥了引领社会潮流的作用。例如在蔡元培担任北京大学校长后对文学和艺术的极大关注，使 20世纪上半叶的中华大地掀起了美育的热潮。但从实际情况来看，高等教育社会功能的凸显逐渐让高等教育的育人活动丧失了主动性。经济社会发展出现什么热门行业，部分高校就跟风设置什么专业。例如在互联网浪潮风起之时，不少院校开设了电子商务、物联网工程等专业。在实际操作当中，这些新设专业不少存在培养方向模糊、师资力量缺乏、教学内容落伍等现象，更有甚者成了"短命专业""僵尸专业"（伍素文，2019）。这使高等教育机构逐渐沦为社会知识生产的附庸，高等教育只能被动地发挥育人功能。

第二，高等教育社会功能内涵的拓展加剧了大学工具理性的趋势，加重了育人活动的功利化倾向。高等教育社会功能的正反馈结果，使政府、个人、社会都试图通过利用高等教育来实现一些他方目的。例如，随着高等教育经济、政治功能内涵的拓展，扩大高等教育规模成为政府缓解经济下行压力和释放社会就业压力的习惯性选择。这无疑让高等教育承受了过重的负担而淡化了人的全面发展的主体目标。在"学生能学到什么"这个问题上，高等教育表现的功利化倾向越来越明显。就高校而言，高校中社会导向的活动挤占育人活动、就业技能训练挤占素质教育教学的现象时有发生。例如，部分高校过于看重由商业机构评选的各类大学排名榜单，致使学校建设围绕以科研成果为主的排名指标对进行规划投入，审美教育、劳动教育等内容长期处于被忽视和挤占的地位。在这种情况下，学生学术、道德和心理素质得不到全面培养，造成了大学生虐待动物、伤人、学术不端等校园舆情事件屡有发生。就学生而言，在其接受高等教育的动机上，就业导向取代兴趣导向的倾向越来越明显，数学、物理、哲学、历史等基础学科面临弱势地位。如中国教育在线对 2022 年研究生考生的调查显示，近六成的考生因为就业压力大、想增强就业竞争力而选择考研，同时物理等专业成为冷门报名专业（中国教育在线，2022）。

第三，高等教育凸显的社会倾向削弱了院校办学的独立性，影响了育人活动的权威性。在知识经济时代，为保证知识传授的权威和"学生学得怎么样"的质量，高等教育在为社会服务的同时应保持育人活动的独立性。正如布鲁贝克（2001）所言，"为了保证知识的准确和正确，学者的活动必须只服从真理的标准，而不受任何外界压力，如教会、国家或经济利益的影响"。但是，当前教学与科研的社会化趋势正在影响育人活动的权威性。一方面，人们将毕业生就业率、学位授予率与院校评价相挂钩，迫使高校在人才培养质量底线上的放松。为保证人才培养的"合格率"，大学教学中诞生出所谓的"水课"和"清考"，研究生培养也多次被曝出学术不端的行为，博士、硕士被撤销学位的新闻屡见报端。另一方面，用于保障人才培养质量的办学资源被社会功能所稀释。例如，当高等教育发挥缓解就业缓冲作用时，由于扩招具有临时性、剧烈性的特点，办学条件并未能同步改善，人才培养质量不可避免地受到冲击。1999 年扩招以来，普通高等学校的生师比由扩招前的 11.6∶1 上升至 2020 年的 18.4∶1，如清华大学等顶尖高校的生师比常年高于世界一流大学水平。因此，尽管教育部公开数据显示，我国本科学位授予率由 2002 年的 86.5% 上升到 2020 年的99.2%。但正如学者提出，如此高毕业率其实是在突破人才培养"质量底线"的背景下实现（邬大光等，2016）。长此以往，高校育人活动的权威性受到极大影响，大幅削弱了社会对于高校毕业生的认可度。

## 第四节 本章小结

社会发展的不同阶段对高等教育社会功能提出了各不相同的要求。以经济功能为例，在中世纪时期，由于大学教育与生产劳动相脱离，高等教育极少表现出经济功能。而随着经济水平的上升，高等教育在规模扩张的同时表现出愈加复杂的经济功能。我国进入高等教育普及化阶段后，随着全球科技革命深入演进，产业升级速度不断加快，同时外部形势日趋复杂，国内发展不平衡不充分问题仍待解决，我国不仅需要创新能力的提升与信息技术、生物技术、新能源等新兴产业的壮大以支撑经济的高质量发展，还需要在国家治理效能、文化软实力、人民生活水平等方面跃入更高水平以达到综合国力的提升。这既对高等教育的人才、知识、科技和能力等要素的规模提出了更高需求，又对其质量提出了更高要求。为了达成我国在2035年基本实现社会主义现代化的宏伟目标，高等教育势必要在供给规模进一步扩张的基础上使社会功能变得更加多元和丰富，与社会发展需求更为契合。正如别敦荣认为，普及化高等教育的社会功能应体现在能够普遍提高社会人力资本价值、能够促进经济转型升级、能够推动文化科技和社会发展现代化（别敦荣，2016）。

因此，我们应该辩证地认识和对待高等教育社会功能拓展的现象。在高等教育普及化阶段，高等教育社会功能势必还会继续发生演变。但是，演变所带来的负向影响不仅极有可能削弱自身的功能结果，更有可能对社会其他主体带来意想不到的负外部性。尤其应该注意的应是避免社会功能和育人本体功能产生矛盾。为此，应在育人功能充分发挥的前提下实现高等教育社会功能的拓展，具体可考虑从以下几方面着手予以改善。其一，将落实立德树人作为高等教育基本的功能观。无论是社会功能还是育人本体功能，高等教育最终都将落脚于"人"这一要素。只有紧扣立德树人根本任务，才能既考虑经济社会发展需要，又充分尊重教育价值，推进高等教育事业发展同实现社会发展相适应。其二，调整功能形成的方式。一方面，高等教育应维持适当的、平稳的扩张速度，如继续加大职业高等教育的建设，为更多群众提供接受高等教育的机会，帮助没有高等教育学历的劳动力抵抗社会排斥；另一方面，通过组分和结构的调整引导质量成为高等教育社会功能新的关键变量，如提高高等教育投入效益、加强师资队伍建设、促进高校定位和学科特色化、专业化发展。其三，重视高等教育对文化领域的社会功能。文化是教育的本性。挖掘和提升高等教育作为社会文化灯塔的作用，既能进一步满足新时代社会文化发展需要，又能促进育人价值的实现，从而达到社会功能与育人本体功能的协调互促。

# 第六章 高等教育规模发展与科技创新

高校的科研活动是社会科技进步的动力源泉。本章以高校科技创新活动为切入点，讨论高等教育规模发展与社会科技创新的关系。在内容安排上，其一，阐述高等教育规模发展与高校科技创新研究的逻辑起点；其二，从描述性统计角度考察高等教育规模发展背景下，高校在产出国家高水平创新成果、基础研究成果、应用研究成果方面的数量特征和质量特征；其三，从投入—产出的效率角度，分别从静态视角和动态视角考察高等教育规模发展中高校科技创新的效率特征；其四，基于统计特征和效率特征的分析，进一步梳理高等教育规模发展下高校科技创新的发展规律和未来发展趋势。其五，通过高等教育规模扩大对企业科技创新数量与质量的影响效应和区域异质性分析，归纳高等教育规模与企业科技创新的知识链条。由此，有效刻画高等教育规模发展对高校、企业两大创新主体在科技创新效能方面所产生的作用效果及其内在规律。

## 第一节 高等教育规模发展与高校科技创新的逻辑起点

人才培养、社会服务和科学研究是高等教育的三大基本功能。在知识经济时代，高等教育承担着为经济社会发展供给人才的使命（包括数量和质量两方面）；也承担着为社会提供优质专业服务，推动社会进步的重要使命；此外，作为主要的科学研究中心，高等教育也承担着为经济社会创新发展贡献知识和技术的重要使命。因此，从高等教育功能这一理论视角看，高等教育通过人才供给、服务供给、创新资源供给为国家和区域创新发展赋能，即高等教育供给了创新发展最宝贵的基础资源——人才、知识和技术，成为推动社会高质量发展、提高科技水平和增强国民素养的融合点（麦均洪和赵庆年，2021）。从实践角度看，高校所在地往往成为一个国家或区域重要的创新策源地。国际上，以创新著称的世界级湾区均是知名高校的云集地，根据 2021 年发布的世界大学第三方指数（third-party university ranking indexes，TUI）研究报告，纽约湾区、旧金山湾区、东京湾区分别有 79 所、36 所和 11 所高校上榜（腾讯网，2021），其中位于旧金山湾区的硅谷，更是成为高校赋能创新的典型代表。从国内来看，现已形成了几个重要的创新集聚区，以北京为中心的京津冀创新集聚区、以上海为中心的长三角创新集聚区、以广东为核心的粤港澳创新集聚区，以及以西安、成都、重庆、武汉为中心的区域性创新集聚区（柳御林和高太山，2019），这些创新集聚区无一例外均是高校云集的区域。综上可知，高等教育对创新发展具有重要意义。

　　作为向社会输出创新资源的高等教育，其自身的科技发展情况将很大程度上决定其对社会经济创新发展的贡献程度，原因在于高等教育一方面通过其科技创新产出，直接转化为产业发展可用的技术，赋能创新发展；另一方面又通过其创新知识和创新成果反哺人才培养，向社会也向高等教育系统供给更多优质的创新型人才，间接促进创新发展。因此，高等教育本身的创新水平高低将直接决定其对社会的创新赋能水平的高低。中国自改革开放以来，高等教育逐步走向了规模发展，尤以 1999 年高等教育扩招为标志，中国高等教育走上了一条以规模发展为主的发展道路，其中一个主要目的就是为社会创新发展供给足够的人才（刘齐和张睦楚，2021）。然而，从逻辑上看，一方面规模为主的发展模式会形成追求规模扩张的发展惯性，容易导致对质量发展的忽视，而质量发展不足会一定程度影响高校自身的人才供给质量（郭欣，2017），进而影响高校的创新供给；另一方面规模发展使更多人能够接受高等教育，进而为高校科技发展提供更多的可用人才，形成杰出人才涌现的局面（王建华，2021），从而提高高校的创新供给能力。因此，在逻辑上高等教育规模发展存在两种不同的结果。那么，高等教育规模发展与高校科技创新到底呈现什么样的关系？在经历了较长时期的高等教育规模扩张后，有必要对这一情况进行梳理和总结，进而对仍将持续规模发展的高等教育进行相关改革和调整，提供必要支持。

## 第二节　高等教育规模发展下高校科技创新的统计特征

　　自 1999 年出台《面向 21 世纪教育振兴行动计划》以来，规模发展成为高等教育发展的主要方式，这种规模发展体现为：较于 1999 年以前，高校招生规模、在校生规模、人才输出规模、教师队伍规模、教育经费规模、高校建设规模和高校数量规模等都呈现显著扩大的态势。因此，本节以1999 年之后的时间段作为主要的研究对象，描述和总结高等教育规模发展下的高校科技创新特征。

## 一、高校成为国家高水平创新产出的主要策源地

国家自然科学奖、国家技术发明奖、国家科学技术进步奖是国家科学技术奖的三大主要类别，其中国家自然科学奖旨在奖励在基础研究和应用基础研究中做出重大科学发现的中国公民，国家技术发明奖旨在奖励运用科学技术知识做出产品、工艺、材料及其系统等重大技术发明的中国公民，国家科学技术进步奖旨在奖励在技术研究、技术开发、技术创新、推广应用先进科学技术成果、促进高新技术产业化，以及完成重大科学技术工程、计划等过程中做出创造性贡献的中国公民和组织，三大奖代表了国家最高水平的创新成果。表 6-1 统计了 2002～2020 年高校参与的项目获得三大奖情况。

**表 6-1　2002～2020 年高校获得三大奖情况**

| 年份 | 三大奖（总数）/项 | 三大奖（高校）/项 | 所占比例/% |
|---|---|---|---|
| 2002 | 263 | 96 | 36.50 |
| 2003 | 254 | 166 | 65.35 |
| 2004 | 300 | 190 | 63.33 |
| 2005 | 314 | 157 | 50.00 |
| 2006 | 326 | 156 | 47.85 |
| 2007 | 290 | 149 | 51.38 |
| 2008 | 253 | 164 | 64.82 |
| 2009 | 289 | 198 | 68.51 |
| 2010 | 277 | 198 | 71.48 |
| 2011 | 295 | 214 | 72.54 |
| 2012 | 266 | 183 | 68.80 |
| 2013 | 246 | 169 | 68.70 |
| 2014 | 254 | 180 | 70.87 |
| 2015 | 233 | 174 | 74.68 |
| 2016 | 221 | 172 | 77.83 |
| 2017 | 216 | 157 | 72.69 |
| 2018 | 224 | 185 | 82.59 |
| 2019 | 239 | 198 | 82.85 |
| 2020 | 211 | 163 | 77.25 |
| 总数 | 4971 | 3269 | 65.76 |

注：三大奖中国家技术发明奖和国家科学技术进步奖仅包含通用项目数据，数据源于教育部发布的年度国家科学技术奖励高校获奖情况报告，以及作者根据国家奖励大会发布的原始数据整理所得。

　　第一，高校是国家高水平创新成果的主要贡献者。19 年间高校共获得了 3269 项奖，占三大奖总数 4971 项的 65.76%，从数量和比例来看，高校具有绝对的领先地位（表 6-1）。

　　第二，高校的主要贡献者地位愈发稳固。2007 年以前，高校对三大奖的贡献率在 36.50%～65.35% 波动，呈现不稳定状态，而自 2008 年以来，高校对三大奖的贡献率始终在 64.82% 以上，且逐步提升到 75.00% 以上，其中 2019 年更是达到了 82.85%。图 6-1 对 2002～2020 年高校获得三大奖的总趋势进行了展示，直观呈现了高校在国家高水平科技创新中的主导地位愈发稳固的事实。这一数据也充分说明，随高等教育规模扩张，高等教育对国家高水平科技创新的贡献能力得以显著增强。

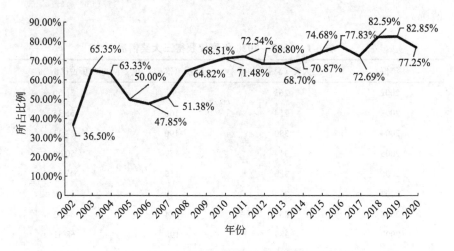

图 6-1　2002～2020 年高校获得三大奖总趋势图

　　第三，高校在各类型国家高水平创新成果方面处于全面领先地位。图 6-2 从三大奖具体类型的角度展示了高校的获奖情况，据图 6-2 可知，第一，高校对国家高水平创新成果的贡献呈大幅波动向稳定的趋势发展。图 6-2 显示高校三大奖的贡献数量均在 2002 年到 2008 年、2009 年间出现了较大幅度的波动，但自此之后三大奖均呈现相对稳定的占比状态。第二，高校在三大奖中均呈现绝对领先状态。图 6-2 显示，伴随高等教育规模扩张，高校在三大奖中的贡献份额在多数时期超过了 50%。

　　根据三大奖总体数据和具体数据的分析，可以发现，随着高等教育规模的持续扩大，高等教育对国家高水平科技创新成果的直接贡献度呈现显著的上升趋势，且无论从三大奖总体数据还是从三大奖分类型数据看均呈现绝对的领先地位。由此可知，仅从贡献数量来看，高等教育规模扩张有利于产生更多高水平创新成果，高等教育规模和高校高水平创新成果数量间呈现同向增长的规律。

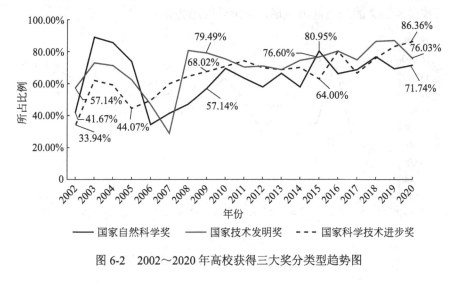

图 6-2　2002～2020 年高校获得三大奖分类型趋势图

## 二、规模扩张下高校基础研究和应用研究产出的总体统计特征

### （一）规模扩张下高校研究成果数量的总体统计特征

#### 1. 基础研究成果数量总体呈现上升趋势

基础研究成果关系到国家创新产出的能力、持续性、水平，是衡量一个国家创新能力的重要指标。高等教育一直是基础研究的主要阵地，高校基础研发水平很大程度上反映了国家基础研究的基本水平。基础研究产出通常使用学术著作和学术论文两项指标进行衡量（Nelson，1959）。那么，高等教育规模扩张下其基础研究成果呈现何种特征呢？

第一，从学术著作角度看，图 6-3 展示了 2000～2019 年高校学术著作的出版情况。根据图 6-3 信息可知，尽管 2000～2009 年高校学术著作的产出数量出现了较大幅度的波动，但从 2000～2019 年的整体趋势看，高校学术著作呈现数量上的整体上升趋势，且自 2009 年以来数量一直维持在 11 000 部以上。

第二，从学术论文的角度看。图 6-4 展示了 2000～2019 年高校学术论文的发表数量和年增长率。据图 6-4 可知，从数量情况看，伴随高等教育规模的扩大，高校学术论文的产出规模也得到了极大程度的提升，从 2001 年的 284 235 篇增长到 2019 年的 1 083 321 篇，相较于 2000 年，2019 年高校学术论文产出增长率为 281.14%，是 2000 年的 3.81 倍。从学术论文产出年增长率看，整体上高校学术论文的年增长率呈现较大的不稳定性，呈急速增长向急速下降再趋于稳步增长的情况，但年增长率均为正值，表明高校学术论文的产出能力呈现逐年上升的趋势。

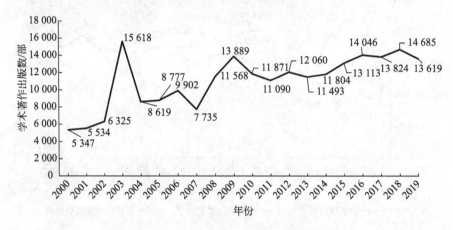

图 6-3　2000～2019 年高校学术著作出版情况

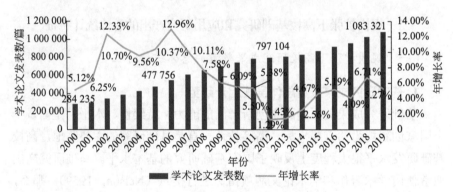

图 6-4　2000～2019 年高校学术论文发表情况

## 2. 应用研究成果数量总体呈现上升趋势

应用研究成果面向实际应用，常以专利成果为衡量标准。图 6-5 对2000～2019 年高校三大专利（包括发明专利、实用新型专利、外观设计专利）申请数进行了展示，专利申请数表明了高校年度产生的新的应用研究成果数量。因此，据图 6-5 数据分析可知，从绝对数量来看，高校三大专利研究成果从 2000 年的 3448 项上升到 2019 年的 330 375 项，2019 年数据是 2000 年的 95.82 倍，呈现出极大程度的增长量。从高校申请数占全国总申请数的情况来看，2000 年高校申请数仅占全国总申请数的 2.02%，而 2019 年这一数据已经上升到 7.54%，说明高校应用研究成果在全国应用研究成果中的贡献份额呈现递增趋势。表明随着高等教育规模扩大，高等教育机构在应用研究中的贡献能力出现了显著的提升。

图 6-5　2000～2019 年高校三大专利申请情况

以上分析从高校科学研究成果的数量维度，展示了高校科技成果产出的情况。根据分析结果可以发现，伴随高等教育规模的持续扩大，高校无论是基础研究产出还是应用研究产出，都呈现出典型的增长趋势，说明高等教育规模扩大提高了高校科技成果产出能力。

## （二）规模扩张下高校研究成果质量的总体统计特征

### 1.基础研究成果的国际认可度逐步扩大

尽管不能将发表于国外期刊概言之为成果质量佳，但一定程度上代表了被国际学界认可的程度，因此，学术论文的国外发表数，一定程度上代表了国内基础研究成果被世界认可的情况，体现了国内基础研究成果的研究影响力和研究质量。图 6-6 展示了 2000～2019 年高校学术论文发表于国

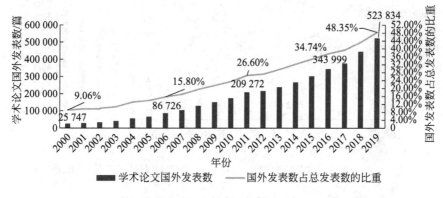

图 6-6　2000～2019 年高校学术论文发表于国外期刊的情况

外期刊的情况。从数量看，国外发表数从 2000 年的 25 747 篇增长到 2019
年的 532 834 篇，2019 年是 2000 年的 20.69 倍，出现了显著的增长。从国
外发表数占总发表数的份额来看，由 2000 年的 9.06%上升到了 2019 年的
48.35%，说明国外发表增长量显著快于国内发表的增长量，间接表明高校
学者研究成果的国际影响力逐步提升。

**2. 应用研究成果质量水平总体呈现上升趋势**

应用研究成果的质量考察可以从多角度进行。一是从专利授权的角度
进行考察，专利申请数仅代表了知识成果的产生，而并不代表这一成果是
否具有原创性、价值性、应用性，因此，通常采用专利授权数作为成果质
量的指标（杨仁发和李胜胜，2020），这一角度是从成果产生的角度考察应
用研究成果质量；二是从发明专利授权数占总专利授权数的角度进行考察，
原因在于相较于实用新型专利和外观设计专利，发明专利技术复杂性更高、
门槛更高、创新难度更大、授权难度也更高，更能体现专利的市场价值和
应用价值，其代表了专利成果的技术创新性（张龙鹏和钟易霖，2021），应
用这一指标是从创新性角度考察应用研究成果质量；三是从专利的市场交
易角度进行考察，高校专利成果被交易到市场转化成实际产品，代表了专
利的市场价值性，是专利成果质量的重要体现，这一角度是从成果价值性
角度考察应用研究成果质量。因此，为综合体现高校应用研究成果的质量
水平，本节拟采用以上三大指标，分别从成果产生、成果创新性和成果价
值性三维度对其进行考察。

第一，成果产生角度的质量考察。图 6-7 展示了 2000～2019 年高校三
大专利总授权数的变化情况以及授权数占申请数的比重（由于专利授权具

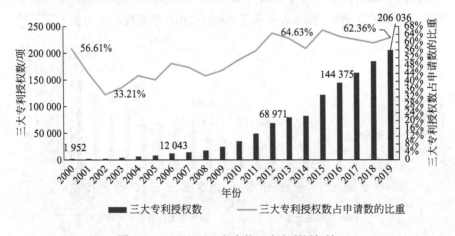

图 6-7　2000～2019 年高校三大专利授权情况

有一定的时滞效应，因此授权数并不能准确反映当年的质量情况，但其能总体反映近两年专利的总体质量情况）。从图 6-7 信息可知，有质量水平的高校应用研究成果的数量呈现显著的增长，专利授权数从 2000 年的 1952 项上升到 2019 年的 206 036 项，2019 年是 2000 年的 105.55 倍；从授权数占申请数的比重来看，也呈现总体上升趋势。由此可知，伴随高等教育规模的扩大，无论从绝对数量还是从比重来看高校的应用研究成果的质量均得到提升。

第二，从应用研究成果创新性角度的质量考察。图 6-8 展示了 2000～2019 年高校发明专利的授权数，从图 6-8 中信息可知，尽管 2000～2019 年高校发明专利授权数占高校三大专利授权数的比重没有显著的提升，但在数量方面，高校发明专利的授权数从 2000 年的 783 项提升到 2019 年的 92 028 项，2019 年是 2000 年的 117.53 倍，表明高校在创新性应用研究成果的产出能力方面有了极大程度的提升。同时，根据统计数据计算，从高校发明专利授权数占全国发明专利授权数的情况来看，2000 年高校仅占全国总数的 6.17%，而 2019 年这一数据达到了 20.32%，20 年间的平均占比率为 12.41%，这表明高校愈发成为发明专利的重要供给方，其贡献率逐步提高。

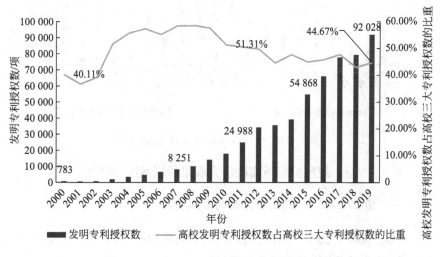

图 6-8　2000～2019 年高校发明专利授权情况

第三，从应用研究成果价值性角度的质量考察。图 6-9 展示了 2000～2019 年高校专利交易额情况。从交易额来看，从 2000 年的 17.88 亿元增加到 2019 年的 67.51 亿元，2019 年的年交易额比 2000 年增加了 49.63 亿元，从这一视角看，高校在价值性应用研究成果的产出能力方面有了极大程度的提升。但从高校专利交易额占全国的总额来看，2000～2019 年高校的占比呈现下降趋势，结合高校专利授权量占全国的比重数据来看（根据统计数据计算，高校三大专利授权数占全国三大专利授权数的比重由 2000 年的1.85%上升到 2019 年的 7.95%），表明与其他创新主体相比，高校研究成果的实际转化价值量与其专利成果拥有量的占比不匹配，但并不能说明高校应用研究成果的价值性低。原因在于，根据《2020 中国专利调查报告》的调查结果显示，中国高校专利的实施率低和产业化率低的原因，58.7%的专利拥有者认为不在专利水平低，而与专业队伍水平、发明人积极性、产业化支撑、利益分配制度等其他要素密切相关。因此，根据这一调查结果，可以推测造成高校研究成果的实际转化价值量与其专利成果拥有量的占比不匹配原因，可能是因多种条件限制，导致高校研究成果难以转化或转化不便造成的。

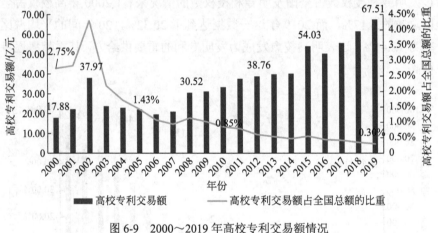

图 6-9  2000～2019 年高校专利交易额情况

### 三、规模扩张下高校研究成果的区域统计特征

（一）国家高水平创新成果方面的区域特征

表 6-2 展示了 2000～2019 年部分年份不同区域高校获得三大奖的情况，根据表 6-2 中信息可知。

第一，国家高水平创新成果呈现区域贡献能力不平衡的基本情况。2000～2019 年，东部地区、中部地区、西部地区和东北地区分别贡献了 3024

项、778 项、665 项、465 项国家高水平创新成果①，从贡献数量来看，几大地区呈现贡献数量的不平衡，东部地区呈现绝对的领先优势。

第二，东中西部地区呈现贡献能力增长趋势，东北地区总体呈现稳定贡献情况。2000 年东部、中部、西部地区各省份对三大奖的省均贡献数量分别由 2000 年的 8.3 项、3.3 项、1.4 项上升到 2019 年的 19.9、8.8 项、3.2 项，均呈现贡献数量的增长趋势；东北地区则由 2000 年的 8.3 项增加到 2019 年的 9 项。计算 2000～2019 年东北地区省均值的平均值发现，东北地区各省份对三大奖的省均贡献量的年平均贡献值为 7.8 项，呈现与 2000 年贡献值相当的水平，而这一数据在东部、中部、西部地区则分别为 15.12 项、6.5 项、2.8 项，与 2000 年相比均呈现增长趋势。

表 6-2 2000～2019 年不同区域高校获得三大奖情况　　单位：项

| | 2000 年 | 2003 年 | 2006 年 | 2009 年 | 2012 年 | 2015 年 | 2016 年 | 2017 年 | 2018 年 | 2019 年 | 20 年合计 |
|---|---|---|---|---|---|---|---|---|---|---|---|
| 东部 | 83 | 107 | 76 | 179 | 177 | 183 | 167 | 185 | 201 | 199 | 3024 |
| 省均值 | 8.3 | 10.7 | 7.6 | 17.9 | 17.7 | 18.3 | 16.7 | 18.5 | 20.1 | 19.9 | 302.4 |
| 中部 | 20 | 26 | 25 | 55 | 44 | 41 | 49 | 35 | 49 | 53 | 778 |
| 省均值 | 3.3 | 4.3 | 4.1 | 9.2 | 7.3 | 6.8 | 8.1 | 5.8 | 8.2 | 8.8 | 129.7 |
| 西部 | 17 | 19 | 24 | 44 | 44 | 48 | 41 | 39 | 44 | 38 | 665 |
| 省均值 | 1.4 | 1.6 | 2.0 | 3.7 | 3.7 | 4.0 | 3.4 | 3.3 | 3.7 | 3.2 | 55.4 |
| 东北 | 25 | 14 | 31 | 27 | 24 | 24 | 22 | 20 | 16 | 27 | 465 |
| 省均值 | 8.3 | 4.7 | 10.3 | 9.0 | 8.0 | 8.0 | 7.3 | 6.7 | 5.3 | 9.0 | 155.0 |

第三，高等教育发达省份是国家高水平创新成果的主要贡献地区。从东中西部地区三大奖的主要贡献省份来看，东部为北京、江苏、上海，中部为湖北和湖南，西部为陕西、四川、重庆，均是高等教育实力较强的地区。因此，从这一视角看，高等教育的发达程度将有效影响高水平科技成果的诞生。

综上，伴随高等教育规模的扩大，尽管我国各区域高校对国家高水平科技成果的贡献能力呈现不平衡情况，但总体来看，除东北地区以外，其

① 根据国家统计局的划分标准，东部地区包括北京、江苏、上海、浙江、山东、广东、天津、河北、福建、海南，中部地区包括湖北、湖南、河南、安徽、山西、江西，西部地区包括陕西、四川、重庆、甘肃、云南、内蒙古、广西、新疆、贵州、西藏、青海、宁夏，东北地区包括黑龙江、辽宁、吉林。同时，此处统计的三大奖是根据《高等院校科技统计年鉴》数据计算所得，因获奖单位存在跨省以及合作现象，存在一定的重复统计现象，遂与国家科技奖励大会公布的数据存在数量上的差异。

余地区高校的国家高水平创新成果的贡献能力均呈现出增长趋势。这进一步表明，高等教育规模的扩大实质上提高了高校的国家高水平创新成果的研发能力。

（二）高校基础研究成果和应用研究成果数量方面的区域特征

**1. 基础研究成果数量方面的区域特征**

第一，从学术著作看：伴随高等教育规模扩大，各区域高校学术著作成果的产出能力均得到有效提升，但西部地区总体水平最低。表 6-3 反映了 2000～2019 年不同区域高校学术著作成果产出情况。据表 6-3 可知，在学术著作方面，东部、中部、东北地区是我国学术著作的主要产出区域，三者合计占全国 20 年总数的 80.15%，20 年间东部、中部、东北三地区省均产出成果分别为 9163.5 本、9483.3 本、10 245 本，均在 9000 本以上，而西部地区这一数据则为 3700 本，存在较大差距。同时，据表 6-3 数据还可知，伴随高等教育规模扩大，四大区域内各省平均学术著作产出量呈现显著的增长趋势，2000 年东部、中部、东北、西部地区省均学术著作产量分别为 269.5 本、196.2 本、245.7 本、61.5 本，这一数据在 2019 年则分别为 517.8 本、617 本、432.3 本、286.8 本，均发生了较大程度的增长。说明高等教育规模扩大，有效促进了各区域学术著作的产出能力。

表 6-3　2000～2019 年不同区域高校学术著作成果产出情况　　单位：本

| | 2000 年 | 2003 年 | 2006 年 | 2009 年 | 2012 年 | 2015 年 | 2016 年 | 2017 年 | 2018 年 | 2019 年 | 20 年合计 |
|---|---|---|---|---|---|---|---|---|---|---|---|
| 东部 | 2 695 | 7 117 | 4 382 | 5 384 | 4 523 | 5 455 | 5 641 | 5 120 | 5 467 | 5 178 | 91 635 |
| 省均值 | 269.5 | 711.7 | 438.2 | 538.4 | 452.3 | 545.5 | 564.1 | 512 | 546.7 | 517.8 | 9 163.5 |
| 中部 | 1 177 | 3 280 | 2 561 | 4 280 | 3 131 | 3 092 | 3 482 | 3 945 | 4 082 | 3 702 | 56 900 |
| 省均值 | 196.2 | 546.7 | 426.8 | 713.3 | 521.8 | 515.3 | 580.3 | 657.5 | 680.3 | 617.0 | 9 483.3 |
| 东北 | 737 | 2 739 | 1 244 | 1 804 | 1 822 | 1 614 | 1 595 | 1 589 | 1 540 | 1 297 | 30 735 |
| 省均值 | 245.7 | 913.0 | 414.7 | 601.3 | 607.3 | 538.0 | 531.7 | 529.7 | 513.3 | 432.3 | 10 245.0 |
| 西部 | 738 | 2 482 | 1 715 | 2 430 | 2 584 | 2 952 | 3 328 | 3 170 | 3 596 | 3 442 | 44 400 |
| 省均值 | 61.5 | 206.8 | 142.9 | 202.3 | 215.3 | 246.0 | 277.3 | 264.2 | 299.7 | 286.8 | 3 700.0 |

第二，从学术论文看：伴随高等教育规模扩大，各区域高校学术论文成果均呈现显著提升，其中东部地区呈现最大规模增长。表 6-4 展示了 2000～2019 年不同区域高校学术论文成果产出情况。据表 6-4 可知，伴随高等教育规模扩大，各区域高校学术论文的产出能力与其学术著作的产出

能力一样，均得到了提升。从数据来看，四大区域内各省平均学术论文产出量均呈现显著的增长趋势，2000 年东部、中部、东北、西部地区省均学术著作产量分别为 13 456.9 篇、10 279.7 篇、11 560.3 篇、4442.3 篇，而 2019 年则分别为 54 067.6 篇、34 072.0 篇、35 694.3 篇、19 260.8 篇，年均学术论文产出能力均呈现显著的增长。

表 6-4　2000～2019 年不同区域高校学术论文成果产出情况　　单位：篇

| | 2000 年 | 2003 年 | 2006 年 | 2009 年 | 2012 年 | 2015 年 | 2016 年 | 2017 年 | 2018 年 | 2019 年 | 20 年合计 |
|---|---|---|---|---|---|---|---|---|---|---|---|
| 东部 | 134 569 | 181 806 | 256 479 | 327 635 | 374 721 | 413 315 | 438 763 | 474 010 | 514 550 | 54 0676 | 6461 333 |
| 省均值 | 13 456.9 | 18 180.6 | 25 647.9 | 32 763.5 | 37 472.1 | 41 331.5 | 43 876.3 | 47 401.0 | 51 455.0 | 54 067.6 | 646 133.3 |
| 中部 | 61 678 | 81 394 | 123 623 | 149 326 | 167 654 | 172 467 | 179 438 | 184 227 | 195 617 | 204 432 | 2 792 814 |
| 省均值 | 10 279.7 | 13 565.7 | 20 603.8 | 24 887.7 | 27 942.3 | 28 744.5 | 29 906.3 | 30 704.5 | 32 602.8 | 34 072.0 | 465 469.0 |
| 东北 | 34 681 | 46 852 | 55 870 | 76 646 | 82 681 | 92 490 | 98 578 | 97 178 | 100 423 | 107 083 | 1 443 076 |
| 省均值 | 11 560.3 | 15 617.3 | 18 623.3 | 25 548.7 | 27 560.3 | 30 830.0 | 32 859.3 | 32 392.7 | 33 474.3 | 35 694.3 | 481 025.3 |
| 西部 | 53 307 | 77 238 | 112 937 | 149 931 | 172 048 | 192 257 | 201 382 | 201 926 | 215 610 | 231 130 | 2 875 622 |
| 省均值 | 4 442.3 | 6 436.5 | 9 411.4 | 124 94.3 | 14 337.3 | 16 021.4 | 16 781.5 | 16 827.2 | 17 967.5 | 19 260.8 | 239 635.2 |

　　根据以上数据以及前文整体角度的分析发现，高等教育规模发展不仅从全国整体层面提升了高校基础研究能力的发展，同时这种提升情况在东部、中部、东北、西部等区域层面仍然显著。因此，无论从宏观还是微观角度看，高等教育规模发展均显著提升了高校基础研究成果的研发能力。

**2. 应用研究成果数量方面的区域特征**

　　表 6-5 统计了 2000～2019 年不同区域高校三大专利成果数量情况。据表 6-5 数据可知，2000～2019 年四大区域高校三大专利成果均呈现出显著增长的趋势，从区域年度总体数据看，2000 年东部、中部、东北和西部地区高校申请的专利数分别为 2210 项、566 项、314 项、358 项，而 2019 年这一数据分别上升到 173 292 项、69 002 项、26 944 项、61 137 项，绝对数量增长显著；从各区域内省均值来看，2000 年东部、中部、东北和西部地区分别为 221 项、94.3 项、104.7 项、29.8 项，2019 年则分别为 17 329.2 项、11 500.3 项、8981.3 项、5 094.8 项，均呈现显著的增长，且表现出东部、中部、东北、西部地区增长量递减的趋势，说明随着高等教育规模扩大，东部地区高校应用研究成果的研发能力增长最为迅速，西部地区高校最为缓慢。

**表 6-5　2000～2019 年不同区域高校三大专利成果数量情况**　单位：项

| | 2000 年 | 2003 年 | 2006 年 | 2009 年 | 2012 年 | 2015 年 | 2016 年 | 2017 年 | 2018 年 | 2019 年 | 20 年合计 |
|---|---|---|---|---|---|---|---|---|---|---|---|
| 东部 | 2 210 | 7 024 | 15 779 | 34 187 | 65 590 | 101 406 | 12 1954 | 136 607 | 164 747 | 173 292 | 1 159 200 |
| 省均值 | 221.0 | 702.4 | 1 577.9 | 3 418.7 | 6 559.0 | 10 140.6 | 12 195.4 | 13 660.7 | 16 474.7 | 17 329.2 | 115 920.0 |
| 中部 | 566 | 1 438 | 3 398 | 5 651 | 14 307 | 34 715 | 45 522 | 58 287 | 64 032 | 69 002 | 371 486 |
| 省均值 | 94.3 | 239.7 | 566.3 | 941.8 | 2 384.5 | 5 785.8 | 7 587.0 | 9 714.5 | 10 672.0 | 11 500.3 | 61 914.3 |
| 东北 | 314 | 1 002 | 2 379 | 6 647 | 10 862 | 18 009 | 19 396 | 21 027 | 24 026 | 26 944 | 188 031 |
| 省均值 | 104.7 | 334.0 | 793.0 | 2 215.7 | 3 620.7 | 6 003.0 | 6 465.3 | 7 009.0 | 8 008.7 | 8 981.3 | 62 677.0 |
| 西部 | 358 | 1 306 | 2 934 | 7 614 | 15 955 | 30 293 | 42 586 | 50 497 | 57 471 | 61 137 | 349 808 |
| 省均值 | 29.8 | 108.8 | 244.5 | 634.5 | 1 329.6 | 2 524.4 | 3 548.8 | 4 208.1 | 4 789.3 | 5 094.8 | 29 150.7 |

**（三）高校基础研究成果和应用研究成果质量方面的区域特征**

**1. 基础研究成果质量方面的区域特征**

表 6-6 对 2000～2019 年四大区域高校发表于国际期刊的学术论文数进行了统计。据表 6-6 数据可知，从发表总数看，2000～2019 年各区域高校发表于国际期刊的学术论文数量均呈现了显著增长，东部、中部、东北和西部地区分别从 2000 年的 15 972 篇、3558 篇、2556 篇、3661 篇上升到 2019 年的 291 541 篇、88 177 篇、52 166 篇、91 950 篇，绝对规模呈现巨大增长。从各区域内省均值看，也呈现出显著增长，东部、中部、东北和西部地区分别从 2000 年的 1597.2 篇、593 篇、852 篇、305.1 篇上升到 2019 年的 29 154.1 篇、14 696.2 篇、17 388.7 篇、7662.5 篇。这一数据说明，随着高等教育规模发展，高校基础研究成果的国际影响力逐步提升，这种提升呈现东部＞东北＞中部＞西部的具体情况。

**2. 应用研究成果质量方面的区域特征**

表 6-7 从各区域省均高校三大专利授权数、高校发明专利授权数占区域发明专利授权数的比重、高校专利交易额等方面反映高校应用研究成果质量的三项指标，对 2000～2019 年各区域高校应用研究成果的质量进行了反映。据表 6-7 可知：

第一，从高校三大专利授权数来看。在各区域总体趋势方面，2000～2019 年各区域均呈现了显著增长，且呈现持续上升的趋势。从具体数据来看，2000 年东部、中部、东北和西部区域内各省份高校的平均专利授权数分别为 121.9 项、47.8 项、64.3 项、21.1 项，2019 年则分别为 10 341 项、

7136.3 项、5564.3 项、3593.3 项，表现为东部各省份平均增长幅度最大、中部次之、东北第三、西部最低的情况。说明，高等教育规模扩大，对东部地区高校优质创新成果生产能力的提升作用最强。

表 6-6　2000～2019 年不同区域高校发表于国际期刊的学术论文数　　单位：篇

| | 2000 年 | 2003 年 | 2006 年 | 2009 年 | 2012 年 | 2015 年 | 2016 年 | 2017 年 | 2018 年 | 2019 年 | 20 年合计 |
|---|---|---|---|---|---|---|---|---|---|---|---|
| 东部 | 15 972 | 24 999 | 48 107 | 84 556 | 119 180 | 166 078 | 191 131 | 221 234 | 257 193 | 291 541 | 2 139 441 |
| 省均值 | 1 597.2 | 2 499.9 | 4 810.7 | 8 455.6 | 11 918 | 16 607.8 | 191 13.1 | 22 123.4 | 25 719.3 | 29 154.1 | 213 944.1 |
| 中部 | 3 558 | 6 636 | 15 553 | 24 957 | 36 875 | 52 195 | 57 686 | 63 664 | 76 457 | 88 177 | 651 486 |
| 省均值 | 593.0 | 1 106.0 | 2 592.2 | 4 159.5 | 6 145.8 | 8 699.2 | 9 614.3 | 10 610.7 | 12 742.8 | 14 696.2 | 108 581.0 |
| 东北 | 2 556 | 4 567 | 10 745 | 18 499 | 23 737 | 34 104 | 38 532 | 32 897 | 38 804 | 52 166 | 410 883 |
| 省均值 | 852.0 | 1 522.3 | 3 581.7 | 6 166.3 | 7 912.3 | 11 368.0 | 12 844.0 | 10 965.7 | 12 934.7 | 17 388.7 | 136 961.0 |
| 西部 | 3 661 | 5 319 | 12 321 | 23 530 | 37 199 | 50 037 | 56 650 | 59 041 | 72 281 | 91 950 | 623 820 |
| 省均值 | 305.1 | 443.3 | 10 26.8 | 1 960.8 | 3 099.9 | 4 169.8 | 4 720.8 | 4 920.1 | 6 023.4 | 7 662.5 | 51 985.0 |

表 6-7　2000～2019 年不同区域高校在各项应用研究成果质量方面的情况

| 类型 | 区域 | 2000 年 | 2003 年 | 2006 年 | 2009 年 | 2012 年 | 2015 年 | 2016 年 | 2017 年 | 2018 年 | 2019 年 |
|---|---|---|---|---|---|---|---|---|---|---|---|
| 高校三大专利授权数（省均值，单位：项） | 东部 | 121.9 | 259.1 | 728.8 | 1 625.5 | 4 378.5 | 6 696.8 | 7 435.9 | 8 147.2 | 9 357.6 | 1 0341.0 |
| | 中部 | 47.8 | 108.8 | 262.5 | 490.7 | 1 456.0 | 3 705.0 | 4 787.3 | 5 737.3 | 6 267.3 | 7 136.3 |
| | 东北 | 64.3 | 101.3 | 350.3 | 752.0 | 2 276.3 | 3 976.3 | 4 194.7 | 4 896.7 | 4 951.3 | 5 564.3 |
| | 西部 | 21.1 | 33.8 | 107.5 | 271.1 | 801.8 | 1 737.8 | 2 392.3 | 2 714.3 | 3 241.7 | 3 593.3 |
| 高校发明专利授权数占区域发明专利授权数的比重（省均值，单位：%） | 东部 | 13.75 | 19.11 | 25.57 | 18.05 | 18.46 | 15.48 | 15.88 | 16.81 | 15.91 | 17.40 |
| | 中部 | 12.47 | 17.93 | 30.20 | 27.76 | 26.72 | 22.30 | 24.11 | 29.25 | 28.22 | 32.20 |
| | 东北 | 9.02 | 10.76 | 27.01 | 37.73 | 40.19 | 41.63 | 43.94 | 49.16 | 50.42 | 56.32 |
| | 西部 | 9.38 | 13.86 | 27.59 | 32.60 | 33.22 | 28.10 | 31.26 | 32.27 | 33.40 | 38.94 |
| 高校专利交易额（省均值，单位：亿元） | 东部 | 1.44 | 1.69 | 1.14 | 2.21 | 2.40 | 2.32 | 3.12 | 3.45 | 3.54 | 3.49 |
| | 中部 | 0.28 | 0.44 | 0.53 | 0.65 | 1.26 | 3.13 | 1.15 | 1.13 | 1.69 | 1.77 |
| | 东北 | 0.30 | 0.64 | 0.84 | 0.50 | 1.30 | 0.73 | 0.88 | 1.32 | 1.76 | 2.82 |
| | 西部 | 0.07 | 0.19 | 0.21 | 0.31 | 0.28 | 0.82 | 0.79 | 0.87 | 0.89 | 1.13 |

第二，从高校发明专利授权情况来看。据表 6-7 数据可知，2000 年东部地区省均高校发明专利授权数占东部地区省均发明专利授权数的比重为 13.75%、中部地区为 12.47%、东北地区为 9.02%、西部地区为 9.38%，而 2019 年则分别变为 17.40%、32.20%、56.32% 和 38.94%，表现为东部地区

呈稳定趋势，中部、东北和西部地区均呈现显著增长趋势。其中东北地区增长幅度最大、西部地区次之、中部地区第三的基本情况。根据统计数据，从各区域省均发明专利授权数来看，2000 年东部、中部、东部、西部地区分别为 41.5 项、18.8 项、24.7 项、8.2 项，2019 年则分别为 4342.8 项、2664.3 项、2750.3 项、1306.4 项，呈现东部地区绝对增长最大的情况。因此，以上两组数据说明，尽管东部地区高校具有最强的发明专利产出能力，但高校对区域总的发明专利贡献能力却是四大区域最弱的，结合四大区域地方经济发展情况可以推知，高等教育规模发展促进了各区域高校优质创新成果的研发能力，但高校对区域优质创新成果的贡献度，受地方经济发展水平的影响，原因在于经济越发达，企业等其他创新主体的创新活力越高，高校在整个区域的创新贡献比例将相对较低；而经济发展程度或市场创新主体活跃度越低，高校在整个区域的创新贡献比例将越高，如东北地区高校成为整个区域发明专利的主要供给方，其原因就在于相较于其他三大区域，东北地区的市场主体的活跃度更低。

第三，从高校专利交易额来看。表 6-7 数据反映出 2000～2019 年各区域高校专利交易额均呈现出显著增长趋势，2000 年东部、中部、东北、西部各区域内省均交易额分别为 1.44 亿元、0.28 亿元、0.30 亿元、0.07 亿元，2019 年则分别变为 3.49 亿元、1.77 亿元、2.82 亿元、1.13 亿元。说明，伴随高等教育规模扩大，高校产出优质应用创新成果的能力愈发增强。

## 第三节　高等教育规模发展下的高校科技创新效率

前文主要从高校科技创新规模的描述统计角度考察高等教育规模扩大对高校科技创新的影响，尽管数据显示伴随高等教育规模扩大，无论从全国整体视角还是从区域视角来看，高校科技创新产出量均呈现出显著的增长态势，这种增长表现为国家高水平创新成果数量的增加、基础研究成果数量的增加和质量的得升、应用研究成果数量的增加和质量的提升三方面。但以上研究并没有从投入—产出的角度测量高等教育规模扩张对高校科技创新效率的影响。所谓科技创新效率，是指在一定的科技资源配置能力和适宜的创新环境下单位科技资源投入所取得的科技创新产出，一般基于知识生产函数和投入—产出理论，通过比较科技创新产出与投入之间的数量关系来评价其高低（吴颖和崔玉平，2022）。高等教育规模扩张体现为多方面的投入，如资金投入、人员投入等，这些投入都关系到高校科技产出水平。因此，为客观反映高校规模扩张是否有效促进了高校科技创新能力的提升,本节利用 2003~2019 年高校科技投入和科技产出数据对其进行测量。

## 一、研　究　方　法

数据包络分析（data envelopment analysis，DEA）是管理学、经济学等领域用于测量绩效的常用方法。Farrell 于 1957 年提出了 DEA 方法的理论，其是利用运筹学中线性规划的方法来计算效率前沿（燕翔和冯兴元，2021）。具体来看，DEA 以全局数据来测量效率，避免了指标分散处理的局限性；同时，DEA 无需预先设定生产函数形式，可较为有效地避免模型设定偏误带来的估计误差（李茜和李艳丽，2019），此外，DEA 以最优化过程来确定投入产出变量的权重，同时不限制决策单元的数量，特别对多投入多产出情况的效率测量具有优势。科技创新的产出具有多种形式，如科研论文、学术专著、发明专利等，其投入也广泛涉及到人、财、物等多种资源，因此，采用 DEA 测量科技创新效率具有恰切性。DEA 考察多输入与多输出的决策单元（decision making units，DMUs）间的相对有效性，DEA 的基本原理是假定系统内部存在 $n$ 个可以相互比较的决策单元，每个决策单元均包括 $k$ 个投入变量和 $m$ 个产出变量，因此，可以将投入变量记为：$X_{ij} = (x_{1j}, x_{2j}, \cdots, x_{kj})^{\mathrm{T}}$，$i = 1, 2, \cdots, k$，而产出变量则计为 $Y_{rj} = (y_{1j}, y_{2j}, \cdots, y_{mj})^{\mathrm{T}}$，$r = 1, 2, \cdots, m$。

从目前发展来看，DEA 基于规模报酬不变或可变，以投入为导向和产出为导向形成了 DEA-CCR 模型和 DEA-BCC 模型，前者基于规模报酬不变原则、后者基于规模报酬可变原则（杨力和魏奇锋，2022），相较于 CCR 模型仅能测量综合技术效率（OE），BCC 模型还能同时将综合技术效率分解为纯技术效率（TE）和规模效率（SE），三者的关系为 OE=TE×SE。其中，综合技术效率反映决策单元在一定（最优规模时）投入要素的生产效率，是对决策单元的资源配置能力、资源使用效率等多方面能力的综合衡量与评价，值等于 1 时，代表投入与产出结构合理，值小于 1 时，代表该决策单元的投入与产出结构不合理，相对效益未能达到最优，可能存在不同程度的投入冗余和产出不足。纯技术效率反映的是由于管理和技术等因素影响的生产效率，其值等于 1 时，代表投入要素得到了充分利用，在给定投入组合的情况下，实现了产出最大化；规模效率反映的是由于规模因素影响的生产效率，通常结合规模报酬表进行分析，其值等于 1 时，代表规模效率有效（规模报酬不变），也就是规模适宜，已达到最优的状态；若规模报酬递增（并非其值递增递减或者小于 0 大于 0），代表服务规模过小，需要扩大规模以增加规模效益；若规模报酬递减（并非其值递增递减或者小于 0 大于 0），代表服务规模过大，存在规模过度扩张风险。因此，本节拟采用 DEA-BCC 模型进行研究，同时为实现既定投入条件下，实现更大产出，则进一步选用产出导向下的 DEA-BCC 模型进行测量。

由于 DEA-BCC 模型只能对截面数据进行分析，具体到本节中其测量方式是对每一年的数据进行单独分析，其得出的结果也仅能反映当年的 DUMs 的综合技术效率、规模效率和纯技术效率，其结果也只能进行横向比较，其本质上是一种静态视角的分析，并不能有效反映 DMUs 的跨期动态效率变化，即不能从纵向的时间维度揭示其动态变化（吴颖和崔玉平，2022）。因此，为充分考察高等教育规模扩张下，高校科技创新的动态效率，研究引入 Malmquist 全要素生产率指数模型，形成 DEA-Malmquist 模型，其可测量决策单元从 $t$ 时期到 $t+1$ 时期高校科技创新效率的变化。若用 $M$ 代表决策单元全要素生产率（TFP）的变化，则表达式为

$$M(Y_{t+1}, X_{t+1}, Y_t, X_t) = \frac{D^t(Y_t, X_t)}{D^{t+1}(Y_{t+1}, X_{t+1})} \times \left[ \frac{D^{t+1}(Y_{t+1}, X_{t+1})}{D^t(Y_{t+1}, X_{t+1})} \times \frac{D^{t+1}(Y_t, X_t)}{D^t(Y_t, X_t)} \right]^{\frac{1}{2}} \quad (6\text{-}1)$$
$$= \text{EFFCH} \times \text{TECH}$$

Malmquist 指数将全要素生产率（TFP）分解为技术效率变化（EFFCH）和技术进步变化（TECH），在规模报酬可变情况下，技术效率变化（EFFCH）可进一步分解纯技术效率变化（PECH）和规模效率变化（SECH），即全要素生产率的表达式可以写为

$$\text{TFP} = \text{EFFCH} \times \text{TECH} = \text{PECH} \times \text{SECH} \times \text{TECH}$$

从全要素生产率的值来看，当 TFP>1 时，说明生产效率得以提高，当 TFP=1 时，其生产效率处于停滞状态，当 TFP<1 时，全要素生产率呈现衰退状态。其中基于产出导向的技术效率变化（EFFCH）用以表示决策单元跨期相对技术效率的变动情况，其值为决策单元在 $t$ 及 $t+1$ 期实际产值与最优前沿面上值的比值，其测量的是高校科技创新产出效率在 $t$ 到 $t+1$ 期间的变化程度，反映了决策单元对生产可能边界的追赶效应及速度。当 EFFCH>1 表明决策单元 $t+1$ 期相对于 $t$ 期而言，更加接近于前沿生产面，说明决策单元的管理效率和资源配置效率提高，反之则相反。TECH 则反映的是各时期的生产前沿面的移动情况，当取值大于 1 则表明相较于 $t$ 期，$t+1$ 期的生产前沿面向外移动，表明实现了科技进步（唐燕和罗胤晨，2021）；而小于 1 则表明出现了技术衰退，对 TFP 呈现阻碍作用。总体来看，EFFCH、TECH、PECH、SECH 四者，其只要取值大于 1 则表明这一指标对全要素生产率具有促进作用，而小于 1 则产生阻碍作用（吴颖和崔玉平，2022）。

## 二、评价指标及数据来源

本节从高校科技创新产出的数量效率和质量效率两个角度，考察高等教育规模扩张下高校科技创新的效率情况。因此分别从科技创新数量和科技创新质量两个维度构建投入—产出指标体系。

由于高校科技创新产出无论是数量还是质量均是在既定的高校科研投入的情况下产生的，只是产出的结果存在质量差异而已。因此，在数量效率分析和质量效率分析中投入指标均一致。从既有研究来看，高校科技创新投入并没有形成统一的指标体系，基于数据的可得性，本节主要从人力和财力两方面去构建投入指标，具体来看人力投入方面主要包括高校的研究人员投入和高校研究生数量两方面，研究人员投入采用高校 R&D 人员全时当量，即高校实际投入到科技创新方面的全时工作人员数量，高校研究生数量采用在校研究生数量，之所以选取在校研究生数量，原因在于研究生的培养主要以其科学研究能力的培养为主，在培养过程中其能产生一定的科研成果，甚至高质量的科研成果。财力方面选取高校 R&D 经费支出额和高校科研项目数，前者代表高校一年实际投入到科技创新的经费，后者具有压力和引导作用，有利于科技创新成果的产出。以上四个投入指标的投入量均受高等教育规模扩大的影响，能较好反映高等教育规模扩大下高校科技创新的投入情况。表 6-8 对投入—产出指标进行了说明。据表 6-8 可知，数量产出指标选取学术著作成果、论文发表数、三大专利申请数，质量产出指标选取国际期刊论文数、国家级科技奖励数、发明专利授权数、专利交易额等。

以上数据来源于 2004~2020 年《高等学校科技资料汇编》，由于统计资料是对上一年成果的统计，因此，实际代表年份为 2003~2019 年。

**表 6-8　高等教育规模发展下高校科技创新投入—产出指标体系**

| 指标类型 | 一级指标 | 二级指标 | 单位 |
| --- | --- | --- | --- |
| 投入指标 | 科技人力投入 | 高校 R&D 人员全时当量 | 人年 |
| | | 在校研究生数量 | 人 |
| | 科技经费投入 | 高校 R&D 经费支出额 | 亿元 |
| | | 高校科技项目数 | 项 |
| 数量产出指标 | 基础研究产出 | 学术著作成果 | 部 |
| | | 论文发表数 | 篇 |

续表

| 指标类型 | 一级指标 | 二级指标 | 单位 |
|---|---|---|---|
| 数量产出指标 | 应用研究产出 | 三大专利申请数 | 项 |
| 质量产出指标 | 基础研究产出 | 国际期刊论文数 | 篇 |
| | 应用研究产出 | 国家级科技奖励数 | 个 |
| | | 发明专利授权数 | 项 |
| | | 专利交易额 | 千元 |

## 三、静态视角下高等教育规模扩大中的高校科技创新效率

### （一）数量成果静态效率

研究基于 DEA-BCC 模型对 2003～2019 年部分年份高校科技创新数量成果的综合技术效率、纯技术效率、规模效率进行了测算，具体结果分别如表 6-9、表 6-10、表 6-11 所示。由于 DEA-BCC 模型是从静态视角考察效率，因此每一决策单元每一年的测算结果是基于决策单元实际产出与每一年所有决策单元共同形成的产出前沿面相比较而形成，这是对数据分析的基本前提。接下来将结合具体数据对高校科技创新数量成果方面的静态效率情况进行分析。

**1. 数量成果综合技术效率分析**

表 6-9 对 2003～2019 年部分年份高校科技创新数量成果的综合技术效率进行了汇报，综合技术效率是从决策单元整体视角综合考察决策单元的资源配置能力、资源使用效率情况，其与决策单元的纯技术效率和规模效率相关。据表 6-9 中信息可知。

第一，全国整体层面呈现高校科技创新数量成果的综合技术效率始终低于前沿生产面的情况。据表 6-9 数据可知，各年份全国各省份的综合技术效率平均值均小于 1，说明从全国视角看，高校整体的综合技术效率均低于前沿生产面，未能实现产出的最大化。同时，从具体数值来看，表 6-9 所汇报年份的综合技术效率值在 0.777～0.889 之间，呈现先上升后下降再上升的趋势，呈现不稳定的波动状态，且 2019 年的效率值低于 2003 年。综上可知，从全国层面看，伴随高等教育规模扩大，高校科技创新数量成果的综合效率情况并未得到有效改善，其投入产出结构并不合理，未能达到相对效益最优状态。

第二，区域层面呈现区域间不平衡状态，其中西部地区的综合技术效率最高。据表 6-9 数据可知，从历年均值来看，8 个年份全国均值为 0.829，

西部地区为 0.859、东部地区为 0.816、中部地区为 0.806、东北地区为 0.803，其中仅西部地区超过了全国均值，其余三大地区均低于全国均值。从趋势来看，东部地区、东北地区均呈现综合技术效率值下降趋势，说明这两地区的投入产出结构呈愈发不合理状态；中部地区、西部地区呈现整体平稳趋势，均呈现了较明显的先降后升趋势，说明两地区投入产出结构调整的有效性还需进一步探索和加强。

第三，省级层面呈现省际间巨大差异，部分省份呈现持续的效率最大化。从表 6-9 数据可知，其一，江苏、浙江、河南、青海、内蒙古、宁夏、新疆等省份，在较多年份综合技术效率值均为 1，实现了最优化投入产出水平，其中浙江、河南保持了全年份均为最优状态，江苏、内蒙古则实现了从结构不合理向最优化状态的转变。其二，部分省份出现了综合技术效率的较大降幅。北京、天津、上海、山东、辽宁、吉林、黑龙江等省份均呈现了较大降幅，其中北京的降幅较大且持续保持较低水平。其三，部分省份出现了综合技术效率的较大增幅。安徽、四川、贵州、甘肃等省份尽管多数省份未最终达到最优状态，但这些省份总体上综合效率值均呈现较大程度的增长，说明这些省份高校的科技投入产出结构呈现向好发展的趋势。此外，部分省份呈现整体平稳的趋势，如河北、广东、湖南、广西、重庆等省份。

**表 6-9　2003～2019 年部分年份高校科技创新数量成果的综合技术效率**

| | 2003 年 | 2007 年 | 2010 年 | 2013 年 | 2016 年 | 2017 年 | 2018 年 | 2019 年 | 8 个年份均值 |
|---|---|---|---|---|---|---|---|---|---|
| 北京 | 0.818 | 0.687 | 0.568 | 0.534 | 0.543 | 0.627 | 0.570 | 0.470 | 0.602 |
| 天津 | 1.000 | 0.981 | 0.716 | 0.621 | 0.568 | 0.635 | 0.692 | 0.600 | 0.727 |
| 河北 | 0.919 | 0.705 | 0.788 | 0.799 | 0.801 | 0.970 | 0.809 | 0.865 | 0.832 |
| 山西 | 1.000 | 0.575 | 0.757 | 0.535 | 0.781 | 0.975 | 0.836 | 0.830 | 0.786 |
| 上海 | 1.000 | 1.000 | 0.733 | 0.618 | 0.618 | 0.735 | 0.689 | 0.661 | 0.757 |
| 江苏 | 0.776 | 0.975 | 1.000 | 1.000 | 1.000 | 1.000 | 1.000 | 1.000 | 0.969 |
| 浙江 | 1.000 | 1.000 | 1.000 | 1.000 | 1.000 | 1.000 | 1.000 | 1.000 | 1.000 |
| 山东 | 0.919 | 0.707 | 0.951 | 0.794 | 0.774 | 0.821 | 0.790 | 0.740 | 0.812 |
| 广东 | 0.900 | 0.677 | 0.659 | 0.633 | 0.873 | 0.927 | 1.000 | 0.975 | 0.830 |
| 海南 | 1.000 | 0.989 | 1.000 | 1.000 | 0.688 | 0.810 | 0.614 | 0.644 | 0.843 |
| 安徽 | 0.616 | 0.566 | 0.799 | 0.746 | 0.816 | 0.846 | 0.843 | 0.861 | 0.762 |
| 福建 | 0.928 | 0.711 | 0.706 | 0.552 | 0.589 | 0.644 | 0.688 | 0.697 | 0.689 |
| 江西 | 0.606 | 0.854 | 0.744 | 0.868 | 0.996 | 0.991 | 0.758 | 0.804 | 0.828 |

| | 2003 年 | 2007 年 | 2010 年 | 2013 年 | 2016 年 | 2017 年 | 2018 年 | 2019 年 | 8 个年份均值 |
|---|---|---|---|---|---|---|---|---|---|
| 河南 | 1.000 | 1.000 | 1.000 | 1.000 | 1.000 | 1.000 | 1.000 | 1.000 | 1.000 |
| 湖北 | 0.861 | 0.874 | 0.683 | 0.669 | 0.841 | 0.991 | 0.905 | 0.702 | 0.816 |
| 湖南 | 0.786 | 0.624 | 0.567 | 0.649 | 0.732 | 0.925 | 0.885 | 0.762 | 0.741 |
| 辽宁 | 1.000 | 0.664 | 1.000 | 0.702 | 0.680 | 0.776 | 0.750 | 0.712 | 0.785 |
| 吉林 | 1.000 | 0.607 | 0.656 | 0.708 | 0.808 | 0.878 | 0.740 | 0.720 | 0.765 |
| 黑龙江 | 0.989 | 0.696 | 0.748 | 0.936 | 0.714 | 1.000 | 0.929 | 0.851 | 0.858 |
| 内蒙古 | 0.735 | 0.621 | 0.609 | 0.927 | 1.000 | 1.000 | 1.000 | 1.000 | 0.862 |
| 广西 | 0.743 | 0.695 | 0.803 | 1.000 | 1.000 | 0.804 | 0.698 | 0.777 | 0.815 |
| 重庆 | 0.759 | 0.683 | 0.782 | 0.741 | 0.600 | 0.676 | 0.608 | 0.734 | 0.698 |
| 四川 | 0.535 | 0.500 | 0.547 | 0.579 | 0.705 | 0.789 | 0.783 | 0.820 | 0.657 |
| 贵州 | 0.850 | 0.728 | 0.848 | 1.000 | 0.984 | 1.000 | 0.965 | 1.000 | 0.922 |
| 云南 | 0.905 | 1.000 | 1.000 | 1.000 | 0.856 | 0.754 | 0.812 | 0.873 | 0.900 |
| 西藏 | 1.000 | 0.539 | 0.600 | 0.843 | 0.786 | 0.984 | 1.000 | 0.762 | 0.814 |
| 陕西 | 0.831 | 0.770 | 0.789 | 0.755 | 0.964 | 1.000 | 0.911 | 0.710 | 0.841 |
| 甘肃 | 0.721 | 0.667 | 0.763 | 1.000 | 0.888 | 1.000 | 0.843 | 0.896 | 0.847 |
| 青海 | 1.000 | 1.000 | 0.763 | 0.984 | 0.998 | 1.000 | 1.000 | 1.000 | 0.968 |
| 宁夏 | 1.000 | 1.000 | 1.000 | 1.000 | 1.000 | 1.000 | 0.953 | 1.000 | 0.994 |
| 新疆 | 1.000 | 1.000 | 1.000 | 0.939 | 1.000 | 1.000 | 1.000 | 1.000 | 0.992 |
| 全国平均 | 0.877 | 0.777 | 0.793 | 0.811 | 0.826 | 0.889 | 0.841 | 0.822 | 0.829 |
| 东部平均 | 0.933 | 0.830 | 0.817 | 0.753 | 0.765 | 0.850 | 0.800 | 0.778 | 0.816 |
| 中部平均 | 0.800 | 0.772 | 0.750 | 0.747 | 0.829 | 0.900 | 0.847 | 0.804 | 0.806 |
| 东北平均 | 0.996 | 0.656 | 0.801 | 0.782 | 0.734 | 0.885 | 0.806 | 0.761 | 0.803 |
| 西部平均 | 0.840 | 0.767 | 0.792 | 0.897 | 0.898 | 0.917 | 0.881 | 0.881 | 0.859 |

**2. 数量成果纯技术效率分析**

纯技术效率是因管理和技术等因素影响的生产效率，是对综合技术效率的分解，剔除了规模要素的影响。表 6-10 对 2003～2019 年部分年份高校科技创新数量成果的纯技术效率进行了汇报，据表 6-10 数据可知。全国层面纯技术效率呈现先降后升趋势，但总体水平呈下降态势。区域层面呈现西部地区、东部地区、中部地区、东北地区平均水平降低的态势；从总体趋势来看，西部地区呈现总体水平上升趋势，说明西部地区高校在科技创新数量成果方面呈现纯技术效应扩大的趋势，东部地区和东北地区呈现整体水平下降趋势，其中东北地区的降幅最大；中部地区基本维持了平稳状态，整体水平变化不大。省级层面则表现为以下特征。

表 6-10　2003~2019 年部分年份高校科技创新数量成果的纯技术效率

| | 2003 年 | 2007 年 | 2010 年 | 2013 年 | 2016 年 | 2017 年 | 2018 年 | 2019 年 | 8个年份均值 |
|---|---|---|---|---|---|---|---|---|---|
| 北京 | 1.000 | 1.000 | 1.000 | 1.000 | 1.000 | 1.000 | 0.696 | 0.681 | 0.922 |
| 天津 | 1.000 | 0.984 | 0.723 | 0.625 | 0.576 | 0.637 | 0.694 | 0.618 | 0.732 |
| 河北 | 1.000 | 0.706 | 0.788 | 0.800 | 0.808 | 0.971 | 0.810 | 0.900 | 0.848 |
| 上海 | 1.000 | 1.000 | 0.733 | 0.672 | 0.884 | 0.977 | 0.841 | 0.824 | 0.866 |
| 江苏 | 1.000 | 1.000 | 1.000 | 1.000 | 1.000 | 1.000 | 1.000 | 1.000 | 1.000 |
| 浙江 | 1.000 | 1.000 | 1.000 | 1.000 | 1.000 | 0.849 | 0.781 | 1.000 | 0.954 |
| 福建 | 0.933 | 0.718 | 0.706 | 0.556 | 0.599 | 0.940 | 0.741 | 0.706 | 0.737 |
| 山东 | 1.000 | 0.827 | 1.000 | 0.898 | 0.966 | 1.000 | 0.972 | 0.882 | 0.943 |
| 广东 | 0.989 | 0.831 | 0.943 | 0.922 | 1.000 | 0.803 | 0.761 | 1.000 | 0.906 |
| 海南 | 1.000 | 1.000 | 1.000 | 1.000 | 0.983 | 1.000 | 1.000 | 0.820 | 0.975 |
| 山西 | 1.000 | 0.584 | 0.780 | 0.550 | 0.795 | 1.000 | 1.000 | 0.830 | 0.817 |
| 安徽 | 0.616 | 0.567 | 1.000 | 0.750 | 0.819 | 0.847 | 0.851 | 0.863 | 0.789 |
| 江西 | 0.712 | 0.855 | 0.744 | 0.869 | 1.000 | 0.656 | 0.698 | 0.812 | 0.793 |
| 河南 | 1.000 | 1.000 | 1.000 | 1.000 | 1.000 | 0.992 | 0.767 | 1.000 | 0.970 |
| 湖北 | 1.000 | 1.000 | 1.000 | 0.975 | 1.000 | 0.953 | 0.924 | 0.878 | 0.966 |
| 湖南 | 1.000 | 0.638 | 0.604 | 0.749 | 0.847 | 1.000 | 1.000 | 0.912 | 0.844 |
| 辽宁 | 1.000 | 0.665 | 1.000 | 0.835 | 0.822 | 1.000 | 1.000 | 0.821 | 0.893 |
| 吉林 | 1.000 | 0.611 | 0.660 | 0.711 | 0.808 | 1.000 | 0.910 | 0.778 | 0.810 |
| 黑龙江 | 1.000 | 0.696 | 0.750 | 0.936 | 0.718 | 1.000 | 1.000 | 0.923 | 0.878 |
| 内蒙古 | 0.818 | 0.630 | 0.615 | 0.992 | 1.000 | 0.811 | 0.704 | 1.000 | 0.821 |
| 广西 | 0.916 | 0.708 | 0.892 | 1.000 | 1.000 | 1.000 | 0.654 | 0.779 | 0.869 |
| 重庆 | 0.768 | 0.686 | 0.788 | 0.753 | 0.600 | 0.709 | 0.616 | 0.905 | 0.728 |
| 四川 | 0.599 | 0.727 | 0.833 | 0.900 | 1.000 | 1.000 | 1.000 | 1.000 | 0.882 |
| 贵州 | 0.855 | 0.733 | 0.950 | 1.000 | 1.000 | 1.000 | 0.995 | 1.000 | 0.942 |
| 云南 | 0.915 | 1.000 | 1.000 | 1.000 | 0.856 | 0.763 | 0.822 | 0.979 | 0.917 |
| 西藏 | 1.000 | 1.000 | 1.000 | 1.000 | 1.000 | 1.000 | 1.000 | 1.000 | 1.000 |
| 陕西 | 1.000 | 0.822 | 0.790 | 0.756 | 0.998 | 1.000 | 0.980 | 0.857 | 0.900 |
| 甘肃 | 0.727 | 0.681 | 0.783 | 1.000 | 0.893 | 1.000 | 0.850 | 0.909 | 0.855 |
| 青海 | 1.000 | 1.000 | 1.000 | 1.000 | 1.000 | 1.000 | 1.000 | 1.000 | 1.000 |

| | 2003 年 | 2007 年 | 2010 年 | 2013 年 | 2016 年 | 2017 年 | 2018 年 | 2019 年 | 8 个年份均值 |
|---|---|---|---|---|---|---|---|---|---|
| 宁夏 | 1.000 | 1.000 | 1.000 | 1.000 | 1.000 | 1.000 | 1.000 | 1.000 | 1.000 |
| 新疆 | 1.000 | 1.000 | 1.000 | 1.000 | 1.000 | 1.000 | 1.000 | 1.000 | 1.000 |
| 全国均值 | 0.931 | 0.828 | 0.874 | 0.879 | 0.902 | 0.933 | 0.873 | 0.893 | 0.884 |
| 东部均值 | 0.992 | 0.907 | 0.889 | 0.847 | 0.882 | 0.918 | 0.830 | 0.843 | 0.893 |
| 中部均值 | 0.888 | 0.774 | 0.855 | 0.816 | 0.910 | 0.908 | 0.873 | 0.883 | 0.854 |
| 东北均值 | 1.000 | 0.657 | 0.803 | 0.827 | 0.783 | 1.000 | 0.970 | 0.841 | 0.819 |
| 西部均值 | 0.883 | 0.832 | 0.888 | 0.950 | 0.946 | 0.940 | 0.885 | 0.952 | 0.909 |

第一，部分省份纯技术效率相对较高，与综合技术效率的表现呈现一定的差异。如北京综合技术效率在所有年份均较低，而纯技术效率在大部分年份却呈现最优化状态，说明北京高校因技术进步和管理优化带来的投入产出效率在大部分年份均实现了较高的效率水平。此外，上海、山东也均实现了较高水平的纯技术效率。

第二，西部地区存在较多省份保持了持续性的最优纯技术效率。31 个省份，在考察的八个年份中均保持纯技术效率达到最优水平的包括江苏、西藏、青海、宁夏、新疆，80%为西部地区省份。形成这一结果的可能的原因是这几个西部地区省份的高校数量本身较少，体量也相对较小，实现较高的管理配置相对较易，从而使技术进步的效应也能充分发挥，进而实现了最优纯技术效应。

第三，从效率水平低走向效率水平高的省份多集中于西部，而从高水平向低水平的省份多集中于东部。安徽、重庆、四川、甘肃呈现了总体由低水平向高水平发展的情况；而北京、天津、河北、上海、福建、山东、湖北、湖南则出现了纯技术效率水平下降的趋势。而下降省份多为高等教育规模发展较大的省份，因此，可以推测，这些省份可能因高等教育规模发展的同时，其系统的管理水平未能跟上，从而导致纯技术效应水平下降。

**3. 数量成果规模效率分析**

规模效率是从综合技术效率中剥离了技术进步和管理水平带来的效率，而主要指规模变化带来的效率。表 6-11 对 2003～2019 年部分年份的高校科技创新数量成果的规模效率进行了测算。据表 6-11 中数据分析可知，从全国平均水平来看，各年份高校均实现了较高程度的规模效率，均值为0.935，较为接近最优水平，说明从全国总体来看，尽管未实现整体的最优规模效率，但总体水平相对较高，进一步可以推知，高校综合技术效率水平低，更大程度上不是由规模投入带来的，而更多是由管理上的问题引致的。从区域层面看，东北地区实现了较高水平的规模效应，接下来分别是中部、西部和东部地区,造成东部地区 8 个年份平均值较低的原因在于 2016 年东部地区整体的规模效率水平形成了突降趋势，同时，东部地区部分省份出现了持续性的规模低效率，如北京 8 个年份的均值仅为 0.661，为全国最低，进而拉低了东部地区整体得分。而北京规模效率一直较低，可能是因北京高等教育规模扩张快、高校每年的资源投入比其他省份更多，由于未能及时实现规模资源的有效配置，进而形成相对低效局面。除此以外，省级层面还表现出以下特征。

表 6-11 2003～2019 年部分年份高校科技创新数量成果的规模效率

| | 2003 年 | 2007 年 | 2010 年 | 2013 年 | 2016 年 | 2017 年 | 2018 年 | 2019 年 | 8个年份均值 |
|---|---|---|---|---|---|---|---|---|---|
| 北京 | 0.818 | 0.687 | 0.568 | 0.534 | 0.543 | 0.627 | 0.819 | 0.690 | 0.661 |
| 天津 | 1.000 | 0.997 | 0.990 | 0.994 | 0.988 | 0.996 | 0.997 | 0.970 | 0.992 |
| 河北 | 0.919 | 1.000 | 1.000 | 0.999 | 0.992 | 1.000 | 0.999 | 0.961 | 0.984 |
| 上海 | 1.000 | 1.000 | 1.000 | 0.920 | 0.698 | 0.916 | 0.906 | 0.802 | 0.905 |
| 江苏 | 0.776 | 0.975 | 1.000 | 1.000 | 1.000 | 1.000 | 1.000 | 1.000 | 0.969 |
| 浙江 | 1.000 | 1.000 | 1.000 | 1.000 | 1.000 | 1.000 | 1.000 | 1.000 | 1.000 |
| 福建 | 0.995 | 0.991 | 0.999 | 0.993 | 0.984 | 0.982 | 0.985 | 0.988 | 0.990 |
| 山东 | 0.919 | 0.855 | 0.951 | 0.884 | 0.801 | 0.862 | 0.855 | 0.839 | 0.871 |
| 广东 | 0.910 | 0.815 | 0.699 | 0.686 | 0.873 | 0.927 | 1.000 | 0.975 | 0.861 |
| 海南 | 1.000 | 0.989 | 1.000 | 0.700 | 0.810 | 0.939 | 0.786 | 0.903 |  |
| 山西 | 1.000 | 0.985 | 0.971 | 0.973 | 0.982 | 0.998 | 0.994 | 1.000 | 0.988 |
| 安徽 | 0.999 | 1.000 | 0.799 | 0.993 | 0.996 | 0.999 | 0.991 | 0.998 | 0.972 |
| 江西 | 0.850 | 0.999 | 1.000 | 0.996 | 1.000 | 0.988 | 0.990 | 0.978 |  |
| 河南 | 1.000 | 1.000 | 1.000 | 1.000 | 1.000 | 1.000 | 1.000 | 1.000 | 1.000 |
| 湖北 | 0.861 | 0.874 | 0.683 | 0.686 | 0.841 | 0.991 | 0.906 | 0.799 | 0.830 |
| 湖南 | 0.786 | 0.977 | 0.939 | 0.867 | 0.864 | 0.925 | 0.972 | 0.836 | 0.896 |
| 辽宁 | 1.000 | 1.000 | 1.000 | 0.841 | 0.828 | 0.913 | 0.961 | 0.867 | 0.926 |
| 吉林 | 1.000 | 0.995 | 0.993 | 0.995 | 1.000 | 0.934 | 0.998 | 0.926 | 0.980 |
| 黑龙江 | 0.989 | 0.999 | 0.998 | 1.000 | 0.996 | 1.000 | 0.961 | 0.921 | 0.982 |
| 内蒙古 | 0.899 | 0.985 | 0.991 | 0.934 | 1.000 | 1.000 | 1.000 | 1.000 | 0.976 |
| 广西 | 0.811 | 0.983 | 0.900 | 1.000 | 0.992 | 0.992 | 0.992 | 0.998 | 0.959 |
| 重庆 | 0.989 | 0.995 | 0.992 | 0.984 | 1.000 | 0.954 | 0.988 | 0.811 | 0.964 |

续表

| | 2003 年 | 2007 年 | 2010 年 | 2013 年 | 2016 年 | 2017 年 | 2018 年 | 2019 年 | 8 个年份均值 |
|---|---|---|---|---|---|---|---|---|---|
| 四川 | 0.893 | 0.688 | 0.656 | 0.643 | 0.705 | 0.789 | 0.783 | 0.820 | 0.747 |
| 贵州 | 0.993 | 0.992 | 0.893 | 1.000 | 0.984 | 1.000 | 0.970 | 1.000 | 0.979 |
| 云南 | 0.989 | 1.000 | 1.000 | 1.000 | 1.000 | 0.988 | 0.987 | 0.892 | 0.982 |
| 西藏 | 1.000 | 0.539 | 0.600 | 0.843 | 0.786 | 0.984 | 1.000 | 0.762 | 0.814 |
| 陕西 | 0.831 | 0.937 | 0.999 | 1.000 | 0.966 | 1.000 | 0.930 | 0.829 | 0.937 |
| 甘肃 | 0.992 | 0.979 | 0.974 | 1.000 | 0.995 | 1.000 | 0.992 | 0.985 | 0.990 |
| 青海 | 1.000 | 1.000 | 0.763 | 0.984 | 0.998 | 1.000 | 1.000 | 1.000 | 0.968 |
| 宁夏 | 1.000 | 1.000 | 1.000 | 1.000 | 1.000 | 1.000 | 0.953 | 1.000 | 0.994 |
| 新疆 | 1.000 | 1.000 | 1.000 | 0.939 | 1.000 | 1.000 | 1.000 | 1.000 | 0.992 |
| 全国平均 | 0.943 | 0.943 | 0.915 | 0.926 | 0.920 | 0.954 | 0.963 | 0.918 | 0.935 |
| 东部平均 | 0.934 | 0.931 | 0.921 | 0.901 | 0.858 | 0.912 | 0.950 | 0.901 | 0.913 |
| 中部平均 | 0.916 | 0.973 | 0.899 | 0.920 | 0.947 | 0.986 | 0.975 | 0.937 | 0.944 |
| 东北平均 | 0.996 | 0.998 | 0.997 | 0.945 | 0.941 | 0.949 | 0.971 | 0.905 | 0.963 |
| 西部平均 | 0.950 | 0.925 | 0.897 | 0.944 | 0.953 | 0.976 | 0.966 | 0.925 | 0.942 |

第一，部分省份一直维持了较高水平的规模效率。天津、河北、江苏、浙江、福建、山西、安徽、河南、内蒙古、贵州、宁夏、新疆等省份在考察的 8 个年份均实现了较高水平的规模效率。这些省份分属东部、中部和西部地区，因此，可以发现规模效率与高校所处地域并没有直接的因果关系。

第二，东北地区规模效率呈现总体下降情况。尽管从平均水平来看，东北地区具有最高水平的规模效率，但从时间趋势看，东北三省的规模效率均有不同程度的下降，总体均值由 0.996 下降到 0.905，呈现较大降幅；从具体省份来看，辽宁的下降幅度最大，由最优水平（取值为 1）下降到 2019 年的 0.867。

（二）质量成果静态效率

**1. 质量成果综合技术效率分析**

表 6-12 汇总了 2003～2019 年部分年份高校科技创新质量成果的综合技术效率。根据表中信息可知。

表 6-12　2003～2019 年部分年份高校科技创新质量成果的综合技术效率

| | 2003 年 | 2007 年 | 2010 年 | 2013 年 | 2016 年 | 2017 年 | 2018 年 | 2019 年 | 8 个年份均值 |
|---|---|---|---|---|---|---|---|---|---|
| 北京 | 1.000 | 1.000 | 1.000 | 1.000 | 1.000 | 1.000 | 1.000 | 1.000 | 1.000 |
| 天津 | 1.000 | 1.000 | 1.000 | 0.890 | 0.928 | 0.907 | 0.930 | 0.879 | 0.942 |
| 河北 | 0.778 | 0.791 | 0.724 | 0.813 | 0.843 | 0.962 | 0.726 | 0.756 | 0.799 |
| 上海 | 1.000 | 1.000 | 1.000 | 0.945 | 1.000 | 0.978 | 1.000 | 1.000 | 0.990 |
| 江苏 | 0.730 | 0.884 | 1.000 | 1.000 | 1.000 | 1.000 | 1.000 | 1.000 | 0.952 |
| 浙江 | 1.000 | 1.000 | 1.000 | 1.000 | 1.000 | 1.000 | 1.000 | 1.000 | 1.000 |
| 福建 | 1.000 | 0.856 | 1.000 | 1.000 | 0.857 | 0.705 | 0.617 | 0.805 | 0.855 |
| 山东 | 1.000 | 1.000 | 1.000 | 1.000 | 1.000 | 1.000 | 1.000 | 1.000 | 1.000 |
| 广东 | 0.882 | 0.643 | 0.921 | 0.872 | 1.000 | 1.000 | 1.000 | 1.000 | 0.915 |
| 海南 | 0.695 | 0.457 | 0.596 | 0.494 | 0.678 | 0.808 | 0.548 | 0.599 | 0.609 |
| 安徽 | 0.981 | 0.969 | 0.962 | 1.000 | 0.833 | 0.817 | 0.725 | 0.736 | 0.878 |
| 山西 | 1.000 | 0.751 | 0.663 | 0.750 | 0.975 | 1.000 | 0.973 | 1.000 | 0.889 |
| 江西 | 0.405 | 1.000 | 0.622 | 1.000 | 1.000 | 0.821 | 0.663 | 0.694 | 0.776 |
| 河南 | 0.614 | 0.670 | 1.000 | 1.000 | 1.000 | 1.000 | 1.000 | 1.000 | 0.911 |
| 湖北 | 0.765 | 0.956 | 1.000 | 1.000 | 1.000 | 1.000 | 1.000 | 1.000 | 0.965 |
| 湖南 | 0.880 | 0.621 | 0.686 | 0.929 | 1.000 | 1.000 | 1.000 | 1.000 | 0.890 |
| 辽宁 | 0.860 | 0.794 | 0.858 | 0.850 | 0.745 | 0.824 | 0.721 | 0.982 | 0.829 |
| 吉林 | 1.000 | 0.847 | 0.786 | 0.840 | 1.000 | 1.000 | 1.000 | 1.000 | 0.934 |
| 黑龙江 | 0.529 | 0.954 | 1.000 | 0.972 | 1.000 | 1.000 | 0.807 | 1.000 | 0.908 |
| 内蒙古 | 0.366 | 0.344 | 0.711 | 0.743 | 1.000 | 0.913 | 0.699 | 0.683 | 0.682 |
| 广西 | 0.244 | 0.423 | 0.640 | 0.854 | 1.000 | 0.683 | 0.788 | 0.845 | 0.685 |
| 重庆 | 0.496 | 0.962 | 1.000 | 1.000 | 1.000 | 0.864 | 1.000 | 1.000 | 0.915 |
| 四川 | 0.445 | 0.593 | 0.760 | 0.935 | 1.000 | 0.938 | 0.977 | 1.000 | 0.831 |
| 贵州 | 0.554 | 0.589 | 0.494 | 0.634 | 0.571 | 0.623 | 0.482 | 0.825 | 0.597 |
| 云南 | 0.833 | 0.934 | 0.740 | 1.000 | 0.915 | 0.894 | 0.715 | 0.967 | 0.875 |
| 西藏 | 1.000 | 1.000 | 0.211 | 0.185 | 0.356 | 0.376 | 1.000 | 0.284 | 0.552 |
| 陕西 | 0.715 | 1.000 | 0.753 | 0.905 | 1.000 | 1.000 | 0.974 | 0.850 | 0.900 |
| 甘肃 | 1.000 | 1.000 | 1.000 | 1.000 | 1.000 | 1.000 | 0.986 | 0.806 | 0.974 |
| 青海 | 0.463 | 0.610 | 1.000 | 0.159 | 1.000 | 0.117 | 0.283 | 1.000 | 0.579 |
| 宁夏 | 0.471 | 0.725 | 0.893 | 0.554 | 0.793 | 0.777 | 0.610 | 0.553 | 0.672 |
| 新疆 | 1.000 | 0.909 | 0.665 | 0.559 | 0.624 | 1.000 | 0.812 | 1.000 | 0.821 |

续表

| | 2003 年 | 2007 年 | 2010 年 | 2013 年 | 2016 年 | 2017 年 | 2018 年 | 2019 年 | 8 个年份均值 |
|---|---|---|---|---|---|---|---|---|---|
| 全国平均 | 0.765 | 0.816 | 0.829 | 0.835 | 0.907 | 0.871 | 0.840 | 0.879 | 0.843 |
| 东部平均 | 0.909 | 0.863 | 0.924 | 0.901 | 0.931 | 0.936 | 0.882 | 0.904 | 0.906 |
| 中部平均 | 0.774 | 0.828 | 0.822 | 0.947 | 0.968 | 0.940 | 0.894 | 0.905 | 0.885 |
| 东北平均 | 0.796 | 0.865 | 0.881 | 0.887 | 0.915 | 0.941 | 0.843 | 0.994 | 0.890 |
| 西部平均 | 0.632 | 0.757 | 0.739 | 0.711 | 0.855 | 0.765 | 0.777 | 0.818 | 0.757 |

第一，伴随高等教育规模扩大，全国高校整体的科技创新质量成果的综合技术效率呈现上升趋势。2003 年全国高校的综合技术效率值仅为 0.765，2019 年则达到了 0.879，增长了 0.114，8 个年份的平均值也达到了 0.843，略高于数量成果 0.829 的综合技术效率值。同时，尽管与数量成果的总体情况一致，其效率水平均低于前沿生产面，未达到最优水平，但其趋势与数量成果的发展趋势相反，呈现总体上升趋势。同时，质量成果的综合技术效率的起点值低于数量方面，但 8 个年份的均值却更高。因此，以上数据至少说明：①伴随高等教育规模扩大，高校科技创新质量成果的综合技术效率得到明显提升；②相较于数量成果，高等教育规模扩大对提高质量成果的产出效率更为有效。

第二，区域层面呈现不平衡状态，体现为东强西弱的特征。从 8 年均值来看，东部、中部、东北地区均高于全国均值，分别为 0.906、0.885、0.890，而西部地区则低于全国均值 0.843，为 0.757，与其他三大地区呈现较大差距。从趋势看，西部、中部、东北地区均呈现显著的增长趋势，东部地区则维持稳定状态。从成果类型比较看，数量成果方面西部地区呈现最高的综合效率值，而质量方面则呈现东部地区综合效率值最高的情况。基于以上分析可以发现：①伴随高等教育规模扩大，高等教育发达地区对质量成果的投入—产出效率更高，高等教育发达地区更具产生优质创新成果的能力，在质量成果生产方面东部资源配置水平更高。②伴随高等教育规模扩大，落后地区高等教育得到持续发展，其产生优质创新成果的效率能力也得到有效提高。结合以上两结论进一步分析，可以大胆推测：随着落后地区高等教育的质量水平提高，现在的落后地区也将呈现质量效率大于数量效率的情况，即高校技术创新最终将走向以质量成果为核心的创新道路。

第三，省级层面存在巨大差异，但质量效率优势省份与数量效率优势省份存在较大反差。从各省份的具体效率值看，北京、上海、山东、吉林、江苏等省份均有较高的质量效率值，不少年份均实现了最优效率状态，但在数量效率方面，北京、上海、山东、吉林却表现较差；而海南、贵州、西藏、青海、宁夏等在数量效率方面具有较高值的省份，在质量效率方面却呈现较低水平。从演变趋势来看，总体呈现 14 个省份效率上升、7 个省份效率值下降、10 个省份效率值相对稳定的状态，呈现升多降少的情况。从个别省份表现情况看，高等教育发展水平较高的地区增长效果较为明显，如江苏、四川、重庆、湖北、湖南，而高等教育相对落后的地区则呈现增幅较低或下降或波动较大情况，如西藏、青海、宁夏、甘肃等。根据以上分析可以发现：①伴随高等教育规模扩大，质量效率与数量效率呈现一定的不一致情况，高等教育发达且在数量效率方面不佳的地区，通常具有较高的质量效率表现，而高等教育欠发达且数量效率较高的地区，在质量效率方面则表现不佳，说明高等教育规模扩大一定程度上不能实现数量和质量效益兼顾，这可能与高等教育规模扩张程度和基础水平有较大关系。②伴随高等教育规模扩大，多数省份高校科技创新的质量效率得到有效提升。

**2. 质量成果纯技术效率分析**

表 6-13 对 2003～2019 年部分年份高校科技创新质量成果的纯技术效率进行了汇报。从表 6-13 中数据可知，全国整体层面看，高校科技创新质量成果的纯技术效率呈现总体上升趋势，由 2003 年的 0.810 上升到 2019 年的 0.923，上升了 0.113，整体愈发接近最优效率水平。从区域层面看，东部地区表现出更高的纯技术效率，而西部地区具有最低的纯技术效率，这与西部地区在数量方面具有最高的纯技术效率情况恰好相反；从发展趋势看，中部、东北和西部三区域均呈现纯技术效率的提升，而东部地区总体保持平稳趋势，这与质量成果的综合技术效率的情况一致。从省级层面来看，8 个年份实现最优水平的省份 75%来源于东部地区，包括北京、浙江、山东，说明东部地区省份在科技创新质量成果的产出方面具有更优的管理水平和技术水平。从趋势来看，结合 2003 年起始值、平均值、2019 年终止值分析发现，31 个省份纯技术效率值呈现增长的省份有 16 个、下降 5 个、稳定 11 个，与综合技术效率一致呈现增多降少的情况。由以上数据分析可以发现：①高等教育规模扩大背景下，高校科技创新质量成果的纯技术效率呈现上升趋势，表明在高等教育规模扩大的同时，高校科技创新方面的管理水平和技术水平均得到有效提升，进而提高了高校优质创新成果的生产能力。②纯技术效率的提高，在高等教育相对落后地区效果更明显。

**表 6-13　2003～2019 年部分年份高校科技创新质量成果的纯技术效率**

| | 2003 年 | 2007 年 | 2010 年 | 2013 年 | 2016 年 | 2017 年 | 2018 年 | 2019 年 | 8 个年份均值 |
|---|---|---|---|---|---|---|---|---|---|
| 北京 | 1.000 | 1.000 | 1.000 | 1.000 | 1.000 | 1.000 | 1.000 | 1.000 | 1.000 |
| 天津 | 1.000 | 1.000 | 1.000 | 0.898 | 0.937 | 0.914 | 0.937 | 0.887 | 0.947 |
| 河北 | 0.780 | 0.795 | 0.731 | 0.820 | 0.852 | 0.974 | 0.731 | 0.766 | 0.806 |
| 上海 | 1.000 | 1.000 | 1.000 | 0.964 | 1.000 | 0.980 | 1.000 | 1.000 | 0.993 |
| 江苏 | 0.730 | 0.911 | 1.000 | 1.000 | 1.000 | 1.000 | 1.000 | 1.000 | 0.955 |
| 浙江 | 1.000 | 1.000 | 1.000 | 1.000 | 1.000 | 1.000 | 1.000 | 1.000 | 1.000 |
| 福建 | 1.000 | 0.869 | 1.000 | 1.000 | 0.870 | 0.717 | 0.630 | 0.810 | 0.862 |
| 广东 | 0.891 | 0.657 | 0.949 | 0.875 | 1.000 | 1.000 | 1.000 | 1.000 | 0.922 |
| 山东 | 1.000 | 1.000 | 1.000 | 1.000 | 1.000 | 1.000 | 1.000 | 1.000 | 1.000 |
| 海南 | 1.000 | 1.000 | 1.000 | 0.995 | 0.899 | 1.000 | 0.663 | 0.765 | 0.915 |
| 山西 | 1.000 | 0.757 | 0.705 | 0.768 | 1.000 | 1.000 | 0.984 | 1.000 | 0.902 |
| 安徽 | 0.982 | 1.000 | 0.965 | 1.000 | 0.846 | 0.827 | 0.738 | 0.749 | 0.888 |
| 河南 | 0.646 | 0.674 | 1.000 | 1.000 | 1.000 | 1.000 | 1.000 | 1.000 | 0.915 |
| 江西 | 0.411 | 1.000 | 0.638 | 1.000 | 1.000 | 0.826 | 0.679 | 0.710 | 0.783 |
| 湖北 | 0.887 | 1.000 | 1.000 | 1.000 | 1.000 | 1.000 | 1.000 | 1.000 | 0.986 |
| 湖南 | 0.903 | 0.644 | 0.687 | 0.947 | 1.000 | 1.000 | 1.000 | 1.000 | 0.898 |
| 辽宁 | 0.861 | 1.000 | 0.905 | 0.853 | 0.749 | 0.827 | 0.724 | 0.983 | 0.863 |
| 吉林 | 1.000 | 0.852 | 0.793 | 0.850 | 1.000 | 1.000 | 1.000 | 1.000 | 0.937 |
| 黑龙江 | 0.553 | 1.000 | 0.977 | 0.977 | 1.000 | 1.000 | 0.807 | 1.000 | 0.917 |
| 内蒙古 | 0.378 | 0.358 | 0.719 | 0.787 | 1.000 | 0.925 | 0.747 | 0.727 | 0.705 |
| 广西 | 0.251 | 0.441 | 0.647 | 0.871 | 1.000 | 0.704 | 0.790 | 0.868 | 0.697 |
| 重庆 | 0.503 | 1.000 | 1.000 | 1.000 | 1.000 | 0.880 | 1.000 | 1.000 | 0.923 |
| 四川 | 0.446 | 0.667 | 0.768 | 0.988 | 1.000 | 0.939 | 1.000 | 1.000 | 0.851 |
| 贵州 | 0.563 | 0.607 | 0.619 | 0.704 | 0.694 | 0.664 | 0.525 | 0.891 | 0.658 |
| 云南 | 0.885 | 0.975 | 0.778 | 1.000 | 0.936 | 0.904 | 0.726 | 0.982 | 0.898 |
| 西藏 | 1.000 | 1.000 | 1.000 | 1.000 | 1.000 | 1.000 | 1.000 | 1.000 | 1.000 |
| 陕西 | 0.733 | 1.000 | 0.765 | 0.913 | 1.000 | 1.000 | 0.980 | 0.852 | 0.905 |
| 甘肃 | 1.000 | 1.000 | 1.000 | 1.000 | 1.000 | 1.000 | 1.000 | 0.846 | 0.981 |
| 青海 | 0.844 | 0.632 | 1.000 | 1.000 | 1.000 | 0.705 | 1.000 | 1.000 | 0.898 |
| 宁夏 | 0.859 | 0.746 | 1.000 | 0.815 | 1.000 | 0.965 | 0.789 | 0.765 | 0.867 |
| 新疆 | 1.000 | 0.917 | 0.753 | 0.631 | 0.737 | 1.000 | 0.870 | 1.000 | 0.864 |

| | 2003 年 | 2007 年 | 2010 年 | 2013 年 | 2016 年 | 2017 年 | 2018 年 | 2019 年 | 8 个年份均值 |
|---|---|---|---|---|---|---|---|---|---|
| 全国平均 | 0.810 | 0.855 | 0.885 | 0.924 | 0.952 | 0.927 | 0.881 | 0.923 | 0.895 |
| 东部平均 | 0.940 | 0.923 | 0.968 | 0.955 | 0.956 | 0.959 | 0.896 | 0.923 | 0.940 |
| 中部平均 | 0.805 | 0.846 | 0.833 | 0.953 | 0.974 | 0.942 | 0.900 | 0.910 | 0.895 |
| 东北平均 | 0.805 | 0.951 | 0.899 | 0.893 | 0.916 | 0.942 | 0.844 | 0.994 | 0.906 |
| 西部平均 | 0.705 | 0.779 | 0.837 | 0.892 | 0.947 | 0.891 | 0.869 | 0.911 | 0.854 |

### 3. 质量成果规模效率分析

表 6-14 对 2003～2019 年部分年份高校科技创新质量成果的规模效率进行了汇报。据表中数据可知,从全国层面看,高校科技创新质量成果的规模效率尽管未实现最优水平,但整体水平相对较高,相较于纯技术效率水平具有更高的水平情况,全国整体呈现微增长情况。从区域层面看,中部地区具有最高的规模效率水平,其次分别是东北地区和东部地区,与综合技术效率和纯技术效率一致,西部地区同样具有最低的规模效率;结合综合技术效率和纯技术效率可以发现,在高校科技创新质量成果方面,西部地区高校的效率水平最低,这与数量成果方面的效率情况相反。从变化趋势看,东部、中部和东北地区均呈现规模效率的增长,其中东部地区呈现规模效率的微增长,西部地区则出现微弱的下降,说明西部地区高校的规模扩张,有形成优质科技创新成果生产的规模不效率趋势,需要及时干预以提高效率。从省级层面看:第一,部分省份出现了规模效率急剧下降的情况,如西藏的规模效率从最优水平下降到 2019 年的 0.284,8 年平均值为 0.552,是 31 个省份中规模效率最低的,说明西藏高等教育规模扩张,并未带来优质科技创新成果的有效生产;因此,可以推知,优质科技创新投入—产出要实现高效率与其地方高等教育的发展水平具有重要关联。第二,实现较高水平规模效率的省份主要集中于东部,31 个省份中有 15 个省份的规模效率值达到了 0.990 以上,其中东部省份 9 个、中部省份 2 个、西部省份 3 个、东北 1 个;同时,8 个年份均实现最优水平的省份为北京、浙江、山东,均为东部省份。基于以上数据分析,可以发现:①伴随高等教育规模扩大,高校在科技创新质量成果方面的规模效率均有较高水平,可以推知,高等教育规模扩大,为高校供给了更多优质的科研人才,进而提升了高校在优质科技创新方面的投入—产出规模效率。②相较于高等教育发展相对落后地区,高等教育发达地区在优质科技创新成果方面的规模效率水平更高。

表 6-14　2003～2019 年部分年份高校科技创新质量成果的规模效率

| | 2003 年 | 2007 年 | 2010 年 | 2013 年 | 2016 年 | 2017 年 | 2018 年 | 2019 年 | 8 个年份均值 |
|---|---|---|---|---|---|---|---|---|---|
| 北京 | 1.000 | 1.000 | 1.000 | 1.000 | 1.000 | 1.000 | 1.000 | 1.000 | 1.000 |
| 天津 | 1.000 | 1.000 | 1.000 | 0.990 | 0.990 | 0.993 | 0.992 | 0.991 | 0.995 |
| 河北 | 0.998 | 0.995 | 0.991 | 0.990 | 0.990 | 0.988 | 0.993 | 0.987 | 0.992 |
| 上海 | 1.000 | 1.000 | 1.000 | 0.980 | 1.000 | 0.998 | 1.000 | 1.000 | 0.997 |
| 江苏 | 1.000 | 0.971 | 1.000 | 1.000 | 1.000 | 1.000 | 1.000 | 1.000 | 0.996 |
| 浙江 | 1.000 | 1.000 | 1.000 | 1.000 | 1.000 | 1.000 | 1.000 | 1.000 | 1.000 |
| 福建 | 1.000 | 0.986 | 1.000 | 1.000 | 0.985 | 0.983 | 0.981 | 0.994 | 0.991 |
| 山东 | 1.000 | 1.000 | 1.000 | 1.000 | 1.000 | 1.000 | 1.000 | 1.000 | 1.000 |
| 广东 | 0.990 | 0.978 | 0.971 | 0.997 | 1.000 | 1.000 | 1.000 | 1.000 | 0.992 |
| 海南 | 0.695 | 0.457 | 0.596 | 0.497 | 0.754 | 0.808 | 0.827 | 0.783 | 0.677 |
| 山西 | 1.000 | 0.991 | 0.940 | 0.976 | 0.975 | 1.000 | 0.990 | 1.000 | 0.984 |
| 安徽 | 0.999 | 0.969 | 0.997 | 1.000 | 0.984 | 0.988 | 0.983 | 0.983 | 0.988 |
| 江西 | 0.984 | 1.000 | 0.975 | 1.000 | 0.994 | 0.976 | 0.978 | 0.988 | 0.988 |
| 河南 | 0.950 | 0.994 | 1.000 | 1.000 | 1.000 | 1.000 | 1.000 | 1.000 | 0.993 |
| 湖北 | 0.863 | 0.956 | 1.000 | 1.000 | 1.000 | 1.000 | 1.000 | 1.000 | 0.977 |
| 湖南 | 0.975 | 0.964 | 0.998 | 0.980 | 1.000 | 1.000 | 1.000 | 1.000 | 0.990 |
| 辽宁 | 0.999 | 0.794 | 0.948 | 0.996 | 0.994 | 0.997 | 0.997 | 0.999 | 0.966 |
| 吉林 | 1.000 | 0.994 | 0.991 | 0.988 | 1.000 | 1.000 | 1.000 | 1.000 | 0.997 |
| 黑龙江 | 0.957 | 0.954 | 1.000 | 0.995 | 1.000 | 1.000 | 1.000 | 1.000 | 0.988 |
| 内蒙古 | 0.969 | 0.964 | 0.988 | 0.943 | 1.000 | 0.987 | 0.936 | 0.940 | 0.966 |
| 广西 | 0.973 | 0.960 | 0.988 | 0.980 | 0.970 | 0.997 | 0.973 | 0.980 |
| 重庆 | 0.985 | 0.962 | 1.000 | 1.000 | 1.000 | 0.982 | 1.000 | 1.000 | 0.991 |
| 四川 | 0.999 | 0.888 | 0.990 | 0.946 | 1.000 | 0.998 | 0.977 | 1.000 | 0.975 |
| 贵州 | 0.983 | 0.970 | 0.797 | 0.901 | 0.824 | 0.938 | 0.919 | 0.926 | 0.907 |
| 云南 | 0.941 | 0.957 | 0.951 | 1.000 | 0.977 | 0.989 | 0.985 | 0.985 | 0.973 |
| 西藏 | 1.000 | 1.000 | 0.211 | 0.185 | 0.356 | 0.376 | 1.000 | 0.284 | 0.552 |
| 陕西 | 0.977 | 1.000 | 0.983 | 0.991 | 1.000 | 1.000 | 0.994 | 0.998 | 0.993 |
| 甘肃 | 1.000 | 1.000 | 1.000 | 1.000 | 1.000 | 1.000 | 0.986 | 0.953 | 0.992 |
| 青海 | 0.549 | 0.965 | 1.000 | 0.159 | 1.000 | 0.166 | 0.283 | 1.000 | 0.640 |
| 宁夏 | 0.549 | 0.972 | 0.893 | 0.679 | 0.793 | 0.805 | 0.773 | 0.723 | 0.773 |
| 新疆 | 1.000 | 0.991 | 0.883 | 0.886 | 0.846 | 1.000 | 0.933 | 1.000 | 0.942 |

续表

| | 2003 年 | 2007 年 | 2010 年 | 2013 年 | 2016 年 | 2017 年 | 2018 年 | 2019 年 | 8 个年份均值 |
|---|---|---|---|---|---|---|---|---|---|
| 全国平均 | 0.946 | 0.956 | 0.938 | 0.905 | 0.951 | 0.934 | 0.952 | 0.952 | 0.942 |
| 东部平均 | 0.968 | 0.939 | 0.956 | 0.945 | 0.972 | 0.977 | 0.979 | 0.976 | 0.964 |
| 中部平均 | 0.962 | 0.979 | 0.985 | 0.993 | 0.993 | 0.997 | 0.992 | 0.994 | 0.987 |
| 东北平均 | 0.985 | 0.914 | 0.980 | 0.993 | 0.998 | 0.999 | 0.999 | 1.000 | 0.983 |
| 西部平均 | 0.910 | 0.969 | 0.890 | 0.806 | 0.900 | 0.851 | 0.899 | 0.899 | 0.890 |

## 四、动态视角下高等教育规模扩大中的高校科技创新效率

DEA-BCC 模型仅能从同一时间截面维度进行效率比较，其逻辑旨意在于将同一年所有决策单元进行比较，由于生产前沿面是由考察年份所有决策单元共同决定，因此，其测算结果仅能代表考察年份相较于其他决策单元的相对情况，并不能真实反映决策单元发展过程中的动态变化，即不能反映决策单元随着时间变化的情况，到底是进步、稳定还是退步了？为全面反映决策单元的效率情况，还需从动态角度进行评价。DEA-Malmquist 模型是从时间维度以前面一年为基年进行比较，可以考察决策单元全要素生产率的前后变化。因此，表现为决策单元的动态变化，更能有效反映决策单元投入—产出效率的实际变化。因此，本部分将从动态视角对高等教育规模发展下的高校科技创新效率进行考察。

### （一）数量成果动态效率

表 6-15 从时间序列角度汇报了全国高校科技创新数量成果方面的 Malmquist 指数值及其构成情况。据表 6-15 数据可以发现，在测量期内，全要素生产率值大于 1 出现 9 次、等于 1 出现 1 次、小于 1 出现 6 次。因此，①从总体来看，在测量期内全国高校的全要素生产率在多数时期内呈现生产效率提高的趋势，由此可知，高等教育规模扩大在多数时期提高了高校科技创新数量成果的生产效率。②从发展趋势来看，2003～2004 年到 2009～2010 年时期高校科技创新数量成果的全要素生产率属于波动期，在效率提升和效率下降中徘徊；2010～2011 年到 2015～2016 年时期属于效率提升期，全要素生产率值均大于等于 1，表明这一时期高校科技创新数量成果的生产效率得到有效提升；2016～2017 年到 2018～2019 年三个时期，属于效率下降期，这一阶段高校科技创新数量成果的生产效率持续下

降，同时也表明当前我国高校科技创新数量成果的生产属于投入—产出无效阶段，未有明显的进步，这一问题值得关注。③从均值层面看，16 个时期的平均值为 0.993，说明尽管测量期内多数时期全要素生产率大于 1，但增幅与降幅相比，降幅程度更大，因此导致均值小于 1。根据表 6-15 数据，可以进一步分析是什么原因导致了不同的全要素生产率。根据表 6-15 数据，全要素生产率值大于 1 的情况，即生产效率提高多数时候是由技术进步推动的。在 9 次全要素生产率值大于 1 的情况下，技术进步变化值大于 1 的次数为 7 次，说明新技术的引进或发展推动了全要素生产率的提升。同时，2016～2017 年到 2018～2019 年三个时期，技术进步变化值均低于 1，同时综合技术效率值 2 次低于 1，由此可以推知，随着高等教育规模的持续扩大，技术进步供给的生产效率要低于规模的发展程度，同时由综合技术效率值低于 1 也可推知，在已有的技术情况下，技术效率、管理效能均存在不足，未能适应高等教育规模的发展。

表 6-15　基于时间序列的全国高校科技创新数量成果的 Malmquist 指数值及其构成

| | 综合技术效率 | 技术进步变化 | 纯技术效率变化 | 规模效率变化 | 全要素生产率 |
|---|---|---|---|---|---|
| 2003～2004 年 | 0.909 | 1.017 | 0.945 | 0.962 | 0.925 |
| 2004～2005 年 | 0.994 | 1.029 | 0.965 | 1.030 | 1.023 |
| 2005～2006 年 | 0.890 | 1.114 | 0.921 | 0.966 | 0.991 |
| 2006～2007 年 | 1.091 | 0.955 | 1.068 | 1.022 | 1.043 |
| 2007～2008 年 | 1.040 | 1.005 | 1.039 | 1.001 | 1.045 |
| 2008～2009 年 | 0.976 | 1.030 | 0.989 | 0.986 | 1.005 |
| 2009～2010 年 | 1.011 | 0.958 | 1.030 | 0.981 | 0.968 |
| 2010～2011 年 | 0.964 | 1.076 | 0.961 | 1.003 | 1.038 |
| 2011～2012 年 | 1.028 | 0.978 | 1.034 | 0.994 | 1.005 |
| 2012～2013 年 | 1.027 | 0.996 | 1.005 | 1.022 | 1.023 |
| 2013～2014 年 | 0.973 | 1.028 | 0.997 | 0.976 | 1.000 |
| 2014～2015 年 | 1.030 | 1.044 | 1.001 | 1.029 | 1.076 |
| 2015～2016 年 | 1.021 | 1.048 | 1.026 | 0.996 | 1.070 |
| 2016～2017 年 | 1.083 | 0.871 | 1.025 | 1.057 | 0.943 |
| 2017～2018 年 | 0.944 | 0.997 | 0.943 | 1.001 | 0.942 |
| 2018～2019 年 | 0.975 | 0.847 | 1.034 | 0.942 | 0.825 |
| 均值 | 0.996 | 0.997 | 0.998 | 0.998 | 0.993 |

表 6-16 从区域和省级层面对 2003～2019 年高校科技创新数量成果的平均 Malmquist 指数值及构成进行了汇报，据表中数据可知。①东部地区是高校科技创新数量成果平均全要素生产率提升最高的地区。据表 6-16 数据可知，2003～2019 年东部、中部、东北、西部四大地区的平均全要素生产率分别为 1.018、0.986、0.998、0.978，说明过去 17 年间东部地区全要素生产率年均提升了 1.8%，而其他三大地区则分别下降了 1.4%、0.2%、2.2%，由此说明高等教育规模扩大背景下，东部地区全要素生产率提升更为有效。②高等教育规模发展背景下，不同区域全要素生产率变化的诱发因素存在差异。据表 6-16 数据分析发现，东部地区全要素生产率的提高主要依靠技术进步，即新技术、新知识、新设施等技术进步要素是东部地区高校科技创新数量成果生产效率提升的主要推动因子，而东部地区基于已有技术的纯技术效率变化值和规模投入的规模效率变化值均低于 1，说明二者构成了进一步提升全要素生产率的阻碍，需进一步提升管理效能、资源配置效能和技术运用能力。中部地区全要素效率低则是由技术进步变化效率和技术效率双无效引致的，说明中部地区急需改善技术环境。东北地区则呈现与东部地区一致的情况，技术进步要素是其核心推动因子，与东部不同的情况在于东北地区技术效率和规模效率的低效对全要素生产率提高的阻碍更大，损耗更深。西部地区的主要阻碍因子是技术进步要素，同时规模效率也呈现微无效情况，对其全要素生产率的贡献主要源于技术效率，说明西部地区有效利用了其现有技术，实现了技术资源的有效配置。③在考察期内实现全要素生产率提升的省份，东部地区占比更高。2003～2019 年有 18 个省份在考察期内实现了全要素生产率的提升，其中东部地区 8 个、中部地区 3 个、东北地区 1 个、西部地区 6 个，分别占各自区域省份总数的 80.00%、50.00%、33.33%、50.00%，同时，东部地区的江苏、浙江、广东在综合技术效率、技术进步变化、纯技术效率变化、规模效率变化、全要素生产率五项指标上均实现了效率增长。由以上数据可以发现，在时序层面，东部地区高校科技创新数量成果的投入—产出效率水平更高。

**表 6-16　2003～2019 年高校科技创新数量成果的平均 Malmquist 指数值及其构成**

|  | 综合技术效率 | 技术进步变化 | 纯技术效率变化 | 规模效率变化 | 全要素生产率 |
|---|---|---|---|---|---|
| 北京 | 0.966 | 1.046 | 0.998 | 0.968 | 1.011 |
| 天津 | 0.969 | 1.053 | 0.973 | 0.996 | 1.020 |
| 河北 | 0.996 | 0.949 | 0.995 | 1.001 | 0.946 |

续表

| | 综合技术效率 | 技术进步变化 | 纯技术效率变化 | 规模效率变化 | 全要素生产率 |
|---|---|---|---|---|---|
| 上海 | 0.974 | 1.045 | 0.989 | 0.985 | 1.018 |
| 江苏 | 1.016 | 1.073 | 1.000 | 1.016 | 1.090 |
| 浙江 | 1.000 | 1.070 | 1.000 | 1.000 | 1.070 |
| 山东 | 0.987 | 1.056 | 0.994 | 0.993 | 1.041 |
| 福建 | 0.982 | 1.062 | 0.982 | 1.000 | 1.043 |
| 广东 | 1.005 | 1.026 | 1.001 | 1.004 | 1.031 |
| 海南 | 0.973 | 0.939 | 0.983 | 0.990 | 0.914 |
| 山西 | 0.988 | 0.930 | 0.989 | 0.999 | 0.919 |
| 安徽 | 1.021 | 0.983 | 1.013 | 1.008 | 1.004 |
| 江西 | 1.018 | 0.973 | 1.005 | 1.012 | 0.991 |
| 河南 | 1.000 | 0.952 | 1.000 | 1.000 | 0.952 |
| 湖北 | 0.987 | 1.028 | 0.992 | 0.995 | 1.015 |
| 湖南 | 0.998 | 1.035 | 0.996 | 1.002 | 1.033 |
| 辽宁 | 0.979 | 1.017 | 0.991 | 0.987 | 0.996 |
| 吉林 | 0.980 | 0.982 | 0.988 | 0.992 | 0.962 |
| 黑龙江 | 0.991 | 1.046 | 0.996 | 0.995 | 1.036 |
| 内蒙古 | 1.019 | 0.919 | 1.010 | 1.009 | 0.937 |
| 广西 | 1.003 | 1.004 | 0.993 | 1.010 | 1.007 |
| 重庆 | 0.998 | 1.030 | 1.011 | 0.988 | 1.028 |
| 四川 | 1.027 | 0.985 | 1.023 | 1.004 | 1.012 |
| 贵州 | 1.010 | 0.984 | 1.010 | 1.001 | 0.994 |
| 云南 | 0.998 | 1.027 | 1.004 | 0.993 | 1.025 |
| 西藏 | 0.983 | 0.881 | 1.000 | 0.983 | 0.866 |
| 陕西 | 0.990 | 1.071 | 0.992 | 0.998 | 1.060 |
| 甘肃 | 1.014 | 1.009 | 1.015 | 0.999 | 1.023 |
| 青海 | 1.000 | 0.938 | 1.000 | 1.000 | 0.938 |
| 宁夏 | 1.000 | 0.916 | 1.000 | 1.000 | 0.916 |
| 新疆 | 1.000 | 0.934 | 1.000 | 1.000 | 0.934 |
| 东部平均 | 0.987 | 1.032 | 0.992 | 0.995 | 1.018 |
| 中部平均 | 1.002 | 0.984 | 0.999 | 1.003 | 0.986 |
| 东北平均 | 0.983 | 1.015 | 0.992 | 0.991 | 0.998 |
| 西部平均 | 1.004 | 0.975 | 1.005 | 0.999 | 0.978 |

（二）质量成果动态效率

表 6-17 从时间序列角度汇报了全国高校科技创新质量成果方面的 Malmquist 指数值及其构成情况，据表 6-17 数据可知。①从总体情况看，考察期内全国高校科技创新质量成果的全要素生产率实现了提升，平均每年提升 1.5%，这与数量成果方面平均每年降低 0.7%具有较大差异；同时，经测算发现，在 16 个时期，有 10 个时期质量成果的全要素生产率要高于数量成果，两相比较可以发现：在考察期内，高等教育规模发展对高校科技创新质量成果的全要素生产率提升更为显著。②从趋势看，考察期内高校科技创新质量成果的全要素生产率呈现波动变化情况，这与数量成果具有显著的阶段性存在差异，说明高校在质量成果生产方面的调整更快，同时不确定性也更高。③从具体指标来看，除规模效率变化的均值略低于 1，其余指标均大于 1，实现了效率提升，这与数量成果方面也形成较大差异。综合以上分析可以发现，相较于数量成果，高等教育规模发展下，高校在科技创新质量成果方面的全要素生产率提升效应更为显著，各项指标实现有效的时期更多，说明高等教育规模发展更有利于质量成果的产生。

表 6-17　基于时间序列的全国高校科技创新质量成果的 Malmquist 指数值及其构成

| | 综合技术效率 | 技术进步变化 | 纯技术效率变化 | 规模效率变化 | 全要素生产率 |
|---|---|---|---|---|---|
| 2003～2004 年 | 1.102 | 1.098 | 1.120 | 0.984 | 1.210 |
| 2004～2005 年 | 1.008 | 0.902 | 1.017 | 0.991 | 0.909 |
| 2005～2006 年 | 1.016 | 1.024 | 1.003 | 1.013 | 1.040 |
| 2006～2007 年 | 0.969 | 1.174 | 0.989 | 0.980 | 1.138 |
| 2007～2008 年 | 0.871 | 0.916 | 0.995 | 0.876 | 0.798 |
| 2008～2009 年 | 1.009 | 1.167 | 0.877 | 1.151 | 1.178 |
| 2009～2010 年 | 1.150 | 0.853 | 1.172 | 0.982 | 0.982 |
| 2010～2011 年 | 0.916 | 1.056 | 0.944 | 0.970 | 0.967 |
| 2011～2012 年 | 1.115 | 0.993 | 1.081 | 1.031 | 1.108 |
| 2012～2013 年 | 0.958 | 0.955 | 1.028 | 0.932 | 0.915 |
| 2013～2014 年 | 1.022 | 1.044 | 1.010 | 1.012 | 1.067 |
| 2014～2015 年 | 1.031 | 1.220 | 0.931 | 1.108 | 1.258 |
| 2015～2016 年 | 1.081 | 0.942 | 1.099 | 0.984 | 1.018 |
| 2016～2017 年 | 0.929 | 0.942 | 0.943 | 0.986 | 0.876 |
| 2017～2018 年 | 0.984 | 1.056 | 0.971 | 1.013 | 1.039 |
| 2018～2019 年 | 1.054 | 0.823 | 1.055 | 1.000 | 0.868 |
| 均值 | 1.011 | 1.004 | 1.012 | 0.999 | 1.015 |

　　表 6-18 从区域和省级层面对 2003～2019 年高校科技创新质量成果的 Malmquist 指数值及其构成进行了汇报,据表中数据可知。①四大区域均实现了全要素生产率的提高,相较于数量成果的全要素生产率更为有效。从表 6-18 数据可知,2003～2019 年东部、中部、东北和西部地区的平均全要素生产率分别为 1.022、1.018、1.018、1.010,说明 17 年间东部、中部、东北和西部地区年均全要素生产率分别提升了 2.2%、1.8%、1.8%、1.0%,由此说明伴随高等教育规模扩大,各区域高校均实现了全要素生产率的提升,与数量成果仅提升了东部地区高校的全要素生产率相比,更有全面性。由此也说明,高等教育规模扩大,对质量成果的生产更有助益。②各区域全要素生产率提升的助推因素存在差异。据表 6-18 可以发现,东部地区综合技术效率、纯技术效率变化的值均小于 1,但因技术进步变化效率值较高,却实现了最高的全要素生产率,说明东部高校的技术进步变化是提高其全要素生产率的核心因素,这可能与东部地区高校普遍具有更多优质人才储备、更多的知识积累有巨大关系。中部和东北地区则表现为均衡发展,各项指标值均大于等于 1,说明两地区高校在科技创新质量成果生产方面既实现了有效的管理、资源配置,同时也实现了较好的利用新技术、新知识。西部地区高校科技创新质量成果与数量成果表现为一致特征,其全要素生产率提高的阻碍因素均是技术进步要素和规模效率变化,进一步说明,西部地区高校依靠新技术变化提高全要素生产率的动能不足,同时也说明西部地区高校规模投入呈现效率下降的趋势;基于此,西部地区高校还应重点在优质创新人才和规模资源配置上予以改善。③考察期内高校科技创新质量成果全要素生产率提升的省份达到了 19 个,占全部省份的 61.3%,其中东部地区 7 个、中部地区 4 个、东北地区 1 个、西部地区 7 个,分别占各区域省份数的 70.0%、66.7%、33.3%、58.3%,东部地区占比最高,表明东部地区高校科技创新质量成果的投入—产出效率水平更高,这与数量成果的投入—产出效率具有一致性。④31 省份中有 8 个省份在综合技术效率、技术进步变化、纯技术效率变化、规模效率变化和全要素生产率等五项指标上均实现了效率的提高,相较于数量成果仅有 3 个省份,在数量上具有较大超越。因此,可以推知,高等教育规模扩大下,相较于数量成果,高校在科技创新质量成果的生产效率方面提升效果更为明显,进一步分析可以发现,因高等教育规模发展为高校科技发展提供了必要的资源储备、人才储备、技术储备,为改进管理效能提供了可能,这为高校科技创新质量成果的产出提供了更多可能性。

**表 6-18　2003～2019 年高校科技创新质量成果的 Malmquist 指数值及其构成**

| | 综合技术效率 | 技术进步变化 | 纯技术效率变化 | 规模效率变化 | 全要素生产率 |
|---|---|---|---|---|---|
| 北京 | 1.000 | 0.983 | 1.000 | 1.000 | 0.983 |
| 天津 | 0.992 | 1.029 | 0.992 | 1.000 | 1.020 |
| 河北 | 0.998 | 1.004 | 0.998 | 1.000 | 1.002 |
| 上海 | 1.000 | 1.059 | 1.000 | 1.000 | 1.059 |
| 江苏 | 1.020 | 1.040 | 1.016 | 1.004 | 1.060 |
| 浙江 | 1.000 | 1.053 | 1.000 | 1.000 | 1.053 |
| 福建 | 0.987 | 1.032 | 0.987 | 1.000 | 1.018 |
| 山东 | 1.000 | 0.975 | 1.000 | 1.000 | 0.975 |
| 广东 | 1.008 | 1.058 | 1.007 | 1.001 | 1.067 |
| 海南 | 0.991 | 0.995 | 0.979 | 1.012 | 0.986 |
| 山西 | 1.000 | 1.028 | 1.000 | 1.000 | 1.028 |
| 安徽 | 0.982 | 1.009 | 0.983 | 0.999 | 0.991 |
| 江西 | 1.034 | 0.983 | 1.035 | 1.000 | 1.017 |
| 河南 | 1.031 | 1.007 | 1.029 | 1.001 | 1.039 |
| 湖北 | 1.017 | 1.017 | 1.006 | 1.011 | 1.034 |
| 湖南 | 1.008 | 0.988 | 1.007 | 1.001 | 0.996 |
| 辽宁 | 1.008 | 0.969 | 1.008 | 1.000 | 0.977 |
| 吉林 | 1.000 | 0.990 | 1.000 | 1.000 | 0.990 |
| 黑龙江 | 1.041 | 1.044 | 1.040 | 1.001 | 1.086 |
| 内蒙古 | 1.040 | 0.963 | 1.041 | 0.999 | 1.001 |
| 广西 | 1.081 | 1.026 | 1.082 | 0.999 | 1.109 |
| 重庆 | 1.045 | 0.980 | 1.045 | 1.000 | 1.024 |
| 四川 | 1.052 | 1.033 | 1.044 | 1.007 | 1.087 |
| 贵州 | 1.025 | 1.006 | 1.026 | 1.000 | 1.032 |
| 云南 | 1.009 | 1.012 | 1.006 | 1.003 | 1.022 |
| 西藏 | 0.924 | 0.955 | 1.000 | 0.924 | 0.882 |
| 陕西 | 1.011 | 1.028 | 1.010 | 1.001 | 1.040 |
| 甘肃 | 0.987 | 1.000 | 0.989 | 0.998 | 0.986 |
| 青海 | 1.049 | 0.931 | 1.041 | 1.008 | 0.977 |
| 宁夏 | 1.010 | 0.970 | 1.009 | 1.001 | 0.980 |
| 新疆 | 1.000 | 0.976 | 1.000 | 1.000 | 0.976 |
| 东部平均 | 0.999 | 1.023 | 0.998 | 1.002 | 1.022 |
| 中部平均 | 1.012 | 1.005 | 1.010 | 1.002 | 1.018 |
| 东北平均 | 1.016 | 1.001 | 1.016 | 1.000 | 1.018 |
| 西部平均 | 1.019 | 0.990 | 1.024 | 0.995 | 1.010 |

## 第四节　高等教育规模发展对企业科技创新的影响效应

考虑到高等教育规模扩大对社会科技创新的影响不仅体现在高校层面，在企业层面亦十分凸显。企业作为社会科技创新的重要微观单元，能够有效吸纳高等教育人才参与科技研发的各个环节，随着高等教育规模持续扩大，企业创新组织的知识结构和知识禀赋不断优化，为企业创新的数量与质量提升带来巨大动能。考虑到高等教育人才培养过程中，主要培育研究生作为科研队伍的"生力军"，且研究生规模也在持续扩大，本节从高等教育研究生规模扩大影响企业科技创新效应着手，考察高等教育规模发展对企业科技创新的作用规律。

## 一、研究设计

（一）变量选取与说明

**1. 被解释变量**

本节选用企业科技创新数量和企业科技创新质量作为被解释变量，其中企业科技创新质量采用地区企业年度发明专利申请量（件）+1 取自然对数衡量，企业科技创新数量采用地区企业年度实用新型专利与外观专利申请量的和（件）+1 取自然对数衡量。

**2. 解释变量**

解释变量为高等教育规模。如前文所述，高等教育研究生教育的目的是培养科研型人才，为此本节将以地区年末研究生培养人数（万人）取自然对数来衡量。

**3. 控制变量**

①企业资产：用企业总资产（万元）+1 取自然对数表示；②办企时长：用观测年份减去企业成立年份（年）+1 取自然对数表示；③管理层年龄：用企业高管平均年龄（岁）+1 取自然对数表示；④政府财政支持：用企业获取的政府补贴总额（万元）+1 取自然对数表示；⑤企业偿债能力：由企业负债率表示，用企业总负债/企业总资产求得；⑥企业发展能力：用企业净利润占总资产的比重（%）表示；⑦地区开放程度：用地区货物进出口总额占地区 GDP 的比重（%）表示；⑧地区经济体量：用地区 GDP（万元）+1 取自然对数表示；⑨地区创新竞争程度：用每万平方公里高新技术企业数量+1 取自然对数表示。

（二）样本选择与描述性统计

本节数据主要来源于以下方面。上市企业方面的数据：主要来源于国泰安数据库，主要包括企业层面的控制变量，上市企业的专利申请数据来源于国家知识产权局专利检索与分析系统。参照张龙鹏和钟易霖（2023）的研究，本节对上市企业样本进行了以下处理，①删除样本期内上市企业中 ST 或*ST 样本，②删除金融和保险行业企业的样本，③删除其他变量缺失严重的企业，④删除样本期内退市的企业。省份层面的数据：主要来源于《中国统计年鉴》《中国科技统计年鉴》《中国高技术产业统计年鉴》。通过 2015～2022 年省份层面的数据匹配企业层面的数据最终形成了本节的总样本。

其中，表 6-19 呈现了相关变量描述性统计的结果，从解释变量高等教育规模来看，其最小值为 7.298，最大值为 12.983，说明当前各地区研究生教育规律存在较大差异，由此可能影响地区企业科技创新发展格局。具体变量统计结果详见下表 6-19。

表 6-19 描述性统计

| 变量 | 样本量 | 均值 | 标准差 | 最小值 | 最大值 |
|---|---|---|---|---|---|
| 企业科技创新数量 | 21 548 | 1.664 | 1.557 | 0 | 8.510 |
| 企业科技创新质量 | 21 548 | 1.633 | 1.436 | 0 | 8.551 |
| 高等教育规模 | 21 548 | 11.773 | 0.717 | 7.298 | 12.983 |
| 企业资产 | 21 548 | 22.170 | 1.251 | 19.080 | 28.640 |
| 办企时长 | 21 548 | 2.941 | 0.305 | 1.386 | 4.804 |
| 管理层年龄 | 21 548 | 3.918 | 0.066 | 3.604 | 4.157 |
| 政府财政支持 | 21 548 | 16.590 | 2.048 | 0 | 23.690 |
| 企业偿债能力 | 21 548 | 0.043 | 0.074 | −1.240 | 0.853 |
| 企业发展能力 | 21 548 | 0.043 | 0.073 | −1.240 | 0.759 |
| 地区开放程度 | 21 548 | 0.474 | 0.277 | 0.008 | 1.113 |
| 地区经济体量 | 21 548 | 11.404 | 0.405 | 10.170 | 12.160 |
| 地区创新竞争程度 | 21 548 | 7.133 | 1.807 | 0.168 | 10.461 |

（三）计量模型设定

为有效考察高校扩招对企业科技创新数量与质量的影响效应，本节参照现有研究（赵庆年等，2023），设定了如下计量模型：

$$Y_{it} = \alpha_0 + \alpha_1 \text{Hedu}_{it} + \alpha X_{it} + \lambda_i + \gamma_t + \varepsilon_{it}$$

式中，$i$ 表示地区；$t$ 表示时间；$\lambda_i$ 表示地区固定效应；$\gamma_t$ 表示时间固定效应；$Y_{it}$ 表示企业科技创新（高水平科技创新或低水平科技创新）；$\text{Hedu}_{it}$ 表示高等教育规模；$X_{it}$ 表示其他控制变量；$\varepsilon_{it}$ 表示随机误差项。

## 二、高等教育规模发展影响企业技术创新的实证分析

### （一）基准分析

依据前文基准回归方程，本节对高等教育规模影响企业科技创新的数量和质量效应进行了参数估计，结果如表 6-20 所示。其中，表 6-20 的列（1）～（2）呈现的是高等教育规模对企业科技创新数量的影响效应，列（2）在列（1）的基础上纳入了相关控制变量。综合列（1）～（2）的结果可知，高等教育规模对企业科技创新数量的影响系数为 0.157，且在 1%统计水平上显著。同时，列（3）～（4）是高等教育规模对企业科技创新质量的影响效应估计结果，列（4）在列（3）的基础上纳入了相关控制变量，其结果显示高等教育规模对企业科技创新质量的影响系数为 0.171，且在 1%统计水平上显著。由此说明，高等教育规模扩大能够带来企业科技创新的数量和质量效应。

表 6-20 基准分析结果

| 变量 | 企业科技创新数量 | | 企业科技创新质量 | |
| --- | --- | --- | --- | --- |
| | （1） | （2） | （3） | （4） |
| 高等教育规模 | 0.055*** | 0.157*** | 0.124*** | 0.171*** |
| | (0.019) | (0.027) | (0.016) | (0.023) |
| 企业资产 | | 0.159*** | | 0.179*** |
| | | (0.013) | | (0.012) |
| 办企时长 | | −0.401*** | | −0.312*** |
| | | (0.040) | | (0.034) |
| 管理层年龄 | | −0.493*** | | −0.391*** |
| | | (0.183) | | (0.156) |
| 政府财政支持 | | 0.103*** | | 0.109*** |
| | | (0.008) | | (0.008) |
| 企业偿债能力 | | −1.857* | | −1.219*** |
| | | (0.959) | | (0.844) |
| 企业发展能力 | | 4.083*** | | 2.892*** |
| | | (0.972) | | (0.853) |

续表

| 变量 | 企业科技创新数量 | | 企业科技创新质量 | |
|---|---|---|---|---|
| | （1） | （2） | （3） | （4） |
| 地区开放程度 | | -0.496*** | | -0.470*** |
| | | (0.098) | | (0.056) |
| 地区经济体量 | | -0.695*** | | -0.435*** |
| | | (0.067) | | (0.056) |
| 地区创新竞争程度 | | 0.108*** | | 0.097*** |
| | | (0.022) | | (0.019) |
| 截距项 | 1.486*** | 5.477*** | 0.069 | 0.659 |
| | (0.223) | (0.949) | (0.186) | (0.811) |
| 时间固定效应 | 是 | 是 | 是 | 是 |
| 地区固定效应 | 是 | 是 | 是 | 是 |
| $R^2$ | 0.010 | 0.072 | 0.010 | 0.090 |
| 观测值 | 21548 | 21548 | 21548 | 21548 |

注：***和*分别表示在 1%和 10%水平上显著；括号内为稳健标准误。

## （二）区域异质性分析

考虑到中国区域之间资源禀赋存在巨大差异（刘玉杰和黄韫慧，2023），由此可能影响高等教育规模扩大之于企业科技创新的作用效果。为此，本节将总样本分为"东部""中部"和"西部"三个子样本进行模型回归，进而比较高等教育规模扩大之于企业科技创新的区域异质性，结果如表6-21 所示。其中，列（1）～（3）呈现了东中西部三个地区高等教育规模影响企业科技创新数量的估计结果，而列（4）～（6）呈现了东中西部三个地区高等教育规模影响企业科技创新质量的估计结果。从结果可知，高等教育规模扩大能够显著促进东部和西部地区的企业科技创新数量与提升，而由于人才外流，中部地区的高等教育规模发展并未带来企业科技创新实效。由此，高等教育规模对企业科技创新的影响效应在区域层面呈现出"U"形分布规律，而中部塌陷问题需要及时化解。

表 6-21　区域异质性分析结果

| 变量 | 企业科技创新数量 | | | 企业科技创新质量 | | |
|---|---|---|---|---|---|---|
| | （1） | （2） | （3） | （4） | （5） | （6） |
| | 东部 | 中部 | 西部 | 东部 | 中部 | 西部 |
| 高等教育规模 | 0.291*** | -0.331*** | 0.310*** | 0.282*** | 0.015 | 0.176*** |
| | (0.036) | (0.098) | (0.053) | (0.030) | (0.085) | (0.044) |

续表

| 变量 | 企业科技创新数量 | | | 企业科技创新质量 | | |
|---|---|---|---|---|---|---|
| | （1） | （2） | （3） | （4） | （5） | （6） |
| | 东部 | 中部 | 西部 | 东部 | 中部 | 西部 |
| 截距项 | 1.404*** | 11.926*** | -8.204*** | -3.118*** | 6.916** | -4.104* |
| | (1.194) | (3.348) | (2.771) | (1.033) | (2.917) | (2.321) |
| 时间固定效应 | 是 | 是 | 是 | 是 | 是 | 是 |
| 地区固定效应 | 是 | 是 | 是 | 是 | 是 | 是 |
| $R^2$ | 0.068 | 0.116 | 0.152 | 0.090 | 0.107 | 0.137 |
| 观测值 | 16226 | 3116 | 2206 | 16226 | 3116 | 2206 |

注：***、**和*分别表示在1%、5%和10%水平上显著；括号内为稳健标准误。

（三）稳健性检验

为进一步验证基准回归结果的稳健性，本节通过替换模型和更换样本的方式进行稳健性检验。具言之，本节将基准模型所采用的固定效应模型替换为 Tobit 模型，将总样本中的直辖市样本剔除后再回归两种方式进行稳健性检验，结果如表 6-22 列（1）～（4）所示。根据两种再估计方式得到的结果可以判定本节基准回归模型的估计结果具有可靠性。

表 6-22　稳健性检验结果：替换模型和样本

| 变量 | 企业科技创新数量 | | 企业科技创新质量 | |
|---|---|---|---|---|
| | （1） | （2） | （3） | （4） |
| | Tobit 模型 | 剔除直辖市样本 | Tobit 模型 | 剔除直辖市样本 |
| 高等教育规模 | 0.157*** | 0.075** | 0.171*** | 0.109*** |
| | (0.028) | (0.031) | (0.024) | (0.026) |
| 截距项 | 5.477*** | -1.922*** | 0.659*** | -4.109*** |
| | (0.919) | (1.062) | (0.796) | (0.901) |
| 时间固定效应 | 是 | 是 | 是 | 是 |
| 地区固定效应 | 是 | 是 | 是 | 是 |
| $R^2$ | 0.020 | 0.090 | 0.026 | 0.104 |
| 观测值 | 21548 | 17374 | 21548 | 17374 |

注：***和**分别表示在1%和5%水平上显著；括号内为稳健标准误。

## 第五节　高等教育规模发展下科技创新发展的规律与未来趋势

前文分别从数量和质量的描述性统计角度、静态效率角度、动态效率角度，考察了高等教育规模与高校、企业科技创新的基本关系，本节将依据前文结论，进一步阐述高等教育规模发展下高校和企业科技创新发展的规律与趋势，以期识别和总结隐藏于数据结果后的深层规律。

## 一、高等教育规模发展下科技创新发展的规律

### （一）总体层面：高等教育规模与科技创新成果规模呈同向增长关系

从前文 2000～2019 年高校科技创新统计特征分析看，高等教育规模持续扩大的同时，高校科技创新产出的绝对规模也呈现持续扩大的趋势。因此，仅从绝对规模的角度看，两者呈现同向递增关系。这种同向递增关系表现为伴随高等教育规模扩大，高校在国家高水平创新成果数量规模和比例上呈现增长趋势、在基础研究和应用研究的产出规模上也呈现增长趋势。这一现象至少可以说明：①高等教育规模发展整体上提升了中国高校各类科技创新成果的绝对产出量；②高等教育规模发展为中国高校产出国家高水平创新成果蓄积了更多可能性，同时还出现了高等教育规模越发展，顶级创新成果越多由高校孵化的趋势，这表明，高等教育规模发展客观上为全社会供给了更多顶级创新人才，且这些人才呈现向高校集聚的趋势，这一方面为高校产出更多国家高水平创新成果提供了基础资源，同时这些人才通过高校这一平台培养人才，反哺高等教育规模发展，为高等教育规模发展注入更多质量要素。此外，在企业科技创新数量和质量层面，高校扩招的积极效应也日益呈现。

### （二）总体层面：高等教育规模发展对提升科技创新质量成果效率更有效

高等教育规模扩张使高校科技投入发生了巨大变化，在资金、人才、设备、资源的投入量上均有了巨大增长，但高投入并不必然形成高效率。通过效率测算发现，第一，静态视角下，高校科技创新质量成果的效率优于数量成果效率，前者在高等教育规模扩张中实现了效率提升，后者则呈现波动下降的情况。同时，静态视角下质量成果和数量成果的投入—产出效率均未达到最优，存在投入冗余的情况，如数量成果方面，2003～2019 年全国高校在 4 项科技投入指标的平均投入冗余率为 29.44%，存在严重的资源浪费情况。第二，动态视角下，高校科技创新质量成果整体实现了效率提升，数量成果则呈现效率下降情况。以上两情况说明：①在数量成果方面，高等教育规模扩张程度大于高校科技创新资源投入—产出结构的优化程度；②高等教育规模扩张提升了高校优质科技创新成果的产出能力。原因可能在于，伴随高等教育的规模扩张，科技创新的各项资源和条件均达到一定程度，

高校科技创新规模竞争已不再是主要标准，高校科技创新的注意力已逐步转移到质量层面，进而使科技创新质量成果的效率得以持续提升。

（三）区域层面：高等教育规模与各区域科技创新能力呈同向增长关系，但增长幅度存在显著的区域差异

东部、中部、东北和西部四大地区，从科技创新成果的绝对规模看，在 2000 年就存在能级差异，东部地区为第一等、中部和东北地区为第二等、西部地区为第三等，同样，在 2019 年这种能级差异仍较为明显。但不可忽略的事实是与高等教育扩张之初相比，各区域高校科技创新产出的绝对规模均有极大幅度增长。以上情况说明：①高等教育规模发展未能改变各区域高校科技创新能力的能级差异，但高等教育规模发展均促进了各区域高校科技创新能力的提升；②高等教育规模发展对不同区域高校科技创新能力提升存在作用力差异，总体上对东部地区的科技创新能力提升效果最强，西部地区最弱。但在高校扩招影响企业科技创新层面而言，其对企业科技创新的影响自东向西呈现"U"形分布规律。说明，在此领域中，"中部塌陷"问题依然存在。

（四）区域层面：高等教育规模发展下，相对落后地区应用创新能力的提升大于市场主体应用创新能力的提升速度

东部、中部、东北、西部地区在高等教育规模发展初期的应用创新贡献力均较低，但随着市场发展、经济进步，市场主体越发达的地区，企业的创新主体地位凸显，创新贡献能力显著大于高校，如东部地区尽管高校应用创新成果的绝对生产量呈现大量上升，但比重保持较低占比的稳定状态。而其他三大区域高校的应用创新成果贡献率呈显著增长，其中东北地区 2019 年达到了 56.32%，这说明在相对落后地区，特别是市场主体相对较弱的地区，高等教育规模发展不仅提升了高校科技创新成果产出的绝对规模，同时，在区域创新中的贡献份额也呈现显著提高的趋势，在这些区域高等教育规模发展成为高校构筑创新能力的重要路径，同时也是构成区域创新发展的极重要力量。

（五）区域层面：高等教育规模发展下的科技创新静态效率，东部向质西部向量

静态层面的效率分析结果显示，基于共同的前沿生产面，西部地区高校在数量成果方面的生产效率值最高、东部地区在质量成果方面具有最高

的生产效率值，两者呈现较大差异。呈现如此结果的原因可能在于，西部地区由于高校水平相对较低，科研人才相对较少，高等教育规模发展为其供给了更多人才，但受限于知识原始积累水平，相较于提高成果数量的产出，提高成果质量的产出难度更大，因此形成了西部地区高校科技创新成果生产的数量效应显著，而质量效应不显著；而东部地区因科研人才本身体量就较大，高等教育规模发展进一步增加了其科研人才，面向数量成果其资源投入具有更高的冗余率，进而形成低效的数量成果投入—产出，但东部地区因科研条件、科研资源、知识原始累积水平等方面的优势，伴随高等教育规模发展，其能留住和吸引更多优质科研人才，为其产出优质科研成果提供了更大可能性。

（六）区域层面：高等教育规模发展下的科技创新动态效率，东部全面领先西部全面落后

动态效率是基于自身前后时期进行的效率测算，其结果代表与自身前一期进行比较其生产效率的变化情况。从动态效率（全要素生产率）分析结果看，无论数量成果还是质量成果的生产效率，东部地区的效率值均最高，而西部地区则最低；同时，四大区域均呈现质量成果效率高于数量成果效率的情况，其中中部、东北和西部地区的数量成果效率还呈现递减趋势。以上数据说明：①同自身前后时期比较，伴随高等教育规模发展，东部地区数量成果的全要素生产率持续提高，实现了资源有效配置，其原因可能在于东部地区的静态效率本身较低，具有更多调整空间。②随着高等教育规模发展的持续推进，高校科技创新总体转向质量导向。③随着高等教育规模发展到一定程度，中部、东北、西部地区因数量成果全要素生产率持续下降，这提醒三地区要注意控制规模扩张的速度。

（七）省级层面：发达省份在质量成果效率方面具有显著优势，但在数量成果效率方面并不必然领先欠发达省份

根据静态效率和动态效率分析发现，相对发达省份高校在科技创新质量成果方面的生产效率更高。如北京、上海、山东、江苏等省份，在质量成果的静态效率方面均有较高效率值，而内蒙古、广西、贵州、西藏、青海、宁夏、新疆等省份则效率值较低；动态效率方面，如发达省份天津、上海、江苏、浙江、福建、广东等均有较高的全要素生产率，而西藏、甘肃、青海、宁夏、新疆等则呈现全要素生产率下降趋势。在数量成果效率方面，东部地区省份则较多呈现低效率，如发达省份北京、天津、上海、

福建等的静态效率值均较低，相对发达省份河南、海南、河北等的全要素生产率也均呈持续下降趋势；而青海、宁夏、新疆、贵州等的静态效率值却较高，甘肃、云南、广西等的全要素生产率也呈持续上升趋势。以上情况表明：①伴随高等教育规模发展，发达省份高校已步入科技创新质量发展阶段；②伴随高等教育规模发展，以及整体科技创新成果的质量水平提高，欠发达省份高校对质量成果的效率能力提升慢于整体科技创新发展速度。

## 二、高等教育规模发展下科技创新发展的未来趋势

根据前文分析结论，一个显而易见的事实是：随着高等教育规模的持续扩大，高校和企业在科技创新成果数量和质量方面均取得了巨大进步，甚至在国家高水平创新成果里独占鳌头，这与学者进行的相关研究具有结论上的一致性（张心悦和马莉萍，2022）。从发展来看，我国高等教育呈较大规模增长已持续了20余年，并在短暂的18年间便实现了高等教育大众化向普及化的转变（赵庆年和曾浩泓，2020），伴随高等教育规模扩张，为满足规模扩张后的多元需求，与科技创新相关的研究队伍规模、经费规模、设备规模等也实现了巨大的增长，这些扩张实质上为我国高校科技创新的进一步发展提供了基础条件。高等教育规模发展的一个重要出发点是满足社会发展的需求（赵庆年和曾浩泓，2020），基于这一出发点，高校和企业的科技创新实质上也要面向社会发展需求。结合我国创新发展基本现实、高等教育继续深度普及化发展和本章已有结论，研究从以下方面总结了高校科技创新方面的发展趋势。

### （一）以质量为导向：实现科技创新质量化发展

随着中国创新实力趋近世界前沿水平，中国创新学习的空间逐步缩小；同时，前沿技术的高度复杂性使创新学习的难度剧增；此外，愈演愈烈的科技封锁也使技术来源通道进一步收窄（蒋舒阳等，2021）；创新学习的"空间缩小""难度剧增""通道收窄"揭示了技术借用的道路难以继续推动中国的创新发展（路风，2019）。在此背景下，高校作为创新的重要策源地应更加面向基础性、关键性、前沿性研究，即更加注重科技创新成果的质量性。总体来看，我国高等教育在接近普及化和进入普及化以后（2016年以后），高校的科技创新数量成果的效率已经呈现全要素生产效率下降趋势，而在之前的五个时期其全要素生产效率已保持稳定上升趋势。由此来看，高等教育规模扩张已快于高校科技创新数量成果方面的资源配置能力提升幅度，或者可以说，一味地规模扩张只能导致高校在数量成果方面的更大

资源浪费。而在质量成果方面，高校的全要素生产率尽管有波动，但体现为在质量方面具有更大程度的韧性，即高校面向质量成果更具生产可能性。同时，高校扩招对企业科技创新也产生显著影响。因此，结合国家需求和高校、企业科技创新现实情况，未来应更大程度将注意力调整到质量层面，进一步提升高校、企业对科技创新质量成果的全要素生产率，推动高校、企业在科技强国建设中贡献更大力量。

（二）以多元为基调：实现科技创新效益最大化

各区域高等教育发展水平存在客观的水平差异，储备的科技创新能力也存在客观差异。从高校科技创新发展阶段来看，东部地区高校普遍进入到质量化阶段，而西部等相对落后地区还处于规模发展阶段。阶段不同则主要目标不同，尽管质量发展是共同追逐的目标，但仍需根据地域情况进行创新规划。因此，应坚持多元发展路径，西部等相对落后地区应在保持质量效益提升的情况指导下，先着力提升其数量规模和数量效率，先提升数量规模为下一步进入全面的质量发展提供基础条件、人才储备和技术储备。东部地区则应将重点放在质量效益上，部分省份还需调整在数量效益上的过多投入，改善管理效能、技术效能消化已形成的高规模投入，从而使高校科技投入实现产出最大化。

（三）以合作为方式：提升科技创新整体能力水平

在创新复杂性显著增强的时代，实现创新突破的难度呈指数级增长，这对创新主体的创新能力提出了更高要求。东部、中部、东北和西部地区高校间存在客观的创新能力差异，创新合作可以有效嫁接各方创新资源、弥合知识鸿沟，是平衡能力差异的重要方式。因此，未来高校间建立起广泛的合作创新渠道，构建起畅通的高校创新循环对提升落后地区高校的创新能力意义重大。同时，当前高校与市场存在客观的供需差异仍是高校创新难以转化为生产力的重要原因，因此，深入推进产学研合作，发挥好高校科技资源规模和质量优势，一方面能提升地区企业创新主体的科技创新能力，另一方面也能提升高校的科技创新质量水平。

（四）以价值为目标：推动科技创新向生产力转化

高等教育机构开展培养人才、科学研究等活动，最终均会落实到为社会发展服务上，因此，高校的科技创新不能完全脱离社会需要开展研究。从现实需要的紧迫性来看，东部地区在科技创新水平上总体处于前沿水平，市场对科技创新的质量要求也更高,尽管东部地区企业创新主体地位较为突出,但企业研究偏向应用型,持续高质量的科技创新产出还需要基础研究创造条件。因此,作为基础研究主要机构,东部地区高校的研究应更加注重向前沿领域、高端领域靠齐,为生产力动能转换提供足够的知识基础、前沿技术基础。中部、东北和西部地区由于市场环境相较于东部地区存在一定差距,且高校在这三大地区的科技创新贡献率越来越高,在区域创新发展中扮演的角色也越来越重要,因此,这些区域的高校要承担起向社会贡献更多生产力动能的责任,相较于东部地区,这些区域的高校应将主要的注意力放在应用研究上,着力研发出更多具有市场转化价值的科技创新成果,以弥补市场创新动能不足,推进区域创新发展。

## 第六节 本章小结

随着我国高等教育向更高程度的普及化推进,高校和企业将在创新人才储备、创新资源储备、创新能力储备等多方面得到更大程度的提升,同时面对国家和区域创新发展需求,科技创新必然走向质量发展道路。但现实中科技创新客观存在的东中西部水平差异、质量与数量效率差异、高校创新与市场供需差异等现实,是当前及未来科技创新不可逾越的现实问题。因此,在科技创新走质量发展道路的过程中,还需合理处理好区域间高校、企业科技创新水平差异问题、各地区科技创新质与量关系的问题、创新如何适应和引领市场创新的问题。

在以上三大问题中,高校与企业创新如何适应和引领市场创新的问题具有更大的迫切性。前文分析已知,高校是国家高水平创新成果最主要的创新策源地,说明高校能担得起创新引领的责任,但中国高校创新难以市场化、国际级科技创新成果数量不足等也是困扰中国高校科技创新的重要问题。在"技术借用"道路行不通的当下,中国创新发展走向内循环为主、内外循环为辅的道路也是必然,即自主创新是必然。相对而言,高校具有最强的科研人才储备、最宽容的创新环境,其创新既不能仅仅停留在论文上,也不能仅仅去适应市场需要,其最关键的是要引领市场创新,既要走在市场上,也要走在市场前。而企业作为社会科技创新的重要单元,在高校扩招背景下,如何有效吸纳人才资源,提高科技人才配置效率,促进科技创新突破与转化,成为其持续发展重点内容。

此外,本章还认为各区域高校和企业在科技创新方面,有以下重要的关注点和讨论点。①高校科技创新管理有效性的问题。高校科技创新不仅是研究的问题，也是管理的问题，科技资源配置有效和高效是关系创新效率的两个重要管理变量，有效能得出合理的创新产出，高效则能形成创新产出的超效率，现实的问题是部分省份存在总体的创新效率递减，表明整个省域内高校的创新效率都不高，创新资源存在大量的浪费现象，这是当前及未来均要关注的重点问题。②高校科技创新的技术运用问题。即如何运用新技术提升创新资源配置，实现高效率的问题。③高校或企业科技创新与社会科技进步的关系问题，尽管高校与企业分别作为社会的一个子系统，其创新必然会影响到社会创新的发展，但两者如何相互助益，并最终促进社会科技发展的机制、逻辑、规律等问题，还需要进一步厘清。

# 第七章　高等教育规模发展与社会公平

　　1999 年高校扩招以后的 20 年间，中国的高等教育进入了规模化的快速发展道路，依据教育部 2021 年全国教育事业发展统计公报的数据显示：全国高等教育在学规模达到了 4430 万人，高等教育毛入学率达到 57.8%，全国共有普通高等学校 3012 所，其中本科院校 1238 所，高职（专科）院校 1486 所，显然高的毛入学率、庞大的在校生规模和高等院校数量已经让"读大学"成了一件并不困难的事情。但随着高等教育规模的发展所衍生出的一系列新问题、新现象和新矛盾开始引起了社会的关注。贫富差距、阶层固化、优质高等教育资源分配的"马太效应"等问题已经开始被学界广泛关注，并出现一系列相关的研究。

　　为进一步厘清高等教育规模与社会收入公平之间的关系，本章展开了以下工作：首先，基于高等教育扩招的前提条件，就高等教育结构、质量和规模与社会收入公平之间的关系问题展开分析，探讨扩招所带来的高等教育整体变化对社会收入公平的影响。其次，进一步梳理婚姻匹配关系对社会收入公平影响的文献，并在高等教育扩招前提条件下，探讨社会婚姻状态对高等教育扩招与社会收入公平关系的调节作用。最后，就如何发挥高等教育的文凭效应，提升教育匹配婚姻的作用效果，缓解社会收入差距等问题展开讨论。

## 第一节　高等教育规模发展与社会收入公平的关系

　　1998 年我国的高等教育毛入学率仅为 9.76%，1999 年国家计划发展委员会和教育部分别于年初和年中两次发文，将高等教育的招生数量提升了 56.7 万人。

　　1978 年改革开放以来，我国经济、社会等各个方面都发生巨大的变化，我国已经成为世界第二大经济体，创造了举世瞩目的"中国奇迹"。在经济和教育取得显著发展成就的同时，社会逐渐出现了一些结构性的矛盾：社会不公平、社会阶层固化等现象较为严重。"贫富差距扩大""输在起跑线上""富二代""官二代"等讨论也越来越多地出现在公众视野中。以上情况说明我国存在社会收入差距大的问题并未随经济发展得到缓解，甚至可能存在"马太效应"的趋势，低阶层家庭子辈向上流动的机会变小，社会阶层固化情况普遍。本节将从高等教育规模扩张与社会收入差距关系的视角探讨高等教育规模对社会公平的影响和作用。

一、高等教育扩招的收入效应

高等教育扩招的经济效应是一个相对复杂的概念。这一概念包含了多个维度，本节从以下三个维度进行阐述。

（一）高等教育扩招对大学毕业生收入的影响

现有研究证明高等教育扩招对大学毕业生收入有直接影响：吴要武和赵泉（2010）通过 1%的人口抽样调研的微观数据展开研究，结果表明高等教育扩招产生了促使大学毕业生的劳动参与率降低，失业率上升和工资下降的效果。常进雄和项俊夫（2013）指出高等教育扩招对高校毕业生的就业率和工资水平确实存在一定的负面影响，但中国高校毕业生的年龄与工资呈现显著正向相关关系。姚先国和谭岚（2005）研究发现增加高等教育投资能够显著提升高校毕业生和非高校毕业生就业率，而且同时促进高等教育回报率的提升。蔡海静和马汴京（2015）认为高等教育扩招提升了扩招后得以入学的高校毕业生的就业率，但并未明显改善该群体的就业质量。

高校毕业生的收入不仅与其自身积累的人力资本紧密相关，还和劳动力市场的供需环境相关。高等教育扩招政策的直接结果是使得更多的中学毕业生（普通高中和职业高中）能够进入大学学习，并培养出更多的大学毕业生。高等教育扩招对大学毕业生收入有以下两个方面的影响：高校的生源质量随着扩招而下降、高校毕业生的供给量增加。前一方面与大学毕业生人力资本积累相关，后一方面与大学毕业生劳动力市场供求关系相关。

**1. 高等教育扩招使得高校的生源平均质量下降**

高等教育扩招政策最直接的获益者是一部分在原先高招政策条件下无法就读大学的人。由于扩招政策而获得高等教育机会的学生，其综合能力会相对较弱，进而促使高等教育生源的平均质量不断下降。高校生源质量下降的直接表现是学生的自主能力、学习能力、学习意愿等方面变弱，直接导致了大学生个人专业技能掌握不牢、专业知识掌握不够，而专业技能和专业知识是构成大学毕业生就业率和就业薪酬的关键因素（岳昌君等，2004）。大学毕业生就业率下降的原因主要是毕业生平均能力（包括专业技能、专业知识、创新能力）的下降（邢春冰和李实，2011）。由此可见，高等教育扩招所带来的生源平均质量下降，导致大学毕业生人力资本的积累不足，进而对毕业生收入产生负面的影响。

在高等教育快速发展的过程中，由于办学理念、制度建设、经费投入、学科建设、专业建设、教师队伍建设等方面无法实现均衡同步发展。使得高校的发展速度与规模、学校举办与升格、改名与专业设置等方面出现盲目建设的现象，直接导致高等教育平均质量的下降（纪宝成，2006）。高等教育平均质量的下降，将导致大学生个人专业知识、专业技能、创新能力的不足，由此产生的直接后果是毕业生在劳动力就业市场上获取的收入受到负面影响。

**2. 高等教育扩招带来更大的就业压力**

从我国高等教育迈入大众化教育阶段和普及化教育阶段的两个时间节点来看，2002 年（进入高等教育大众化阶段）我国高校毕业生为 187.75 万人，2019 年（进入高等教育普及化阶段）高校毕业生 758.53 万人。2023 年我国高校毕业生更是接近创历史的 1200 万人。高等教育规模扩张带来了庞大的就业岗位需求，高校毕业生劳动力就业市场的供给量大幅度提升。根据经济学的供求关系理论，在就业岗位供给没有持续提升的情景下，高校毕业生失业率将上升。劳动力市场供过于求的状态将直接导致大学毕业生收入的下降。具体来看，1999～2021 年中国高校毕业生就业率和失业率呈现以下周期性特质，见图 7-1 和图 7-2[①]。

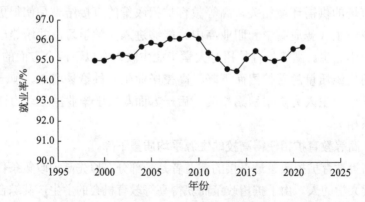

图 7-1　1999～2021 年中国高校毕业生就业率走势图

---

① 数据由作者采用相关智能工具在全网收集获得。

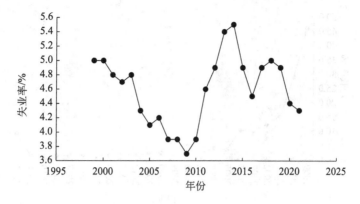

图 7-2　1999～2021 年中国高校毕业生失业率走势图

1999～2008 年：高校毕业生的就业率持续上升，失业率持续下降。在这一时期中国经历了高等教育规模从精英化到大众化的发展历程（2002 年中国高等教育规模超过 13%），高等教育规模的持续扩张伴随着这中国经济持续高速增长。因此，在这一时间段内国内的就业市场较为繁荣，大学生就业形势较好。

2009～2014 年：失业率逐渐上升，就业率逐渐下降。受到 2008 年全球金融危机的影响，中国经济增速明显放缓，加上中国经济结构的调整步伐加快，大学生就业形势较为严峻，2014 年就业率达到历史最低点，而失业率则达到历史最高点。

2015～2021 年：就业率指标呈现"升—降—升"的震荡趋势，失业率指标均呈现"降—升—降"的震荡趋势。一方面，在这一时期中国经历了高等教育规模从大众化到普及化的发展历程（2019 年中国高等教育规模超过 50%），另一方面，中国经济增长过程中的结构矛盾、技术瓶颈、国际市场风险、疫情等因素凸显出来，促使中国高校毕业生就业率和失业率呈现显著的震荡趋势。

需要注意的是具体的失业率和就业率可能因统计方法和数据来源的不同而略有差异。实际的就业形势可能受到多种因素的影响，包括经济形势、政策、行业结构、人才供需等。因此我们对高校毕业生就业率（图 7-1）与高等教育扩招增长率（图 7-3）进行了分析。

1999～2021 年，高校毕业生的就业率和高等教育扩招增长率呈现显著的反向变动关系，即高校毕业生的就业率显著提升，高等教育扩招增长率显著下降，从一定程度上反映了高等教育扩张速度的缓解，对高校毕业生就业压力的缓解作用。

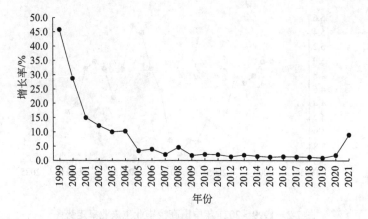

图 7-3　1999～2021 年高等教育扩招增长率走势图

## （二）高等教育扩招对劳动市场教育信号特征的影响

### 1. 高等教育文凭的信号作用

Spence 于 20 世纪 70 年代首次提出了劳动力市场的信号传递理论。该理论指出当劳动力市场存在信息的不对称时，教育经历可以作为求职者能力的替代信号（王钦池，2009）。由于个人能力无法在信息不对称的劳动力市场被观测，因而学历成为雇主推测求职者能力和水平的重要依据。教育经历作为有效信号的前提条件是低能力者与高能力者接受高等教育成本的差异足够大，以至于低能力者假扮高能力者传递教育经历的信号是无利可图的。在这一假设前提下，雇佣单位才可以通过教育信号来判断求职者的能力，缓解信息的不对称问题，提升劳动力市场配置的有效性。由此可见，高等教育经历（文凭）是劳动力市场中识别高能力求职者的重要信号，同时也是求职者获取就业高收入来源的重要前提条件。

而随着高等教育的不断扩张，接受高等教育的成本会不断减小，这将促使低能力者也能以较低的成本接受高等教育，此时高等教育文凭的信号作用必将受到干扰。唐可月和张凤林（2007）研究发现中国高等教育扩招提高了就业门槛，使得文凭信号贬值。而且随着高等教育的不断扩招，信号投资行为将不断增加，并导致信号过度投资的结果。谷宏伟（2009）指出宽进宽出的大学扩招提升了私人所承担的教育费用，降低了入学所需的努力程度。大学文凭的信号作用的失效，使得高能力者为传递信号，将选择进一步接受教育，导致教育过度投入。

### 2. 高等教育收益的文凭效应

文凭效应反映的是拥有文凭给个体带来的额外收入。文凭效应的相关研究可以分为两大类。

第一，文凭效应的存在性研究。Martorell 和 Clark（2014）通过美国本土数据的实证研究发现，高中文凭的文凭效应并不存在。Crespo 和 Reis（2009）对巴西劳动力市场中的各个教育阶段存在的文凭效应展开研究，结果显示劳动力市场中各个教育阶段均存在文凭效应，但随时间的变化，大学和中学的文凭效应有所下降。Olfindo（2018）以菲律宾非农业雇佣工人为研究对象，在控制个体的差异以后，发现高等教育的文凭效应存在且显著。国内学者的相关研究也存在类似的结论。王俊和刘泽云（2015）利用中国全国 1%人口抽样调查数据，通过相对教育位置法证实了教育功能可以提升人力资本，并发送信号的特质。管振和孙志军（2020）基于中国劳动力动态调查2012年数据的实证研究表明，我国的教育回报率约为9.5%，其中约 4%属于生产性收益，约 5.5%属于信号收益。李锋亮等（2019）利用齿条（Spline）模型实证分析了我国的羊皮纸效应，同样证明了我国劳动力市场中确实存在着文凭效应。

第二，文凭效应的异质性特征。有关文凭效应的异质性研究主要集中在文凭本身的"质量"，文凭颁发的部门，获取文凭人员的性别，文凭使用的地区等因素所带来的效应异质性。张青根（2017）指出非公共部门的文凭效应显著高于公共部门，而且在高等教育层次上文凭效应更加明显。在劳动力市场中普遍存在性别歧视问题，男性受教育的生产性收益率要显著高于女性。女性受教育的信息收益率显著高于男性，而且教育信息功能可以减轻劳动力市场对女性的歧视（张青根和沈红，2016）。除性别歧视外容貌歧视将以更加内隐的形式影响文凭效应。有研究表明容貌歧视在高学历群体中没有显著效果，即拥有相对较高层次文凭的劳动者而言，收入并不会受到容貌的显著影响（杨园争等，2017）。

同一层次但不同"质量"的文凭在文凭效应方面同样存在差异。Freier等（2015）指出获取荣誉学位对法学专业学生的文凭效应的影响，结果显示拥有荣誉学位并通过司法考试的法学学生获得约 14%的收入溢价，荣誉学位拥有相对更高的信号价值。Khoo 和 Ost（2018）进一步拓展了这一问题的研究范畴，将研究对象扩展为美国所有专业的毕业生，结果显示学业荣誉（由 GPA 分值确定）能对文凭效应起"增强作用"，这种作用将持续到大学毕业后的第三年消失。可见同一层次的文凭也可以向劳动力市场发出个体不同能力的信号特征。不同等级下文凭效应的异质性还表现在：与二等学位相比，获取一等学位的毕业生在高工资行业工作的概率将提高14%，工资的收入将提高 3%，而且更加详细的分级方案能够使毕业生的薪酬和能力更好地匹配（Feng and Graetz，2017）。

综上所述，高等教育收益的文凭效应是存在的，该效应能够为获得高等教育文凭的个体带来额外的收益。而且文凭效应也存在异质性特征，不同质量（学校类别和水平，文凭的等级）的文凭，在不同单位和场合（社会组织、企业、政府）所发挥的文凭效应存在显著的差异。

**3. 高等教育规模扩张与社会收入公平的关系**

从理论视角分析高等教育规模的扩张对社会收入公平的影响存在两种途径：第一，结构效应（composition effect）是指在教育收益保持不变的情景下，劳动力的学历结构变化对收入不公平的影响；第二，工资压缩效应（wage compression effect）是指在劳动力学历结构不变的情境下，劳动力市场的供求关系发生变化，导致教育收益率的变化，并最终影响收入不公平的程度（Reimer，2010）。在一定且有限的劳动力接受过高学历教育时，高等教育规模的扩张将扩大收入不公平程度（产生结构效应）。在劳动力市场需求一定的情景下，高学历劳动者供给量增加将导致高等教育的工资收益下降，当这种工资压缩效应超过早期结构效应的时候，高等教育规模的扩张会降低收入不公平的程度（白雪梅，2004）。

综上所述，基于劳动力市场供求关系视角，高等教育规模的扩张将影响劳动力市场的供求关系，进而出现从"结构效应"到"工资压缩效应"的转变，最终缓解社会收入的不公平。基于劳动力市场信号特征视角，高等教育的结构（高职、本科、硕士、博士等），高等教育的质量（高等学校生均教育经费支出等因素）能够直接影响文凭效应，进而产生社会收入的差异。可见，高等教育的规模、结构和质量均能对社会收入的不公平问题产生影响。

## 二、理论假设与实证研究

在系统回顾现有社会收入公平的文献基础之上，鉴于学界尚未聚焦高等教育规模扩张与社会收入公平的关系展开系统的研究。本节主要基于"人力资本的累积与提升诠释了高等教育规模扩张对缓解个人收入差距的作用机制，以及对社会公平的影响"这一逻辑，采用历年《中国统计年鉴》等官方数据库，构建了 1999～2020 年 31 个省区市的平衡面板数据来考察高等教育规模扩张与社会收入公平的关系。并回答以下问题：高等教育扩招对社会收入公平有什么影响。

（一）研究方法与计量模型设定

随着高等教育扩招，高等教育的规模结构与收入结构的互动关系日益密切。不论是基于劳动力市场供求关系理论视角，还是基于劳动市场教育信号理论视角。高等教育扩招都会直接影响社会收入的公平性问题，因此为了验证高等教育扩招是否能够影响社会收入的公平，本节构建了模型（7-1）来进行检验：

$$\text{Gini} = \beta_0 + \beta_n X + \beta_j \text{CVariables} + \varepsilon \qquad (7\text{-}1)$$

式中，Gini 表示被解释变量基尼系数；解释变量 $X \in \{\text{Sca}，\text{Str}，\text{Qua}\}$，其中，Sca 表示高等教育规模，Str 表示高等教育结构，Qua 表示高等教育质量；CVariables 表示控制变量；$\varepsilon$ 表示残差。

当系数 $\beta_n \in (\beta_1, \beta_2, \beta_3)$ 显著为正时，说明高等教育规模、高等教育类型结构和高等教育质量对基尼系数具有显著正向影响，此时高等教育扩招所引起的规模、结构和质量的变化加剧了社会收入的不公平性。当系数 $\beta_n \in (\beta_1, \beta_2, \beta_3)$ 显著为负时，说明高等教育规模、高等教育类型结构和高等教育质量对基尼系数具有显著负向影响。此时高等教育扩招所引起的规模、结构和质量的变化缓解了社会收入的不公平性。

（二）变量选取与说明

**1. 被解释变量**

本节将基尼系数（Gini）作为被解释变量。基尼系数多用于一个国家或区域的居民收入分配的研究，它反映了收入分配的公平性特征。基尼系数由洛伦兹曲线与绝对公平线之间的面积除以绝对公平线右下方直角三角形的面积计算得到（周明华和肖政，2019）。计算公式如下：

$$G = \sum_{i=1}^{n} W_i Y_i + 2 \sum_{i=1}^{n} W_i (1 - V_i) - 1 \qquad (7\text{-}2)$$

式中，$G$ 表示基尼系数；$n$ 表示纳入分析的地区总个数；$W_i$ 表示各个地区人口数量（地理面积）与总人口数量（总地理面积）的比值；$Y_i$ 表示各地区收入指标数与总收入指标数的比值；$V_i$ 表示收入占比的累积和，即 $V_i = Y_1 + Y_2 + \cdots + Y_i$，$i$ 表示收入指标数的排序。基尼系数的范围在 0 到 1 之间，基尼系数越接近于 0，表示收入公平性越好，基尼系数越接近于 1，表示收入公平性越差。基尼系数小于等于 0.2 表明收入公平性最好，（0.2～0.3] 表明收入比较公平，（0.3～0.4] 表明收入相对合理，（0.4～0.5] 表明收入不公平，大于等于 0.5 表示收入高度不公平。

**2. 解释变量**

为了检验本节的理论推演是否成立，采用地区年度普通高等学校招生人数（万人）取自然对数来测量高等教育规模（gm）。同时借鉴相关研究的做法，采用地区年度普通高等学校生均教育经费支出（元/人）取自然对数来测量高等教育质量（zl）（岳昌君和邱文琪，2020）。考虑到目前普通高等职业教育依然以专科教育为主，其在本科教育层面依然处于初步探索阶段，因此通过地区年度普通高等学校专科在校生人数（万人）与本科在校生人数（万人）的比×100 取自然对数来测量高等教育类型结构（lx），通过地区年度普通高等学校研究生在校人数（万人）占总在校人数（万人）的比×100 取自然对数来测量高等教育层次结构（jg）。取 gm、zl、lx 和 jg 的几何平均数作为高等教育总体发展（TT）的测量指标。

### 3. 控制变量

社会收入的公平性问题是多因素作用的结果，它不仅会受到高等教育规模、质量和结构发展的影响，还与地区财政预算水平（财政转移支付能力），社会卫生事业支出，区域经济发展水平等因素有关。因此本节选取以下变量加入模型作为控制变量：财政能力（cz）用地区年度财政一般预算支出（亿元）取自然对数来测量；财政负担范围（qh）用县级区划数（个）取自然对数来测量；社会公共卫生服务投入（fw）用地区年度社会公共卫生服务投入总额/总人口数（元/人）取自然对数来测量；医疗水平与条件（jc）用每万人医疗机构床位数（张）取自然对数来测量；区域经济水平（jck）用经营单位所在地进出口总额（千美元）取自然对数来测量，具体变量定义和测量方法见表 7-1。

表 7-1　变量定义与测量

| | 变量名称 | 变量代码 | 变量定义与测量 |
|---|---|---|---|
| 被解释变量 | 基尼系数 | Gini | $G = \sum_{i=1}^{n} W_i Y_i + 2\sum_{i=1}^{n} W_i(1-V_i) - 1$ |
| 解释变量 | 高等教育规模 | gm | 地区年度普通高等学校招生人数（万人）取自然对数 |
| | 高等教育层次结构 | jg | 地区年度普通高等学校研究生在校人数（万人）/总在校人数（万人）×100 取自然对数 |
| | 高等教育类型结构 | lx | 地区年度普通高等学校专科在校生人数（万人）/本科在校生人数（万人）×100 取自然对数 |
| | 高等教育质量 | zl | 地区年度普通高等学校生均教育经费支出（元/人）取自然对数 |
| | 高等教育总体发展 | TT | gm、zl、lx 和 jg 的几何平均数 |
| 控制变量 | 财政能力 | cz | 地区年度地方财政一般预算支出（亿元）取自然对数 |
| | 财政负担范围 | qh | 县级区划数（个）取自然对数 |
| | 社会公共卫生服务投入 | fw | 地区年度社会公共卫生服务投入总额/总人口数（元/人）取自然对数 |
| | 医疗水平与条件 | jc | 每万人医疗机构床位数（张）取自然对数 |
| | 区域经济水平 | jck | 经营单位所在地进出口总额（千美元）取自然对数 |

（三）分析与解释

**1. 描述性统计分析**

如表 7-2 所示，从解释变量的均值和标准差来看，gm（高等教育规模）的均值为 2.779，标准差 0.964。jg（高等教育层次结构）均值为 1.843，标准差 0.593。lx（高等教育类型结构）均值为 4.211，标准差 0.368。zl（高等教育质量）均值为 9.919，标准差 0.452。可见高等教育规模数据分布的离散程度相对最高，高等教育类型结构数据分布的离散程度相对最低。被解释变量基尼系数最小值为 0.350（收入相对合理），最大值为 0.510（收入高度不公平）。由此可见样本存在的极端值差距很大。基尼系数的均值 0.428（收入不公平），标准差 0.046（数据分布的离散程度较小）。

**表 7-2　描述性统计**

| 变量 | 样本量 | 均值 | 标准差 | 最小值 | 最大值 |
|---|---|---|---|---|---|
| Gini | 465 | 0.428 | 0.046 | 0.350 | 0.510 |
| gm | 465 | 2.779 | 0.964 | −0.274 | 4.244 |
| jg | 465 | 1.843 | 0.593 | 0.506 | 3.816 |
| lx | 465 | 4.211 | 0.368 | 2.643 | 5.091 |
| zl | 465 | 9.919 | 0.452 | 8.925 | 11.215 |
| TT | 465 | 4.521 | 0.321 | 2.761 | 5.872 |
| cz | 465 | 7.808 | 0.900 | 5.019 | 9.758 |
| qh | 465 | 4.337 | 0.703 | 2.773 | 5.209 |
| fw | 465 | 13.535 | 0.957 | 10.025 | 15.394 |
| jc | 465 | 3.744 | 0.366 | 2.768 | 4.602 |
| jck | 465 | 17.187 | 1.757 | 12.233 | 20.811 |

为了解决回归过程中可能出现的共线性问题，保证回归的有效性。本节通过方差的膨胀因子对共线性问题进行检验，结果显示方差的膨胀系数（VIF）均小于 10，排除共线性问题（Chen et al.，2006）。

**2. 回归分析**

本回归将基尼系数作为被解释变量，高等教育规模、层次结构、类型结构、质量作为解释变量，其中为了避免伪回归，消除异方差，解释变量和控制变量均取自然对数处理。控制变量为财政能力、财政负担范围、社会公共卫生服务投入、医疗水平与条件、区域经济水平。回归结果如表 7-3 所示。

表 7-3　回归结果

| 变量 | (1) | (2) | (3) | (4) | (5) |
| --- | --- | --- | --- | --- | --- |
| gm | −0.017<br>(0.026) | | | | |
| jg | | 0.017<br>(0.021) | | | |
| lx | | | 0.004<br>(0.020) | | |
| zl | | | | −0.036**<br>(0.018) | |
| TT | | | | | −0.122<br>(0.021) |
| cz | 0.042<br>(0.031) | 0.034<br>(0.033) | 0.041<br>(0.031) | 0.051<br>(0.031) | 0.049<br>(0.032) |
| qh | 0.069<br>(0.104) | 0.046<br>(0.100) | 0.053<br>(0.100) | 0.063<br>(0.098) | 0.052<br>(0.018) |
| fw | −0.024<br>(0.015) | −0.025*<br>(0.015) | −0.026*<br>(0.015) | −0.023<br>(0.015) | −0.021<br>(0.016) |
| jc | 0.022<br>(0.034) | 0.025<br>(0.035) | 0.015<br>(0.034) | 0.017<br>(0.033) | 0.021<br>(0.033) |
| jck | −0.004<br>(0.007) | −0.004<br>(0.008) | −0.004<br>(0.008) | −0.007<br>(0.008) | −0.006<br>(0.008) |
| 地区固定效应 | 是 | 是 | 是 | 是 | 是 |
| 时间固定效应 | 是 | 是 | 是 | 是 | 是 |
| 常数项 | 0.243<br>(0.355) | 0.270<br>(0.338) | 0.306<br>(0.326) | 0.607<br>(0.362) | 0.380<br>(0.332) |
| $R^2$ | 0.115 | 0.115 | 0.114 | 0.122 | 0.127 |
| 观测值 | 465 | 465 | 465 | 465 | 465 |

注：**和*分别表示在 5%和 10%水平上显著；括号内为稳健标准误。

列（1）显示，高等教育规模系数为−0.017，$P>0.1$，因此高等教育规模与基尼系数存在不显著负相关关系。列（2）显示，高等教育层次结构系数为 0.017，$P>0.1$，因此高等教育层次结构与基尼系数存在不显著正相关关系。列（3）显示，高等教育类型结构系数为 0.004，$P>0.1$，因此高等教育类型结构与基尼系数存在不显著正相关关系。列（4）显示，高等教育质量系数为−0.036，$P<0.05$，因此高等教育质量与基尼系数存在显著负相关关系。列（5）显示，高等教育总体发展系数为−0.122，$P>0.1$，因此高等教育总体发展与基尼系数存在不显著负相关关系。同时，本节采用替换模型和剔除直辖市样本的方式进行了稳健性检验，结果与基准模型一致，说明本节实证分析结果比较稳健。

由样本的实证分析结果可知，基于劳动力市场供求关系，从"结构效应"到"工资压缩效应"转变,进而缓解社会收入的不公平的效果并不显著。而基于劳动市场教育信号特征视角,高等教育的质量对文凭效应的直接影响,能够显著缓解社会收入的不公平。这一研究结果表明,在高等教育扩招背景下仅仅获得高等教育文凭,并不能有效缓解社会收入差距。尽管高等教育规模的扩张能够促使更多人获得高等教育学历与文凭,而缓解收入差距的关键在于更多人获得高质量的高等教育经历。因为只有高质量的高等教育经历在劳动力就业市场才能够有效地转化为收入。

## 第二节 高等教育规模发展、婚姻匹配 与社会收入公平的关系

伴随着中国经济崛起和社会结构的大变革,高等教育作为提升人力资本的重要途径越来越受到政府与民众的关注。高等教育投资所带来的个人经济收益持续提升是个人生活质量的有效反映,高等教育经历作为个人发展潜力的核心指标被引入中国婚姻的匹配市场(孙悦和于潇,2022)。作为家庭与个人的纽带,婚姻状态主动适应着时代和市场的发展,婚姻不仅是个人爱情的决策,还是涉及择偶双方的经济地位考量。在高等教育扩招的大背景,受到高等教育回报率的影响,婚姻的匹配规则逐渐向能够代表经济发展潜力的教育程度转型。

由于当前中国社会普遍存在婚姻的匹配规则,以"择优婚配"为前提的"同质婚配"成为中国主流的婚配类型。教育背景的匹配成为"同质婚配"的重要前提条件,同时也成为测量阶层代际流动、社会开放程度的重要维度。新时代背景下,高等教育规模扩张、中国婚姻匹配和社会公平的关系引发了一个深层次的问题,即"人力资本的累积与提升诠释了高等教育规模扩张对缓解个人收入差距的作用机制,以及对社会公平的影响。"从结构上来看,婚姻状态改变了人生活和工作的环境,而这种改变有利于人力资本的累积与提升吗?有利于缓解个人收入差距吗?本节基于以上两个问题展开探讨。

### 一、婚姻匹配作用与效果

（一）婚姻与收入

婚姻与同居生活不仅影响到直接的家庭关系,而且还可能对个人长期的经济状态产生影响。已有研究表明已婚男性工资水平显著高于未婚男性

工资水平（Nakosteen et al., 2004）。尽管婚姻的溢价效应从 20 世纪 60 年代以来已经具有明显的下降趋势，但是溢价水平依然高达 10%（Blackburn and Korenman, 1994）。已有研究对婚姻的溢价效应进行了解释，尹志超和杨超（2017）指出因为女性参加经济活动机会的越来越多，促使婚姻的经济溢价效应的存在。Jepsen（2005）的研究证明之所以存在婚姻的溢价效应是因为妻子婚后提供了感情支撑与理解，并帮助男性在职场的发展和进步。丈夫在劳动力市场的工作经历、教育程度、职业地位和妻子的劳动参与率及收入有时呈现出正相关关系，有时呈现出负相关关系（Dieckhoff et al., 2016），男女性别比例的失衡对婚姻状态的影响最终也会影响男性的收入（蓝嘉俊等，2019）。

已有研究也存在矛盾的结论：Staff 和 Mortimer（2012）指出女性因为婚后生育反而使得婚后的收入下降，但这并不能直接断定已婚女性的经济状况就一定比未婚女性要更差，她们可以从整个家庭的总体收入中获益（Light, 2004）。这导致女性更加愿意追求向上的阶层流动，通过社会地位的改变进而获得高的经济收入（严静，2014）。李锋亮等（2012）研究发现女博士的就业率与起薪随着丈夫教育层次的增加都获得显著提升，有效提升配偶的学历能够提升高学历女性的经济收入。也有研究指出正是由于女性参与劳动意愿的提升使得婚姻的同质匹配并没有扩大家庭间的收入差距（Schwartz, 2013）。

### （二）婚姻匹配与收入

婚姻匹配通过影响资源在个体和不同家庭之间的流动，间接地影响经济和社会结构的发展。学界尤其关注教育的婚姻匹配对收入差距的影响。当配偶的社会地位相对较低时，婚姻的回报率就会下降，违背了效用最大化原则（Becker, 1983）。因此，收益最大化动机会促使个人主动选择与其特征相似的个体结婚，进而获得婚姻回报的最大化（齐亚强和牛建林，2012）。随着教育同质性婚配比例的上升，社会中教育经历同质匹配的婚姻数量也在逐渐增加（Schwartz, 2010）。具备相似教育等级的夫妻，会有效提升彼此的收入水平（Groothuis and Gabriel, 2008）。已有研究表明女性通过向上教育匹配的婚姻能够显著提升经济收入（王丰龙和何深静，2014）。在女性劳动参与率不高的 20 世纪中叶，女性往往会通过上大学的途径寻找受过大学教育的丈夫，以提高经济回报率（姚先国和谭岚，2005）。

近年来，随着女性在教育与就业机会方面的提升，女性高校毕业生的劳动参与率与经济回报率均显著提升，但依然低于男性（Pestel, 2017）。

与高学历男性婚配将显著提升家庭收入,因此有大学经历的女性更有婚姻、教育匹配的动机,为避免经济损失,她们会避免与低教育层次的男性婚配(李锋亮等,2016)。Huang(2009)的研究指出是婚姻匹配影响了收入而非收入影响了婚姻匹配的方式,具体表现为妻子收入随着丈夫教育年限的增加而增加,其增加幅度达到3.3%,丈夫的收入随妻子教育年限的增加而增加的幅度远小于3.3%。

如前文所述,夫妻双方收入的关联性会随着双方的受教育程度的关联性增强而提升,即高教育水平男性与高教育水平女性的婚配结合,实际上就是高收入双方的结合,低教育水平男性与低教育水平女性的婚配结合,实际上就是低收入双方的结合,这会直接导致家庭之间的收入差距拉大(Nie and Xing,2019)。为实现家庭整体收益最大化目标,每个人都会尝试去寻找最为合适的配偶,但由于不同家庭获得财富能力和储蓄财富的基础差异,导致现实中两极分化现象的存在(Arrondel and Frémeaux,2016)。高学历夫妻这类的家庭组合越来越多时,他们与低学历夫妻家庭的收入差距越拉越大,加剧了不同家庭类型之间的经济差距,进而扩大社会收入的不公平程度。

1962~2013年,美国夫妻双方都有大学学位的婚配比例增加了22%,在这一期间已婚夫妇家庭收入的基尼系数从0.339提升到0.432(Eika et al.,2014)。20世纪中叶,随着双职工家庭模式逐渐取代男性挣钱养家的家庭模式,人们开始普遍认识到婚姻的经济基础是建立在夫妻合作而非专业化分工的基础上(Oppenheimer,1994)。女性劳动参与率的提升能够帮助缩小家庭的收入差距,具有显著的净效应(撒凯悦,2020)。家庭内部的公平氛围可以造成意料之外的收益,形成与不同家庭之间更大的不公平收入差距(Frémeaux and Leturcq,2020)。造成这种现象的一部分原因在于教育同质匹配的婚姻将导致收入的集中化,进而扩大家庭之间收入的不公平性。20世纪60年代教育同质性婚配在欧美兴起,到七八十年代欧美的收入不平等加剧(Schwartz,2010)。

在女性劳动参与率和就业收入大幅提升的背景下,"高—高"学历与"高—低"学历的婚配结合相比,前者存在高学历收入的叠加效应,及婚后男性和女性同时工作的收入叠加,而后者仅存在高学历男性收入的溢出效应。随着时代的发展,人力资本创造的价值与受教育水平越来越相关,由于"高—高""高—低""低—低"学历婚配家庭的存在,可能产生因为学历婚配家庭之间收益的差距扩大所导致的社会收入不公平问题。Richard和Hald(2012)通过对丹麦女性就业状况的研究发现,女性就业率的提升促使教育匹配同质性婚姻增加，进而导致了收入不公平程度的加剧。Schwartz（2010）也指出高教育背景的同质性婚配将显著扩大与不同婚配特征家庭的组间收入差距。随着时代的发展和进步，高学历特征的婚姻同质匹配将对家庭收入产生持续显著的正向影响（李雅楠和王飞，2013）。如果没有教育特征同质性婚配的盛行，中国家庭的收入差距将会下降 5%（李代，2017）。

由此可见，高等教育在婚姻匹配中将产生显著的溢出效应，与"低—低"教育匹配的婚姻结构相比较，"高—高"和"高—低"两种类型的教育匹配婚姻结构在家庭整体收入改善上效果更加显著。"高—高"类型的教育匹配婚姻结构是扩大不同婚配特征家庭之间收入差距的重要条件。

## 二、理论假设与实证研究

现有研究大多从婚姻匹配结构与收入的关系展开研究，就婚姻与社会收入公平问题的探讨较为少见，高等教育扩招，促使教育背景低的个人具有更多的机会接受高等教育，使得"低—低"教育匹配的婚姻结构减少，社会增加更多的"高—低"和"高—高"教育匹配的婚姻结构，实现家庭收入的提升，进而有效缓解收入不公平问题。采用历年《中国统计年鉴》等官方数据库，构建了 1999～2020 年 31 个省区市的平衡面板数据来考察高等教育规模扩张、婚姻匹配与社会收入公平的关系，并回答以下问题：在高等教育扩招前提条件下，婚姻状态改变整个家庭的收入状态，这一改变有利于缓解社会收入的差距吗？

### （一）研究方法与计量模型设定

在高结婚注册率情景下，高等教育扩招实际上提供了更多高教育背景同质婚配的几率，这在一定程度上会增加同质婚姻配对的数量，进而对整个社会的收入结构产生影响。因此，本节认为高等教育规模的扩张对缓解社会收入的公平性具有积极的影响，同时在高结婚注册率情景下，这一积极影响会更加显著。为验证婚姻状态的调节作用，本节构建了模型（7-3）来进行验证：

$$\text{Gini} = \beta_0 + \beta_1 \text{SHE} + \beta_2 \text{Mar} + \beta_3 \text{SHE} \times \text{Mar} + \beta_j \text{CVariables} + \varepsilon \quad (7\text{-}3)$$

式中，Gini 表示被解释变量基尼系数；解释变量 $\text{SHE} \in \{\text{SHE}_1, \text{SHE}_2, \text{SHE}_3\}$，其中，$\text{SHE}_1$ 表示高校招生人数，$\text{SHE}_2$ 表示高校数量，$\text{SHE}_3$ 表示高校招生增长率；Mar 表示调节变量婚姻状态；CVariables 表示控制变量；$\varepsilon$ 表示残差。在调节效应的检验中分别用 $\text{SHE}_1$、$\text{SHE}_2$、$\text{SHE}_3$ 进行回归并与 Mar 进

行交互。当系数 $\beta_3$ 显著为负时，说明婚姻状态将负向调节高等教育规模与基尼系数之间的关系。当系数 $\beta_3$ 显著为正时，说明婚姻状态将正向调节高等教育规模与基尼系数之间的关系。

（二）变量选取与说明

**1. 被解释变量**

本节将基尼系数（Gini）作为被解释变量。参照前文基尼系数的计算方法，获得 1999～2020 年 31 个省区市基尼系数的平衡面板数据。

**2. 解释变量**

为了检验本节的理论推演是否成立，我们选取了反映高等教育规模扩张的多个维度变量：高校招生人数（$SHE_1$）采用地区年度普通高等学校招生人数（万人）取自然对数来测量；高校数量（$SHE_2$）采用普通高等学校数量取自然对数来测量；高校招生增长率（$SHE_3$）采用普通高等学校招生增长率来测量。

**3. 控制变量**

社会收入的公平性问题是多因素作用的结果，它不仅会受到高等教育规模、质量和结构发展的影响，还与地区财政预算水平（财政转移支付能力），社会卫生事业支出，区域经济发展水平等因素有关。因此本节选取了以下变量加入模型作为控制变量：财政能力（cz）用地区年度财政一般预算支出（亿元）取自然对数来测量；财政负担范围（qh）用县级区划数（个）取自然对数来测量；社会公共卫生服务投入（fw）用地区年度社会公共卫生服务投入总额/总人口数（元/人）取自然对数来测量；医疗水平与条件（jc）用每万人医疗机构床位数（张）取自然对数来测量；区域经济水平（jck）用经营单位所在地进出口总额（千美元）取自然对数来测量，具体变量定义和测量方法如见表 7-4。

表 7-4 变量定义与测量

| | 变量名称 | 变量代码 | 变量定义与测量 |
|---|---|---|---|
| 被解释变量 | 基尼系数 | Gini | $G = \sum_{i=1}^{n} W_i Y_i + 2\sum_{i=1}^{n} W_i(1-V_i) - 1$ |
| 解释变量 | 高校招生人数 | $SHE_1$ | 地区年度普通高等学校招生人数（万人）取自然对数 |
| | 高校数量 | $SHE_2$ | 普通高等学校数量取对数 |
| | 高校招生增长率 | $SHE_3$ | 普通高等学校招生增长率 |

续表

| | 变量名称 | 变量代码 | 变量定义与测量 |
|---|---|---|---|
| 调节变量 | 婚姻状态 | Mar | 地区年度结婚注册数量取自然对数 |
| | 财政能力 | cz | 地区年度地方财政一般预算支出（亿元）取自然对数 |
| | 财政负担范围 | qh | 县级区划数（个）取自然对数 |
| 控制变量 | 社会公共卫生服务投入 | fw | 地区年度社会公共卫生服务投入总额/总人口数（元/人）取自然对数 |
| | 医疗水平与条件 | jc | 每万人医疗机构床位数（张）取自然对数 |
| | 区域经济水平 | jck | 经营单位所在地进出口总额（千美元）取自然对数 |

（三）分析与解释

**1. 描述性统计分析**

如表 7-5 所示，从解释变量的均值和标准差来看，$SHE_1$（高校招生人数）的均值为 2.779，标准差为 0.964。$SHE_2$（高校数量）均值为 4.128，标准差为 0.763。$SHE_3$（高校招生增长率）均值为 0.054，标准差为 0.071。可见在高等教育规模变量中高校招生人数分布的离散程度相对最高，高校招生增长率离散程度相对最低。调节变量婚姻状态均值为 3.569，标准差为 1.922，最小值为-0.511，最大值为 12.889，可见该变量数据分布离散程度高，而且极端值分布的差距较大。

为了解决回归过程中可能出现的共线性问题，保证回归的有效性。本节还通过方差的膨胀因子对共线性问题进行检验，结果显示方差的膨胀系数（VIF）均小于 10，排除共线性问题（Chen et al.，2006）。

表 7-5　描述性统计

| 变量 | 样本量 | 均值 | 标准差 | 最小值 | 最大值 |
|---|---|---|---|---|---|
| Gini | 465 | 0.428 | 0.046 | 0.350 | 0.510 |
| $SHE_1$ | 465 | 2.779 | 0.964 | 0.274 | 4.244 |
| $SHE_2$ | 465 | 4.128 | 0.763 | 1.386 | 5.118 |
| $SHE_3$ | 465 | 0.054 | 0.071 | -0.104 | 0.408 |
| Mar | 465 | 3.569 | 1.922 | -0.511 | 12.889 |
| cz | 465 | 7.808 | 0.900 | 5.019 | 9.758 |
| qh | 465 | 4.337 | 0.703 | 2.773 | 5.209 |
| fw | 465 | 13.535 | 0.957 | 10.025 | 15.394 |
| jc | 465 | 3.744 | 0.366 | 2.768 | 4.602 |
| jck | 465 | 17.187 | 1.757 | 12.233 | 20.811 |

## 2. 回归分析

本回归以基尼系数作为被解释变量，选择高校招生人数、高校数量、高校招生增长率三个维度作为高等教育规模的测量变量。选择婚姻状态作为调节变量。其中为了避免伪回归，消除异方差，部分解释变量、调节变量和控制变量取自然对数处理。控制变量为财政能力、财政负担范围、社会公共卫生服务投入、医疗水平与条件、区域经济水平（表7-6）。

### 表7-6　调节效应结果

| 变量 | (1) | (2) | (3) |
|------|------|------|------|
| $SHE_1$ | −0.041 | | |
| | (0.033) | | |
| $SHE_2$ | | −0.016 | |
| | | (0.052) | |
| $SHE_3$ | | | 0.061 |
| | | | (0.056) |
| Mar | 0.025* | 0.005 | 0.032** |
| | (0.014) | (0.020) | (0.013) |
| $SHE_1 \times Mar$ | 0.005 | | |
| | (0.006) | | |
| $SHE_2 \times Mar$ | | 0.009 | |
| | | (0.006) | |
| $SHE_3 \times Mar$ | | | −0.022** |
| | | | (0.011) |
| 控制变量 | 是 | 是 | 是 |
| 地区固定效应 | 是 | 是 | 是 |
| 时间固定效应 | 是 | 是 | 是 |
| 常数项 | 0.208 | 0.336 | 0.265* |
| | (0.346) | (0.333) | (0.324) |
| $R^2$ | 0.126 | 0.127 | 0.128 |
| 观测值 | 465 | 465 | 465 |

注：**和*分别表示在5%和10%水平上显著；括号内为稳健标准误。

列（1）显示，高校招生人数与婚姻状态交乘项（$SHE_1 \times Mar$）的系数为0.005，$P>0.1$，因此婚姻状态对高校招生人数与基尼系数的关系存在不显著正向调节关系。列（2）显示，高校数量与婚姻状态交乘项（$SHE_2 \times Mar$）的系数为0.009，$P>0.1$，因此婚姻状态对高校的数量与基尼系数的关系存在不显著正向调节关系。列（3）显示，高校招生增长率与婚姻状态交乘项

（SHE$_3$×Mar）的系数为-0.022，$P<0.05$，因此婚姻状态对高校招生增长率与基尼系数的关系存在显著负向调节关系。

由样本的分析结果可知，婚姻状态对高校招生增长率与基尼系数的关系存在显著负向调节关系。这说明在1999～2020年，高速的高等教育扩张增长率促使教育背景低的个人具有更多的机会接受高等教育，使得"低—低"教育匹配的婚姻结构减少，社会增加更多的"高—低"和"高—高"教育匹配的婚姻结构，实现家庭收入的提升，进而有效缓解收入不公平。此外，本节采用替换模型和剔除直辖市样本的方式进行了稳健性检验，结果与基准模型一致，说明本节实证分析结果比较稳健。

## 第三节 高等教育规模发展影响社会收入公平的研究结论与对策

### 一、主 要 结 论

本章以平衡面板数据的多元回归分析方法为基础。对高等教育规模扩招前提条件下高等教育规模、结构、质量、高等教育总体发展与社会收入公平之间的关系进行了分析，研究结论见表7-7中的1～5项。以平衡面板数据的多元回归分析、调节效应分析为基础。对高等教育扩张前提条件下婚姻状态对高等教育扩招与社会收入公平关系进行了分析，研究结论见表7-7中的第6项。

基于此，本节可以得出以下结论：第一，总体来看高等教育的发展对改善社会收入公平的效果并不明显；第二，在高等教育扩招前提条件下，尽管高等教育规模和高等教育结构并没有对缓解社会收入不公平产生显著的影响效果，但高等教育质量对缓解社会收入不公平具有显著的影响效果；第三，虽然高等教育规模和高等教育结构并没有对缓解社会收入不公平产生显著的影响效果，但在考虑婚姻状态条件下，高等教育规模增长率能够对社会收入不公平产生显著的缓解效果。

**表 7-7 研究结论汇总表**

| 序号 | 变量 | 回归系数 | 回归效应 | 结论推导 |
|---|---|---|---|---|
| 1 | gm | -0.017<br>(0.026) | 高等教育规模对基尼系数呈不显著的负向影响 | 高等教育规模没有对社会收入不公平产生显著的缓解效果 |
| 2 | jg | 0.017<br>(0.021) | 高等教育层级结构对基尼系数呈不显著的正向影响 | 高等教育层级结构没有对社会收入不公平产生显著的缓解效果 |

续表

| 序号 | 变量 | 回归系数 | 回归效应 | 结论推导 |
|---|---|---|---|---|
| 3 | lx | 0.004 (0.020) | 高等教育类型结构对基尼系数呈不显著的正向影响 | 高等教育类型结构没有对社会收入不公平产生显著的缓解效果 |
| 4 | zl | $-0.036^{**}$ (0.018) | 高等教育质量对基尼系数呈显著的负向影响 | 高等教育质量对社会收入不公平具有显著的缓解效果 |
| 5 | TT | $-0.122$ (0.021) | 高等教育总体发展对基尼系数呈不显著的负向影响 | 高等教育发展并未有效改善社会整体收入水平 |
| 6 | $SHE_3 \times Mar$ | $-0.022^{**}$ (0.011) | 高等招生增长率在结婚注册数量高的情况下对基尼系数呈显著的负向影响 | 高等招生增长率在结婚注册数量高的情景下对社会收入不公平具有显著的缓解效果 |

注：**表示在 5%水平上显著；括号内为稳健标准误。

## 二、启　示

2020 年以来，受到新冠肺炎疫情、中美关系、地缘政治等多方面影响，中国经济下行压力加大，经济发展速度持续放缓。根据经济学的供求关系理论，未来高校毕业生失业率将持续上升，劳动力市场供过于求的状态将长期存在，大学毕业生收入下降趋势已经形成。在这一大背景下，高等教育持续扩招的政策将相对放缓或停滞是一个必然的趋势，持续增加高等教育规模的政策告一段落，此时如何调整和优化现有高等教育的质量成为关键问题。尤其是平衡社会收入、降低社会基尼系数将成为未来高等教育发展所必须面对的社会问题。基于此，本节总结出缓解收入差距的两条关键路径。

### （一）高等教育发挥的文凭效应是影响社会收入公平的关键

高等教育之所以能够缓解社会收入不公平问题，关键问题并非是让更多的人享受高等教育机会并获得高等教育文凭，而是让更多的人获得优质高等教育文凭。由于文凭效应的异质性与文凭本身的"质量"密切相关（张青根，2017）。具体在文凭颁发的部门，获取文凭人员的性别，文凭使用的地区等方面展现出文凭效应的异质性特征。即使是同一层次但不同"质量"的文凭在文凭效应方面同样存在差异。可见同一层次的文凭也可以向劳动力市场发出个体不同能力的信号特征（Feng and Graetz，2017）。

由此可见，提升高质量的高等教育是缓解社会收入不公平的关键。经过"985 工程""211 工程"和"双一流"建设，普通高等教育的格局已经基本确立，优质普通高等院校的资源基础和发展程度已经相对成熟。在资源约束情景下提升优质普通高等院校的办学水平和质量，为了使更多的人享受优质的高等教育以缓解社会收入差距，改变和调整高等教育结构是实现高等教育公平的重要方法和手段，本节从政府、举办者和求学者三个维度提出可行的路径。

政府和高校的举办者应该"逐步淡化高校双一流身份色彩"，通过"双一流"学科建设使得更多的高校加入进来，分散优质高等教育的分布并提升优质高等教育的质量，超越"985、211工程"的历史作用，打破人们对其形成的思维定式，让各高校及其毕业生拥有更加均衡的发展机会和更加公平的竞争环境。借助社会力量采用新模式、新机制举办高质量的大学，例如：南方科技大学、中国社会科学院大学、中国科学院大学、深圳北理莫斯科大学、西湖大学、广东以色列理工学院等。

政府应当继续推进提升高等职业教育的质量的工作，从不同类型来构建更多的优质高等教育资源。在"国家示范""国家骨干"和"双高"等工程和项目的建设基础上，稳步发展职业教育本科，并从国家层面支持和整合优质高等职业院校设立一批本科层次的职业院校。进而实现优质高等教育资源的总体结构性增长，缓解普通高等教育所承担的提供优质高等教育的压力。

求学者要提升个人收入还应当在选择高等院校质量上下功夫，由于国内优质普通高等院校的资源基础和发展程度已经相对成熟，为国内求学者所能够提供的优质高等教育机会是有限的。因此，求学者通过积极申请境外高水平院校，享受境外优质高等教育资源是当前国内激烈竞争环境下，提升个人高等教育质量的有效途径。

### （二）高等教育扩招前提条件下婚姻匹配的作用与效果

1999～2020年是中国高等教育规模高速扩张时期。经历了"精英化""大众化"和"普及化"三个发展阶段以后，2019年中国高等教育的毛入学率达到51.6%，进入高等教育的普及化阶段。前文基于1999—2020年这一时间段所获取的中国高等教育扩招、婚姻匹配、社会收入公平等变量的平衡面板数据进行了实证分析。研究结果发现，高等教育扩招虽然没有直接缓解收入差距，但在高教育背景的同质性婚配条件下，对缓解收入差距有显著作用。

这一研究结论表明：高等教育扩招将改变社会婚姻匹配的结构，促使教育背景低的个人具有更多的机会接受高等教育，减少"低—低"教育匹配的婚姻结构，增加"高—低"和"高—高"教育匹配的婚姻结构，实现社会家庭收入的整体提升，进而有效缓解收入不公平的效应。

因此，在高等教育扩招背景下，婚姻中男女双方同时参加工作对缓解收入不公平将起到积极的作用。高等教育扩招促使教育背景低的个人具有更多的机会接受高等教育，如果婚姻中的一方不参与家庭以外劳动而仅仅是专注于家庭内的事务，就无法将其高等教育经历转化为直接的经济收入。那么即使双方的教育层次相匹配，也无法对家庭的整体收入产生显著的正向影响。要缓解社会收入差距，就需要婚姻中男女双方同时参加工作，实现家庭收入的整体提升。

随着我国高等教育普及化的实现，高等教育的扩招已经成为一段历史，高校招生增长率将逐渐趋向于 0（甚至是负数）。未来通过高等教育扩招改变社会婚姻匹配的结构，既促使教育背景低的个人具有更多的机会接受高等教育，减少"低—低"教育匹配的婚姻结构，增加"高—低"和"高—高"教育匹配的婚姻结构，实现社会家庭收入的整体提升的作用与效果将逐渐弱化直至消失。

## 第四节　本 章 小 结

为厘清高等教育规模与社会收入公平之间的关系，本章从高等教育扩招与社会收入公平之间的关系，以及高等教育规模、婚姻匹配与社会收入公平之间的关系两个方面展开分析与总结。

首先，基于劳动力市场的供求理论、劳动市场教育信号理论、以及高等教育扩招对收入的"结构效应"和"工资压缩效应"等高等教育扩招经济效应的相关理论，对高等教育扩招对社会收入公平的影响提出理论假设。并采用多元回归的方法检验了高等教育规模、结构和质量对社会收入公平的影响。结果表明：高等教育扩招背景下，高等教育质量对社会收入公平（基尼系数）具有显著负向影响，也就是说更多的人享受优质的高等教育能够显著缓解社会收入的不公平现象。

经过长达 20 余年的高等教育扩招以后，我国优质高等教育资源仍然处于集中状态，且"马太效应"仍然存在，优质高等教育资源分配的地区差异、群体差异显著，导致我国优质的高等教育资源多分布在经济发达地区和政治中心城市，具有不同社会阶层和经济背景的学生能够接触并获得的优质高等教育资源差异较大。本章的研究结论显示：高等教育扩招缓解社会收入不公平的作用机制是高质量的高等教育显著负向影响基尼系数。高等教育规模、结构的影响效果并不显著。因此，高等教育扩招对社会收入公平的影响效果还存在一定的局限性。

其次，基于效用最大化理论、婚姻匹配理论、人力资本的叠加效应等相关理论对高等教育扩招背景下，婚姻状态对高等教育扩招与社会收入公平之间关系的影响展开研究。结果表明：婚姻状态显著负向调节高等教育规模与社会收入公平之间的关系。在高等教育扩招前提条件下，能够提供更多的高教育匹配的婚姻数量，提升大部分人的家庭收入，进而总体上缓解社会收入不公平的问题。

近年来，我国婚姻状态出现了新的现象，结婚注册比例持续下降，离异或单亲家庭在社会家庭中的占比持续上升，这对以婚姻为基础、家庭为单位的婚姻匹配收入理论形成了一定的冲击。2022 年中国出现了 60 年来的首次人口负增长，人口下降的趋势已经形成。这在一定程度上也形成了对以婚姻为基础、家庭为单位的婚姻匹配收入理论的冲击。基于人口结构变化、婚姻状态变化的研究是未来社会收入公平研究拓展的一个重要方向。

# 第八章 高等教育规模发展与社会分层和流动

伴随着我国高等教育规模发展，"大学生就业难"以及"读书无用论"等言论常见于各种媒体报道中，引发民众对"知识改变命运"观念怀疑，对阶层固化问题深信不疑。同时，高等教育对社会阶层流动的影响是促进还是抑制也在学界争论不一。我国高等教育从1999年开始规模招生直至如今，其发展速度、招生规模堪称世界高等教育扩招发展的奇迹。在二十多年的发展历程中，扩招后的高等教育对社会阶层流动起着怎样的价值与作用，是促进还是抑制，是持续促进抑或先促进后抑制等问题一直困扰着社会各界人士，也是学界一直试图去探寻的现实问题。本章基于"圈层理论"与"有效维持不平等理论"，基于2018年中国劳动力动态调查（CLDS2018）数据库，从社会流动净效益、性别与是否独生子女等异质性角度分析高等教育规模发展对社会阶层流动的影响，并试图探寻背后影响机制。为评估高等教育扩招政策、教育投资回报及教育公平等体制机制改革提供参考依据。

## 第一节 规模发展背景下社会分层与流动演变的特征

### 一、社会分层与社会流动概述

社会分层是指社会成员、社会群体因社会资源占有不同而产生的层化或差异现象（李强，2011）。社会分层的本质是人们所处社会地位高低不同。社会分层的形成离不开三个要素：一是对社会资源的价值判断，不同国家在不同时期有着不同的价值尺度与文化观念，这些不同的价值尺度与文化观念对社会资源的判断亦有不同，例如在古代宗族社会中，年龄越大的群体，辈分越高，在家族中享有更高的社会地位。二是社会分配规则，社会分配规则决定着社会财富或资源分配比例，进而也决定着受益群体的社会地位。人类社会有三种典型的分配方式：按劳分配、按资分配以及按需分配，按劳分配侧重于按照劳动贡献分配，按资分配侧重于按照资本收益进行分配，按需分配侧重于基于个体需求进行分配。三是社会流动机制，社会流动机制是指个人或家庭从一种社会地位向另一种社会地位转移的过程和机制，是影响社会流动性关键要素，也是影响社会公平的重要因素之一。社会分层要素之间的耦合与互动的过程使得社会分层形式存有较大差异。当然，社会分层并非单一评价标准，标准不同，产生的社会层级亦不同。在众多标准中，职业地位是社会阶层划分的重要客观标准，这一划分标准也最受社会学家青睐，如国外学者涂尔干、丹尼尔·贝尔、戈德索普等社会学家都主张依据职业地位来划分社会阶层，国内学者陆学艺教授在《当代中国社会阶层研究报告》一书中也是依据职业地位，将中国社会群体划分为十个阶层。当然，也有不少社会学家主张根据社会声望等主观因素进行划分，如沃纳（Warner）、帕森斯（Parsons）等。

　　社会流动是指个体或群体在社会分层结构中位置和空间地理结构中位置的变化（李强，2011）。社会学家彼得·布劳（Peter Michael Blau）和奥蒂斯·邓肯（Otis Dudley Duncan）认为，"社会流动是人们在社会位置之间的所有流动，既是职业流动和地理位置的迁移，也是宗教信仰的改变、婚姻的变动、收入的增加、失业以及政治联盟的改变"（Blau and Duncan，1978）。美国社会学家索罗金认为，社会流动意味着个人或社会事物及价值的变化，即由人类活动所创造的或改革的一切事物从一个社会位置向其他社会位置的移动（侯定凯，2004）。社会流动既包含个体社会流动，也包含群体社会流动。个体社会流动是指个体社会地位的变化或社会属性的变化，群体社会流动主要指某一社会阶层的整体流动（向冠春和刘娜，2011）。在社会学研究历史长河中，社会学家更关心个体社会阶层变迁或社会位置的变化。个体社会流动包括两方面流动：一是代内流动，如个人在职业生涯中职位的升迁降低的变化过程；二是代际流动，子辈与父辈职业地位相比较，职业地位或社会位置的升迁变化。本章所研究的社会流动主要指个体代际流动。社会流动与社会分层是一个事物的两个方面，二者密切相关，皆是对社会阶层结构的分析与描述。二者的不同之处在于，社会分层是从静态视角对社会层次结构的分类、性质和内容等进行描述，社会流动则是从动态视角对不同个体或群体如何进入社会层次结构，进入的方式、方向等进行探究。

## 二、高等教育规模扩张与社会分层和流动理论分析

### （一）高等教育具有促进社会阶层流动的功能

　　高等教育促进社会流动与社会分层的过程在于，受过良好高等教育的

人通常拥有更高的技能和知识水平，更容易在职业和事业上获得成功，从而提高自己的社会地位。从功能主义理论来看，高等教育是社会"精英循环"的中介，是促进社会分层与社会流动的关键抓手。主要因为高等教育的目的是培养能够促进社会进步与发展的精英人士与专业技能人才，这些人才通过高等教育文凭谋取社会职业，高等教育文凭所蕴含的信号价值是谋取较高社会职业地位的"通行证"（吴克明和吴丹，2021）。社会学家索罗金曾在《社会流动》一书中提出："教育是使人从社会底层向社会上层流动的阶梯。"（张继明，2012）斯密认为，新社会制度本质上是一个现代阶层社会，不再是由"身份、等级"来决定的，而是由"教育水平、习惯、习俗"等差异构成的流动型社会（李莉，2007）。从人力资本理论来看，高等教育具有助推个体人力资本积累和专业技能水平提升的功能，接受高等教育的群体能够在社会生产过程中提高劳动生产率，为雇主带来更高的经济效益、社会收益，进而也能获得更高的收入回报，实现社会阶层的向上流动（周扬和谢宇，2020）。兰德尔·柯林斯（Randall Collins）认为：教育文凭和学历是帮助个体换取更为优质的受雇机会和职业条件的通货，最终换取相应的社会地位。社会学家彼得·布劳和奥蒂斯·邓肯通过实证研究发现，即使是在经济发达的国家，个体受教育水平与职业地位依然具有很高的正相关性，二者相关系数为 0.73。说明，高等教育具有促进个体社会阶层流动的功能。不过，高等教育对社会阶层流动的影响，主要是指个体社会层次结构中垂直地位变化的影响。

（二）高等教育规模发展对社会分层与流动的影响

教育具有基础性、先导性与根本性作用。习近平总书记曾指出，"教育是提高人民综合素质、促进人的全面发展的重要途径，是民族振兴、社会进步的重要基石，是对中华民族伟大复兴具有决定性意义的事业"。在二十大报告中习近平总书记又特别强调："教育、科技、人才是全面建设社会主义现代化国家的基础性、战略性支撑。"为全面建设社会主义强国，提升教育、科技创新水平与国家综合发展实力以及满足社会转型发展需要等，我国政府于 1999 年实施高等教育扩招政策。1999 年 1 月 13 日，国务院批转了教育部制定的《面向 21 世纪教育振兴行动计划》，提出到 2010 年，高等教育入学率接近 15%。自 1999 年高等教育扩招政策实施，我国高等教育发展速度显著提升，发展规模显著扩大。1998 年我国大学生只有 108 万人，高等教育毛入学率为 3.7%，2019 年高等教育在学规模高达 4002 万人，高等教育毛入学率为 51.6%，是 1998 年的 14 倍（中华人民共和国教育部发展规划司，2017）。这创造了世界高等教育发展的奇迹，标志着中国高等教育进入普及化发展阶段。高等教育规模扩张对社会流动功能的影响是否有变化，是进一步增强社会流动还是会减弱社会流动一直都是社会各界非常关切的现实问题。

国内关于高等教育规模扩张对社会分层与流动影响的研究并不多。但已有研究多数是通过对中国综合社会调查（CGSS）、中国家庭收入调查（CHIP）数据库分析来探究对社会流动的影响，主要有两方面观点。

其一，高等教育扩招并不一定就能促进社会分层与流动，主要原因是各阶层子女入学机会不均等，如郝雨霏等（2014）认为高校扩招后代际间社会流动尤其是农村以及处于社会下层子弟的向上流动并未发生明显改善。高校扩招后的社会绝对流动率有所上升，但相对流动率仍保持不变。杨中超（2016）认为没有充足证据证明教育扩招促进了代际流动。一方面，尽管教育在扩招前后始终是决定个人社会经济地位高低的最重要因素，但教育扩招没有显著解决教育机会不均等的问题，也没有减弱家庭背景对子女初职社会经济地位的影响。另一方面，教育扩招的结构化效应不显著，大学毕业生面临的劳动力市场并非完全遵循绩效原则。因此，即便教育扩招提高了他们在社会总人口中的相对比例，也无法带来社会整体代际流动的改善。叶晓阳和丁延庆（2015）认为高等教育扩张强化了社会阶层的复制而非再生产，若高等教育因扩张而降低了教育质量，有可能削弱高等教育对社会阶层流动的促进作用。Mok（2016）通过对香港、台北、广州比较研究发现，高等教育的大规模化并不一定为青年带来更多的职业机会或向上社会运动的机会。Mok 等（2016）通过比较分析发现，高等教育的大规模化不可避免地导致大学毕业生供过于求，毕业生与劳动力市场的技能不匹配，从而导致阻碍高等教育对社会流动性的促进作用。

其二，高等教育扩招总体上提高了社会流动，尤其是增加了弱势群体向上流动的可能性。如学者向冠春和刘娜（2011）认为高等教育仍然是促进个体社会流动的重要途径。罗楚亮和刘晓霞（2018）研究表明教育扩张总体上提高了教育流动性，降低了受教育程度代际向下流动的可能性，提高了代际受教育程度向上流动的可能性，但不同家庭在教育扩张中的获益特征与城乡地区、父母受教育程度密切相关，父母受教育程度较低家庭的子女，从基础教育扩张中获得了更大的改善；高等教育扩张对于父母受教育程度较高家庭中的子女以及城镇子女，有着更为积极的贡献；从同期群视角看，教育扩张对于提高教育流动性的效应在逐渐下降。Yide 等（2022）通过实证分析发现，高等教育扩张后，本科或研究生教育在职业社会经济地位方面仍然可以显著促进农村代际流动。赵红霞和王乐美（2020）利用CGSS 数据分析发现，相比未接受高等教育群体，接受高等教育者阶层向上流动概率更大；乡村人口阶层向上流动概率大于城镇人口，中西部地区人口阶层向上流动概率大于东部地区人口；高等教育增加了弱势群体阶层向上流动的机会。赵欣和尹韶青（2014）则指出，随着高等教育入学机会的增加，社会成员的个人能力得到提升，向上层流动的机会增加，中间阶层队伍不断扩大，逐步形成"两头小，中间大"的橄榄型社会阶层结构，有利于社会的稳定和谐发展。

目前关于高等教育扩张对社会流动性的影响，主要从信号筛选理论与机会公平理论进行阐释。信号筛选理论侧重于探究教育文凭所承载的信号价值，认为随着高等教育扩张拥有相同学历的人数不断增加，高等教育文凭的稀缺效应逐渐被稀释，从而阻碍了高等教育对社会流动的促进作用。机会公平理论认为高等教育规模发展为社会弱势群体提供更多的入学机会，促进了教育公平性，也为社会弱势群体的代际流动提供了条件，能够促进社会流动。信号筛选理论过于强调文凭的价值与作用，忽视了拥有相同文凭个体的家庭背景差异性。机会公平理论过于强调教育机会的公平性，忽视了教育公平性的多样性与复杂性。高等教育对社会流动性的影响是教育质量、家庭背景等多种因素共同作用的结果。本节在"有效维持不平等理论"的基础上，引入"圈层理论"，从社会阶层结构的互动视角来分析高等教育扩张对社会流动的作用机制。

高等教育对社会流动性的影响是多方面的，不仅体现在流动规模"量"的维度，更体现在流动机会均等化"质"的维度。有质量的社会流动应使不同家庭背景子女的流动机会趋向均等，它能削弱不平等的代际结构传递，从而削弱社会阶层间流动的堡垒（李煜，2019）。这与有效维持不平等理论相吻合。Lucas（2001）提出有效维持不平等（effectively maintained inequality，EMI）理论，他认为教育不平等性不仅体现在数量上，还体现在教育质量上。即使教育数量在某一阶层达到均等化，依然会存在教育质量上不均等情况。随着我国高等教育扩招政策实施，多数高等院校在追求数量增加的同时难以兼顾教育质量的提升，使得财政投入、优质师资建设、硬件设施齐备性等远不能满足高校扩张的教育需求，使得优质资源变得更为稀缺，优势阶层借助圈层文化与网络优先享有优质教育资源。同时，扩张后高等学校产生了分化，不同层次（"211 工程"高校、"985 工程"高校、普通院校）高等院校存在异质性回报，进而影响高等教育对社会流动的作用（周扬和谢宇，2020）。

综上可知，关于高等教育扩招能否继续促进社会流动尚未达成一致的观点。上述研究中，以 2015 年以前数据为经验材料进行回归分析，更多的是验证高等教育对社会流动的量化特征；同时，以单一年份数据在"点"上分析高等教育对社会流动，并未从纵向上动态深入分析高等教育扩招对社会流动随着时间变化的趋势，这种在"点"上的单一静态分析尚不能全面揭示高等教育发展对社会流动促进的动态演变过程。高等教育从 1999 年扩招至今已有 20 多年发展历程，需要结合经验数据动态演绎其对社会分层与社会流动的整体性变化趋势是什么？其中的异质性规律如何？本节在已有研究的基础上，利用中山大学社会科学调查中心提供的"2018 年中国劳动力动态调查"（CLDS2018）数据库，构建双重差分模型，分析高等教育规模发展影响社会流动的作用规律，为我国后续高等教育扩招政策调整提供相关参考与建议。

## 三、研究设计

### （一）变量选取与说明

#### 1. 被解释变量

个体代际流动指数（Gen）。个体代际流动是子代相较于父母代的社会阶层转换过程。按照相关研究，并结合 CLDS2018 数据库的调查结果，本节按职业类属将社会劳动力人口所处的生产活动阶层分为无单位类、民营企业单位类、自治组织单位类、事业单位类、党政机关类五类职业阶层。[①]现有文献对于个体相对于父母代的阶层流动主要采用 Unidiff 模型，这类方法的优势在于可以有效测量不同教育程度的父母代对个体的影响及其代际流动的作用效果。对于本节试图阐释的高等教育规模扩大带来的代际流动的时序效应而言，适用性较弱。但为本节纵向测量个体相对于父母代的代际流动程度提供了思路，即通过比较个体与父母代的职业单位阶层差异进行代际流动情况测量。因此，本节按照前述劳动力人口阶层分类方法，对个体和父母代的职业单位类属划分阶层并按照 Likert 五级量表（1、2、3、4、5）进行赋值，通过对个体现今职业单位阶层值与父、母代职业单位阶层值求差值，测量个体相对于父亲职业单位阶层代际流动指数（Gen_f）和

---

① 父亲、母亲的单位类属：农林牧副渔业生产（如种地、养殖鸡鸭水产等）和无固定工作者（零散工、摊贩、无派遣单位的保姆、自营运司机、手工工匠等）无单位类；个体工商户（包括登记过的个体工商户或未登记的各类店主）和民营、私营企业、自由职业者（网络作家、画家、自媒体工作人员、自由摄影师等脑力工作者等）以及外资、台资企业单位类；民办非企业、社团等社会组织、村居委会等自治组织单位类；集体企业、国营企业、国有和集体事业单位类；党政机关类。

个体相对于母亲职业单位阶层代际流动指数（Gen_m）。[①]

**2. 解释变量**

根据 CLDS2018 数据库对个体最高教育程度的统计数据，区分了个体受教育程度（EDUL），即未受高等教育=0；受高等教育=1。[②]同时，CLDS2018 数据库调查了个体最高教育程度的结束年份，在此基础上借鉴现有研究的思路，设定了高校扩招政策冲击时间虚拟变量（POLICY），即个体最高教育程度的结束时间在 2003 年之前=0；2003 年及之后=1。本节以二者交乘项 EDUL×POLICY 作为解释变量 DID 来估计高学历群体与低学历群体在高校扩招政策冲击前后在个体阶层跨越上的平均差异。

**3. 控制变量**

由于个体代际流动还会受多重因素干扰，因此本节借鉴现有研究思路（阳义南和连玉君，2015），控制了如下变量：（1）受访者当年个体层面特征：①性别（Gender）；②婚姻状况（Mar_sta）；③年龄（Age）；④独生子女身份（Dsz）；⑤政治面貌（Pzm）；⑥户口类型（Hlx）；⑦宗教信仰（Rlig）。（2）受访者当年父母层面特征：①父亲、母亲的户口类型（Hlx_f、Hlx_m）；②父亲、母亲的政治面貌（Pzm_f、Pzm_m）；③父亲、母亲的受教育程度（Edu_f、Edu_m）；④父亲、母亲的职业类属（Work_f、Work_m）；⑤父亲、母亲的单位类属（Uit_f、Uit_m）。具体变量测量方式如表 8-1 所示。

**表 8-1　变量定义与测量**

| 变量类型 | 变量名称 | 变量代码 | 变量测量 |
|---|---|---|---|
| 被解释变量 | 个体相对于父亲职业单位阶层代际流动指数 | Gen_f | 个体现今职业单位阶层值与父代职业单位阶层值求差值 |
| | 个体相对于母亲职业单位阶层代际流动指数 | Gen_m | 个体现今职业单位阶层值与母代职业单位阶层值求差值 |
| 解释变量 | 高校扩招政策冲击 | DID | 个体受教育程度与高校扩招政策冲击时间虚拟变量的交乘项 |
| 控制变量 | 性别 | Gender | 女=0、男=1 |
| | 婚姻状况 | Mar_sta | 未婚=1、初婚/再婚/同居=2、离异/丧偶=3 |

① 将子代职业单位阶层与父母代中高的职业单位阶层进行比较，体现了代际阶层向上流动的家庭与社会价值导向（"一代更比一代强"），因而在测算过程中，以父母亲职业单位阶层作为代际流动的参照点。

② CLDS2018 数据库中，未受高等教育群体包括最高学历为未上学、私塾、小学及以下、初中、高中、技校、中专毕业生群体，受高等教育群体包括最高学历大专、本科和研究生毕业生群体。

续表

| 变量类型 | 变量名称 | 变量代码 | 变量测量 |
|---|---|---|---|
| 控制变量 | 年龄 | Age | (2018-出生年份)（岁） |
| | 独生子女身份 | Dsz | 否=0、是=1 |
| | 政治面貌 | Pzm | 非中共党员=0、中共党员=1 |
| | 户口类型 | Hlx | 农业户口=0、非农业户口=1 |
| | 宗教信仰 | Rlig | 无宗教信仰=0、有宗教信仰=1 |
| | 父亲户口类型 | Hlx_f | 农业户口=0、非农业户口=1 |
| | 母亲户口类型 | Hlx_m | |
| | 父亲政治面貌 | Pzm_f | 非中共党员=0、中共党员=1 |
| | 母亲政治面貌 | Pzm_m | |
| | 父亲受教育程度 | Edu_f | 未受高等教育=0、受高等教育=1 |
| | 母亲受教育程度 | Edu_m | |
| | 父亲职业类属 | Work_f | 农、林、牧、渔业、采掘业=1；批发和零售贸易、餐饮业、制造业、交通运输、仓储及邮电通信业=2；建筑业、电力、煤气及水的生产和供给业、金融保险业、质勘查业、水利管理业/房地产业=3；社会服务、科学研究和综合技术服务业、教育、文化艺术和广播电影电视业、卫生、体育和社会福利业=4；国家机关、党政机关和社会团体=5 |
| | 母亲职业类属 | Work_m | |
| | 父亲单位类属 | Uit_f | 农林牧副渔业生产（如种地、养殖鸡鸭水产等）和无固定工作者（零散工、摊贩、无派遣单位的保姆、自营运司机、手工工匠等）无单位类=1；个体工商户（包括登记过的个体工商户或未登记的各类店主）和民营、私营企业、自由职业者（网络作家、画家、自媒体工作人员、自由摄影师等脑力工作者等）以及外资、台资企业单位类=2；民办非企业、社团等社会组织、村居委会等自治组织单位类=3；集体企业、国营企业、国有和集体事业单位类=4；党政机关、人民团体、军队单位类=5 |
| | 母亲单位类属 | Uit_m | |

资料来源：作者整理、自制。

## （二）样本来源与数据选择

本节采用中山大学社会调查中心收集的"2018 年中国劳动力动态调查"（CLDS2018）数据库。CLDS2018 数据库是以 15~64 岁城乡村居劳动年龄人口为调查对象的综合数据库,涵盖中国 28 个省区市(不含港澳台、西藏、新疆和海南）,样本规模为 381 个城乡村居、9868 户家庭、16 537

个个体，具有全国代表性、东中西部各自代表性。CLDS2018 调查了个体的受教育程度、受高等教育的年份、学科类属、工作情况以及家庭成员的基本情况以及人口统计学特征等信息，通过这些信息可以有效划分高校扩招政策冲击的实验组和对照组，以及个体出生、家庭和工作的层级状况。参照陈斌开等（2020）的研究，本节在数据清理中进一步剔除了 CLDS2018 数据库中存在缺失或异常值的个体样本、18 岁以下未达到一般受高等教育年龄和之后获取高等教育学历的样本，最终得到涵盖中国 28 个省区市（不含港澳台、西藏、新疆和海南）的 3123 份个体层面的截面数据样本，较好地延续了 CLDS2018 总样本在全国和区域层面的代表性特质，能够支撑本节展开研究。

表 8-2 呈现了主要变量的描述性统计结果。由表 8-2 可知，中国社会代际流动指数呈现出子代较于父代向上流动了约 0.398 个百分点，较于母代向上流动了约 0.373 个百分点，说明中国社会职业阶层在代际流动中表现出良性发展的趋势。其余变量均值、标准差、最小值和最大值处于合理范围。

表 8-2　主要变量的描述性统计

| 变量 | 样本量 | 均值 | 标准差 | 最小值 | 最大值 |
| --- | --- | --- | --- | --- | --- |
| Gen_f | 3123 | 0.398 | 0.490 | 0 | 1 |
| Gen_m | 3123 | 0.373 | 0.484 | 0 | 1 |
| DID | 3123 | 0.097 | 0.296 | 0 | 1 |
| Gender | 3123 | 0.557 | 0.497 | 0 | 1 |
| Mar_sta | 3123 | 1.998 | 0.233 | 1 | 3 |
| Age | 3123 | 48.951 | 11.281 | 18 | 82 |
| Dsz | 3123 | 0.079 | 0.270 | 0 | 1 |
| Pzm | 3123 | 0.117 | 0.321 | 0 | 1 |
| Hlx | 3123 | 0.273 | 0.446 | 0 | 1 |
| Rlig | 3123 | 0.085 | 0.280 | 0 | 1 |
| Hlx_f | 3123 | 0.184 | 0.387 | 0 | 1 |
| Hlx_m | 3123 | 0.157 | 0.363 | 0 | 1 |
| Pzm_f | 3123 | 0.158 | 0.364 | 0 | 1 |
| Pzm_m | 3123 | 0.032 | 0.175 | 0 | 1 |
| Edu_f | 3123 | 0.029 | 0.168 | 0 | 1 |

续表

| 变量 | 样本量 | 均值 | 标准差 | 最小值 | 最大值 |
|---|---|---|---|---|---|
| Edu_m | 3123 | 0.014 | 0.117 | 0 | 1 |
| Work_f | 3123 | 1.492 | 1.099 | 1 | 5 |
| Work_m | 3123 | 1.241 | 0.757 | 1 | 5 |
| Uit_f | 3123 | 1.620 | 1.199 | 1 | 5 |
| Uit_m | 3123 | 1.340 | 0.913 | 1 | 5 |

（三）计量模型设定

高校扩招政策是个体获取高等教育机会的重要触发机制，也会对个体代际流动造成直接影响。为有效识别高校扩招对个体代际流动的因果效应，本节在 Probit 模型基础上构建双重差分（difference-in-differences，DID）模型如下：

$$Gen_{pkit}=\alpha_p+\beta DID_{it}+X'\theta+\lambda_t+\varepsilon_{pkit} \tag{8-1}$$

式中，$p$、$k$、$i$、$t$ 分别表示地区、受教育程度（高、低）、个体和时间；$Gen_{pkit}$ 为被解释变量（包括 $Gen\_f_{pkit}$、$Gen\_m_{pkit}$ 两种类型），表示 $p$ 地区受教育程度为 $k$ 的个体 $i$ 在 $t$ 期的个体代际流动指数；$\alpha_p$ 表示地区固定效应，$\lambda_t$ 表示时间固定效应；$\varepsilon_{pkit}$ 表示随机干扰项；$X'$ 表示相关控制变量；$\theta$ 表示控制变量影响系数；$DID_{it}$ 表示个体受教育程度与高校扩招政策冲击时间虚拟变量交乘项 $EDUL_i \times POLICY_t$ 构成的解释变量。

### 四、高等教育规模扩张背景下社会分层与流动实证结果分析

（一）高等教育规模扩张对社会代际流动的净效应

根据公式（8-1）呈现的计量模型，本节对高校扩招影响个体代际流动的效应进行了参数估计，结果如表 8-3 所示。由表 8-3 的列（1）可知，在考虑了相关控制变量和地区效应后，高校扩招对个体相对于父亲职业单位阶层的代际流动指数的影响系数为 0.740，且在 1% 的统计水平上显著为正，同时表 8-3 的列（2）采用 OLS 模型的再估计验证了显著性结论。表 8-3 的列（3）显示，在考虑了相关控制变量和地区效应后，高校扩招对个体相对于母亲职业单位阶层的代际流动指数的影响系数为 0.743，且在 1% 的统计水平上显著为正，且列（4）采用 OLS 模型的再估计也验证了显著性结论。由此可知，高校扩招对个体代际流动具有显著促进作用，且对个体相对于父亲职业单位阶层的代际流动效果低于个体相对于母亲职业单位阶层

的代际流动效果，原因在于中国式家庭中，往往父亲的职业单位阶层高于母亲，这在样本中也有体现。因此，个体在高校扩招后的职业单位阶层更容易跨越母亲的职业单位阶层而实现代际流动。

表 8-3　基准回归结果

| 变量 | Gen_f | | Gen_m | |
|---|---|---|---|---|
| | (1) | (2) | (3) | (4) |
| | Probit | OLS | Probit | OLS |
| DID | 0.740*** | 0.103*** | 0.743*** | 0.109*** |
| | (0.153) | (0.019) | (0.156) | (0.021) |
| Gender | -0.360*** | -0.060*** | -0.331*** | -0.058*** |
| | (0.071) | (0.011) | (0.070) | (0.012) |
| Mar_sta | -0.103 | -0.029 | -0.196 | -0.045* |
| | (0.149) | (0.025) | (0.144) | (0.025) |
| Age | 0.011*** | 0.002*** | 0.008** | 0.001** |
| | (0.003) | (0.001) | (0.003) | (0.001) |
| Dsz | 0.447*** | 0.072*** | 0.232* | 0.045** |
| | (0.150) | (0.018) | (0.137) | (0.020) |
| Pzm | 0.750*** | 0.080*** | 0.708*** | 0.075*** |
| | (0.151) | (0.014) | (0.141) | (0.015) |
| Hlx | 0.029 | 0.007 | 0.115 | 0.021 |
| | (0.105) | (0.016) | (0.107) | (0.017) |
| Rlig | -0.193* | -0.039* | -1.929*** | -0.562*** |
| | (0.112) | (0.022) | (0.104) | (0.029) |
| Hlx_f | 0.548*** | 0.067*** | 0.573*** | 0.068*** |
| | (0.173) | (0.023) | (0.186) | (0.025) |
| Hlx_m | -0.464** | -0.056* | -0.517*** | -0.068* |
| | (0.185) | (0.031) | (0.198) | (0.032) |
| Pzm_f | 0.102 | 0.018 | 0.070 | 0.016 |
| | (0.108) | (0.015) | (0.106) | (0.016) |
| Pzm_m | 0.029 | 0.024 | 0.172 | 0.062* |
| | (0.261) | (0.034) | (0.224) | (0.034) |
| Edu_f | -0.016 | -0.002 | 0.151 | 0.028 |
| | (0.227) | (0.033) | (0.250) | (0.042) |
| Edu_m | -2.112*** | -0.139*** | -0.975* | -0.187*** |
| | (0.366) | (0.037) | (0.560) | (0.050) |
| Work_f | 0.019 | 0.004 | 0.052 | 0.009 |
| | (0.055) | (0.008) | (0.058) | (0.009) |
| Work_m | -0.104 | -0.006 | -0.134* | -0.011 |
| | (0.079) | (0.013) | (0.079) | (0.014) |
| Uit_f | 0.063 | 0.004 | 0.070 | 0.007 |
| | (0.060) | (0.009) | (0.062) | (0.009) |

续表

| 变量 | Gen_f | | Gen_m | |
|---|---|---|---|---|
| | （1） | （2） | （3） | （4） |
| | Probit | OLS | Probit | OLS |
| Uit_m | -1.218*** | -0.294*** | -1.213*** | -0.283*** |
| | (0.086) | (0.013) | (0.087) | (0.013) |
| 截距项 | 2.260*** | 1.168*** | 2.557*** | 1.228*** |
| | (0.430) | (0.077) | (0.430) | (0.081) |
| 地区固定效应 | 是 | 是 | 是 | 是 |
| $R^2$ | 0.391 | 0.434 | 0.426 | 0.470 |
| 观测值 | 3123 | 3123 | 3123 | 3123 |

注：***、**、*分别表示在1%、5%和10%水平上显著；括号内为稳健标准误。

（二）稳健性检验

**1. 平行趋势检验**

采用双重差分模型的前提是样本实验组与对照组必须满足平行趋势。为此，本节设定高校扩招政策冲击时间节点为2003年，对样本实验组与对照组中高校扩招政策影响个体代际流动的动态效应进行了分析，结果如图8-1所示。由图8-1可知，高校扩招对个体代际流动的影响效应在2003年之前均不显著，在2003年之后才出现显著情况，由此可以认为在高校扩招政策前，样本实验组与对照组样本保持着平行趋势，即本节采用双重差分模型分析高校扩招与个体代际流动的因果关系是合理的。

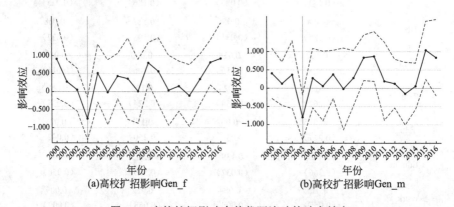

(a)高校扩招影响Gen_f      (b)高校扩招影响Gen_m

图8-1　高校扩招影响个体代际流动的动态效应

**2. 安慰剂检验**

为进一步检验基准回归结果的稳健性，本节采用随机抽样1000次后的估计参数方法，对基准回归结果进行再估计，结果如图8-2所示。由于此处随机生成了高校扩招政策冲击时间虚拟变量与个体受教育程度二分类变量，得出安慰剂检验中使用的"伪"核心解释变量，对个体代际流动存在"伪回归"情况，因而其估计系数应等于 0。在图 8-2 中，高校扩招的估计参数均处于-0.1 到 0.1 之间，但实际估计结果（0.740、0.743）明显大于重复随机抽样 1000 次的估计系数。由此，可知随机生成的"伪回归"并不能得出本节的基准回归结果，即本节的基准回归结果稳健。

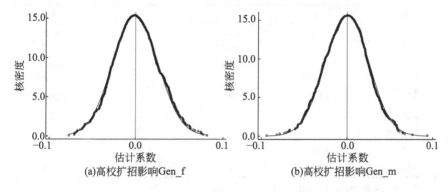

(a)高校扩招影响Gen_f　　　(b)高校扩招影响Gen_m

图 8-2　高校扩招影响个体代际流动的安慰剂检验

### 3. PSM+DID

为消除样本自选择偏误，本节选择近邻匹配的方式对原始样本进行匹配，结果如图 8-3 所示。经过近邻匹配，原始样本的标准偏误均下降到-10%到 10%以内，达到了预期效果。

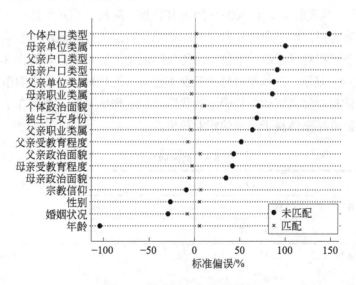

图 8-3　样本倾向值匹配结果

进一步地，本节基于匹配后的样本，对高校扩招影响个体代际流动的效应进行模型再回归，结果如表 8-4 所示。其中，高校扩招的估计系数依然显著为正，且系数大小与基准回归结果差异不大，由此判定基准回归结果可靠。

表 8-4　PSM+DID 回归结果

| 变量 | Gen_f | | Gen_m | |
|---|---|---|---|---|
| | （1） | （2） | （3） | （4） |
| | Probit | OLS | Probit | OLS |
| DID | 0.741*** | 0.106*** | 0.774*** | 0.115*** |
| | （0.158） | （0.021） | （0.163） | （0.022） |
| 截距项 | 2.267*** | 1.163*** | 2.503*** | 1.212*** |
| | （0.448） | （0.083） | （0.451） | （0.086） |
| 控制变量 | 是 | 是 | 是 | 是 |
| 地区固定效应 | 是 | 是 | 是 | 是 |
| $R^2$ | 0.361 | 0.401 | 0.402 | 0.444 |
| 观测值 | 2969 | 2969 | 2969 | 2969 |

注：***表示在 1%水平上显著；括号内为稳健标准误。

（三）时序效应分析

为进一步考察高校扩招影响个体代际流动的时序效应，本节按照实验组样本的先后顺序，将总样本分为"2003～2009 年"和"2010～2016 年"两个子样本进行模型估计，结果如表 8-5 所示。其中，表 8-5 的列（1）～（2）显示，当实验组处于 2003～2010 年区间，高校扩招对个体代际流动的影响显著为正，但对个体相对父亲职业单位阶层的代际流动的影响系数明显大于个体相对母亲职业单位阶层的代际流动的影响系数。而表 8-5 的列（3）～（4）显示，个体相对母亲职业单位阶层的代际流动的影响系数明显大于个体相对父亲职业单位阶层的代际流动的影响系数。原因在于，父亲职业单位阶层整体高于母亲的职业单位阶层。

表 8-5　时序效应分析

| 变量 | 2003～2009 年 | | 2010～2016 年 | |
|---|---|---|---|---|
| | Gen_f | Gen_m | Gen_f | Gen_m |
| | （1） | （2） | （3） | （4） |
| 解释变量 | Probit | Probit | Probit | Probit |
| DID | 0.850*** | 0.802*** | 0.693*** | 0.778*** |
| | （0.187） | （0.182） | （0.202） | （0.212） |

续表

| 变量 | 2003～2009 年 | | 2010～2016 年 | |
| --- | --- | --- | --- | --- |
| | Gen_f | Gen_m | Gen_f | Gen_m |
| | （1） | （2） | （3） | （4） |
| 截距项 | 1.985*** | 2.129*** | 2.103*** | 2.398*** |
| | （0.476） | （0.460） | （0.457） | （0.459） |
| 控制变量 | 是 | 是 | 是 | 是 |
| 地区固定效应 | 是 | 是 | 是 | 是 |
| $R^2$ | 0.379 | 0.425 | 0.346 | 0.418 |
| 观测值 | 2938 | 2938 | 2839 | 2839 |

注：***表示在 1%水平上显著；括号内为稳健标准误。

（四）异质性分析

**1. 不同学科**

为考察高校扩招影响个体代际流动在不同学科层面的异质性规律，本节将总样本分为"文科"和"理科"两个子样本进行回归分析，结果如表 8-6 所示。整体上，高校扩招后个体受"文科"高等教育的代际流动性要强于受"理科"高等教育的代际流动性。原因在于从职业单位类型来看，文科主要从事第三产业，因此在职业选择时，具有文科背景的个体更容易获得较高层级的职业单位，也更能实现代际流动。

表 8-6　不同学科异质性分析

| 变量 | 文科 | | 理科 | |
| --- | --- | --- | --- | --- |
| | Gen_f | Gen_m | Gen_f | Gen_m |
| | （1） | （2） | （3） | （4） |
| | Probit | Probit | Probit | Probit |
| DID | 0.774*** | 0.866*** | 0.690*** | 0.631*** |
| | （0.176） | （0.186） | （0.219） | （0.219） |
| 截距项 | 2.152*** | 2.460*** | 2.145*** | 2.499*** |
| | （0.412） | （0.416） | （0.449） | （0.452） |
| 控制变量 | 是 | 是 | 是 | 是 |
| 地区固定效应 | 是 | 是 | 是 | 是 |
| $R^2$ | 0.364 | 0.413 | 0.346 | 0.375 |
| 观测值 | 2964 | 2964 | 2801 | 2811 |

注：***表示在 1%水平上显著；括号内为稳健标准误。

### 2. 不同父母工作单位

为考察高校扩招影响个体代际流动在不同父母工作单位层面的异质性规律，本节将总样本分为"父亲公有制单位""母亲公有制单位""父亲非公有制单位""母亲非公有制单位"四个子样本进行回归分析，结果如表 8-7 所示。整体上，高校扩招后父母工作为公有制单位的个体受高等教育对其代际流动性的影响不显著。而高校扩招后父母工作为非公有制单位的个体受高等教育对其代际流动性的影响显著，不同的是，"父亲非公有制单位"的个体在高校扩招后，接受高等教育对代际流动的影响系数要高于"母亲非公有制单位"的个体。原因可能在于，中国式家庭中父亲的职业地位一般高于母亲，因此"父亲非公有制单位"的个体的父母职业阶层普遍较低，使个体受高等教育获取更高层次工作的空间更大，即"起点低、弹性高"。

**表 8-7　不同父母工作单位异质性分析**

| 变量 | 父亲公有制单位 | | 母亲公有制单位 | | 父亲非公有制单位 | | 母亲非公有制单位 | |
|---|---|---|---|---|---|---|---|---|
| | Gen_f | Gen_m | Gen_f | Gen_m | Gen_f | Gen_m | Gen_f | Gen_m |
| | (1) | (2) | (3) | (4) | (5) | (6) | (7) | (8) |
| | Probit | Probit | Probit | Probit | Probit | Probit | Probit | Probit |
| DID | 0.272 | 0.247 | 0.575 | 0.429 | 0.874*** | 0.881*** | 0.737*** | 0.773*** |
| | (0.273) | (0.246) | (0.699) | (0.742) | (0.214) | (0.224) | (0.186) | (0.195) |
| 截距项 | 4.387** | 3.640** | −11.081*** | −11.286*** | 1.819*** | 2.216*** | 1.714*** | 2.088*** |
| | (1.728) | (1.570) | (3.160) | (3.049) | (0.454) | (0.462) | (0.442) | (0.448) |
| 控制变量 | 是 | 是 | 是 | 是 | 是 | 是 | 是 | 是 |
| 地区固定效应 | 是 | 是 | 是 | 是 | 是 | 是 | 是 | 是 |
| $R^2$ | 0.789 | 0.755 | 0.612 | 0.631 | 0.149 | 0.283 | 0.117 | 0.261 |
| 观测值 | 488 | 488 | 115 | 140 | 2606 | 2606 | 2820 | 2811 |

注：***和**分别表示在1%和5%水平上显著；括号内为稳健标准误。

### 3. 不同户口类型

为进一步比较不同户口类型的个体在高校扩招后，接受高等教育对其个体代际流动的异质性影响，本节将总样本分为"农业户口类型"和"非农业户口类型"两个子样本进行回归分析，结果如表 8-8 所示。由表 8-8 的列（1）～（4）可知，农业户口类型的个体与非农业户口类型的个体，在高校扩招后接受高等教育对个体代际流动均有显著正向影响。值得注意的是，在高校扩招后农业户口类型的个体接受高等教育对其代际流动的影响低于非农业户口类型的个体接受高等教育对其代际流动的影响。原因在于，在城镇化早期，非农业户口类型的个体拥有更多的人力资本以及社会资本（王朋岗和张猛，2022），能够通过聚集各类社会资本，实现代际流动。因此，高校扩招对代际流动的影响依然受到原生家庭的限制。

**表 8-8　不同户口类型异质性分析**

| 变量 | 农业户口类型 | | 非农业户口类型 | |
|---|---|---|---|---|
| | Gen_f | Gen_m | Gen_f | Gen_m |
| | （1） | （2） | （3） | （4） |
| | Probit | Probit | Probit | Probit |
| DID | 0.764*** | 0.772*** | 0.911** | 0.829** |
| | (0.199) | (0.206) | (0.409) | (0.402) |
| 截距项 | 1.852*** | 2.252*** | 9.420*** | 8.790*** |
| | (0.423) | (0.432) | (1.460) | (1.421) |
| 控制变量 | 是 | 是 | 是 | 是 |
| 地区固定效应 | 是 | 是 | 是 | 是 |
| $R^2$ | 0.158 | 0.290 | 0.737 | 0.728 |
| 观测值 | 2708 | 2746 | 322 | 358 |

注：***和**分别表示在1%和5%水平上显著；括号内为稳健标准误。

#### 4. 不同父母受教育水平

为进一步比较不同父母受教育水平的个体在高校扩招后，接受高等教育对其个体代际流动的异质性影响，本节将总样本分为"父亲中等教育及以上""母亲中等教育及以上""父亲中等教育以下"和"母亲中等教育以下"四个子样本进行回归分析，结果如表 8-9 所示。由表 8-9 的列（1）～（8）可知，父母受教育水平会影响高校扩招之于个体代际流动的作用效果，具言之，父母受中等教育以下水平的个体在高校扩招后接受高等教育实现代际流动的可能性更强，原因在于，受教育水平低的父母，其工作单位层级也相对较低，与之相比，这些父母的后代，接受高等教育后更容易获取比他们职业单位层级更高的工作。

**表 8-9　不同父母受教育水平异质性分析**

| 变量 | 父亲中等教育及以上 | | 母亲中等教育及以上 | | 父亲中等教育以下 | | 母亲中等教育以下 | |
|---|---|---|---|---|---|---|---|---|
| | Gen_f | Gen_m | Gen_f | Gen_m | Gen_f | Gen_m | Gen_f | Gen_m |
| | （1） | （2） | （3） | （4） | （5） | （6） | （7） | （8） |
| | Probit | Probit | Probit | Probit | Probit | Probit | Probit | Probit |
| DID | 0.730*** | 0.758*** | 0.545** | 0.607** | 0.866*** | 0.758*** | 0.891*** | 0.869*** |
| | (0.212) | (0.202) | (0.266) | (0.249) | (0.290) | (0.285) | (0.251) | (0.261) |

| 变量 | 父亲中等教育及以上 | | 母亲中等教育及以上 | | 父亲中等教育以下 | | 母亲中等教育以下 | |
| --- | --- | --- | --- | --- | --- | --- | --- | --- |
| | Gen_f | Gen_m | Gen_f | Gen_m | Gen_f | Gen_m | Gen_f | Gen_m |
| | (1) | (2) | (3) | (4) | (5) | (6) | (7) | (8) |
| | Probit | Probit | Probit | Probit | Probit | Probit | Probit | Probit |
| 截距项 | 0.985 | 0.941 | 2.546*** | 2.246*** | 2.329*** | 2.839*** | 2.323*** | 2.706*** |
| | (0.797) | (0.795) | (0.809) | (0.790) | (0.510) | (0.510) | (0.473) | (0.478) |
| 控制变量 | 是 | 是 | 是 | 是 | 是 | 是 | 是 | 是 |
| 地区固定效应 | 是 | 是 | 是 | 是 | 是 | 是 | 是 | 是 |
| $R^2$ | 0.599 | 0.575 | 0.677 | 0.628 | 0.271 | 0.363 | 0.276 | 0.364 |
| 观测值 | 785 | 809 | 450 | 450 | 2305 | 2305 | 2663 | 2663 |

注：***和**分别表示在1%和5%水平上显著；括号内为稳健标准误。

### 5. 是否独生子女

是否独生子女，关系到个体家庭与社会资源的获取程度（牛建林，2023），由此进一步影响个体在大学毕业后的工作轨迹。为此，本节将总样本分为"独生子女"和"非独生子女"两个子样本进行回归分析，结果如表8-10所示。由表8-10的列（1）～（4）可知，独生子女个体更容易在高校扩招后通过高等教育路径实现代际流动，即代际流动性的弹性更高。而非独生子女在高校扩招后尽管也可以通过高等教育路径实现代际流动，但由于家庭资源的分散化，个体代际流动的空间与效果相对压缩，由此验证了上述理论。

表8-10　是否独生子女异质性分析

| 变量 | 独生子女 | | 非独生子女 | |
| --- | --- | --- | --- | --- |
| | Gen_f | Gen_m | Gen_f | Gen_m |
| | (1) | (2) | (3) | (4) |
| | Probit | Probit | Probit | Probit |
| DID | 3.039*** | 2.384*** | 0.721*** | 0.738*** |
| | (1.077) | (0.755) | (0.167) | (0.174) |
| 截距项 | 1.390*** | 3.092*** | 2.176*** | 2.484*** |
| | (1.724) | (1.874) | (0.448) | (0.451) |
| 控制变量 | 是 | 是 | 是 | 是 |
| 地区固定效应 | 是 | 是 | 是 | 是 |
| $R^2$ | 0.783 | 0.770 | 0.343 | 0.391 |
| 观测值 | 201 | 212 | 2875 | 2875 |

注：***表示在1%水平上显著；括号内为稳健标准误。

# 后　记

　　长期以来，学界基于西方发达国家的案例，总结出了高等教育影响经济社会发展的经验论断，认为通过高等教育规模持续扩张将助益经济社会持续发展。国内外的一些学者，将其运用于世界其他国家高等教育的发展过程，尤其是类似中国这样的发展中国家，结果出现了不同程度的"水土不服"，对经济社会发展造成预期不良影响。实践证明，高等教育对经济社会发展的积极作用并不因规模持续扩张而呈现为单调递增的关系，而是通过不断地优化其资源配置以实现对经济社会发展的"规模经济"效应。因此，基于本国高等教育的经济社会效能实现程度，评估其资源配置效率，进而采取针对性举措，推动高等教育系统变革赋能经济社会可持续发展，成为研究高等教育与经济社会互动关系的关键进路。同时，结合本国社会情态，评估高等教育促进经济社会发展的效能水平，也是涵养教育经济与管理和发展社会学理论"本土化"的重要取向。

　　立足教育经济与管理和发展社会学理论"本土化"的初心使命，本书所呈现的系列研究是在系统考察中国高等教育改革和经济社会发展的基础上，通过量化与质性分析方法，归集而成多元分析路径的研究设计，对官方或高校专业数据库数据进行分析，与现有理论进行有效对话和边界拓展后，得出了具有理论创新价值的研究结论。因而，本书在规范方法引领下，对官方数据库数据和课题组获取的一手数据进行分析，其结果体现了科学性与有效性，相应的对策建议亦能够在中国高等教育现代化发展的治理实践中发挥积极作用。

　　相较于已有研究，本书的重要创新内容表现为，一是提出与构建"资源框架"，为高等教育资源高效配置提供了可行方案；二是界定与廓清"经济效能"，助力实现高等教育规模发展的经济增益价值；三是归纳与明确"社会效能"，推动达成高等教育规模发展的社会增益价值；四是厘清与刻画"中间机制"，提升加快高等教育发展的政府治理效能；五是揭示与聚合"要素关系"，催化高等教育内在要素资源的协同效应；六是研判与预测"动态趋势"，实现高等教育赋能经济社会可持续发展。总体上，本书系统性地归纳高等教育规模发展促进经济社会效能提升的作用特点与影响规律，为创新高等教育治理的体制机制改革与顶层设计优化，提供了覆盖全局且脉络清晰的行动指南。

　　全书由赵庆年统筹设计，指导项目组成员开展调查研究，并负责最终的审稿工作。本书的具体分工如下：第一章由张宇撰写，第二、七章由赵庆年和苏皑撰写，第三章由赵庆年和孙宾撰写，第四、九章由赵庆年和刘克撰写，第五、第十章由曾浩泓撰写，第六章由宋潇撰写，第八章由江星玲和刘克撰写。本书几易其稿，幸得付梓，在此对各位项目组成员的辛勤努力与付出致以诚挚的谢意！同时，感谢结题专家的评审意见，使本书的质量得以进一步提升。感谢国家哲学社会科学规划办公室对本研究的资助。感谢科学出版社对本书出版工作的鼎力支持！

　　受作者水平所限，书中难免存在疏漏之处，敬请各位专家学者和广大读者批评指正！

作　者

2024 年 5 月 12 日

### 6. 不同性别

为进一步比较不同性别的个体在高校扩招后，接受高等教育对其个体代际流动的异质性影响，本节将总样本分为"男性"和"女性"两个子样本进行回归分析，结果如表 8-11 所示。由表 8-11 的列（1）～（4）可知，男性和女性个体，在高校扩招后接受高等教育对其个体代际流动均有显著正向影响。值得注意的是，在高校扩招后女性个体接受高等教育对其代际流动的影响低于男性个体接受高等教育对其代际流动的影响。原因在于，在社会分工过程中，男性在职场中往往占据主导地位，即职场优势（魏国英和李捷，2005），由此更能获得更高层级的工作岗位来实现代际流动。

**表 8-11　不同性别异质性分析**

| 变量 | 男性 | | 女性 | |
| --- | --- | --- | --- | --- |
| | Gen_f | Gen_m | Gen_f | Gen_m |
| | （1） | （2） | （3） | （4） |
| | Probit | Probit | Probit | Probit |
| DID | 0.902*** | 0.772*** | 0.631*** | 0.701*** |
| | （0.243） | （0.226） | （0.216） | （0.228） |
| 截距项 | 1.173*** | 1.559*** | 3.255*** | 3.375*** |
| | （0.526） | （0.526） | （0.678） | （0.648） |
| 控制变量 | 是 | 是 | 是 | 是 |
| 地区固定效应 | 是 | 是 | 是 | 是 |
| $R^2$ | 0.322 | 0.388 | 0.500 | 0.516 |
| 观测值 | 1727 | 1740 | 1342 | 1369 |

注：***表示在 1% 水平上显著；括号内为稳健标准误。

## 第二节　规模发展背景下社会分层与流动演变的逻辑

由第一节实证分析可知，从时序效应看，高等教育扩招对社会阶层流动影响是由高到低。同时对不同家庭出身、性别、父母受教育程度以及是否独生子女等个体社会流动的影响存在差异。那么为什么高等教育扩招对社会流动会产生如此结果，其背后的原因与机制影响是什么？本节试图对此作出解释，如图 8-4 所示。高等教育规模发展对社会流动的影响主要受三方面因素制约：一是高等教育规模发展背景下人才供求关系的变化；二是家庭背景对入学机会与职业地位获得的影响；三是社会环境及市场制度因素的制约。具体分析如下：

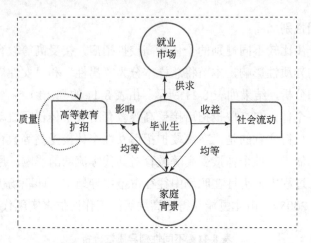

图 8-4　高等教育扩招对社会流动的影响

## 一、高等教育规模扩张背景下人才供求关系变化影响社会流动

　　高等教育人才供求关系平衡可分为三个层次：初级数量供求平衡、中级结构供求平衡与高级质量供求平衡（赵庆年和曾浩泓，2020）。首先，在初级数量供求关系上，高等教育扩招对人才供需平衡关系的影响有两方面作用：一是不断扩张的高等教育为社会提供大量知识劳动者。图 8-5 显示我国 2010～2019 年高校毕业生人数。从图 8-5 可看出，2010～2019 年我国高校毕业生数量逐年递增。2010 年我国高校毕业生有 631 万人，2017 年高校毕业生有 795 万人，2018 年高校毕业生有 820 万人，2019 年高校毕业生有 834 万人，2020 年高校毕业生有 874 万人，2021 年毕业生有 909 万人，2021 年高校毕业生比 2010 年增加了 44%。二是高等教育社会经济功能体现在向社会输送优质高技能人才，这些人才驱动社会科技创新和产业转型升级，在塑造产业技术进步与结构优化，产生社会利益最大化的同时（薛新龙和李立国，2018），也重塑了社会企业对人才需求结构的调整，即实现人才需求由劳动密集型向技术密集型转变。这两方面的作用是动态交织在一起，因社会结构、制度环境而造成人才供需平衡动态演变中。在高等教育规模扩张的前期，社会转型正处于上升期，企业发展、科技创新需要大量具有高等教育文凭的专业技能人才，这时期劳动力人才市场的供求关系是高技能人才的需求大于供给，拥有高等教育文凭的毕业生成为劳动市场优势竞争者，能够获得较高的职业报酬与职业地位，实现社会阶层向上流动。但随着高等教育规模继续不断扩大，社会转型升级的逐步完成，科技创新、企业发展对技术密集型需求远大于劳动密集型，劳动密集型就业空间萎缩，但高等教育人才供给端的数量是在逐年递增

的，使得劳动力市场供求关系逐步转变为供给大于需求，出现人才过剩现象。根据相对教育理论，个体求职难度主要取决于竞争者人口规模，当劳动力市场中高于某个学历的人口规模较小时，拥有该学历的人在求职过程中竞争优势较大。随着我国高等教育的不断扩招，持有相同学历的人口数在逐步上升，其求职难度与竞争力因高等教育规模扩张也同步提高。我国学者蒋帆和张学志（2019）通过 Logistic 回归与断点回归方法分析发现，随着高等教育扩招政策实施，劳动力市场供给大于需求，出现劳动者技能失配现象，高技能者从事低技能工作，并通过挤出效应对非高等教育人口的就业质量造成了消极影响。

图 8-5　2010～2019 年全国高校毕业生人数

资料来源：中国产业研究院

其次，在中级结构供求关系平衡上，体现在人才供给学科结构、专业类型与学历层次上相匹配，保持良性动态平衡状态。从学科结构上看，高等院校开设的学科专业结构与社会产业结构需求保持动态平衡，所培养的专业人才能够满足社会对专业人才的需求，高校毕业生的就业空间较大，更易获得与学科专业相匹配的职业岗位，获得较高的收益回报，从而有助于实现社会阶层跃迁，反之，拥有高等教育文凭者就业空间萎缩，难以谋取与职业匹配的职业岗位，个体的收益回报偏低，阻碍了高等教育对社会流动的促进作用。在我国高等教育规模扩张的进程中，高等教育人才供给端与社会需求端存在着结构不匹配、错配的矛盾。一方面，随着"互联网+"、智能技术的飞速发展，加速了技术产业升级、劳动结构转型，劳动力市场人才需求从密集型转为技术密集型，甚至对复合型、创新型的专业技能人才需求更盛，这要求高等教育人才培养体系与时俱进，及时调整学科专业结构。另一方面，我国高等教育在规模发展的进程中，学科专业建设同质化问题较为突出，有的学校为扩大招生规模，盲目开设一些与本院校地位、资源并不完全相匹配的学科，加上教育本身具有滞后性（学科专业调整需要较长时间积淀）、专业人才培养定位不准等因素制约，使得高等学校所开设的学科专业结构与产业结构发展存在不同程度的错位，导致不少毕业生很难找到与专业目标相吻合的职业岗位，一定程度上制约了高等教育对社会流动的促进作用（马廷奇，2013）。从专业层次结构上看，我国高等教育规模发展主要以本科层次教育规模扩大为主，本科生扩招人数远大于研究生与专科生。因而，本科中等技能人才成为人才供给的重点。然而，随着人工智能技术发展，社会结构优化，目前劳动力市场对高技能和低技能劳动力就业需求大幅提升，对中等技能劳动力就业需求逐步降低（孟浩和张美莎，2021）。另外，在高等教育规模发展进程中，存在文、理、工学科结构"偏振型"，地区布局不均衡等问题，进一步加剧了高等教育人才供给与劳动力市场需求的供需矛盾，弱化了高等教育对社会流动的促进作用（杜传忠和刘忠京，2014）。同时，也为不同学科背景以及性别个体在代际流动中形成差异化表现创造了条件。

最后，在高级质量供需关系平衡上。我国高等教育自1999年扩招起，招生人数从1998年的108万人到2019年本专科招生914.9万人，这种飞跃式、超常规的发展速度创造了中国教育发展奇迹。在高等教育规模发展过程中，招生规模的剧增并没有带来同等比例教育经费投入，教学资源师资队伍、硬件设施建设等方面短缺成为影响教育质量的关键因素。高等院校因规模发展呈现整体性质量下滑现象成为难以避免的事实。另外，有学者研究发现，我国高等教育招生规模扩张存在院校层次上的差异，精英大学如"985工程"高校，基本上保持了原有招生规模，普通高等院校成为规模发展主体（叶晓阳和丁延庆，2015），这进一步凸显了优质教育资源的稀缺性。基于工作竞争模型理论，劳动力市场竞争主要基于两个配对过程，一个是雇主根据工作技能复杂程度进行高低排序，另一个则是根据求职者可观察的特质进行高低排序，排在前面的求职者被分配到技能复杂程度高的岗位中。教育是两个队列特质中最主要的排序标准，被称为"地位商品"，其价值高低体现在机会稀缺和质量高低程度上（周扬和谢宇，2020）。拥有优质教育资源与质量毕业生在劳动市场更有竞争优势，更易获得复杂程度高、收入回报更高的工作，实现阶层的跃迁，反之亦然。

## 二、高等教育规模扩张背景下并未减弱家庭对社会流动的影响

高等教育对社会阶层流动具有双重属性，一方面对于社会弱势阶层而言，高等教育是他们改变个人甚至是家庭命运的重要途径，是实现其社会代际流动的工具；另一方面对于社会优势阶层而言，高等教育是他们维持阶层利益，实现社会阶层再生产与再复制的重要工具（吴晓刚，2016）。由本章第一节论述分析可知，我国高等教育自1999年扩招以来并没有减弱家庭资本对社会代际流动的作用，数据分析显示，家庭对个体社会流动的作用比例约为20%且优势阶层流动性大于其他阶层，这表明家庭并未因高等教育扩张减弱对社会流动作用，这一研究结论也被国内外多位学者证实，如李春玲（2010）研究发现，大学扩招并没有因教育机会的成倍增加而缩小阶层教育机会获得差距。岳昌君和邱文琪（2020）通过实证研究发现，随着高等教育扩招的持续，社会上层家庭学生获取优质教育资源的优势日益凸显。

高等教育规模发展并没有减弱家庭背景对社会流动的影响，折射的是社会阶层利益的封闭性与"圈层固化"。社会"圈层理论"最早由德国经济学家冯·杜能在1826年出版的《孤立国同农业和国民经济的关系》一书中提出的。"圈层"原本是一个地理学的概念，现被社会学者用来分析社会经济关系，它与费孝通先生在《乡土中国》提出的"差序格局"理论有相通之意。"圈层"演绎的是推己及人，亲疏有别，"圈"有"圈内"与"圈外"之分，个体对待圈内、外态度、行为不尽相同。对于圈内的人个体以"整体本位"为导向，采取的是团结和内聚态度；对于圈外人个体以"个人本位"为导向，采取的是冲突或疏远态度（周建国，2002）。

现代意义上的"圈层"已超越血缘关系的内涵，认为"圈子"是由相同经济实力、文化背景和社会关系的群体组成（钟曼丽和杨宝强，2021）。社会结构中有着不同的"圈层"关系，如"人情圈""家族圈""学术圈""权力圈"等。圈层内部往往以一种非正式形式进行着社会利益交换行为，而这一行为往往具有隐匿性与潜在性。圈层之间的互动其本质是对社会资源的博弈，博弈的结果往往取决于圈层内部关系纽带的强弱、圈子的大小以及圈层所处的社会阶层地位（陈明，2011）。

社会学家韦伯将社会资源分为财富、权力、声望三类，我们可以将其抽象为：财富圈、权力圈和声望圈三个圈。财富圈、权力圈和声望圈是社会各阶层永恒追求的动力。在圈层利益的驱使下，社会各阶层都试图向圈内中心地带逼近。对于优势阶层而言，他们凭借丰富的政治、经济、文化

资本更易触发与圈内人士之间的资源对接与互动机制，成为向圈内资源集聚的核心地带；中间阶层凭借教育背景优势有机会嵌入到圈内远离中心地带移动，社会弱势阶层只能游离于圈子边缘以外。

教育是社会阶层利益再生产的重要工具，成为社会各阶层"争夺"的重要社会资源。在高等教育扩招前，高等教育进行的是精英教育模式，社会优势阶层往往借助家庭圈层地位与圈层结构优势，通过圈层内部利益链接获得教育机会，阻隔其他圈层获得。随着高等教育规模不断扩张，教育机会的进一步增加，尽管优势阶层对教育机会的需求已达到饱和，但由于高等教育有层次、质量之分，优势阶层从"争夺"教育机会层面转移到优质教育资源层面上。同时优势阶层子女凭借先赋性因素，以及家庭教养所塑造出来的优越感，在行为上更加自信、能力上更加突出，也更易获得优质教育资源（拉鲁，2018）。这也是为什么父母职业阶层高、受教育程度高、出身好的优势阶层以及独生子女个体的社会流动性远大于其他阶层或类型个体的主要原因之一。

另外，优势阶层凭借处于圈层核心资源纽带的优势，为子女职业地位获得提供了先天条件与选择契机，将其他阶层群体排斥在圈层远离中心或边缘地带。正如吉登斯（1998）所言："那些占据中心的人'已经确立'了自身对资源的控制权使他们得以维持自身与那些处于边缘区域的人的分化。已经确定自身地位的人或者说局内人（established）可以采取各种不同形式的社会封闭借以维持他们与其他人之间的距离人，实际上是被看作低下的人或者说局外人（outsider）。"

## 三、社会环境、制度因素制约高等教育对社会流动的促进作用

高等教育对社会流动的促进作用，不仅受家庭因素的制约，同时也会受社会环境、社会性体制因素制约。具体分析如下：首先，外界环境变化的制约。外界环境变化影响我国 GDP 的增长从而影响高校毕业生的求职难度和就业风险，进一步影响高等教育对社会代际流动的促进作用。如 2008 年的金融危机、2019 年底暴发的型冠肺炎疫情等，都引发全球经济动荡甚至经济的衰退。全球经济的萎靡，很多企业为了生存不得不选择大幅度的降薪或裁员，这给高校毕业生带来了更大就业压力与风险，影响了个体教育收益回报，进而降低了高等教育对社会流动的促进作用。从我国 1999～2019 年 GDP 增长率的变化情况来看，1999～2019 年我国 GDP 增长率呈现先上升后降低的变化趋势，整体上也为倒"U"形变化。1999 年我国 GDP 的增长率为 7.7%，2000 年的增长率为 8.5%，随后我国 GDP 一直保持增长，

2007 年增长率达到历史最高为 14.2%，2008 年因全球金融危机的影响只有 9.7%，随后我国 GDP 增长率在不断下降，2016 年的增长率仅为 6.7%。这与高等教育对社会流动促进作用变化趋势是一致的。其次，劳动市场体制的制约。我国劳动力市场不够健全，存在非竞争性与不公平性现象，制约高等教育对个体社会流动的促进作用。根据劳动市场分割理论，劳动力市场可以分为两个层级：初级市场与次级市场。具有就业待遇高、就业环境良好、就业升迁机会多等特征的属于初级市场，而具有就业待遇偏低、就业稳定性差、就业升迁机会较少的特征的属于次级市场。不同属性的劳动市场所带来的教育收入回报存在显著差异，这也就是为什么有的行业竞争非常激烈，如垄断性行业和公共服务部门，出现千人甚至万人同竞争一个岗位的现象。但这些行业和部门出于维护自身利益的需要，通常会采取一定措施排斥其他优秀大学生的流入，最终能够进入这些垄断行业或政府部门的往往是所谓的"官二代""富二代"或其他关系密切的人（胡放之，2014）。劳动市场分割不仅体现在行业之间，还表现在区域之间的隔离，我国东中西部地区之间以及城乡地区之间具有较大差异，这对不同区域毕业生就业及教育回报产生较大影响，这也是为什么高学历者倾向选择发达城市、发达地区就业的主要原因。总之，高等教育对个体社会流动的影响并不是单一因素制约，是多种因素相互作用的结果。

## 第三节　规模发展背景下社会分层与流动演变的价值及问题

### 一、规模发展背景下社会分层与流动演变的价值

高等教育促进社会绝对流动性增加有助于形成"橄榄型"社会阶层结构。所谓橄榄型社会阶层结构是指社会成员的收入分布呈现"两头小，中间大"的形态，即以中等收入群体为主体的社会结构。橄榄型社会结构被认为是一种比较理想的现代社会结构。高等教育在扩招前实行的是精英教育模式，只有极少数人有机会接受高等教育，大多数普通民众没有机会享受高等教育权利，社会流动速率、流动方向、流动距离整体偏少，社会两极分化现象较为明显，整个社会阶层结构是金字塔型（赵欣和尹韶青，2014）。随着我国高等教育扩招政策实施，接受高等教育人数大幅度增加，社会整体教育水平大力提升，加速了社会工业化、城镇化发展进程，促进了社会整体流动性。根据我国第七次人口普查数据显示，我国具有大学文化程度

的人口为 21 836 万人。与 2010 年相比,每 10 万人中具有大学文化教育水平的人数从 8930 人上升为 15 467 人,15 岁及以上人口的平均受教育年限由 9.08 年提高至 9.91 年。城镇人口为 9.02 亿人,占 63.89%(2020 年我国户籍人口城镇化率为 45.4%);乡村人口为 5.098 亿人,占 36.11%。与 2010 年第六次全国人口普查相比,城镇人口增加 2.36 亿人,乡村人口减少 1.64 亿人,城镇人口比重上升 14.21 个百分点。这表明,高等教育规模发展,推动了城镇人口比例增加,社会中间阶层队伍不断壮大,有助于社会逐步形成"两头小,中间大"的橄榄型社会阶层结构。

高等教育对社会代际流动的促进作用有助于提升教育投入力度。由本章第一节分析结果可知,高等教育对社会流动的促进作用。从家庭角度看,优势阶层为维护阶层利益、弱势阶层为实现代际向上流动,不仅对子女给予更高的教育期望,也在子女教育上提供多方面支持,既包括显性的货币型支出,也包括时间、情感等隐性投资。有研究证实,"中国家庭在子女教育上普遍存在较为强烈的投资意愿,家庭教育支出在中国家庭总支出中所占比重也逐步上升。在家庭教育投资中,除现金性的显性教育支出外,家庭也会通过放弃潜在收入,如通过增加子女陪护时间等方式进行隐性教育投资"。各个阶层的家庭重视其子代教育,愿意对子女教育进行投资以期获得较高教育收益率,这有助于整体上提升居民平均受教育年限。根据教育部公布数据显示,2003 年我国平均受教育年限为 7.85 年,2014 年为 9.28 年,2020 年为 10.8 年。有研究发现,"劳动力平均受教育年限每增加一年,GDP 就会增加 9%",这也有助于推动政府提升教育投入力度。从个体角度看,高学历有助于提升个体职业竞争力,促进代内社会流动,愿意付出更多时间与精力提升学历层次,以获得更高竞争优势,实现阶层向上流动。以研究生入学考试为例,每年报考研究生的人数不断刷新历史新高。2017~2022 年,研究生报考人数分别为 201 万人、238 万人、290 万人、341 万人、377 万人、457 万人。2022 年相比 2017 年,5 年间报考人数增加了 256 万人,增长了 1.27 倍。

## 二、规模发展背景下社会分层与流动演变的问题

阶层代际流动的非均等性有可能导致阶层进一步固化现象。由本章第一节数据分析可知,从职业分层来看,各阶层社会代际流动具有明显差异性,上层阶层的代际流动性显著高于其他阶层。从城乡流动层面来看,农村社会代际流动性显著高于城市的,这一结论与 Wu 和 Treiman(2007)、赵红霞和王乐美(2020)等研究相一致。不少学者认为由于中国户籍制度

的不断改革与放开，中国代际流动主要是以横向流动为主，即农民阶层向非农民（工人）流动转向。但在纵向流动上，城市居民整体流动性偏低，从蓝领阶层向白领阶层的流动渠道仍相对封闭。实证数据分析还发现，与20世纪80～90年代相比，当前中国的纵向代际流动性呈下降趋势，不少学者也得出类似结论（Yu et al.，2014）。这进一步表明，社会流动的渠道变窄，阶层之间界限越发明晰，这将会导致阶层的代际传递性更为紧密，产生阶层固化现象并不代表没有社会流动，只是这种流动更多体现为一种复制式流动，是社会流动的一种非正常状态（熊志强，2013）。导致社会阶层固化的原因主要有：先赋性因素导致的阶层复制叠加性增加，传统体制留下来的社会精英群体在社会转型过程中仍具有优势（陈云松等，2019）。优势阶层为维护阶层利益，阶层的排除性愈加凸显，尤以文化屏障为典型代表。优势阶层所构筑的文化屏障以外显或内隐的方式保护自己阶层利益，这无疑为弱势阶层的流动设置了一道天然的屏障。另外，社会结构制度安排导致教育不公平性持续存在，正如斯蒂格利茨（2013）所言："人们所依赖的保障社会流动的市场机制并没有充分保证机会公平，政治会塑造市场，并且是以社会其他人的利益为代价、以有利于社会上层群体的方式塑造市场。"政府通过政策实施塑造市场力量，并参与资源分配，所设定和强化游戏的规则，以权力寻租方式将无形手置于其中，导致阶层固化以更加隐蔽的新方式存在（陈友华和施旖旎，2018）。阶层固化不仅表现为社会流动性减弱，更为关键的是影响民众对社会公平正义的感知，进而引发新的社会阶层矛盾，阻碍社会整体性的和谐发展。

高等教育促进社会流动功能弱化，易引发社会中间阶层教育焦虑，降低弱势阶层教育获得感。由本章第一节数据分析可知，从实效效应看，高等教育对社会流动的影响呈现先增加后减弱的趋势。这种减弱趋势包含两层含义：一方面高等教育依然是个体实现向上流动的重要途径；另一方面个体尤其是弱势阶层的个体通过高等教育向上流动的渠道变窄、机会减少、难度增加，对于中间阶层而言，他们是享受过高等教育所带来的"福利"，即通过高等教育获得较好的社会地位，实现社会阶层的向上流动。但中间阶层处于一个较为"尴尬"的位置，一方面他们面临着向下流动的风险，尤其担心子女会下滑到其他阶层，所以力求通过优质教育资源获得来保住其社会地位（尹霞等，2022）。另一方面，随着高等教育的不断扩招，大学文凭价值稀缺性降低，所承载的能力信号不断衰减，导致他们向上流动的空间萎缩，向上流动的不确定因素增加，这些都加重了中间阶层的焦虑、不安、恐慌等教育焦虑情绪。对于弱势阶层而言，为避免子女重蹈其覆辙，更期望子女通过接受高等教育实现"鲤鱼跳龙门"的阶层跃迁。有调查研究发现,弱势的群体对教育的工具价值需求更强,有近80%的家长选择"比较同意"和"完全同意"（余秀兰,2014）。但随着高等教育规模扩张,大学生就业困难已成为社会现实问题。很多高校毕业生没有通过高等教育"通行证"获得更高的职业地位和经济收入,这与许多家庭教育预期存在很大偏差,引发新的"读书无用论"的热议,这都降低了弱势阶层教育的获得感、满意感与幸福感。

## 第四节　规模扩张背景下社会分层与流动演变的趋势与优化路径

### 一、规模扩张背景下社会分层与流动演变的趋势

从整体上看,高等教育规模发展提升了国民文化教育水平、促进了人力资本的持续累积,满足了社会对多元化人才需求,有力地推动了我国经济腾飞发展以及推动我国城市化、城镇化发展步伐(蒋帆和张学志,2019)。同时高等教育规模化办学降低了生均培养成本,整合了教育资源,提高了办学收益,促进了中国教育集约化发展（陈林和万攀兵,2017）。假如高等教育规模继续扩张,对社会流动性影响将会发生怎样的变化?未来可能的走向又有哪些呢?基于本章第一节实证数据分析,对高等教育规模继续扩张对社会分层与流动的影响趋势作如下预测。

第一,通过前文数据分析可知,高等教育扩招对社会代际流动的净效应来看,子代相较于父母职业单位阶层能够通过高等教育实现了正向跃升,这说明高等教育规模扩张有力推动了社会代际流动。所以,如果高等教育规模继续扩张,提供了更多的受教育机会,对社会流动依然有积极促进作用,整体上社会流动性的数量会继续增加。

第二,从时序效应来看,高等教育扩招对代际流动的正向影响出现先强后减弱的趋势。从这点来看,高等教育扩招对社会流动的促进作用会随着规模继续扩大呈现逐步减弱态势,这表明高等教育对社会流动促进作用的速度将会减慢。随着高等教育规模继续扩张,高等教育对社会流动的加速度将趋于零,社会流动性促进作用将以小幅度"匀速"形式存在。

第三,从户籍层面来看,农业户口的个体社会流动性比非农业户口个体流动性更弱。如果高等教育规模继续扩大,农村户口个体的流动性将会持续减弱。从1999年开始,中国城镇化发展进程在持续推进,很多农民进

城务工，从农民转变为自由职业者、个体户、工人等实现阶层流动。根据2021年最新人口普查数据显示，我国城镇人口为 9.02 亿人，占 63.89%（2020年我国户籍人口城镇化率为 45.4%），乡村人口为 5.098 亿人，占 36.11%。乡村人口的比例远低于城镇人口，农村人口流向城市的速度将会放慢，同时随着国家乡村振兴战略实施，未来可能不少高技能人才从城市流向农村。

第四，从阶层流动差异来看，父母职业地位越高，受教育程度越高的个体社会流动性越弱，但高等教育对其代际流动的影响系数依然为正。原因在于这类群体的职业单位阶层本身较高，维持阶层地位就是正向流动的表现。同时，不同学科背景、不同性别、是否独生子女身份的受高等教育者之间也存在流动差异，无疑给高等教育的代际流动价值带来了不确定性。总之，在高等教育规模继续扩张的背景下及优质教育总量不变的情况下，优质教育资源将更加稀缺，阶层间对优质资源的竞争会更加激烈，教育的内卷化会越来越严重。特别是优势阶层父母凭借圈层文化与圈层网络的先天优势，能够帮助子女获得更加优质教育资源，维护圈层利益（刘堃和郭菲，2020）。根据 Lucas（2001）所提出的教育不平等理论，优势阶层在没有达到优质教育资源质量饱和之前，弱势阶层的子女要获取更多优质教育机会和难度增大。所以，高等教育规模继续扩张，教育机会不均等性问题依然存在，社会流动性质量问题短时间内难以解决。

## 二、规模扩张背景下促进社会合理流动的路径优化

为促进社会阶层合理流动，应通过多种途径构建高等教育大众化与社会分层、社会流动的良性互动关系（戴海东和易招娣，2012）。因而，在高等教育规模持续扩张的背景下，应采取如下措施。

第一，完善并优化高等教育扩招政策，逐步实现高等教育均衡发展。高等教育均衡发展是保障其有效促进社会合理流动的前提与基础。高等教育均衡发展首先是确保社会各阶层教育机会获得均衡性。为此，可借鉴发达国家高等教育招生录取制度，构建多样化、灵活性的高等教育入学招生机制，打破招生对象的年龄界限，将高考录取对象从高中生逐步向全体社会成员开放，推动高等教育与终身教育体系融合发展，进而为社会各阶层人士提供更多的入学机会。将招生模式从"选拔性"向"选择性"转变，为学生与高等教育院校提供更多双向选择的机会，以增强高等教育招生录取方式的灵活性、公平性与开放性。其次，做好顶层设计，优化教育资源合理配置，确保高等教育入学机会的区域均衡性。如优化大学招生名额配置方式，尤其要改善重点大学在招生过程中属地化严重现象，以缩小教育

机会区域性差距。兼顾不同群体教育需求，确保不同区域、不同阶层获得高等教育机会均衡性，使所有群体都有机会享受优质教育资源的"福利"（刘焕然，2017）。最后，动态调整高等教育规模发展与社会经济发展的平衡性。如在学历层次上，高等教育扩招既要向更高层次的研究生学历拓展，也要向高等职业教育延伸，推动高等教育人才结构优化。在学科专业结构上，动态调整专业，鼓励大力开展跨学科、交叉学科人才培养，适应智能化时代对创新型、复合型人才的需求（张明广和茹宁，2020）。

第二，提升高等教育质量，为社会流动提供质量保障。教育质量是教育的生命线，也是充分发挥高等教育对社会流动促进作用的基本保障。我国高等教育自 1999 年扩招以来，高等教育质量提升与其发展规模、发展速度不相匹配，如高等教育在扩张发展进程中，师生比却持续下降，有学者研究发现，普通高校的师生比从 1990 年至 2016 年下降了 70%，普通本科院校的毕业生规模自 2000 年以来增长了将近 4 倍，教师的数量增长了 2 倍，专科院校的毕业生规模增长了 17 倍，教师的数量则仅增长了 4 倍（邢春冰和许敏波，2023）。尽管因高等教育规模发展提供更多入学机会，却无法保障更优质的教育教学质量，这对大学文凭所传递的信号价值产生了重要影响，进而影响高等教育对社会流动的促进作用。因此，为实现高等教育规模发展与规模效益相匹配，须不断提升高等教育质量。首先，树立高质量发展理念，推动我国高等教育从外延式扩张转向内涵式发展之路。外延式发展更多地强调规模扩张、数量增加及空间拓展的外在形式的发展，这是我国高等教育规模发展所实践的路径。内涵式发展是在抓住事物本质属性的基础上，侧重于"质"的发展，强调内在驱动、结构优化、实力增强及质量提高（眭依凡，2021），这是我国高等教育向高质量发展迈进的必然转向。因而，为促进我国高等教育向内涵式发展路径转变，其发展理念须以高质量发展为导向，以学生全面发展为宗旨，以人民对教育高期待为要求，不断优化高等教育育人目标与手段，调整育人思路与策略（刘振天等，2021）。其次，完善高等教育对口帮扶机制，激活中西部地区高校发展活力、潜力。目前，我国高等教育发展依然存在区域间、学校间不平衡与不充分问题，东部发达地区高等教育质量明显优于中西部地区。为提升中西部地区高等教育质量，应进一步优化教育对口帮扶机制，构建长效帮扶机制：一是借助信息化、智能化发展平台，完善信息共建共享及资源共享交换机制，提升帮扶的精准性、及时性及有效性；二是优化高层次人才互派、互访、互换机制，构建科研、教学发展共同体以推动双方互利共赢、协同发展；三是建立重点大学与非重点大学联合办学机制，发挥重点大学示范带动作用，切实将东部地区先进管理理念、优质教育资源向中西部贫困地区渗透，以促进东西部地区高校融合发展。最后，优化政府、企业、高校、社会等多元主体协同育人机制，确保系统开放、共享，实现信息、物质及能量与外界环境的交换。另外，教师是教育质量提升的核心要素。中西部地区因客观条件所限，难以吸引更多外来地区高层次人才与专家。为此，更为稳妥的发展策略是通过培训、激励等方式引导本地高校教师提升科学研究能力、教育教学能力。如构建高校教师终身教育体系，注重教师职前教育与职后培训连贯性、系统性，建立教师专业发展激励机制，激发教师内在发展的驱动力，鼓励教师自我反思、自我教育、自我提升。

第三，树立平等观念，建立完善的"补偿机制"，提升弱势群体向上流动机会。罗尔斯（Rawls）认为社会公平问题的解决应遵循差别原则。在罗尔斯看来，为实现社会公平性，保障所有人享有平等的机会，政府及社会应该更多地关注和补偿天赋偏低、弱势群体。这个观念要求社会按照平等的原则方向去补偿由偶然因素所造成的倾斜（丁建峰，2020）。因此，在教育资源分配时应当对薄弱地区、弱势群体进行特殊政策关照与倾斜。当然，补偿弱势群体、保障社会公平是世界难题，也是各国政府致力于解决的重要问题。如美国政府本着"弱势者优先"的原则，加强对弱势群体教育资助，优化教育资源分配；印度政府从2006年起，采取"保留配额"入学比例，提升对低种姓群体接受教育机会。我国政府也采取了不同措施，如"免费师范生""定向师范生招生计划""农村贫困专项招生计划"等措施。然而，目前我国弱势群体补偿机制是针对个别群体，如"农村贫困专项招生计划"针对学习优异的个体，无法从根本上解决农村贫困学生的教育机会，也不能有效提升农村薄弱学校、地区的发展水平。因此，为保障弱势群体接受公平而有质量的教育，还需进一步完善补偿机制：一是建立分类补偿机制，构建差异性按需补偿措施。不同类型的弱势群体需求是多维的，群体之间需求亦有差异性，应根据其需求进行资金、健康、学业、机会等多方面的补偿。二是完善相关法律，构建长效动态补偿机制，法治保障是教育公平最根本、最长远的保障（周洪宇，2015）。应不断完善相关法律体系，保障大多数弱势群体的补偿利益。

第四，健全人才就业与保障机制，推动高技能人才逆向流动。在中国城镇化发展进程中，我国人才流动的方向是从农村流向城市，从小城市流向大城市。大量人才流向城市不仅对城市就业造成压力，也会导致农村、小城镇人才匮乏等问题。为推动我国区域均衡发展和乡村振兴战略的全面实施，应健全人才就业与保障机制，推动人才从大城市流向小城市，城市流向乡村的逆向流动。尤其是现阶段国家正在实施乡村振兴战略。在产业振兴、组织振兴、文化振兴等方面迫切需要各种人才提供支持。因此,为建设优质乡村人才队伍和有效解决大学生就业难问题,应通过构建人才就业保障机制,如提供就业创业优惠政策、规范人才考评机制、完善返乡人才激励机制等,引导优秀人才流向乡村、流向基层。

## 第五节　本 章 小 结

从整体上看,高等教育扩招能够促进社会流动性的增加。从时序效应看,高等教育扩招对社会流动性的变化趋势是先强后减弱。从社会阶层上来看,高等教育扩招对不同阶层社会流动的影响有显著差异。高等教育扩招对社会流动的影响在家庭出身、独生子女身份、性别和学科专业等方面存在明显的差异,且农村人口的流动性在这一变化中相较于城市人口更为显著。总体上,在高等教育规模发展的进程中,高等教育扩招并没有减弱家庭背景对社会流动的影响作用。

高等教育规模扩张对社会流动的影响变化趋势的逻辑机制是高等教育扩招促进经济增长和社会产业转型进而提供更多的就业机会,同时也为社会提供更多的知识劳动者,两方面共同作用影响劳动市场人才供需平衡关系变化。同时,家庭背景对个体入学教育机会和职业地位获得产生作用进而影响高等教育扩招对社会流动的促进作用。

高等教育扩招对整体社会流动的数量的增加有助于"橄榄型"社会阶层结构的形成,有助于社会各阶层提高教育投入力度,从而进一步提升国民受教育年限。同时,因中间阶层向上流动的难度加大、空间萎缩,可能会导致阶层固化,进一步扩大社会不公平性。

# 第九章  高等教育规模发展与个体收益

劳动力受教育水平提升是实现其个体收益增长的重要保障。本章通过构建高校扩招影响个体收益的理论分析框架,基于 2018 年中国劳动力动态调查(CLDS2018)数据库,以中国高校扩招政策为"准实验",采用双重差分模型评估高校扩招政策对个体收益的促进效应。本章揭示了高校扩招背景下,各类群体追逐高学历与青睐理工科等社会现象的内在机理,阐释了家庭背景和市场发展程度对高等教育普及化阶段个体收益的异质性规律。本章的研究结论,为优化高等教育政策,促进高等教育公平,实现中国高等教育现代化更好赋能经济社会发展提供了思路与启示。

## 第一节  高等教育规模发展促进个体收益提升的问题缘起

现阶段,我国社会形成了追求高学历、青睐理工科和偏好到东部地区求学、就业的现象。数据显示,2022 年全国硕士研究生招生考试报考人数为 457 万人,比 2010 年(140 万人)增长了超过两倍;[①]同时,在 2010 年,全国普通本科文科专业在校生人数(731.3 万人)明显高于理工科专业在校生人数(635.6 万人),但这一情况在不断逆转,及至 2022 年,全国普通本科理工科专业在校生人数(998.8 万人)超过了文科专业在校生人数(966.9 万人)。特别是,作为理工科门类主要专业的工科专业在校生人数,从 2010 年的 399.6 万人,上升到 2022 年的 674.3 万人,而作为文科门类主要专业的文学专业在校生人数,从 2010 年的 238.8 万人,下降到 2022 年的 192.6 万人;[②]此外,当前我国中西部地区人口热衷于前往东部发达地区求学、就业的现象依然突显(邹丹和李超,2011;陈亮,2021;马万华和牟海松,

---

① 数据来源:中华人民共和国中央人民政府门户网站,《2010 年硕士研究生统一入学考试举行 140 万人参加》,网址:https://www.gov.cn/jrzg/2010-01/09/content_1506556.htm;中华人民共和国教育部政府门户网站,《2022 年全国硕士研究生招生考试报考人数为 457 万比去年增加 80 万》,网址:http://www.moe.gov.cn/fbh/live/2021/53908/ mtbd/202112/t20211222_589430.html。

② 数据来源:中华人民共和国教育部政府门户网站,网址为 http://www.moe.gov.cn/jyb_sjzl/moe_560/2022/quanguo/;依据教育部教育统计数据中分学科门类划分方式,其中,文科专业包括哲学、经济学、法学、教育学、文学、历史学、管理学和艺术学 8 类学科,理科专业包括工学、理学、农学和医学 4 类学科。

2012)。那么，为什么会出现这些现象呢？揭示其潜在的逻辑具有重要的理论意义和现实意义。

现有研究指出，个体追逐更高学历的重要原因是为规避就业压力，提高就业竞争力（闫广芬和尚宇菲，2020）。同时，有学者认为由于受理工类可选专业多、就业前景好、福利待遇高等的影响，理工类依然是多数学生的首选，有些甚至放弃喜欢的文科类专业而报考理工类专业，社会群体呈现青睐报考理工科专业的现象（王伟宜等，2022）。此外，有学者指出，中国的改革开放和城镇化进程是社会群体集聚于东部地区就业的重要动因（李平和李颖，2016）。总体上，现有研究为我们理解社会群体追求高学历、青睐理工科和偏好到东部地区求学的现象提供了有益参考，但很少有学者利用定量研究的方法去探寻三种现象背后的逻辑。现有的定量研究基本限于高校扩招对个体收益影响的整体效应研究，而没有深入到教育层次、学科类别和区域层面。

本章聚焦高校扩招影响个体收益的视角对社会群体追求高学历、青睐理工科和偏好到东部地区求学、就业的现象进行解释，以回应社会关切。我国自 20 世纪末开始的高校扩招深刻影响着不同个体的收益水平。高校扩招的重要价值指向是维护公民的公平发展权利，而对受教育个体而言，获取更高的个体收益是其投资高等教育的重要动机。但如果高校扩招不仅没有强化个体收益率，反而降低了个体收益的提升空间，尤其是带来了不同学历层次、科类专业以及区域层面上个体收益差距的持续扩大，那么此项制度便会出现非预期后果，即社会群体追求高学历、青睐理工科和偏好到东部地区求学、就业的现象。

有鉴于此，本章以 1999 年高校扩招政策为切口，基于 2018 年中国劳动力动态调查（CLDS2018）数据库，通过"准实验"分析策略，采用双重差分模型，系统考察其对个体收益的影响效应与异质性规律，进而揭示社会群体追求高学历、青睐理工科和偏好到东部地区求学、就业现象背后的逻辑。

## 第二节　高等教育规模发展影响个体收益的内在机理

按照经济学的观点，在信息不对称的情况下，教育水平是雇主判断个体能力的信号，帮助雇主从众多应征者中筛选最佳雇员（Spence，1973；周扬和谢宇，2020）。因此，根据"信号理论"个体的高等教育学历作为一种信号能够向雇主传递岗位胜任力信息，促进个体在劳动力市场中占据主动，进而取得较高收益。在劳动力分割背景下，个体需要通过获取高等教育学历，进入一级劳动力市场，获取更高收益。然而，高校扩招后，劳动力市场供需关系逐步变化，雇员在学历、技能、知识等方面的可替代性将明显提升，学历信号的价值及其溢价空间也会变小。此时，雇主将在劳动力市场中占据主动，并通过降低原有岗位雇佣薪酬，或以同等待遇聘用更具竞争力的高校毕业生来降低生产经营成本，提升经营效率。因此，高校扩招可能弱化了学历信号对个体收益的作用效力，随着高校持续扩招，其对个体收益的正向影响将不断减弱。

不同层次的高等教育学历释放出的信号价值存在差异。大学教育作为一种重要的社会分层机制，由于毕业生规模的不同，在"物以稀为贵"的情况下，无论高校扩招是否实施，高等教育学历释放出的信号价值从研究生、本科生到大专生依次递减。同时，研究生、本科生、大专生在劳动力市场中向雇主传递的竞争力信号也在依次弱化。因而，个体学历层次的高低与信号价值的大小，以及竞争力信号的强弱存在"正相关"。同时，这种"正相关"关系塑造了高学历与高收入的内在关系。尽管在高校扩招背景下，不同层次学历的信号价值均有所"回落"，但整体上，高学历与高收入的对应关系可能依然存在。而随着高校扩招在不同学历层面同时"上演"，不同学历层次劳动力的可替代性均在提升，尤其是学历层次越低的个体，其信号要素的稀缺性、竞争性越不足，就越有可能被替代。

因此，高校扩招对个体收益的正向效应减弱幅度呈学历层次越低个体收益下降幅度越大的规律，造成低学历层次和高学历层次的个体收益差距持续扩大，进而加快了社会群体追逐高学历现象的形成。

个体所学专业的科类差异也会对其经济收益产生影响。在大学教育塑造的社会分层机制中，无论高校扩招是否实施，理工科毕业生的学历、知识信号决定了其在竞争科技创新与成果转化等经济回报率高的工作岗位时，具有明显优势。经验层面上，理工科高等教育与国家创新驱动发展战略的嵌入性更强，因而理工科毕业生在就业信息、就业渠道和劳动报酬方面比人文社科类人才更有优势（李磊和王天宇，2023；何柏生，2009；吴晓雄和刘敬芝，2017）。即使在高校扩招背景下，理工科领域的工作机会也在显著增加，与其他职业相比，理工科从业者享有更高的工资溢价，失业概率也更小，表明理工科的收益回报依然超过人文社科[①]。同时，就大学生创

---

① 在宋弘、陆毅的文章《如何有效增加理工科领域人才供给？——来自拔尖学生培养计划的实证研究》（《经济研究》2020 年第 2 期）中，指出"过去二十年中，理工科领域的工作机会出现了显著增加，与其他职业相比，理工科从业者享有更高的工资溢价，失业概率也更小"，论文发表时间为 2020 年，"过去二十年"即大抵覆盖了高校扩招政策的实施周期，以此得出正文表述。

业意向而言，理工科也明显比文科高（刘志等，2012）。因此，相较于人文社科毕业生，高校扩招对理工科毕业生个体收益的正向影响效应依然更强。因此，高校扩招对理工科毕业生个体收益的正向效应下降幅度可能低于人文社科毕业生，造成人文社科毕业生和理工科毕业生的差距持续扩大，进而成为社会群体青睐理工科的关键原因。

从宏观层面来看，处在不同区域的高校毕业生，在高校扩招政策实施过程中，其所受高等教育的质量和所处市场的发展程度存在着明显差异，这会导致个体学历、专业信号的相对价值，以及职业发展的机会、渠道也存在差异，最终这些差异可能会塑造个体收益层面的异质性。现有研究指出，相较于中西部地区，东部地区的高等教育经济收益率和受教育个体的幸福感也相对更高（黄嘉文，2013）。但随着高校扩招持续进行，这种情况可能发生改变。

其一，从人才流动的视角来看，在高校扩招背景下，中西部地区大量学历高、专业好的高校毕业生持续流向东部地区（张传勇和刘学良，2014），由此造成东部地区的高校毕业生存量最大，毕业生学历、专业信号的溢价空间不断变小，其个体收益的下降幅度也可能最大。同时中东部地区是"抢人大战"的主角（杜两省和胡海洋，2019），为吸引优秀人才落户，中部地区正在积极地采用税收优惠、财政补贴、资助、奖励等方式提高劳动力薪资待遇（乐菡等，2021），学历、专业信号还存在一定的溢价空间。因此，在中部地区，高校扩招带来的个体收益的下降幅度较小。随着高校毕业生不断流向东中部地区，西部地区高校毕业生存量最小，学历、专业信号的溢价空间最大。因而，在西部地区，高校扩招带来的个体收益下降幅度最小。

其二，从市场需求角度来看，东部地区的产业发展水平最高，劳动力需求旺盛，因此尽管在高校扩招背景下，东部地区持续汇聚大量的高校毕业生，但由于其劳动力市场需求空间最大，依然可以带来更高的个体收益，由此减轻高校扩招带来的个体收益下降程度。中部地区近年来在积极承接东部地区的产业转移（赵永平和徐盈之，2014），劳动力需求也在持续提升，因此，在中部地区高校毕业生的个体收益依然存在增长空间。而相较于东中部地区，西部地区的产业发展水平较低，劳动力需求量和就业机会少，社会平均薪资待遇也较低（文乐等，2017）。因此，高校扩招对个体收益的正向效应并没有显现。

其三，从高等教育发展水平来看，西部地区与东、中部地区相比，无论是从高等教育资源的获取，还是对高等教育资源的利用等方面来看，都存在着明显的差距，所以西部地区高等教育发展存在相对滞后（李元静和王成璋，2014）。同时，在高校扩招背景下，西部高等院校人才流失严重，资金来源单一，而且自己所拥有的一些特色学科与专业得不到充分的发展，甚至难以为继（王鉴，2002），高等教育人才培养的质量难以保障。这种情况将导致西部地区高校毕业生的学历、专业信号价值与竞争力低于东中部地区，其在高校扩招后的个体收益下降幅度也会更高。

因此，从人才流动、市场需求和高等教育发展的整体情况来看，高校扩招带来的个体收益下降主要集中在西部地区，由此导致西部地区人口热衷到东部地区求学、就业。

综合上述，本章可能的研究贡献主要体现在三个方面：一是研究方法上，以1999年高校扩招政策作为外生冲击事件，进而构建"准实验"研究场景，识别高校扩招影响个体收益的影响效应，为相关研究提供避免内生性问题的操作思路；二是理论对话上，通过引入"信号理论"阐释社会群体追求高学历、青睐理工科和偏好到东部地区求学现象的内在机制，由此拓展了"信号理论"的解释力与适用边界；三是研究结论上，通过识别高校扩招对不同学历层次、专业科类、区域层面个体收益的异质性影响，及其带来社会群体追求高学历、青睐理工科和偏好到东部地区求学现象的潜在动因，能够完善现有文献的不足。

## 第三节　研　究　设　计

在前文文献回顾与理论分析基础上，本节围绕高校扩招政策对个体收益提升的因果效应这一核心议题，系统论证实证策略和模型设定的适配性，基于2018年CLDS数据库对本章的相关理论假说进行实证检验。

### 一、实证策略与模型设定

中国在改革开放初期和市场经济建立时期，高等教育规模呈现出阶段性扩张趋势，1999年高校扩招政策实施后，高等教育规模才呈现出持续且量大的扩张特征，由此打开了本章探究高校扩招政策提升不同层次受高等教育个体收益的透视窗口。基于高等教育人才培养的时间规律[①]，诸多学者研究佐证了2003年是高校扩招政策冲击效应的作用时点（陈斌开和张川川，2016；Che and Zhang，2018；方森辉和毛其淋，2021）。本节沿袭这

---

① 高等教育一般为4年制，因此1999年实施的高校扩招政策到2003年才是实际政策冲击时间。

一经验，构建高校扩招政策对不同层次受高等教育个体收益的因果推理准实验分析框架。需要强调的是，高学历人群受到高校扩招政策的影响更为直接，因此本节将样本中受高等教育群体作为实验组，未受高等教育的群体作为对照组，进而比较两类人群在 2003 年前后经济收益的差异，以评估高校扩招政策对不同层次受高等教育个体收益的影响效果。具体构建基准双重差分（difference-in-differences，DID）模型如下：

$$AICM_{pkit} = \alpha_p + \beta EDUL_i \times POLICY_t + X'\theta + \lambda_t + \varepsilon_{pkit} \qquad (9-1)$$

式中，$p$、$k$、$i$、$t$ 分别表示地区、受教育程度（高、低）、个体和时间；$AICM_{pkit}$ 为被解释变量，表示 $p$ 地区受教育程度为 $k$ 的个体 $i$ 在 $t$ 期的个体收益；$\alpha_p$ 表示地区固定效应，$\lambda_t$ 表示时间固定效应；$\varepsilon_{pkit}$ 表示随机干扰项；$X'$ 表示相关控制变量；$\theta$ 表示控制变量影响系数；个体受教育程度与高校扩招政策冲击时间虚拟变量的交乘项 $EDUL_i \times POLICY_t$ 表示解释变量，其系数 $\beta$ 是本节关注的焦点，它表示实验组和对照组中不同受教育层次个体收益水平在高校扩招政策冲击前后的平均差异，展示了高校扩招政策对受高等教育者个体收益的影响效果。若 $\beta > 0$，说明受高等教育者的个体收益相对于未受高等教育者的个体收益有正向幅度的提升，即高校扩招政策促进了受高等教育者个体收益的提升。

## 二、变量选取与说明

### （一）被解释变量

个体收益（AICM）。CLDS2018 数据库在"工作状况"部分对个体 2017 年总收入（农业收入，工资收入，经营收入等）进行了详细调查。本节根据实际回答，对样本中个体年总收入原始数值取自然对数处理以测算个体收益。

### （二）解释变量

个体受教育程度与高校扩招政策冲击时间虚拟变量的交乘项（EDUL×POLICY）。根据 CLDS2018 数据库对个体最高教育程度的统计数据，划分了个体受教育程度（EDUL），即未受高等教育=0；受高等教育=1。[①]同时，CLDS2018 数据库调查了个体最高教育程度的结束年份，在此基础上我们借鉴现有研究的思路，设定了高校扩招政策冲击时间虚拟变量（POLICY），

---

① CLDS2018 数据库中，未受高等教育群体包括最高学历为未上学、私塾、小学及以下、初中、高中、技校、中专毕业生群体，受高等教育群体包括最高学历大专、本科和研究生毕业生群体。

即个体最高教育程度的结束时间在 2003 年之前=0；2003 年及之后=1。本节以二者交乘项 EDUL×POLICY 作为解释变量来估计高学历群体与低学历群体在高校扩招政策冲击前后在个体收益上的平均差异。

（三）控制变量

不同受教育层次个体收益还会受到个体其他层面的特征以及家庭条件、父母代际传递等因素的复杂作用，为有效测量高校扩招对不同层次个体收益的影响，参照现有研究的做法（阳义南和连玉君，2015；叶文平等，2018），基于 2018 年 CLDS，本节尽可能地控制了如下个体层面和父母层面特征。

（1）受访者当年个体层面特征：①性别（GENDER）：女=0、男=1；②婚姻状况（MASTA）：未婚=1、初婚/再婚/同居=2、离异/丧偶=3；③年龄（AGE）（2018-出生年份）（岁）；④独生子女身份（OCHILD）：否=0、是=1；⑤政治面貌（POLIK）：非中共党员=0、中共党员=1；⑥户口类型（REG）：农业户口=0、非农业户口=1；⑦宗教信仰（REBF）：无宗教信仰=0、有宗教信仰=1。

（2）受访者当年父母层面特征：①父亲、母亲的户口类型（FREG、MREG）：农业户口=0、非农业户口=1；②父亲、母亲的政治面貌（FPOLIK、MPOLIK）：非中共党员=0、中共党员=1；③父亲、母亲的受教育程度（FEDUL、MEDUL）：未受高等教育=0、受高等教育=1；④父亲、母亲的职业类属（FOCCUP、MOCCUP）：农、林、牧、渔业、采掘业=1；批发和零售贸易、餐饮业、制造业、交通运输、仓储及邮电通信业=2；建筑业、电力、煤气及水的生产和供给业、金融保险业、质勘查业、水利管理业/房地产业=3；社会服务、科学研究和综合技术服务业、教育、文化艺术和广播电影电视业、卫生、体育和社会福利业=4；国家机关、党政机关和社会团体=5；⑤父亲、母亲的工作单位类属（FUTP、MUTP）：农林牧副渔业生产（如种地、养殖鸡鸭水产等）和无固定工作者（零散工、摊贩、无派遣单位的保姆、自营运司机、手工工匠等）无单位类=1；个体工商户（包括登记过的个体工商户或未登记的各类店主）和民营、私营企业、自由职业者（网络作家、画家、自媒体工作人员、自由摄影师等脑力工作者等）以及外资、台资企业单位类=2；民办非企业、社团等社会组织、村居委会等自治组织单位类=3；集体企业、国营企业、国有和集体事业单位类=4；党政机关、人民团体、军队单位类=5。

### 三、数据来源与样本情况

本节使用数据来自中山大学社会科学调查中心提供的"2018 年中国劳动力动态调查"（CLDS2018）数据库。CLDS2018 数据库是以 15～64 岁城乡村居劳动年龄人口为调查对象的综合数据库，涵盖中国 28 个省区市（不含港澳台、西藏、新疆和海南），样本规模为 381 个城乡村居、9868 户家庭、16 537 个个体，具有全国代表性、东中西部各自代表性。CLDS2018 调查了劳动力的教育程度、受高等教育的年份、学科类属、年收入情况、家庭成员的基本情况以及个体其他人口统计学特征等内容，通过这些信息可以有效划分高校扩招政策冲击的实验组和对照组，以及个体出生、家庭和收入的层级状态。参照陈斌开等（2020）的研究，本节在数据清理中进一步剔除了 CLDS2018 数据库中存在缺失或异常值的个体样本、18 岁以下未达到一般受高等教育年龄个体样本、个体总收入调查年份 2017 年及之后获取高等教育学历的样本以及年收入低于 1200 元人民币的个体样本，最终得到涵盖中国 28 个省区市（不含港澳台、西藏、新疆和海南）的 3123 份个体层面的截面数据样本，较好地延续了 CLDS2018 总样本在全国和区域层面的代表性特质，能够支撑本节展开研究。

表 9-1 呈现了主要变量的描述性统计结果。其中，AICM（个体收益）的最小值为 7.090、最大值为 14.221、标准差为 1.125、均值为 10.066，反映出不同层次群体个体收益存在较大差距，且较多处于偏低水平，形成"橄榄型"社会。同时，EDUL（个体受教育程度）的均值仅为 0.153，说明尽管高校扩招政策提升了中国国民受高等教育水平，但劳动力受高等教育机会还需持续扩大。从父母层面的特征来看，样本中不同层次个体的父亲受教育程度、职业类属、政治面貌等特征均值要高于母亲个体特征均值，一定程度上反映了"中国式"家庭中，父亲的"社会成就"更高。

**表 9-1　主要变量的描述性统计**

| 变量 | 样本量 | 均值 | 标准差 | 最小值 | 最大值 |
| --- | --- | --- | --- | --- | --- |
| AICM | 3123 | 10.066 | 1.125 | 7.090 | 14.221 |
| POLICY | 3123 | 0.150 | 0.357 | 0 | 1 |
| EDUL | 3123 | 0.153 | 0.360 | 0 | 1 |
| GENDER | 3123 | 0.532 | 0.499 | 0 | 1 |
| MASTA | 3123 | 1.998 | 0.238 | 1 | 3 |
| AGE | 3123 | 48.721 | 11.390 | 18 | 82 |

续表

| 变量 | 样本量 | 均值 | 标准差 | 最小值 | 最大值 |
|------|--------|------|--------|--------|--------|
| OCHILD | 3123 | 0.077 | 0.266 | 0 | 1 |
| POLIK | 3123 | 0.117 | 0.321 | 0 | 1 |
| REG | 3123 | 0.273 | 0.446 | 0 | 1 |
| REBF | 3123 | 0.085 | 0.280 | 0 | 1 |
| FREG | 3123 | 0.184 | 0.387 | 0 | 1 |
| FPOLIK | 3123 | 0.158 | 0.364 | 0 | 1 |
| FEDUL | 3123 | 0.029 | 0.168 | 0 | 1 |
| FOCCUP | 3123 | 1.492 | 1.099 | 1 | 5 |
| FUTP | 3123 | 1.620 | 1.199 | 1 | 5 |
| MREG | 3123 | 0.157 | 0.363 | 0 | 1 |
| MPOLIK | 3123 | 0.032 | 0.175 | 0 | 1 |
| MEDUL | 3123 | 0.014 | 0.117 | 0 | 1 |
| MOCCUP | 3123 | 1.241 | 0.757 | 1 | 5 |
| MUTP | 3123 | 1.340 | 0.913 | 1 | 5 |

## 第四节　实证结果与分析

### 一、平行趋势检验

双重差分模型估计有效性的重要预设是满足平行趋势，即政策冲击发生前的实验组和对照组的被解释变量（个体收益）需要满足相同的变化趋势。为进一步验证该假设，本节借鉴毛其淋等（2022）的思路，构建了计量方程如下：

$$LNAICM_{pkit} = a_p + \sum_{t=1999}^{2016} EDUL_i \times YEAR_t + X'\theta + \lambda_t + \varepsilon_{pkit} \quad (9\text{-}2)$$

式中，$YEAR_t$ 表示年份时间虚拟变量，个体取得最高学历的当年为 1，其余年份为 0；相关控制变量与式（9-1）基准回归模型一致。

图 9-1 展示了实验组和对照组在样本期内个体收益的动态效应，图中黑色实线为高校扩招政策的边际效应线，虚线表示95%的置信区间。其中，边际效应线在 2003 年以前十分平缓且影响系数未通过 10%统计水平的显著性检验，但从2003年开始边际效应线逐渐上扬而后于2005年缓慢下降，说明高校扩招政策对受高等教育个体收益的影响具有先增强后减弱的动态

特征，且总体上呈现稳态下降趋势。其原因可能是高校扩招政策扩大了个体受教育机会，促使个体在劳动力市场中享有学历"红利"，而随着高等教育规模进一步扩大，高学历劳动者的比较优势逐渐弱化，其享受到的政策"红利"也将随之降低。总之，上述检验证实了实验组和对照组个体收益的变化在高校扩招政策冲击效应产生以前满足平行趋势假设。

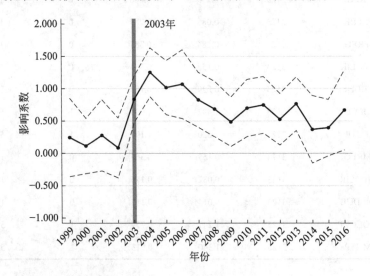

图 9-1 高校扩招政策促进受高等教育个体收益提升的动态效应

## 二、高校扩招对个体收益的时序效应分析

前文理论分析显示，随着高等教育规模不断扩大，及至进入普及化阶段，个体学历信号的比较优势将逐渐削弱，高校扩招对个体收益的正向影响也将持续弱化。为此，本节按照个体获得最高学历的时间节点将实验组拆分为"2003～2009 年"和"2010～2016 年"两个时段的子样本（对照组个体样本不变），分别采用基准双重差分模型进行估计，以考察高校扩招政策之于个体收益的影响效应演化趋势。表 9-2 的列（1）、列（2）报告了"2003～2009 年"子样本的估计结果，列（2）为完整模型估计结果；列（3）、列（4）报告了"2010～2016 年"子样本的估计结果，列（4）为完整模型估计结果。综合列（2）和列（4）的结果可知，解释变量 EDUL×POLICY 的系数均显著为正，且由高到低下降了 39.89%。[①]

---

① 根据表 9-2 的列（2）和列（4）中解释变量 EDUL×POLICY 的影响系数计算得出，计算过程为：（0.554-0.333）÷0.554×100%=39.89%。

表 9-2　高校扩招对个体收益的时序效应

| 变量 | 2003~2009 年 | | 2010~2016 年 | |
|---|---|---|---|---|
| | （1） | （2） | （3） | （4） |
| EDUL×POLICY | 1.213*** | 0.554*** | 1.086*** | 0.333** |
| | (0.063) | (0.106) | (0.065) | (0.126) |
| 截距项 | 9.950*** | 9.277*** | 9.946*** | 8.967*** |
| | (0.021) | (0.406) | (0.021) | (0.417) |
| 个体层面特征 | 否 | 是 | 否 | 是 |
| 父母层面特征 | 否 | 是 | 否 | 是 |
| 地区固定效应 | 否 | 是 | 否 | 是 |
| 时间固定效应 | 否 | 是 | 否 | 是 |
| $R^2$ | 0.061 | 0.377 | 0.045 | 0.370 |
| 观测值 | 2938 | 2938 | 2839 | 2829 |

注：***表示在 1%水平上显著；括号内为稳健标准误。

由此说明，高校扩招导致高等教育个体收益下降。同时，在理论层面，这一结论也回应了前文的理论分析结论，即高校扩招政策影响下，个体的高等教育信号价值及其溢价空间持续降低，其在劳动力市场中的竞争优势也在持续下降，进而导致个体收益难以持续提升。

## 三、稳健性检验

### 1. 安慰剂检验

本节参照 Pei 等（2016）研究，随机生成了高校扩招政策冲击时间虚拟变量与个体受教育程度二分类变量，得出安慰剂检验中使用的"伪"解释变量，即"虚假 EDUL×POLICY"解释变量，对个体收益水平进行回归。由于解释变量为虚拟生成，其对个体收益水平存在"伪回归"情况，因而其估计系数应等于 0。图 9-2 中的（a）和（b）显示了随机抽样1000 次后"2003~2009 年"和"2010~2016 年"两个时段子样本的估计系数的核密度曲线与概率 $P$ 值，图 9-2 中黑实线为随机试验估计系数，空心圆为 $P$ 值。其中，估计系数均无限趋近于 0，但两个子样本的实际估计结果（0.554、0.333）均明显大于重复随机抽样 1000 次的估计系数。因此，可以判定本节的基准回归结果并未受到不可观测因素的干扰，基本结论可靠。

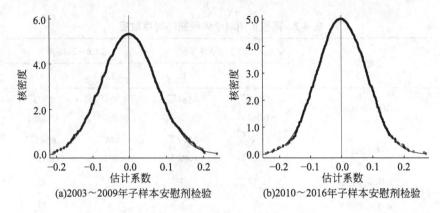

(a)2003~2009年子样本安慰剂检验　　　(b)2010~2016年子样本安慰剂检验

图 9-2　安慰剂检验结果

### 2. 替换样本和更换估计模型

本节还采用了替换样本和更换估计模型的方式进行稳健性检验。一是通过剔除北京、上海、天津、重庆四个直辖市样本进行基准模型再估计，结果如表 9-3 的列（1）、列（2）所示，高校扩招对个体收益的正向影响存在下降趋势的基本结论仍然成立；二是通过 Poisson 模型进行再估计，结果分别如表 9-3 列（3）、列（4）所示，结果再次验证了基准回归的结果。

表 9-3　稳健性检验结果

| 变量 | 剔除直辖市样本 | | 更换估计模型：Poisson | |
| --- | --- | --- | --- | --- |
| | 2003~2009 年 | 2010~2016 年 | 2003~2009 年 | 2010~2016 年 |
| | （1） | （2） | （3） | （4） |
| EDUL×POLICY | 0.593*** | 0.329** | 0.050*** | 0.030*** |
| | (0.112) | (0.129) | (0.010) | (0.012) |
| 截距项 | 9.468*** | 9.150*** | 2.225*** | 2.194*** |
| | (0.414) | (0.429) | (0.041) | (0.042) |
| 个体层面特征 | 是 | 是 | 是 | 是 |
| 父母层面特征 | 是 | 是 | 是 | 是 |
| 地区固定效应 | 是 | 是 | 是 | 是 |
| 时间固定效应 | 是 | 是 | 是 | 是 |
| $R^2$/Pseudo $R^2$ | 0.364 | 0.356 | 0.011 | 0.011 |
| 观测值 | 2756 | 2668 | 2938 | 2839 |

注：***和**分别表示在 1%和 5%水平上显著；括号内为稳健标准误。

## 四、高校扩招对个体收益的异质性分析

前文验证了高校扩招对个体收益的正向效应呈下降趋势,在此基础上,本节将进一步围绕高校扩招对不同学历、科类、区域个体收益的动态效应进行分析,在回应高校扩招对个体收益的异质性影响基础上,揭示追逐高学历、青睐理工科和热衷到东部地区求学、就业现象的内在机理。

### (一)学历层面

学历层面上,前文理论预设指出,高校扩招对个体收益的正向效应随学历层次的递减而不断减弱,同时这种减弱趋势可能随学历层次降低而不断增强,由此进一步强化高学历群体获取高收益的"排他性"分层机制。为此,本节将"大专""本科""研究生"三个子样本中的实验组分为"2003~2009 年"和"2010~2016 年"两部分,并分别与对照组样本重新组合为六个子样本进行估计。表 9-4 的列(1)~(6)呈现了全部回归结果。其中,由列(1)和列(4)中的解释变量系数大小和显著性可知,随着高校扩招政策持续实施,大专学历对个体收益的提升效应变得不再明显。同理,通过比较列(2)和列(5)("本科"学历组),列(3)和列(6)("研究生"学历组)的解释变量系数大小和显著性可知,尽管本科和研究生学历对个体收益的提升效应一直显著存在,但也出现了明显的下降趋势。其中,本科层面下降了 42.86%,超过了平均下降水平(39.89%);研究生层面下降了 24.86%,下降幅度接近四分之一。[①]由此说明,高校扩招导致各个高等教育层次的个体收益均下降,但学历层次越高其下降幅度越小,由此加快了社会群体追逐高学历现象的形成。

**表 9-4　学历层面异质性分析**

| 变量 | 2003~2009 年 | | | 2010~2016 年 | | |
| --- | --- | --- | --- | --- | --- | --- |
| | 大专 | 本科 | 研究生 | 大专 | 本科 | 研究生 |
| | (1) | (2) | (3) | (4) | (5) | (6) |
| EDUL×POLICY | 0.491*** | 0.686*** | 1.207*** | 0.197 | 0.392*** | 0.907*** |
| | (0.115) | (0.128) | (0.227) | (0.147) | (0.137) | (0.193) |
| 截距项 | 9.424*** | 9.717*** | 10.039*** | 9.236*** | 9.305*** | 9.724*** |
| | (0.410) | (0.421) | (0.426) | (0.429) | (0.432) | (0.444) |

① 根据表 9-4 的列(2)和列(5)("本科"学历组)、列(3)和列(6)("研究生"学历组)中解释变量 EDUL×POLICY 的影响系数计算得出,计算过程分别为:(0.686-0.392)÷0.686×100%=42.86%;(1.207-0.907)÷1.207×100%=24.86%。

续表

| 变量 | 2003～2009 年 | | | 2010～2016 年 | | |
|---|---|---|---|---|---|---|
| | 大专 | 本科 | 研究生 | 大专 | 本科 | 研究生 |
| | (1) | (2) | (3) | (4) | (5) | (6) |
| 个体层面特征 | 是 | 是 | 是 | 是 | 是 | 是 |
| 父母层面特征 | 是 | 是 | 是 | 是 | 是 | 是 |
| 地区固定效应 | 是 | 是 | 是 | 是 | 是 | 是 |
| 时间固定效应 | 是 | 是 | 是 | 是 | 是 | 是 |
| $R^2$ | 0.340 | 0.354 | 0.313 | 0.332 | 0.347 | 0.322 |
| 观测值 | 2783 | 2752 | 2605 | 2674 | 2669 | 2538 |

注：***表示在 1%水平上显著；括号内为稳健标准误。

（二）科类层面

按照前文的研究假设，高校扩招对理工科毕业生个体收益的正向效应的下降幅度可能低于人文社科毕业生，因此高校扩招可能强化了高等教育对不同科类高校毕业生经济收益水平的分层效应。为在实证层面检验这一假设，本节将实验组中"理工类"和"人文社科类"两个子样本按个体最高学历毕业年份分别拆分为对应的"2003～2009 年"和"2010～2016 年"四个部分，并与对照组形成新的四个子样本进行参数估计，结果如表 9-5 所示。其中，表 9-5 的列（1）和列（3）、列（2）和列（4）分别为理工类、人文社科类毕业生，在"2003～2009 年"时段到"2010～2016 年"时段子样本下，高校扩招影响其经济收益的估计结果。

由如表 9-5 呈现的结果可知，两个时段的子样本中，高校扩招对理工类毕业生和人文社科类毕业生个体收益的促进作用均显著为正，但"不出所料"的是，这种正向效应都在降低。从影响系数来看，高校扩招对理工科毕业生个体收益的正向效应降低了 21.21%；对人文社科毕业生个体收益的正向效应下降了 48.17%，这远远超过了平均下降水平（39.89%）。同时，相较于人文社科毕业生，高校扩招对理工类毕业生的积极效应依然更为明显。具言之，从"2003～2009 年"时段到"2010～2016 年"时段，高校扩招理工科毕业生个体收益的影响系数值均显著高于其对人文社科毕业生的影响系数值，并且两者的系数值差距从 9.42%扩大到 66.33%。[①]由此说明，

---

① 一是根据表 9-5 的列（1）和列（3）（"理工科"组）、列（2）和列（4）（"人文社科"组）中解释变量 EDUL×POLICY 的影响系数计算得出，计算过程为：（0.627-0.494）÷0.627×100%=21.21%；（0.573-0.297）÷0.573×100%=48.17%。二是根据表 9-5 的列（1）和列（2）（"2003～2009 年"时段组）、列（3）和列（4）（"2010～2016 年"时段组）中解释变量 EDUL×POLICY 的影响系数计算得出，计算过程为：（0.627-0.573）÷0.573×100%=9.42%；（0.494-0.297）÷0.297×100%=66.33%。

在高校扩招影响下，个体科类专业的信号价值均在持续减弱，高校扩招对不同科类专业毕业生的个体收益的正向影响均在降低，这进一步细化了基准回归的结论。由此表明，高校扩招导致所有科类的高等教育个体收益下降，但理工科类个体收益下降幅度明显低于人文社会科学类个体收益，进而导致了社会群体追逐理工科的现象的持续存在。

表9-5　科类层面异质性分析

| 变量 | 2003～2009 年 | | 2010～2016 年 | |
| --- | --- | --- | --- | --- |
| | 理工类 | 人文社科类 | 理工类 | 人文社科类 |
| | （1） | （2） | （3） | （4） |
| EDUL×POLICY | 0.627*** | 0.573*** | 0.494*** | 0.297*** |
| | (0.125) | (0.115) | (0.152) | (0.134) |
| 截距项 | 9.644*** | 9.530*** | 9.345*** | 9.189*** |
| | (0.418) | (0.406) | (0.443) | (0.416) |
| 个体层面特征 | 是 | 是 | 是 | 是 |
| 父母层面特征 | 是 | 是 | 是 | 是 |
| 地区固定效应 | 是 | 是 | 是 | 是 |
| 时间固定效应 | 是 | 是 | 是 | 是 |
| $R^2$ | 0.341 | 0.357 | 0.336 | 0.353 |
| 观测值 | 2723 | 2824 | 2632 | 2732 |

注：***表示在1%水平上显著；括号内为稳健标准误。

（三）区域层面

前文揭示了高校扩招对个体收益的异质性效应与分层机制，但这仅是基于高等教育内部学历层次、科类专业层面的考察。为进一步识别宏观区域层面上，高校扩招影响个体收益的异质性效应，本节按照个体最高学历获取时间先后顺序，将三大区域①实验组样本拆分为"2003～2009 年"和"2010～2016 年"两部分，并分别与对照组完整样本合并为对应区域的两组子样本进行基准模型估计，结果如表9-6 的列（1）～（6）所示。

其中，表9-6 的列（1）和列（4）、列（2）和列（5）、列（3）和列（6）分别为东部、中部和西部地区在"2003～2009 年"时段到"2010～2016

① 按照国家统计局的划分方式，并结合 CLDS2018 的调查范围(不含港澳台、新疆、西藏和海南)，本研究的东部地区包括北京、天津、河北、上海、江苏、浙江、福建、山东、广东、辽宁；中部地区包括山西、安徽、江西、河南、湖北、湖南、黑龙江、吉林；西部地区包括内蒙古、广西、重庆、四川、贵州、云南、陕西、甘肃、青海。

年"时段子样本的估计结果。从结果可知，高校扩招对个体收益的影响效应在东部、中部地区均显著为正，而西部地区则由显著正向影响变为不显著。与此同时，高校扩招对个体收益的正向影响的弱化情况在西部地区最为突显，东部地区次之，中部地区下降幅度最小，[①]以上表明，高校扩招对个体收益的正向效应在东中西三大区域均有所下降，高校扩招带来的个体收益下降主要集中在西部地区，由此导致西部地区人口热衷到东部地区求学、就业。

表 9-6　区域层面异质性分析

| 变量 | 2003~2009 年 | | | 2010~2016 年 | | |
|---|---|---|---|---|---|---|
| | 东部地区 | 中部地区 | 西部地区 | 东部地区 | 中部地区 | 西部地区 |
| | (1) | (2) | (3) | (4) | (5) | (6) |
| EDUL×POLICY | 0.344** | 0.853*** | 1.003*** | 0.304** | 0.816** | 0.233 |
| | (0.156) | (0.264) | (0.247) | (0.148) | (0.395) | (0.289) |
| 截距项 | 7.440*** | 10.511*** | 8.852*** | 6.747*** | 10.598*** | 8.614*** |
| | (0.622) | (0.790) | (0.634) | (0.581) | (0.835) | (0.627) |
| 个体层面特征 | 是 | 是 | 是 | 是 | 是 | 是 |
| 父母层面特征 | 是 | 是 | 是 | 是 | 是 | 是 |
| 地区固定效应 | 是 | 是 | 是 | 是 | 是 | 是 |
| 时间固定效应 | 是 | 是 | 是 | 是 | 是 | 是 |
| $R^2$ | 0.330 | 0.341 | 0.310 | 0.320 | 0.345 | 0.307 |
| 观测值 | 1367 | 602 | 969 | 1322 | 577 | 940 |

注：***和**分别表示在1%和5%水平上显著；括号内为稳健标准误。

## 第五节　高等教育规模发展影响个体收益的研究启示

本章将高校扩招的整体层面与异质性层面结合起来，从高校扩招影响个体收益的视角，对社会群体追逐高学历、青睐理工科和热衷到东部地区求学、就业的内在机制进行分析。在理论层面，本章基于"信号效应"理论阐释了高校扩招对不同学历层次、科类专业、区域层面个体收益的影响效应，及其带来社会群体追逐高学历、青睐理工科和热衷到东部地区求学、就业现象的内在机理。在实证层面，本章基于2018年中国劳动力动态调查

———————

① 根据表9-6的列（1）和列（4）（"东部地区"组）、列（2）和列（5）（"中部地区"组）中解释变量 EDUL×POLICY 的影响系数计算得出，计算过程为：（0.344-0.304）÷0.344×100%=11.63%；（0.853- 0.816）÷0.853×100%=4.34%。

数据库，采用双重差分模型，对理论分析的具体推论进行了验证，并得出以下几点结论。

其一，高校扩招对个体收益的正向效应在缓慢下降，且学历层次越低和人文社科专业的高校毕业生的经济收益下降幅度更大的规律，由此带来了社会群体追逐高学历、青睐理工科的行为。为此，政府部门需要坚持适度扩招的原则，促进不同专业科类的大专生、本科生、研究生招生规模协调发展，保证人才培养的质量，并有效兼顾个体的价值追求，提升个体受高等教育的获得感与幸福感。具言之，政府部门需要出台相关政策举措，积极打造现代职业教育、本科教育、研究生教育高质量发展新模式，提升各级各类高等教育毕业生的创造力与竞争力，促进我国高等教育真正培养出适应市场需求的技能型、应用型、研究型等各类"专精尖"人才，塑造新时代高等教育人才发展的新动力、新机遇，进而缓解高校扩招给个体收益带来的不利影响。

其二，区域层面上，高校扩招对个体收益的正向效应下降幅度呈中东西递增趋势，高校扩招带来的个体收益下降主要集中在西部地区，由此导致西部地区人才外流。因此，西部地区一方面要积极健全"留住人才、用好人才"的制度设计与分配机制，积极融入全国统一大市场，扩大就业机会，提升劳动力收入水平，促进人才当地就业；另一方面，要用好省部共建、对口帮扶、财政转移支付等举措，提高地区高等教育人才培养的质量，有效推动地区高校毕业生获得更高的经济收益。此外，东中部地区也要持续加快产业转型升级，扩大人才就业机会，积极塑造以能力、贡献为导向的社会分配制度与氛围，提升高等教育人才培养质量，优化高等教育结构，进而维持高等教育规模发展的个体收益在合理水平。

其三，个体需要理性地看待现阶段高校扩招对个体收益的影响效应。一方面，在高校扩招背景下，随着分配机制的持续优化，微观层面上，高等教育的价值正在由个体收益价值向知识收益价值回归，个体的学历、专业可以充当其获取工作机会的信号，但不能作为其获取经济收益的"等号"，个体收益应该基于其工作贡献来获取。另一方面，在经济快速转型时期，部分学科专业以及学历层次的高校毕业生为一定时期的发展所需，那么，这些高校毕业生的专业、学历的信号价值与溢价空间相对较高，个体收益也高。同时，为满足经济社会发展需要，高校扩招政策的实施过程自然也会更加注重这些学科专业和学历层次招生规模的发展，而随着招生规模持续扩大，以及经济社会发展需求重心的偏移，原有的优势学历、专业也会变得不再具有竞争力。高校扩招政策是稳定的，经济社会发展需求重心的偏移是常态化的，所以对个体没有永远优势且一劳永逸的专业、学历。

因此，个体要树立正确的学业观、职业观和价值观，结合自己的志趣与能力特长进行高等教育类型、专业、学历等方面的报考与选择，进而在追求自身受高等教育"投入-产出"经济收益的过程中，树立终身学习的理念来应对高等教育规模发展带来的预期影响。

## 第六节　本　章　小　结

现阶段追逐高学历、青睐理工科和热衷到东部地区求学、就业成为社会普遍现象。本章引入"信号理论"，并基于 2018 年中国劳动力动态调查数据库，采用双重差分模型来识别高校扩招对个体收益的影响。研究发现：（1）随着高校持续扩招，高等教育的个体收益在缓慢下降，平均下降幅度为 39.89%；（2）各个层次学历的高等教育个体收益均处于下降趋势，但学历层次越低个体收益下降幅度越大；（3）所有科类专业的高等教育个体收益均有所下降，但人文社科专业的个体收益下降幅度明显大于理工科专业；（4）东部、中部和西部地区的高等教育个体收益均处于下降趋势，但西部地区下降幅度明显大于东部地区。以上结论从高等教育个体收益的视角解释了追逐高学历、青睐理工科和热衷到东部地区求学、就业现象背后的逻辑。

# 第十章 高等教育与经济关系新发现[①]

自现代高等教育发展的数百年间，高等教育扩张与经济发展之间逐渐呈现出同向的正相关趋势，即高等教育规模增长顺应经济增长态势。多国实证研究表明，无论是在高等教育和经济发展水平较高的中国（朱迎春和王大鹏，2010）、日本和韩国（이은경，2016），抑或在高等教育和经济发展水平较为落后的非洲（Seetanah and Teeroovengadum，2017），高等教育规模增长与经济增长都呈现显著的正相关关系。高等教育外部关系规律所认为高等教育受经济发展所制约，又促进经济发展的观点，如高等教育规模随着经济的增长而同步增长的顺势增长现象，正是这种正相关关系的具体体现。但近年来，一些高等教育规模较大的国家却出现阶段性的高等教育规模逆势增长现象，即当经济增长下行时，高等教育规模却出现明显的不受经济增速减缓制约的短期增长行为。例如，2019～2020年，中国经济增速明显减缓，但其高等教育在学总规模却分别较前一年份逆增长了169万人和181万人，远高出2015～2018年的平均水平。这种现象有悖于高等教育规模发展受制于经济增速的传统观点，亦不同于高等教育滞后性发展的特征。那么，这种现象是否具有普遍性？又是什么原因导致在"顺势"关系中出现这种阶段性的高等教育规模逆势增长现象呢？这种现象是否说明了高等教育与经济关系出现变化？为了回答以上问题，本章将对中国、俄罗斯、美国、英国和法国等五国的高等教育规模逆势增长现象进行考察，并基于系统论观点对此现象所揭示的高等教育与经济关系变化及其原因予以阐释，同时进一步探究高等教育与经济关系变化的实质。

## 第一节 高等教育规模的逆势增长现象

### 一、高等教育弹性系数

弹性系数是考察一国高等教育规模变动和经济变动之间关系的重要指标。其用一定时期内相互联系的两个变量之增速的比率来反映两个变量之间变动的敏感程度。本节采用高等教育弹性系数即高等教育规模增

---

[①] 本章内容刊发在《教育与经济》2022年第3期上，部分内容有修改。

速与经济增速之间的比率，用以衡量高等教育规模增长与经济增长之间的依存关系。

高等教育规模增长与经济增长均受到多种因素的影响，为了简化考察，本节选取高等教育毛入学率（GER）增速和人均国内生产总值（GDP）增速作为衡量高等教育规模增速和经济增速的核心指标。在样本选择上，本节选择中国、俄罗斯、美国、英国和法国五个在高等教育和经济发展均具有全球代表性的国家作为样本。在时间节点上，由于 20 世纪 90 年代是中国高等教育规模增长的起点，也是全球主要国家高等教育进入普及化的节点，本节主要选取 1991～2021 年作为考察时间段。

在算法上，传统的弹性系数以 $Y$ 变动的百分比与 $X$ 变动的百分比的比值进行计算，认为：若弹性系数大于 1，表明 $Y$ 增速快于 $X$ 增速；若弹性系数等于 1，表明两者实现同步发展；若弹性系数小于 1，表明 $Y$ 增速慢于 $X$ 增速（马鹏媛和米红，2012）。但传统算法并未考虑 $X$ 出现负增长的情况。这种情况下，当 $Y$ 出现正增长时，计算出的弹性系数同样小于 1，但 $Y$ 的增速明显快于 $X$ 增速。针对此情况，较常见的非负化处理方法是进行数据平移，即将所有数据同时加上相同的正数常量，而后进行计算（沈江建和龙文，2015）。因此，本节采用一种调整的高等教育弹性系数算法进行考察，具体算法如下：

$$E_i=Y_i/X_i \qquad \text{当} X \text{未出现负值}$$
$$E_{i改}=(Y_i+C)/(X_i+C) \qquad \text{当} X \text{出现负值}$$

式中，$E_i$ 表示传统高等教育弹性系数；$E_{i改}$ 表示调整的高等教育弹性系数；$Y_i$ 表示高等教育规模增长率；$X_i$ 表示经济增长率；$C$ 表示一个足够大的正数常量。由于历史数据中高等教育规模和经济增长的年变动率一般不大于 20%，因此本节将常量 $C$ 定为 0.2。同样地，当调整的高等教育弹性系数大于 1，表明高等教育增速快于经济增速；当等于 1，表明两者实现同步发展；当小于 1，则表明高等教育增速慢于经济增速。由于过去 30 年中国高等教育和经济一直维持正增长的状态，故选择传统高等教育弹性系数进行考察。同时，由于俄、美、英、法等国原始数据中存在负增长，故采用调整的高等教育弹性系数进行考察。

## 二、中、俄、美、英、法五国的逆势增长现象表现

### 1. 中国的逆势增长现象表现

从图 10-1 中看出，1991～2021 年中国高等教育弹性系数在 0.14～2.71 之间变动，曾两次出现高等教育规模逆势增长现象。第一次逆势增长现象

发生在1999～2000年。1997～1998年爆发的亚洲金融危机使我国人均GDP增速大幅放缓。这种背景下，政府推动了1999年高校扩招，当年高校入学人数逆风而上，高等教育毛入学率增速达到19.05%，使得当年高等教育弹性系数达到2.51，实现第一次高等教育规模的逆增长。第二次逆势增长现象发生在2019～2020年。在2018年中美贸易摩擦和2020年新冠肺炎疫情造成经济增速减缓的情况下，中国政府提出高职院校大规模扩招的计划，实现了第二次高等教育规模的逆增长：2020年新冠肺炎疫情暴发后当年人均GDP增速仅有2.00%，但高等教育毛入学率增速仍有5.43%，使当年高等教育弹性系数达到了2.71。2021年，随着中国经济复苏，当年高等教育弹性系数重新回落到0.74。

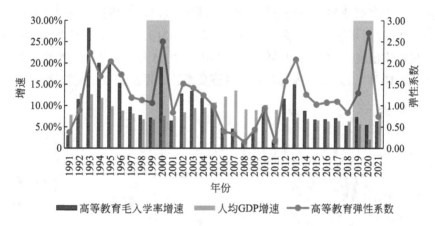

图10-1　中国高等教育毛入学率增速、人均GDP增速与弹性系数历年变化[①]

### 2. 俄罗斯的逆势增长现象表现

在苏联解体之后整个20世纪90年代，俄罗斯经济一直呈现严重的衰退趋势，其高等教育规模也一度随着经济的衰退而萎缩。从图10-2可知，1991～1995年俄罗斯高等教育弹性系数虽大于1，但是由人均GDP和高等教育毛入学率同样出现负增速所致。此后，俄罗斯却两次出现高等教育逆势增长现象。第一次逆势增长现象出现在1996～1998年。尽管俄罗斯在1997～1998年连续遭遇由亚洲金融危机的外资撤离和投资者"信任危机"所诱发的三次金融大风波，经济进一步衰退。为了扭转经济发展迟滞给高等教育发展造成的不利影响，俄罗斯通过立法和体制改革等手段，允许公

---

① 数据来源：中国高等教育毛入学率2014年及以前数据来源于2014年《中国教育统计年鉴》，2014年以后数据来源于当年的全国教育事业发展统计公报；人均GDP增速来源于国家统计局网站"国家数据"中的"年度数据"，网址：http://data.stats.gov.cn/easyquery.htm?cnC01。

立大学向不具备免费上大学资格的学生收取学费，使高等教育规模大幅增长（卡诺依等，2013）。据统计，俄罗斯高等教育 1995～2000 年招生规模增加了将近一倍（姜尔林，2014）。俄罗斯高等教育毛入学率在 1996 年率先摆脱了负增长，增速由上一年的-2.99%上升为 3.68%，在人均 GDP 仍为负增长的情况下，使得当年高等教育弹性系数为 1.43；其后，在 1997～1998 年期间，高等教育弹性系数分别为 1.08 和 1.67，说明高等教育规模增长摆脱了经济负增长的影响，表现出逆增长的现象。第二次逆势增长现象发生在 2014～2015 年。2014 年俄罗斯与乌克兰的主权和领土争端，引发了西方世界对俄罗斯经济制裁，致使人均 GDP 增速出现负增长。在此背景下，俄罗斯高校和青年均产生了扩大招生规模的意愿。此外，为了实现经济发展方式由资源依赖型向创新型转变，俄罗斯政府还积极扩大留学生规模，以 2014 年后增速最为明显（肖甦和朋腾，2021）。这些因素使其高等教育规模再次出现一次较为明显的增长，2014～2015 年的高等教育弹性系数分别为 1.10 和 1.23，说明高等教育在经济负增长下再次表现出逆势增长现象。

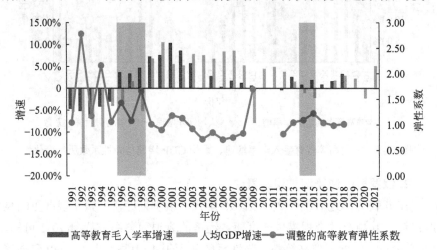

图 10-2　俄罗斯高等教育毛入学率增速、人均 GDP 增速与弹性系数历年变化[①]

**3. 美、英、法等国的逆势增长现象表现**

从图 10-3 至图 10-5 可知，高等教育规模水平和经济发展水平更高的美、英、法等国同样出现逆势增长现象。自第二次世界大战后，美国政府

① 数据来源：俄罗斯高等教育毛入学率来源于联合国教科文组织 UIS 数据库下载的 Gross enrolment ratio, tertiary, both sexes（%）数据，网址：http://data.uis.unesco.org/；人均 GDP 增速来源于国际货币基金组织发布的《世界经济展望》（World Economic Outlook）报告数据（2022 年 4 月版本），网址：https://www.imf.org/en/Publications/WEO/weo-database/2022/April，部分年份数据有缺失。

逐步完善了通过拨款和立法等干预高等教育规模增长的机制。这使得政府能够根据经济增长水平迅速调整高等教育规模，维持高等教育弹性系数的长期稳定。自 1991 年起，美国在 1991 年、2001～2002 年、2008～2009 年等经济放缓的年份，由于个人受教育需求的逆增长和联邦政府的干预，使高等教育规模多次出现逆势增长现象。如在 1990～1991 年期间，由于周期性的经济危机，美国在 1991 年人均 GDP 增速仅为-1.43%，而高等教育毛入学率增速仍维持正增长的 2.66%，使当年高等教育弹性系数达 1.20；在 2001～2002 年期间，美国又一次进入周期性经济衰退，人均 GDP 增速仅为-0.04%和 0.75%，但高等教育毛入学率增速却分别为 0.43%和 14.41%，使得高等教育弹性系数从 0.58 升至 1.02，并进一步升至 1.66；2008～2009 年美国次贷危机期间，其高等教育弹性系数由 2007 年的 0.99 升至 2008～2009年的 1.14 和 1.39。

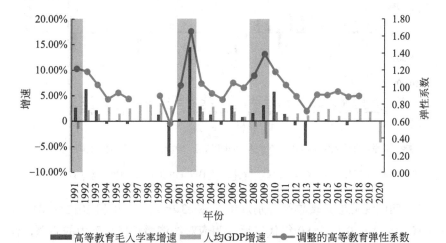

图 10-3　美国高等教育毛入学率增速、人均 GDP 增速与弹性系数历年变化[①]

英国、法国两个国家也出现类似的现象。其中，英国分别在 1991～1992 年和 2009 年出现高等教育规模逆势增长现象（见图 10-4）。20 世纪80 年代后期，针对高等教育经费的削减，英国政府推动高等教育市场化改革，形成了具有弹性的学制，从侧面解决本国经济发展的难题。在此背景下，1991～1992 年期间，英国与美国一同经历了一次周期性经济危机，但

① 数据来源：美国高等教育毛入学率来源于联合国教科文组织 UIS 数据库下载的 Gross enrolment ratio, tertiary, both sexes（%）数据，网址：http://data.uis.unesco.org/；人均 GDP 增速来源于国际货币基金组织发布的《世界经济展望》（World Economic Outlook）报告数据（2022 年 4 月版本），网址：https://www.imf.org/en/Publications/WEO/weo-database/2022/April，部分年份数据有缺失。

在其人均 GDP 增速徘徊在-1.45%到 0.45%之间时,其高等教育毛入学率反而由 29.18%上升到 33.23%,使得高等教育弹性系数一度达到 1.63 和 1.68。而在 2009 年国际金融危机时期,英国政府则直接把扩大高等教育入学机会作为应对金融危机的重要战略任务,重点是为社会经济处境不利的家庭的学生提供必要的资助和入学指导(武学超和徐辉,2011)。其高等教育毛入学率由此扭转了 2008 年负增长的态势,高等教育毛入学率的增速反倒由-3.16%上升至 2.22%,使得当年高等教育弹性系数为 1.46,表现出逆势增长现象。

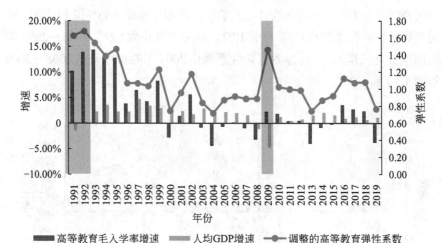

图 10-4 英国高等教育毛入学率增速、人均 GDP 增速与弹性系数历年变化[①]

法国的逆势增长现象则分别发生在 2003 年、2009 年和 2012～2013 年(见图 10-5)。20 世纪 80 年代以后,为应对经济增长持续乏力的问题,法国政府开始积极鼓励社会办学,并颁布《高等教育法》,明确规定凡持有高中毕业证书的毕业生均可进入大学学习。在办学体制和入学制度改革的刺激下,社会民众在经济形势低迷时受教育愿望得到了满足。2003 年,由于受伊拉克战争和国内企业倒闭等因素的影响,法国的人均 GDP 增速由前一年度的 0.42%下跌到 0.13%,但是高等教育毛入学率增速却由前一年度的-0.39%上升到 4.11%,使得当年高等教育弹性系数达到了 1.20 的水平。2009 年的全球金融危机,也使得当年法国高等教育弹性系数达到 1.24。同样地,

① 数据来源:英国高等教育毛入学率来源于联合国教科文组织 UIS 数据库下载的 Gross enrolment ratio, tertiary, both sexes(%)数据,网址: http://data.uis.unesco.org/;人均 GDP 增速来源于国际货币基金组织发布的《世界经济展望》(World Economic Outlook)报告数据(2022 年 4 月版本),网址: https://www.imf.org/en/Publications/WEO/weo-database/2022/April,部分年份数据有缺失。

2012～2013 年,当欧洲经济出现急速萎缩、经济发展表现出疲软的态势时,法国人均 GDP 增速由前一年度的 1.70%下跌到-0.17%,继而略微回升至 0.07%,但是高等教育毛入学率的增速却由前一年度的1.36%上升至4.10%,继而在次年继续维持 3.35%的增速。这两个年度高等教育规模的逆增长使得高等教育弹性系数分别达到了 1.22 和 1.16。

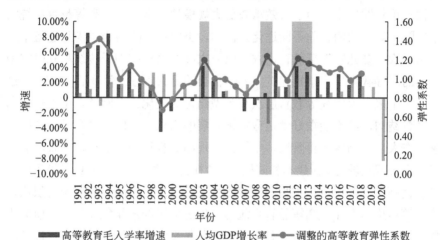

图 10-5 法国高等教育毛入学率增速、人均 GDP 增速与弹性系数历年变化[①]

## 第二节 单一系统视角下新型关系的形成

高等教育是社会系统下一个具有开放性的复杂子系统。功能是描述系统与外界环境关系的一个概念(范先佐,2014)。系统论的基本原理认为,系统的结构决定功能,表现为功能是结构的目标任务,结构是功能的具体承载(蒋达勇,2020)。在高等教育规模增长的过程中,由于规模增长推动高等教育结构的变化,推动高等教育人才培养和科学研究活动出现"进化",带来直接高等教育经济功能的变化,导致高等教育与经济关系发生变革。

### 一、高等教育规模扩张下结构的变化导致高等教育经济功能的变化

高等教育经济功能最主要表现之一,即为经济系统提供高等教育产品

① 数据来源:法国高等教育毛入学率来源于联合国教科文组织 UIS 数据库下载的 Gross enrolment ratio, tertiary, both sexes (%) 数据,网址:http://data.uis.unesco.org/;人均 GDP 增速来源于国际货币基金组织发布的《世界经济展望》(World Economic Outlook)报告数据(2022 年 4 月版本),网址:https://www.imf.org/en/Publications/WEO/weo-database/2022/April,部分年份数据有缺失。

（如高素质人才、知识、科技等），以间接推动经济增长。在当代社会，经济发展水平与高等教育已经高度结合，两者之间存在着作用与反作用的关系。高等教育促进经济发展的反作用关系常常取决于前者能否培养和创造与一定经济社会发展相匹配的产品。第二次世界大战结束后，世界各国的高等教育系统进入规模快速扩张的过程。这一过程并非基于原有结构的机械性、重复性扩张。为了有效承载更大规模的入学人数，高等教育系统的结构随着规模的增长而不断进化。例如，美国在二战后为了满足退伍军人和第二次"婴儿潮"受教育需求，以公立高校这一有别于传统私立研究型大学的高等教育机构承担起扩大入学机会的公共责任（韩梦洁，2019）。这一过程带来了美国高等教育层次和类型结构的变化。在欧洲，由于传统高等教育结构已经不能很好地适应规模发展的需求，各国亦进行了结构的调整。在大众化高等教育阶段，中国为实现高等教育规模的快速增长，通过发展高等职业教育、新建本科院校、推动社会办学、实行成人自考等手段，同样使高等教育层次、类型等结构发生了较大改变。随着高等教育层次、类型等结构的变化，高等教育系统更好地适应了经济系统需要。如研究生规模的扩大，更好地适应了科技发展尤其是高新技术发展的需要；高等职业教育规模的扩大，适应了我国产业发展的需求，提升了产业高技术劳动者的素质。

这些改变极大地反映在高等教育系统人才培养和科学研究两种与经济系统发生最多互动的活动中，并透过其在宏观上表现出高等教育经济功能的变化。在过去，人才培养活动主要是为经济系统选拔、培养、供应所需的大量人才，科学研究活动主要是为教学而服务、为国家宏观发展而服务，两项活动的市场化程度较低。随着高等教育人才培养规模的不断扩大，高等教育系统由单纯为经济系统提供人才培养和供给，进一步深化为融人才选拔、培养、供应、评价、交易等于一体的具有市场特征的人力资本市场。人才培养规模扩张下带来科技成果的膨胀，也使高等教育机构中的科学研究活动逐渐拥有产业化的属性，拉近与市场实际应用的距离。这些变化最终推动高等教育与经济关系发生蜕化。

## 二、人才培养活动：向人力资本市场方向的深化

首先，规模扩张后的高等教育为经济系统提供人才选拔和供应的作用变得明显。中世纪后七百多年里，大学人才培养主要为了培养宗教、政治等高级专门人才。但在 20 世纪 60 年代人力资本理论将教育与经济发展挂钩后，高等教育发展不仅为了培养社会精英阶层，还在于为对科学技术知

识要求更高的经济系统选拔发展所需的大量人才。以我国为例，改革开放后到 20 世纪 80 年代末，经济社会的劳动力的选拔和供应一度通过子女顶替就业制度而实现，一部分原因是因为高等教育系统规模太小。实践中，新世纪初我国高等教育毛入学率仅为 12.5%，每 10 万人口中拥有大专及以上学历的人数仅为 3611 人。但到了 2021 年，同样的指标已分别上升至 54.4% 和 15467 人。2019 年，中国已有接近半数的新增劳动力接受过高等教育。①如今，高等教育系统成为经济社会中劳动力的主要选拔和供应来源。

此外，规模大发展后的高等教育系统成为经济系统进行人才交易的主要人力资本市场。20 世纪 90 年代后，世界主要经济体基本都选择了通过市场配置社会资源的经济形式。市场成为人才流动最主要的机制。这种机制下，个体主要通过劳动力市场竞争获得工作机会、经济收入以及社会地位，社会部门则通过市场获得所需人才。随着受教育人数的上升，教育逐渐取代运气、时势、冒险等因素，成为市场竞争的主要方式。"在劳动力市场上，受过较好教育的劳动者总是被赋予较高的市场价值，并被配置在劳动力市场中较好的位置上。"（范先佐，2014）在此背景下，由于劳动力市场上雇主并不完全了解每个劳动者的特质，人才培养功能还衍生出评价的作用。过去雇主所看重的劳动力"是否接受高等教育"进化为"是否接受良好的高等教育"，大学的排名成为雇主评价劳动力价值的参考指标之一。例如，美国的常春藤联盟高校、英国的 G5 高校、罗素大学集团、中国的 C9 高校联盟乃至"双一流"建设高校等官方或非官方的高校联盟、集团、国家重点建设项目等都成为雇主更为青睐、对劳动力评价更高的指标。高等教育作为人力资本市场的交易功能还在于，一部分人力资本定价较低的劳动力在被市场竞争淘汰后，仍会选择继续接受高等教育以提升人力资本。尤其是在近年来经济低迷的情况下，我国往届生考研人数逐年提升。如 2021 年的硕士研究生考试中，高校往届生报考比例在部分高校超过六成（中国教育在线，2020）。高校人才培养活动中表现出经济功能的深化，使得在经济低迷时，国家、社会和个人都更倾向于接受高等教育。

随着高等教育规模的不断增长，高等教育系统的人才培养活动，逐渐延伸为具有市场特征的融人才选拔、培养、评价、供应、交易等于一体的人力资本市场的功能，进而对经济系统产生更强大作用。

---

① 数据来源：2019 年 9 月 26 日庆祝新中国成立 70 周年活动新闻中心第二场新闻发布会。

### 三、科学研究活动：经济向科技产业方向的深化

科学研究活动中高等教育经济功能也同样发生着变化。当 19 世纪初德国教育家洪堡主张人的发展是教育的真正目的，大学要实现这个目的就要通过研究进行教学，以知识生产为目的的科学研究成为高校功能之一。在 20 世纪 50 年代以后，国际竞争加剧与知识经济发展模式推动下，发达国家开始快速推动产学研的有机结合，科学研究活动发生了第二次"进化"。随着规模扩大背景下高校类型、科类结构的变化，尤其是应用型高校的快速发展，高校专利等成果不仅是基础研究的副产品，其与市场实际应用的距离也在拉近。高校教师利用自己的专利入股科技型企业，或者向企业转让自己的专利，或者以自己的科研成果为依托举办科技型企业等行为成为常态。由此可见，今天的高等学校已经不再单纯地创造科学研究成果、探索科学知识，正日益成为融知识、价值、市场、投入、成本、结构、效益等为一体的科技产业。

中美英等国家高等教育规模扩大的过程，也是各国高校促进科学研究产业化的过程。其中以研究型大学为依托的国家大学科技园就是一种科技成果产业化的重要形式。如美国的硅谷科技园、英国的苏格兰高科技区和东伦敦科技城、法国的格勒诺布尔科技园区、俄罗斯的新西伯利亚科学城、中国的中关村科技园等著名的大学科技园不仅实现了高校科技成果向市场的转化，还成了国家经济发展的人才和技术高地。此外，向社会企业转让专利或授权使用专利成果也是高校加快科学技术成果产业化的重要形式，如美国在 2000 年以后专利转化率高达 50%（沈健，2021）。在中国高等教育发展过程中，还出现过高校兴办科技企业的产业化形式，如清华同方、北大方正等校办企业正是依托清华大学、北京大学和其他科研院所的科技和人才实现了科技成果的商品化和产业化。在经济低迷之时，高等学校通过科学技术研究成果产业化为国家提供新的经济增长点的作用更为突出。例如，美国在以麻省理工学院、斯坦福大学、加州大学伯克利分校等世界知名大学在所开发的通讯和计算机技术引领下实现高新技术革命，帮助其走出 20 世纪 90 年代初期的周期性经济衰退，并创造了经济新增长点，支撑了 90 年代后期美国经济的高速增长。又如，中国在经济危机中通过扩大重大基础设施建设来拉动投资，同样得益于高校科技成果的快速增长所给予技术上的支撑。

通过大学科技园、技术转让、专利授权和出售、创业孵化等科技成果产业化模式，高校的科学研究活动日益进化为对经济社会发展有举足轻重

作用的科技产业。高校的科技成果产业化能为经济复苏提供巨大的动力和新的经济增长点的优势，催生了经济低迷时期的高等教育逆势增长现象。

## 第三节 复合系统视角下新型关系的形成

高等教育子系统和经济子系统两个相互联系、相互制约，构成了高等教育与经济复合系统。复合系统视角下，高等教育与经济关系表现为两个子系统在系统层面的关联方式。协同学认为，在一定条件下由于子系统间相互作用和协作，会形成具有一定功能的自组织结构，即在宏观上达到了新的有序状态（段晓君等，2019）。随着经济社会发展水平对人才、知识等教育产品产生更高需求以及高等教育规模的进一步扩大，两个系统相互依赖性发生了以下变化。

### 一、变化一：规模增长下高等教育系统对经济系统的依赖性降低

随着经济增长推动高等教育规模增长，高等教育吸收社会资源的能力增强，尤其是高等教育经费受制于国家财政投入的程度越来越低。如在1990～2013年期间，美国的研究型大学社会捐赠收入一直维持在高校总收入的70%左右（梁显平和洪成文，2018）。英国高等教育经费主要来源在受到高等教育规模的扩大和市场经济的影响后，也从依赖政府拨款转变为以学费为主要财政来源（梁显平和洪成文，2017）。尽管法国高等教育的经费高度依赖政府投入，但在公共经费不断萎缩的情况下，已有大约86%的公立大学学生需要交纳学杂费（许琳，2007）。近年来，中国和俄罗斯政府也在探寻更为多元的高等教育筹资渠道，学生和社会投入日益成为经费的重要来源。

此外，高等教育逐渐成为一个具有较强张力的系统：在需要接纳更多学生时，缺乏匹配的财政投入也可以顺利实现规模增长。例如，在财政投入涨幅落后于规模增长速度、生均拨款水平远低于扩招前水平情况下，1999～2009年中国普通高等学校在校生数较扩招前仍增长超过5倍（晏成步，2011）。从目前来看，这一快速的规模增长并未明显出现后劲不足的问题。这一张力源自两个方面：一方面，经济增长带来民众生活水平普遍提高，使民众具有接受高等教育的消费能力；另一方面，个体发展的诉求使民众有较大的意愿接受高等教育，并通过私人投资对高等教育投入予以补充，弥补国家经济系统投入的缺口。上述分析表明，高等教育系统能通过规模增长获得较强的独立性，进而逐步降低对经济系统的依赖性。

## 二、变化二：经济增长下经济系统对高等教育依赖性提高

首先，这种依赖性的提高源自科学技术在当代经济发展当中的核心地位。第三次、第四次工业革命的爆发，使科学技术转化为直接生产力的速度加快，科学技术进步和劳动者素质的提高取代了过去以单纯提高劳动强度的方式来提高经济社会的劳动生产率。目前，劳动力岗位对知识要求更高，不断涌现的新技术对新学科的需求越来越强。高等教育作为高素质人才和新兴科学技术最主要的生产者，使得经济社会对其产生了更高的依赖。俄罗斯在 1991 年后出现高等教育规模的逆势增长现象，正是在彼时人们希望接受"更多、更好"高等教育的需求下实现的（刘淑华和朱思晓，2021）。

其次，这种依赖性提高反映在高等教育成为经济增长的重要组成部分。近年来，随着逆全球化思潮带来投资和出口的乏力，消费愈发成为拉动经济增长的"三驾马车"的主要动力，而规模庞大的高等教育消费日益成为消费需求导向型经济增长的重要部分。以中国为例，高等教育规模的扩大不仅带来了用于实验实习、图书资料等学习型消费水平的大幅度提高，还带来了高校师生吃、住、行、用等生活型消费可观的增长。据统计，2019年中国高等教育在学总规模 4183 万人中，若以人均个人生活年消费 1.5 万元计算，一年便可拉动达 6000 亿元以上的消费（别敦荣，2021）。高等教育所蕴藏的庞大消费潜力，让其成为经济增长的重要发力点和消费型经济的重要组成部分。

最后，这种依赖性提高还体现在高等教育成为解决经济系统发展问题的有效工具。在高等教育规模较小、经济社会对高等教育需求不高之时，一旦经济低迷使得社会就业问题突出，便容易导致社会对高等教育的失望。例如中国在 20 世纪中后期曾一度盛行"读书无用论"，最典型的口头禅就是"造原子弹的不如卖茶叶蛋的，拿手术刀的不如拿剃头刀的"（杨卫安，2018）。但如今，高等教育已是经济低迷时期刺激经济、解决就业、稳定社会等有效工具。金子元久教授曾指出，在经济低迷的大背景下扩张高等教育是发达国家共同的特点（何晓芳等，2011）。现实中，美国政府在经济低迷时期正是通过保障弱势群体入学需求、启动社区学院改革计划等一系列扩大学生入学机会和提升高校接纳能力的举措，有效地缓解了高等教育入学危机和质量危机（武学超和徐辉，2010），避免了弱势群体在金融危机中成为社会不稳定因素。

### 三、两种变化的自组织作用最终引发高等教育与经济关系变化

总体来说，在高等教育规模和经济子系统实现正相关增长的过程中，高等教育与经济复合系统内发生着两种变化：一方面是高等教育系统对经济系统的依赖性降低，另一方面是经济系统对高等教育依赖性增强。根据系统论的协同学观点，当两种变化均达到一定的临界点时，复合系统的旧结构，即高等教育与经济原有关系已无法对这种变化产生制约，高等教育与经济关系由原有关系向经济系统对高等教育规模增长的制约作用减弱、高等教育系统对经济发展的促进作用增强的关系转换。因此，高等教育与经济关系发生变化的根本原因，正源于高等教育与经济复合系统发生两种变化，以及这两种变化引发的自组织作用。这种过程符合唯物辩证法中量变引起质变的规律，是高等教育与经济关系由低级向高级进化的过程。图10-6反映出这种高等教育与经济关系变化的原理，而单一系统视角下的分析在图中表现为双线箭头所显示的流程。

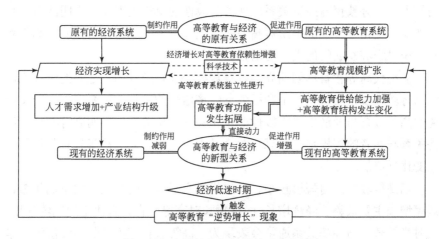

图 10-6　高等教育与经济关系变化原理

高等教育与经济关系的变化，是两个系统相互依赖性改变共同作用的结果，单一变化未必能使之实现。举例而言，假如经济并不依靠高素质人才和高新科技成果进行发展，对高等教育依赖性没有提高，经济增长依然对高等教育发展起决定性作用。同样地，若经济发展对高等教育有较大的依赖性，但高等教育依然高度依靠于经济系统的单一投入，而无法吸纳足够的社会资源，高等教育只会依然保持受制于经济发展的原有关系。以古巴为例，由于高等教育高度依靠于政府投入，受制于近年来美国持续实行经济封锁和盟友委内瑞拉援助减少等原因导致的经济增速下滑，古巴高等

教育毛入学率在一度超过 80% 的情况下，重新回落到 30%～40% 的水平①，仍然表现出受经济制约的特征。

## 第四节　逆势增长现象揭示高等教育与经济关系的实质

高等教育规模逆势增长现象，揭示了高等教育与经济关系动态变化的实质。回顾历史可知，高等教育与经济关系呈现出由无序走向有序、由低级走向高级的趋势。在大学初创时期，高等教育与经济的关系远未体现出密切的关系。在中世纪时期，大学创建学院的基本目的只有宗教和促进学习（贺国庆，2009）。由于彼时大学教育与生产劳动相脱离，高等教育系统一般与经济系统很少发生互动。而到了近代，高等教育与经济的关系愈发紧密。第二次世界大战后，随着科学技术在经济社会发展地位的提升，高等教育与经济之间的关系变得密切。多项实证研究证明高等教育与经济存在相互促进、相互提高的正相关关系。而随着一些发达国家高等教育规模的扩大，高等教育与经济关系出现了阶段性的负相关现象，表明两者关系出现新的变化——经济系统对高等教育规模增长的制约作用减弱，高等教育系统对经济发展的促进作用增强。

从现代高等教育草创期高等教育规模增长与经济增长之间的无关系，到高等教育规模增长受制于和服务于经济增长的正相关关系，再到前文所述的高等教育与经济出现阶段性非正相关的新型关系，说明高等教育与经济关系与两者的规模水平息息相关。基于此，本节提出高等教育与经济关系变化规律的观点：

当高等教育绝对规模较小、经济规模水平较低的时候，由于高等教育规模增长主要依赖于经济增长，经济增长对高等教育具有决定的制约作用。此时高等教育与经济关系通常会表现为：高等教育规模增长与经济增长呈现正相关关系，其中经济增长制约高等教育的规模增长，高等教育的发展服务于经济的增长。这也是高等教育外部关系规律的观点。

当高等教育绝对规模较大，经济发展处于中上水平的时候，由于高等教育系统依赖性的降低且经济增长对高等教育依赖性提高，高等教育与经济关系表现为：高等教育规模增长与经济增长仍然呈现正相关关系，但其中会出现阶段性的高等教育规模逆势增长现象。这一时期，经济系统对高

---

① 古巴高等教育毛入学率数据来源于联合国教科文组织 UIS 数据库下载的 Gross enrolment ratio, tertiary, both sexes（%）数据，网址：http://data.uis.unesco.org/。

等教育规模增长的制约作用减弱，高等教育系统对经济增长的促进作用增强。中、美、俄、英、法五个国家的实践都表明了这一点。

当高等教育绝对规模几乎覆盖全部适龄人口，且经济规模水平更高时，预测高等教育与经济关系将表现为：高等教育规模增长与经济增长的正相关关系显著性降低，其中经济增长对高等教育规模的影响较小，高等教育对经济增长促进作用的边际效益降低。此预测的依据是：一方面，高等教育规模继续扩张所遇到的资金、生源等问题能会通过社会或国际化等途径解决而不依赖于经济系统。另一方面，当社会大多数人都有接受高等教育的机会时，高等教育规模的边际效益会出现递减。

综上，经济增长对高等教育的制约作用（下称制约作用）和高等教育对经济增长的促进作用（下称促进作用）会呈现一种倒"U"形曲线变化趋势（图 10-7）：在社会保持经济增长的前提下，两种作用随着高等教育规模的提高出现先提升、后下降，最终稳定在一定水平。由于高等教育人才培养和科学研究的滞后性，促进作用的曲线较制约作用的曲线向右偏移。两种作用的此消彼长使得高等教育与经济关系在不同阶段表现出不同的主导作用：第一阶段，即高等教育绝对规模较小、经济发展水平较低，尽管两种作用都在增强，但制约作用整体大于促进作用，故高等教育和经济关系的主导作用为制约作用；第二阶段，即高等教育绝对规模比较大，经济发展处于中上水平，制约作用开始减弱，而促进作用持续增强，故关系的主导作用从制约作用转向促进作用；第三阶段，即高等教育绝对规模几乎覆盖全部适龄人口，且经济发展水平较高，尽管关系的主导作用仍为促进作用，但两种作用均变弱，并最终达到稳定值。

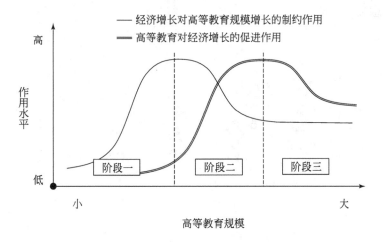

图 10-7　高等教育与经济关系变化趋势

　　总而言之，经济发展和高等教育规模在不同阶段的耦合，往往会形成不同的高等教育与经济关系。需要注意的是，由于区域高等教育和经济通常受国家宏观政策的调控，其组成的复合系统实质具有他组织性。因此，上述高等教育与经济关系变化规律，通常适用于国家或经济独立的地区，而对于一国之内的区域具有局限性。

## 第五节　本章小结

　　本章通过选取高等教育毛入学率和人均 GDP 两个主要影响指标，考察高等教育与经济关系的实质。本章认为，在高等教育与经济互动过程中，阶段性的高等教育规模逆势增长现象的出现并非是一种巧合，而是政府、个体等利益相关者有意利用高等教育系统解决经济问题的结果。这种现象既表明高等教育与经济关系在当下出现新的变化，又揭示了高等教育与经济关系动态变化的实质。

　　现有理论对高等教育规模逆势增长现象解释的乏力，是理论诞生之时高等教育实践的局限性所致。高等教育在关系中诞生、存续和发展，又在关系中反作用于一切作用于它的事物（李枭鹰，2014）。这正是高等教育内外部关系规律的内涵所在。过去高等教育与经济的互动中孕育了旧的关系，同时又随着高等教育与经济的发展不断孕育新的关系。高等教育规模逆势增长现象正是两者不断发展、交流所孕育一种新型关系的产物，也是对现有理论的一种补充。准确把握高等教育与经济关系的动态变化和本国不同阶段高等教育与经济的关系，无疑对国家宏观高等教育政策的供给具有重要的意义。

# 参 考 文 献

艾媒咨询，2021. 2021 年中国大学生消费行为调研分析报告[EB/OL]. (2021-07-28)
　　[2023-04-01]. https: //report. iimedia. cn/repo7-0/39445. html?acPlatCode=IIMReport.

白钦先，杨涤，2018. 21 世纪新资源理论：关于国民财富源泉的最新研究(2018 大众
　　版)[M]. 北京：中国金融出版社: 93.

白雪梅，2004. 教育与收入不平等: 中国的经验研究[J]. 管理世界，(6): 53-58.

北京青年报，2020. 商务部: 我国社会消费品零售总额年均增长 8.4%[EB/OL]. (2020-
　　01-21)[2023-04-15]. http://finance.people.com.cn/n1/2020/0121/c1004-31558486. html.

北京日报，2020. "十三五" 高校科研支撑培养 310 万研究生[EB/OL]. (2020-12-03) [2023-
　　05-01]. http://www.moe.gov.cn/fbh/live/2020/52717/mtbd/202012/t20201204_503494.html.

别敦荣，2016. 普及化高等教育的基本逻辑[J]. 中国高教研究，271(3): 31-42.

别敦荣，2021. "双循环" 视角下中国高等教育普及化发展的意义[J]. 中国高教研究，
　　(5): 22-28+35.

别敦荣，易梦春，2021. 高等教育普及化发展标准、进程预测与路径选择[J]. 教育研究，
　　42(2): 63-79.

布鲁贝克，2001. 高等教育哲学[M]. 王承绪，郑继伟，张维平，译. 杭州: 浙江教育出
　　版社.

蔡海静，马汧京，2015. 高校扩招、能力异质性与大学毕业生就业[J]. 中国人口科学，(4):
　　102-110.

常进雄，项俊夫，2013. 扩招对大学毕业生工资及教育收益率的影响研究[J]. 中国人口
　　科学，(3): 104-111.

陈斌开，马宁宁，王丹利，2020. 土地流转、农业生产率与农民收入[J]. 世界经济，43(10):
　　97-120.

陈斌开，张川川，2016. 人力资本和中国城市住房价格[J]. 中国社会科学，(5):
　　43-64+205.

陈华洲，2007. 思想政治教育资源论[D]. 武汉: 华中师范大学.

陈建伟，苏丽锋，2014. 再认识高等教育扩张的经济增长效应: 架起高储蓄与高增长之
　　间的桥梁[J]. 清华大学教育研究，35(5): 88-95.

陈建伟，孙志军 2022. 高等教育集群式发展对企业劳动成本与雇佣规模的影响研究[J].
　　清华大学教育研究，43(6): 93-103+120.

陈亮，2021. 从"输血"到"造血"：新时代中西部高校内生性发展的路径[J]. 西北师大学报(社会科学版), 58(6): 37-46.

陈林, 万攀兵, 2017. 中国高等教育扩张的得与失——围绕国内学术界三大争鸣的政策效应评价[J]. 中国人口科学, (1): 115-125+128.

陈明, 2011. 圈层社会: 村民自治研究一项新的理论尝试——基于"圈层"研究与农村社会研究单位的创新[J]. 理论与改革, (6): 28-33.

陈明华, 王哲, 谢琳霄, 等, 2023. 中国中部地区高质量发展的时空演变及形成机理[J]. 地理学报, (3): 1-18.

陈友华, 施旖旎, 2018. 再议"阶层固化": 基于历史视角与国际比较[J]. 江苏行政学院学报, (3): 67-73.

陈云松, 贺光烨, 句国栋, 2019. 无关的流动感知: 中国社会"阶层固化"了吗?[J]. 社会学评论, 7(6): 49-67.

戴海东, 易招娣, 2012. 和谐社会视域下的阶层流动与高等教育公平[J]. 教育研究, 33(8): 67-70.

邓娅, 闵维方, 2001. 地区经济发展差异与高等教育成本补偿属地化[J]. 高等教育研究, (6): 43-48.

丁建峰, 2020. 罗尔斯与哈耶克的程序正义观——一个基于社会演化理论的比较与综合[J]. 北京大学学报(哲学社会科学版), 57(04): 149-160.

丁小浩, 陈良焜, 2000. 高等教育扩大招生对经济增长和增加就业的影响分析[J]. 教育发展研究, (2): 9-14.

杜传志, 刘忠京, 2014. 我国高等教育结构与产业结构的适应性分析[J]. 理论学刊, (9): 52-58+129.

杜两省, 胡海洋, 2019. 经济新常态下科技创新与区域经济增长的互动关系研究——基于省级面板数据的联立方程模型分析[J]. 经济问题探索, (8): 1-8.

杜时忠, 2012. 制度何以育德?[J]. 华中师范大学学报(人文社会科学版), 51(4): 126-131+4.

段从宇, 迟景明, 2015. 内涵、指标及测度: 中国区域高等教育资源水平研究[J]. 高等教育研究, 36(8): 36-42.

段从宇, 张雅博, 2014. 高等教育资源的内涵阐释、配置过程、本质及实施[J]. 黑龙江高教研究, (9): 28-30.

段从宇, 2019. 高等教育区域协调发展的判别准绳及分析框架构建研究——基于资源的视角[J]. 国家教育行政学院学报, (9): 31-37.

段晓君, 林益, 赵城利, 2019. 系统科学教程[M]. 北京: 科学出版社: 129.

范国睿, 1998a. 教育资源分布研究[J]. 上海高教研究, (3): 28-33.

范国睿，1998b. 试论教育资源短缺及其对教育生态系统发展的影响[J]. 河北师范大学学报(教育科学版)，(1): 73-78.

范先佐，2014. 教育经济学[M]. 北京: 中国人民大学出版社: 106.

方森辉，毛其淋，2021. 高校扩招、人力资本与企业出口质量[J]. 中国工业经济，(11): 97-115.

干春晖，郑若谷，余典范，2011. 中国产业结构变迁对经济增长和波动的影响[J]. 经济研究，46(5): 4-16+31.

高斌，段鑫星，2019. 改革开放 40 年研究生教育规模与经济增长动态关系研究[J]. 黑龙江高教研究，(8): 33-37.

高文豪，崔盛，2021. 普及化阶段高等教育层次结构调整的国际借鉴[J]. 大学教育科学，(1): 111-119.

高晓清，杨洋，2022. 我国研究生人力资本集聚的地区差异及分布动态演进[J]. 学位与研究生教育，(7): 70-79.

谷宏伟，2009. 高等教育扩张与教育投资过度: 基于信号理论的视角[J]. 财经问题研究，(9): 11-17.

顾洪章，2009. 中国知识青年上山下乡始末[M]. 北京: 人民教育出版社: 96.

顾明远，1998. 教育大辞典[M]. 增订合编本. 上海: 上海教育出版社.

管弦，樊明成，2005. 经济形态变迁与高等教育社会功能的演进[J]. 大学教育科学，(6): 32-34+94.

管振，孙志军，2020. 教育收益中的人力资本与信号效应估计——基于学制改革的证据[J]. 劳动经济研究，8(4): 3-20.

光明网，2020. 2020CTTI来源智库年度成果评选揭晓[EB/OL]. (2020-12-20)[2023-06-15]. https: //theory. gmw. cn/2020-12/20/content_34478112. htm.

郭睿，刘泽云，2023. 2025—2035 年我国高等教育规模与经费需求预测[J]. 教育经济评论，8(1): 23-42.

郭欣，2017. 中国当代大学生就业能力培养研究[D]. 长春: 吉林大学.

国家统计局人口和就业统计司，2021. 中国人口和就业统计年鉴(2021)[M]. 北京: 中国统计出版社: 29.

韩梦洁，2019. 美国高等教育布局结构的历史变迁、现实状况及其影响因素[J]. 高等教育研究，40(2): 95-102.

杭敬，张志远，苑立波，2015. 劳动生产率提升效应与上海经济转型升级——基于制造业劳动生产率的非参数生产前沿动态分析[J]. 上海经济研究，2015, (1): 89-99.

郝雨霏，陈皆明，张顺，2014. 中国高校扩大招生规模对代际社会流动的影响[J]. 西北大学学报(哲学社会科学版)，44(2): 122-129.

何柏生，2009. 天才远离法学——中国法学人才素质问题探讨[J]. 社会科学战线，(11): 209-215.

何慧星，张雅旋，2017. 高等教育供给侧结构性改革的逻辑、依据与路径[J]. 现代教育管理，(12): 40-44.

何晓芳，李冲，迟景明，2011. 知识经济时代的中日高等教育改革——第五届中日高等教育论坛综述[J]. 高等教育研究，32(10): 106-109.

贺国庆，2009. 欧洲中世纪大学[M]. 北京：人民教育出版社: 152-154.

侯定凯，2004. 高等教育社会学[M]. 桂林：广西师范大学出版社.

胡赤弟，2008. 教育产权与现代大学制度构建[M]. 广州：广东高等教育出版社.

胡放之，2014. 制度障碍、社会流动性与大学毕业生就业难[J]. 理论月刊，(2): 157-161.

胡寿平，2019. 中国高等教育七十年：规模、质量、创新及前景[J]. 复旦教育论坛，17(5): 5-8+20.

黄嘉文，2013. 教育程度、收入水平与中国城市居民幸福感 一项基于 CGSS2005 的实证分析[J]. 社会，33(5): 181-203.

黄静，祝梦迪，2021. 流动人口与本地劳动力高等教育回报率差异研究[J]. 中国人口科学，(5): 77-87+127.

黄容霞，魏萍，潘孝珍，2021. 高等教育人力资本集聚对技术创新的空间效应——以湖北省地级市为例的实证分析[J]. 中国高教研究，(1): 70-76+95.

纪宝成，2006. 我国高等教育大众化进程中的挑战与对策[J]. 高等教育研究，(7): 1-10.

吉登斯，1998. 社会的构成[M]. 李猛，译. 北京：生活·读书·新知三联书店: 222.

贾俊平，何晓群，金勇进，2000. 统计学[M]. 北京：中国人民大学出版社.

姜尔林，2014. 转型国家高等教育扩张的动力机制研究：地位竞争的视角——以俄罗斯为例[J]. 外国教育研究，41(8): 71-81.

蒋达勇，2020. 政治、学术与生活：中国大学功能与结构的重塑[J]. 高教探索，(10): 5-12.

蒋帆，张学志，2019. 高等教育扩张对劳动者技能失配的影响研究[J]. 中国人口科学，(5): 96-109+128.

蒋舒阳，庄亚明，丁磊，2021. 产学研基础研究合作、财税激励选择与企业突破式创新[J]. 科研管理，42(10): 40-47.

教育部高等学校图书情报工作指导委员会，2022. 2020 年高校图书馆发展报告[EB/OL]. (2022-02-23)[2023-06-15]. http://www.scal.edu.cn/sites/default/files/attachment/tjpg/2020 年中国高校图书馆发展报告(定稿). pdf.

教育部国际合作与交流司，2004. 2003 年全国来华留学统计年鉴[EB/OL]. (2004-02-06) [2023-06-20]. http://www.moe.gov.cn/srcsite/A20/moe_850/200402/t2004 0206_77826.html.

教育部国际合作与交流司，2019. 2018 年全国来华留学统计年鉴[EB/OL]. (2019-04-12)

[2023-06-20]. http://www.moe.gov.cn/jyb_xwfb/gzdt_gzdt/s5987/201904/t20190412_377692. html.

景杰, 2005. 高等教育: 构建和谐社会的重要工具——兼论社会流动中高等教育的功能限制[J]. 江苏高教, (6): 25-27.

康宁, 2005. 中国经济转型中高等教育资源配置的制度创新[M]. 北京: 教育科学出版社: 18.

康永久, 2001. 教育制度: 最重要的教育资源[J]. 教育与经济, (3): 18-21.

拉鲁, 2018. 不平等的童年——阶级、种族与家庭生活: 第2版[M]. 宋爽, 张旭, 译. 北京: 北京大学出版社: 97-157.

蓝嘉俊, 方颖, 魏下海, 2019. 性别比失衡下的婚姻匹配与劳动力市场表现——基于独生子女政策准自然实验的实证分析[J]. 世界经济文汇, 4(4): 67-84.

乐菡, 黄明, 李元旭, 2021. 地区"人才新政"能否提升创新绩效?——基于出台新政城市的准自然实验[J]. 经济管理, 43(12): 132-149.

李彬彬, 杨晓萍, 2015. 高等教育规模与经济增长的相关性研究——基于西北五省(区)高校扩招后的分析[J]. 国家教育行政学院学报, (1): 36-41.

李春玲, 2010. 高等教育扩张与教育机会不平等——高校扩招的平等化效应考查[J]. 社会学研究, 25(3): 82-113+244.

李代, 2017. 教育的同型婚姻与中国社会的家庭工资收入不平等: 1996-2012[J]. 社会杂志, 37(3): 103-130.

李锋亮, 陈鑫磊, 何光喜, 2012. 女博士的婚姻、生育与就业[J]. 北京大学教育评论, 10(3): 114-123.

李锋亮, 王瑜琪, 2021. 研究生教育规模对国家创新能力的影响——与本专科教育规模的比较分析[J]. 中国高教研究, (3): 75-81.

李锋亮, 徐舜平, 付新宇, 2016. 匹配效应与溢出效应: 基于夫妻教育匹配对收入影响的实证发现[J]. 教育与经济, 8(1): 47-52.

李锋亮, 徐舜平, 王亮, 2019. 文凭本身能够提高个体收入吗——对中国劳动力市场上羊皮纸效应的实证检验[J]. 教育发展研究, 39(5): 39-45.

李国炎, 莫衡, 单耀海, 等, 1990. 新编汉语词典[Z]. 长沙: 湖南人民出版社: 1462.

李岚清, 2003. 李岚清教育访谈录[M]. 北京: 人民教育出版社.

李磊, 王天宇, 2023. "孔雀东南飞": 经济高质量发展与人才流动[J]. 数量经济技术经济研究, 40(2): 5-24.

李礼, 俞光祥, 吴海天, 2021. 高职教育发展与经济发展的协调关系分析[J]. 中国高等教育, (7): 59-61.

李立国, 赵阔, 杜帆, 2022. 经济增长视角下的高等教育层次结构变化[J]. 教育研究,

3(2): 138-149.

李莉, 2007. 教育对社会分层流动的影响——教育公平与和谐社会[J]. 现代教育科学, (3): 5-7.

李宁, 张建清, 王磊, 2017. 基于水足迹法的长江中游城市群水资源利用与经济协调发展脱钩分析[J]. 中国人口·资源与环境, 27(11): 202-208.

李平, 李颖, 2016. 中国城镇化发展效率和制度创新路径[J]. 数量经济技术经济研究, 33(5): 30-43.

李茜, 李艳丽, 2019. 中国省级政府效率的区域测算与演变趋势——基于 DEA 及 DEA-Malmquist 指数分析[J]. 华东经济管理, 33(6): 69-77.

李倩, 秦尊文, 2015. 中部地区流动人口对经济增长的影响研究[J]. 湖北社会科学, (5): 61-68.

李强, 2011. 社会分层十讲(第二版)[M]. 北京: 社会科学文献出版社: 1-11.

李庆丰, 周作宇, 2020. 高等教育评价中的价值冲突与融合[J]. 高等教育研究, 41(10): 23-34.

李枭鹰, 2014. 论高等教育的关系属性[J]. 教育研究, 35(09): 33-38+46.

李枭鹰, 2016. 高等教育内外部关系规律的元研究[J]. 中国高教研究, (11): 2-17.

李晓明, 2012. 产业转型升级与高职本科教育发展——以地方应用型本科转型高职本科为选择[J]. 教育发展研究, 32(3): 18-23.

李星云, 2006. 论高等教育的经济功能与区域高等教育发展[J]. 江苏高教, (5): 27-29.

李雅楠, 王飞, 2013. 城镇居民婚姻匹配和家庭收入变动从 1991 至 2009[J]. 人口与经济, 11(6): 39-44.

李遥, 陈晖, 佘明, 等, 2015. 研究生层次化学习能力影响因素分析及对策研究[J]. 学位与研究生教育, (7): 52-56.

李勇, 段诗宁, 2021. 高校扩招如何影响了人力资本配置?[J]. 南京财经大学学报, (4): 54-63.

李煜, 2019. 社会流动的"质"与"量"[J]. 中国社会科学评价, (1): 29-31.

李元静, 王成璋, 2014. 资源配置效率的比较分析——以我国区域高等教育资源为例[J]. 软科学, 28(10): 22-26.

李增华, 杨申宣, 黄海涛, 2011. 我国高等教育功能释放的问题、成因及对策[J]. 学术探索, (2): 133-138.

李子联, 2020a. 高等教育发展与经济增长: 机理与证据[J]. 宏观质量研究, 8(1): 81-94.

李子联, 2020b. 高等教育质量提升的"就业效应"[J]. 中国人口科学, (3): 21-32+126.

梁海燕, 徐超, 2016. 高等教育人口规模对经济增长的影响: 地区异质性检验[J]. 西北人口, 2(37): 47-52.

梁显平,洪成文,2017. 英国高等教育财政配比捐赠政策的产生、实施效果及启示[J]. 比较教育研究,39(4): 69-75.

梁显平,洪成文,2018. 西方发达国家高等教育社会筹资: 经验、特点及趋势[J]. 比较教育研究,40(3): 98-105.

梁显平,林成华,2020. 基于生态学视角的高等教育体系失衡问题研究[J]. 高教探索,(3): 5-9.

廖苑伶,周海涛,2020. 新中国成立70年来高校分类发展的历程、逻辑与展望[J]. 现代教育管理,(9): 46-52.

林成华,王良,倪加旎,2020. 我国研究生弹性学制的政策演进、模式探索与路径优化[J]. 中国高等教育,(Z3): 66-68.

刘爱东,曾辉祥,刘文静,2014. 中国碳排放与出口贸易间脱钩关系实证[J]. 中国人口·资源与环境,24(7): 73-81.

刘根荣,2014. 基于全局主成分分析法的中国流通产业区域竞争力研究[J]. 中国经济问题,(3): 79-89.

刘海峰,韦骅峰,2021. 高瞻远瞩: 中国高教2035与世界高教2050[J]. 高等教育研究,42(7): 1-10.

刘焕然,2017. 高等教育的成层机制与社会流动功能的发挥[J]. 江苏高教,(9): 8-13.

刘堃,郭菲,2020. 城乡内部阶层分化与高等教育机会获得——兼谈高校扩招政策的影响[J]. 教育发展研究,40(23): 22-29+58.

刘齐,张睦楚,2021. 中国共产党与中国高等教育的百年发展[J]. 重庆高教研究,9(1): 12-24.

刘守英,王志锋,张维凡,等,2020. "以地谋发展"模式的衰竭——基于门槛回归模型的实证研究[J]. 管理世界,36(6): 80-92+119+246.

刘淑华,朱思晓,2021. 苏联解体后俄罗斯高等教育结构体系变革[J]. 外国教育研究,48(3): 87-103.

刘伟,2017. 中国高等教育体制改革的民生逻辑与路向[J]. 内蒙古社会科学(汉文版),38(3): 161-166.

刘献君,2019. 新中国高等教育70年的回顾与展望[J]. 高等教育研究,40(11): 1-8.

刘玉杰,黄韫慧,2023. 数字新基建对文化产业集聚的影响: 基于准自然实验的研究[J]. 现代经济探讨,(11): 54-64.

刘玉君,王成武,应卫平,2020. 教育经费投入对经济发展影响的区域差异研究[J]. 统计与决策,36(2): 121-124.

刘云生,2018. 经济转向高质量发展阶段: 教育怎么办[J]. 教育发展研究,38(11): 1-10.

刘振天,李森,张铭凯,等,2021. 笔谈: 高等教育高质量发展的系统思考与分类推进[J].

大学教育科学，(6): 4-19.

刘志，张向葵，邹云龙，2012. 国内大学生创业意向研究的最新进展[J]. 东北师大学报 (哲学社会科学版)，(6): 233-236.

刘志林，2019. 高等教育层次结构与社会经济发展关系分析[J]. 高等工程教育研究，(5): 120-126.

柳卸林，高雨辰，丁雪辰，2017. 寻找创新驱动发展的新理论思维——基于新熊彼特增长理论的思考[J]. 管理世界，(12): 8-19.

柳卸林，高太山，2019. 中国区域创新能力评价报告 2019[M]. 北京: 科学技术文献出版社: 19.

龙少波，丁点尔，2022. 消费升级对产业升级的影响研究: 理论机制及实证检验[J]. 现代经济探讨，(10): 25-38.

鲁丽梅，卢回垚，刘志忠，2019. 中部地区流入劳动力的省内分布结构与城市经济发展关系——基于 2015 年流动人口动态监测调查数据的检验[J]. 宏观经济研究，(5): 89-98.

陆铭，陈钊，2004. 城市化、城市倾向的经济政策与城乡收入差距[J]. 经济研究，(6): 50-58.

路风，2019. 走向自主创新——寻求中国力量的源泉[M]. 北京: 中国人民大学出版社: 6-7.

罗富政，陈丽媛，2022. 高等教育普及化对区域经济协调发展的影响研究——兼论文化资本的中介机制[J]. 劳动经济研究，10(2): 73-98.

罗友花，李明生，2010. 资源概念与分类研究——兼与罗辉道、项保华先生商榷[J]. 科研管理，31(1): 26-32.

罗志红，熊志琴，2022. 高校科技创新对经济高质量发展的影响研究——基于2009—2018 年27 省的样本数据分析[J]. 中国高校科技，(Z1): 29-34.

骆茜函，2021. 人力资本结构高级化对服务业结构升级的影响研究——基于中国城市面板数据[J]. 广东财经大学学报，36(2): 39-53.

雒海潮，苗长虹，2019. 承接产业转移影响因素和效应研究进展[J]. 地理科学，39(3): 359-366.

吕诚诚，李刚，王斯敏，等，2020. "数"说成长为中国智库画张像[N]. 光明日报，2020-12-28(16).

卡诺依，罗朴尚，安卓希查克，等，2013. 知识经济中高等教育扩张是否促进了收入分配平等化——来自金砖国家的经验[J]. 北京大学教育评论，11(2): 64-83+189.

马海良，姜明栋，侯雅如，2018. 长江经济带城镇化对工业用水的脱钩研究——基于"十一五"和"十二五"时期的对比分析[J]. 长江流域资源与环境，27(8): 1683-1692.

马浚锋, 胡阳光, 2022. 新发展阶段中国高等教育规模效应及其拐点研究[J]. 江苏高教, (1): 19-28.

马鹏媛, 米红, 2012. 高等教育规模与经济增长关系演变的实证研究[J]. 教育与经济, (2): 17-21.

马述忠, 罗剑朝, 罗丹, 1999. 关于高等教育启动我国居民消费需求的思考[J]. 教育与经济, (3): 3-5.

马廷奇, 2013. 产业结构转型、专业结构调整与大学生就业促进[J]. 中国高等教育, (Z3): 56-59.

马万华, 牟海松, 2012. 创业型大学的理论与实践对西部高校发展的启示[J]. 国家教育行政学院学报, (11): 55-60.

麦均洪, 赵庆年, 2021. 高校社会服务能力评价研究[M]. 北京: 中国社会科学出版社: 162.

毛其淋, 杨琦, 方森辉, 2022. 人力资本与创新驱动——高等教育改革推动高质量发展的微观证据[J]. 财贸研究, 33(2): 1-19.

孟浩, 张美莎, 2021. 人工智能如何影响劳动力就业需求?——来自中国企业层面的经验证据[J]. 西安交通大学学报(社会科学版), 41(5): 65-73+93.

孟照海, 2018. 制度化与去制度化: 世界一流学科建设的内在张力——以美国芝加哥大学社会学为例[J]. 中国高教研究, (5): 20-25.

苗东升, 2020. 系统科学概览[M]. 北京: 中国书籍出版社: 47.

闵维方, 余继, 吴嘉琦, 2021. 教育在扩大内需拉动经济增长中的作用[J]. 教育研究, 42(5): 12-22.

闵维方, 2017. 教育促进经济增长的作用机制研究[J]. 北京大学教育评论, 15(3): 123-136+190-191.

默顿, 1990. 论理论社会学[M]. 何凡兴, 李卫红, 王丽娟, 译. 北京: 华夏出版社: 106-144.

牛建林, 2023. 后人口转变期中国家庭晚育行为对子代健康发展的影响——基于2010—2020年CFPS数据的研究发现[J]. 人口研究, 47(5): 3-17.

潘懋元, 朱国仁, 1995. 高等教育的基本功能: 文化选择与创造[J]. 高等教育研究, (1): 1-9.

潘懋元, 1985. 高等教育学讲座[M]. 北京: 人民教育出版社: 34-44.

潘懋元, 1988. 教育的基本规律及其相互关系[J]. 高等教育研究, (3): 6-12.

潘懋元, 1996. 新编高等教育学[M]. 北京: 北京师范大学出版社.

潘懋元, 2001. 多学科观点的高等教育研究[M]. 上海: 上海教育出版社: 353-358.

彭宇飞, 2015. 通过资源生态性配置促进高等教育健康发展[J]. 中国高等教育, (22): 51-53.

齐宏纲, 赵美风, 刘盛和, 等, 2022. 2000—2015年中国高学历人才省际迁移的演化格局及影响机理[J]. 地理研究, 41(2): 456-479.

齐亚强，牛建林，2012. 教育的再生产：代际传承与变迁[J]. 中国人民大学教育学刊，8(1): 37-56.

祁占勇，杜越，2020. 我国高等教育结构改革的过程与成效：以《教育规划纲要》为轴[J]. 高等教育研究，41(12): 30-39.

钱强，2007. 社会思潮对高等教育功能释放的影响[J]. 西北师大学报(社会科学版)，(5): 45-49.

秦永，王孝坤，2017. 高等教育规模扩张与中国经济增长——来自省级面板数据的证据[J]. 宏观质量研究，5(3): 49-61.

瞿锦秀，2022. 区域一体化背景下长三角高等教育资源共享的实现路径[J]. 苏州大学学报(教育科学版)，10(1): 57-66.

全国十二所重点师范大学联合编写组，2002. 教育学基础[M]. 北京：教育科学出版社: 51.

任燕红，2012. 大学功能的整体性及其重建[D]. 重庆：西南大学.

撒凯悦，2020. 女性劳动参与、婚姻匹配与收入差距[J]. 劳动经济评论，13(1): 136-149.

沈健，2021. 我国大学专利转化率过低的原因及对策研究[J]. 科技管理研究，41(5): 97-103.

沈江建，龙文，2015. 负产出在 DEA 模型中的处理——基于软件 DEAP 的运用[C]//第十届(2015)中国管理学年会论文集: 1-6.

石丽，陈万明，2017. 中国高等教育资源承载力的成熟度研究[J]. 高等教育研究，38(9): 21-29.

斯蒂格利茨，2013. 不平等的代价[M]. 张子源，译. 北京：机械工业出版社.

苏丽锋，陈建伟，2016. 产业结构调整背景下高等教育人才供给与配置状况研究[J]. 中国人口科学，(4): 2-15+126.

眭依凡，2021. 大学内涵式发展：关于高质量高等教育体系建设路径选择的思考[J]. 江苏高教，(10): 12-21.

孙大廷，孙伟忠，2009. 美国高等教育国际化政策的文化输出取向——以"富布赖特计划"为例[J]. 黑龙江高教研究，(5): 53-55.

孙鸿烈，封志明，1998. 资源科学研究的现在与未来[J]. 资源科学，(1): 5-14.

孙学玉，周义程，2004. 新公共管理与中国高等教育供给体制改革[J]. 江海学刊，(4): 95-100+223.

孙耀华，李忠民，2011. 中国各省区经济发展与碳排放脱钩关系研究[J]. 中国人口·资源与环境，21(5): 87-92.

孙悦，于潇，2022. 中国婚姻匹配对教育回报率的影响研究[J]. 南京社会科学，(8): 55-66.

腾讯网，2021. 全球四大湾区高等教育第三方指数竞争力公布，粤港澳表现如何？[DB/OL]. (2021-05-19)[2023-10-25]. https://new. qq. com/rain/a/20210519A03NNU00.

覃明兴，2002. 大资源观的历史考察[J]. 社会科学，(2): 20-23.

汤俊雅，2015. 潘懋元高等教育质量观的特性分析[J]. 西南交通大学学报(社会科学版)，16(5): 45-49.

唐德海，牛军明，2015. 高深知识：高等教育功能释放的基础[J]. 高等教育研究，36(12): 27-29.

唐可月，张凤林，2007. 高校扩招引发教育信号贬值的机理分析[J]. 财经问题研究，(3): 24-33.

唐燕，罗胤晨，2021. 农业技术进步效率测度及区域差异研究[J]. 统计与决策，37(16): 86-89.

汪伟，刘玉飞，彭冬冬，2015. 人口老龄化的产业结构升级效应研究[J]. 中国工业经济，(11): 47-61.

王处辉，2009. 高等教育社会学[M]. 北京：高等教育出版社: 164.

王丰龙，何深静，2014. 中国劳动力婚姻匹配与婚姻迁移的空间模式研究[J]. 中国人口科学，14(3): 88-94.

王凤胜，张剑，何克亮，1995. 宏观经济管理概论[M]. 济南：山东大学出版社.

王建华，2021. 什么是高等教育高质量发展[J]. 中国高教研究，(6): 15-22.

王鉴，2002. 西部民族地区教育均衡发展的新战略[J]. 民族研究，(6): 9-17+106.

王骏，刘泽云，2015. 教育：提升人力资本还是发送信号[J]. 教育与经济，(4): 30-37.

王朋岗，张猛，2022. 少数民族流动人口族际交往交流交融研究[J]. 西北人口，43(4): 32-41.

王钦池，2009. 信号传递与信号均衡——关于信号理论的一个文献综述[J]. 山西财经大学学报，(S2): 1-10.

王嵘，2001. 贫困地区教育资源的开发利用[J]. 教育研究，(9): 39-44.

王少媛，2019. 我国高等教育改革动力机制解析与重构[J]. 中国高教研究，(7): 56-62.

王淑英，郜怡飞，2023. 高等教育支撑区域经济高质量发展的多元路径[J]. 重庆高教研究，11(2): 99-112.

王淑英，杨祺静，2022. 高等教育规模对经济增长的空间效应研究——基于国际科技合作的视角[J]. 教育经济评论，7(1): 23-39.

王伟清，2010. 论基于需求的教育资源配置系统观[J]. 教育与经济，(1): 46-50.

王伟宜，熊晶晶，李哲，2022. 基于高考成绩大数据的性别差异分析——以 H 省 2004 年、2014 年语数英三科的高考数据为样本[J]. 现代教育技术，32(5): 59-67.

王旭东，2007. 论地方高校社会服务职能的拓展[J]. 中国高教研究，(8): 16-17.

王亚杰，陈岩，2016. 京津冀教育协同与资源共享——以研究生教育为例[J]. 国家教育行政学院学报，(4): 17-22.

王永进，冯笑，2018. 行政审批制度改革与企业创新[J]. 中国工业经济，(2): 24-42.

王章豹，童月，2016. 高等工程教育规模与第二产业发展的协整分析[J]. 高教发展与评估，32(1): 37-46+120.

韦正球，2006. 大资源观初探[J]. 学术论坛，(2): 63-66.

魏国英，李捷，2005. 关注经济生活中男女和谐发展——"第二届亚洲女性论坛"综述[J]. 妇女研究论丛，(4): 76-77.

文乐，彭代彦，覃一冬，2017. 土地供给、房价与中国人口半城镇化[J]. 中国人口·资源与环境，27(4): 23-31.

邬大光，2008. 建设高等教育强国的战略意义[J]. 教育发展研究，(19): 6-10.

邬大光，李国强，2016. 《教育规划纲要》实施五年进展与高等教育未来方向的基本判断[J]. 中国高教研究，(1): 4-11.

邬大光，滕曼曼，李端淼，2016. 大学本科毕业率与高等教育质量相关性分析——基于中美大学本科毕业率数据的比较分析[J]. 高等教育研究，(12): 56-65.

邬大光，赵婷婷，1995. 也谈高等教育的功能和高等学校的职能——兼与徐辉、邓耀彩商榷[J]. 高等教育研究，(3): 57-61.

邬璟璟，2018. 资源差异利益论[M]. 上海：复旦大学出版社.

吴丹，2014. 中国经济发展与水资源利用脱钩态势评价与展望[J]. 自然资源学报，29(1): 46-54.

吴东姣，马永红，2019. 我国研究生教育规模对第三产业经济发展影响的实证研究[J]. 学位与研究生教育，(2): 18-23.

吴嘉琦，闵维方，2022. 教育对产业结构升级的作用机制[J]. 教育研究，43(1): 23-34.

吴康宁，1996. 教育的社会功能新论[J]. 高等教育研究，(3): 13-23.

吴克明，吴丹，2021. 高等教育与社会流动的关系：一个文献综述[J]. 教育经济评论，6(4): 118-128.

吴士炜，汪小勤，2017. 中国土地财政与经济增长关系研究——基于空间杜宾模型实证检验[J]. 宏观质量研究，5(3): 27-38.

吴霞，2008. 湖南高等教育资源分布现状研究[D]. 长沙：湖南大学.

吴晓锋，2012. 专科教育在高等教育层次中处于劣势的原因[J]. 江苏高教，(3): 62-63.

吴晓刚，2016. 中国当代的高等教育、精英形成与社会分层 来自"首都大学生成长追踪调查"的初步发现[J]. 社会，36(3): 1-31.

吴晓雄，刘敬芝，2017. 职业生涯规划教育对大学生自我发展作用的研究——以某"211工程"大学为例[J]. 西南交通大学学报(社会科学版)，18(4): 59-69.

吴要武，赵泉，2010. 高校扩招与大学毕业生就业[J]. 经济研究，45(9): 93-108.

吴颖，崔玉平，2022. 长三角高校科技创新效率及其时空演化——基于沪、苏、浙、皖 41

市的实证分析[J]. 重庆高教研究，10(3): 104-117.

伍素文，2019. 盘点那些短命的专业: 为什么就业市场火热专业却撤销了?[N]. 21 世纪经济报道，2019-05-10(6).

武学超，徐辉，2010. 美国高等教育应对当前国际金融危机的举措及启示[J]. 教育学报，6(3): 85-92.

武学超，徐辉，2011. 英国高等教育应对当前国际金融危机的举措与启示[J]. 外国教育研究，38(1): 63-69.

武毅英，2008. 高等教育经济学导论[M]. 广州: 广东高等教育出版社.

夏征农，2000. 辞海: 1999 年版普及本[M]. 上海: 上海辞书出版社.

向春，2008. "教育内外部关系规律" 的提出及其实践意义[J]. 长白学刊，(4): 145-147.

向冠春，刘娜，2011. 我国高等教育与社会流动关系嬗变[J]. 现代教育管理，(1): 4-7.

肖甦，朋腾，2021. 服务国家战略: 俄罗斯扩大留学生规模的行动逻辑探析[J]. 外国教育研究，48(2): 33-45.

谢汝宗，蒙利婷，谢妮，2022. 高职教育投入与产业结构升级的动态关系[J]. 重庆高教研究，10(6): 72-84.

新华社，2017. 中共中央办公厅、国务院办公厅印发《关于深化教育体制机制改革的意见》[EB/OL]. (2017-09-24)[2023-11-25]. http://www.gov.cn/xinwen/2017-09/24/content_5227267.htm.

邢春冰，李实，2011. 扩招 "大跃进"、教育机会与大学毕业生就业[J]. 经济学(季刊)，10(4): 1187-1208.

邢春冰，许敏波，2023. 高校扩招、师生比下降与教育质量[J]. 教育经济评论，8(1): 59-88.

熊志强，2013. 当前青年阶层固化现象及其原因探讨[J]. 中国青年研究，(6): 17-21.

徐德云，2008. 产业结构升级形态决定、测试一个理论解译及验证[J]. 财政研究，（1）: 46-49.

徐辉，李薇，2013. 大学功能的世纪演变[J]. 高等教育研究，34(3): 5-8.

许丽英，2007. 教育资源配置理论研究[D]. 长春: 东北师范大学.

许琳，2007. 高等教育投资的国际比较研究[D]. 厦门: 厦门大学.

许玲，2013. 我国高等职业教育规模与经济增长关系的实证研究——基于 1992—2010 年的数据分析[J]. 高教探索，(5): 135-138.

薛新龙，李立国，2018. 高等教育与经济增长关系的国际实证研究进展分析[J]. 中国人民大学教育学刊，(1): 76-87.

寻立祥，2003. 从高等教育的政治功能看德育[J]. 中国高教研究，(2): 31-32.

闫广芬，尚宇菲，2020. 本研贯通人才培养模式的核心要义及发展路向[J]. 研究生教育研究，(2): 34-39+73.

闫艳, 2020. 区域视角下高等教育质量保障体系建设研究[J]. 江苏高教, (4): 64-67.

严静, 2014. 家庭决策对女性就业流动的影响逻辑与话语分析一个典型的个案研究[J]. 东南学术, 13(4): 148-156.

晏成步, 2011. 扩招十年来我国省级区域高等教育经费结构承载力分析[J]. 中国高教研究, (4): 25-29.

燕翔, 冯兴元, 2021. 农村中小银行的经营效率研究——基于 DEA-BCC 模型和 DEA-Malmquist 指数模型的分析[J]. 金融监管研究, (11): 1-17.

阳立高, 龚世豪, 王铂, 等, 2018. 人力资本、技术进步与制造业升级[J]. 中国软科学, (1): 138-148.

阳义南, 连玉君, 2015. 中国社会代际流动性的动态解析——CGSS 与 CLDS 混合横截面数据的经验证据[J]. 管理世界, (4): 79-91.

杨俊, 李雪松, 2007. 教育不平等、人力资本积累与经济增长: 基于中国的实证研究[J]. 数量经济技术经济研究, (2): 37-45.

杨力, 魏奇锋, 2022. 基于超效率 DEA 与 Malmquist 指数的区域研发效率评价——四大国家级城市群比较研究[J]. 科技进步与对策, 39(10): 41-51.

杨林, 陈书全, 韩科技, 2015. 新常态下高等教育学科专业结构与产业结构优化的协调性分析[J]. 教育发展研究, 35(21): 45-51.

杨明, 2000. 中国教育国际竞争力评价[J]. 北京观察, (7): 6-9.

杨仁发, 李胜胜, 2020. 创新试点政策能够引领企业创新吗?来自国家创新型试点城市的微观证据[J]. 统计研究, 37(12): 32-45.

杨水根, 王曼蝶, 王露, 2022. 本科专业调整、产业结构演进与区域经济增长[J]. 教育与经济, 38(6): 12-23.

杨天宇, 陈明玉, 2018. 消费升级对产业迈向中高端的带动作用: 理论逻辑和经验证据[J]. 经济学家, (11): 48-54.

杨卫安, 2018. "读书无用论"何以会产生?——晚清以来出现的四次"读书无用论"评述[J]. 河北师范大学学报(教育科学版), 20(4): 45-49.

杨颖, 2015. 高等教育功能深化发展对人才社会适应性因素影响分析[J]. 黑龙江高教研究, (9): 10-12.

杨玉, 2014. 区域经济发展视角下的研究生教育结构优化探究[J]. 黑龙江高教研究, (10): 131-133.

杨园争, 方向明, 郑晓冬, 2017. 劳动力市场中容貌歧视的学历纠正效应研究[J]. 南方经济, (3): 71-98.

杨中超, 2016. 教育扩招促进了代际流动?[J]. 社会, 36(6): 180-208.

姚先国, 谭岚, 2005. 家庭收入与中国城镇已婚妇女劳动参与决策分析[J]. 经济研究,

23(7): 18-27.

叶文平, 李新春, 朱沆, 2018. 地区差距、社会嵌入与异地创业——"过江龙"企业家现象研究[J]. 管理世界, 34(1): 139-156.

叶晓阳, 丁延庆, 2015. 扩张的中国高等教育: 教育质量与社会分层[J]. 社会, 35(3): 193-220.

尹霞, 刘永存, 张和平, 等, 2022. 家长期望偏差与教育焦虑[J]. 青年研究, (1): 40-48+95.

尹志超, 杨超, 2017. 夫妻相对收入与幸福感[J]. 社会科学辑刊, 10(6): 42-50.

余静文, 苗艳青, 2019. 健康人力资本与中国区域经济增长[J]. 武汉大学学报(哲学社会科学版), 72(5): 161-175.

余秀兰, 2014. 教育还能促进底层的升迁性社会流动吗[J]. 高等教育研究, 35(7): 9-15.

岳昌君, 邱文琪, 2020. 规模扩大与优质高等教育入学机会均等化[J]. 高等教育研究, (8): 22-34.

岳昌君, 文东茅, 丁小浩, 2004. 求职与起薪: 高校毕业生就业竞争力的实证分析[J]. 管理世界, (11): 53-61.

张传勇, 刘学良, 2014. 高校扩招对房价上涨的影响研究[J]. 中国人口科学, (6): 107-118+128.

张东海, 李莉, 2019. 扩招与高等教育入学机会地区差异的再分析[J]. 北京大学教育评论, (1): 142-162+191-192.

张国强, 2017. 失调与重构: 高等教育功能的历史省思[M]. 武汉: 华中师范大学出版社: 22-24.

张海生, 2021. 高校劳动教育的意涵、价值与实践——一种本体论、价值论和方法论的解析[J]. 大学教育科学, (1): 53-59.

张继明, 2012. 高等教育之社会分层功能分析[J]. 高教发展与评估, 28(1): 27-32+118.

张继桥, 刘宝存, 2019. 新中国成立七十年来高等教育对外开放政策的历史演进与基本经验[J]. 高等教育研究, 40(8): 9-17.

张莉, 2009. 黑龙江省高等教育资源结构优化研究[D]. 哈尔滨: 哈尔滨工程大学.

张龙鹏, 钟易霖, 2021. 基础研究发展对技术创新的影响: 基于最优研发结构视角[J]. 科技进步与对策, 38(17): 19-25.

张龙鹏, 钟易霖, 2023. 价值链视角下人工智能应用对全要素生产率的影响——基于中国A股上市公司的实证研究[J]. 经济体制改革, (4): 106-113.

张明斗, 李玥, 2022. 长江经济带城市经济高质量发展的时空演变与收敛性[J]. 华东经济管理, 36(3): 24-34.

张明广, 茹宁, 2020. 产业转型升级背景下高校毕业生就业的供需匹配研究[J]. 高教探索, (9): 114-122.

张莫，郭倩，汪子旭，2020. "十四五"将加速构筑现代产业体系[N/OL]. 经济参考报，2020-11-03[2023-06-23]. http://www.jjckb.cn/2020-11/03/c_139486714.htm.

张平，黄贤涛，2011. 高校专利技术转化体系构建和评价标准研究[J]. 中国高教研究，(12): 41-45.

张青根，沈红，2016. 教育能缓解性别收入差距吗?[J]. 复旦教育论坛，14(4): 62-69.

张青根，2017. 教育信号价值在公共部门更高吗?——基于文凭效应法的实证分析[J]. 教育与经济，(5): 27-36.

张万红，彭勃，2008. 高等教育资源的分类及文化资源的培植[J]. 江苏高教，(2): 36-37.

张五常，2008. 新制度经济学的现状及其发展趋势[J]. 当代财经，(7): 5-9.

张西方，2010. 论高等教育功能的拓展[J]. 山东师范大学学报(人文社会科学版)，(6): 98-101.

张希琳，2015. 中国高等教育的综合贡献研究[D]. 成都：电子科技大学.

张心悦，马莉萍，2022. 高等教育提升全要素生产率的作用机制[J]. 教育研究，(1): 35-46.

张心悦，闵维方，2021. 教育在提高全要素生产率中的作用研究——基于线性与非线性视角[J]. 北京大学教育评论，19(3): 101-124+191.

张砚清，2014. 新时期高等教育的社会功能[J]. 华南师范大学学报(社会科学版)，(4): 73-76+182.

张艳，李子联，金炜皓，2021. 高等教育质量影响产业结构升级的机理与证据[J]. 高等教育研究，42(2): 47-56.

张跃胜，张寅雪，邓帅艳，2022. 技术创新、产业结构与城市经济韧性——来自全国 278 个地级市的经验考察[J]. 南开经济研究，(12): 150-168.

张震，2016. 我国高等艺术教育功能的研究[D]. 大连：大连理工大学.

赵红霞，王乐美，2020. 促进还是抑制：高等教育对社会阶层流动的影响——基于 CGSS 混合截面数据的实证分析[J]. 高教探索，(9): 5-11.

赵红霞，朱惠，2021. 教育人力资本结构高级化促进经济增长了吗——基于产业结构升级的门槛效应分析[J]. 教育研究，42(11): 138-150.

赵琳，史静寰，王鹏，等，2012. 高等教育质量的院校类型及区域差异分析——兼论我国高等教育资源配置格局与质量格局[J]. 清华大学教育研究，33(5): 1-12.

赵庆年，李玉枝，2021. 我国高等教育发展方式的演进历程、逻辑及展望[J]. 现代教育管理，(8): 34-42.

赵庆年，刘克，宋满，2023. 研究生教育规模扩大的基础研究创新效应及机制——基于2001—2019 年 30 个省区面板数据的实证分析[J]. 国家教育行政学院学报，(3): 60-69.

赵庆年，刘克，2022. 高等教育何以促进经济高质量发展——基于规模、结构和质量要素的协同效应分析[J]. 教育研究，43(10): 62-82.

赵庆年，曾浩泓，2020. 我国高等教育何以迅速迈入普及化——基于供需关系的视角[J]. 高等教育研究，41(10): 35-45.

赵文华，2000. 高等教育系统分析[M]. 上海: 复旦大学出版社: 122.

赵祥，胡支军，2009. 高等教育资源配置浅析[J]. 江苏高教，(2): 45-47.

赵欣，尹韶青，2014. 试论高等教育与社会分层的双向关系[J]. 中国成人教育，(4): 27-28.

赵永平，徐盈之，2014. 新型城镇化发展水平综合测度与驱动机制研究——基于我国省际 2000—2011 年的经验分析[J]. 中国地质大学学报(社会科学版)，14(1): 116-124.

赵哲，宋丹，2018. 愿景与策略: 基于供给侧改革的地方高等教育功能释放研究[J]. 高教探索，(11): 11-17.

赵之灿，田浩然，2023. 以区域高等教育发展破解产业与人才之间的循环困境——基于 2005—2020 年省级面板数据的实证分析[J]. 中国人民大学教育学刊，(2): 151-168.

郑炎辉，何艳虎，王金杰，等，2021. 基于脱钩理论的区域产业节水目标研究——以广东省为例[J]. 水资源与水工程学报，32(4): 38-44.

智楠，2020. 教育财政、社会投资与经济成长——兼论教育财政的引致效应[J]. 地方财政研究，(1): 85-92+100.

中国教育在线，2020. 2021 年全国研究生招生调查报告[EB/OL]. (2020-12-28) [2021-10-01]. https://www.eol.cn/e_ky/zt/report/2021/index.html.

中国教育在线，2022. 2022 年全国研究生招生数据调查报告[EB/OL]. (2022-01-30) [2023-11-12]. https://www.eol.cn/e_ky/zt/report/2022/acticle.html.

中华人民共和国教育部发展规划司，2000. 中国教育统计年鉴(1999)[M]. 北京: 人民教育出版社: 346-369.

中华人民共和国教育部发展规划司，2017. 中国教育统计年鉴(2019)[M]. 北京: 人民教育出版社: 17.

中华人民共和国教育部发展规划司，2020. 中国教育统计年鉴(2019)[M]. 北京: 人民教育出版社: 2-582.

《中国特色社会主义理论与实践研究》编写组，2018. 中国特色社会主义理论与实践研究(2018 年版)[M]. 北京: 高等教育出版社: 164.

钟曼丽，杨宝强，2021. 性别、圈层与嵌入: 女性农民工城市融入研究[J]. 新疆社会科学，(3): 138-146+168.

周光迅，2004. 高等教育功能创新论[J]. 教育发展研究，(12): 109-112.

周洪宇，2015. 法治是促进教育公平的最根本保障[J]. 基础教育，12(3): 24-25.

周建国，2002. 紧缩圈层结构论——一项中国人际关系的结构与功能分析[J]. 社会科学研究，(2): 98-102

周江燕，白永秀，2014. 中国省域城乡发展一体化水平: 理论与测度[J]. 中国农村经济，

(6): 16-26+40.

周明华，肖政，2019. 我国卫生资源配置状况及公平性分析[J]. 中国社会医学杂志，36(2): 193-196.

周扬，谢宇，2020. 从大学到精英大学：高等教育扩张下的异质性收入回报与社会归类机制[J]. 教育研究，41(5): 86-98.

周振，孔祥智，2019. 农业机械化对我国粮食产出的效果评价与政策方向[J]. 中国软科学，(4): 20-32.

朱迎春，王大鹏，2010. 经济发展对高等教育规模影响的实证研究[J]. 统计与决策，(10): 78-80.

祝华新，刘鹏飞，单学刚，2013. 2012年互联网舆情分析报告[C]//陆学艺，李培林，陈光金. 2013年中国社会形势分析与预测. 北京：社会科学文献出版社，2013: 200.

邹丹，李超，2011. 我国高等教育不公平现状及改进建议[J]. 现代教育管理，(8): 21-24.

周世康，1995. 宏观经济管理概论[M]. 成都：西南财经大学出版社: 326.

Aghion P，Howitt P，1992. A model of growth through creative destruction[J]. Econometrica，60(2): 323-352.

Arrondel L，Frémeaux N，2016. 'For Richer，For Poorer': assortative mating and savings preferences[J]. Economica，83(331): 518-543.

Becker G S，1983. A Treatise on the Family[J]. Ethics，94(1): 152-153.

Blackburn M，Korenman S，1994. The declining marital status earnings differentials[J]. Journal of Population Economics，7(3): 247-270.

Blinova T N，Fedotov A V，Kovalenko A A，2021. The structure of personnel training within getting higher education meets the needs of economy: problems and solutions[J]. University Management: Practice and Analysis，25(2): 13-33.

Bloom D，Canning D，Kevin C，et al.，2014. Higher education and economic growth in Africa[J]. International Journal of African Higher Education，1.

Blau P M，Duncan O D，1978. The American occupational structure[J]. British Journal of Sociology，46(4).

Castelló-Climent A，Hidalgo-Cabrillana A，2012. The role of educational quality and quantity in the process of economic development[J]. Economics of Education Review，31(4): 391-409.

Che Y，Zhang L，2018. Human capital，technology adoption and firm performance: Impacts of China's higher education expansion in the late 1990s[J]. The Economic Journal，128(614)，2282-2320.

Chen G Q，Tjosvold D，Liu C H，2006. Cooperative goals，leader people and productivity values: Their contribution to top management teams in China[J]. Journal of Management Studies，43(5): 1177-1200.

Crespo A，Reis M C，2009. Sheepskin effects and the relationship between earnings and education: analyzing their evolution over time in Brazil[J]. Revista Brasileira de Economia，63(3): 209-231.

De Bruyn S M，Opschoor J B，1997. Developments in the throughput-income relationship: theoretical and empirical observations[J]. Ecological Economics，20(3): 255-268.

Dieckhoff M，Gash V，Mertens A，et al. ，2016. A stalled revolution? What can we learn from women's drop-out to part-time jobs: A comparative analysis of Germany and the UK[J]. Research in Social Stratification and Mobility，46: 129-140.

Eika L，Mogstad M，Zafar B，2014. Educational assortative mating and household income inequality[J]. Journal of Political Economy，42(3): 421-462.

Etzkowitz H，Leydesdorff L，2000. The dynamics of innovation: from National Systems and "Mode 2" to a Triple Helix of university-industry-government relations[J]. Research Policy，29(2): 109-123.

Feng A，Graetz G，2017. A question of degree: The effects of degree class on labor market outcomes[J]. Economics of Education Review，(61): 140-161.

Feng Y X，Tan X Y，Wang R X，2022. The value of higher education to entrepreneurial performance: Evidence from higher education expansion in China[J]. China Economic Review，73.

Freier R，Schumann M，Siedler T，2015. The earnings returns to graduating with honors——evidence from law graduates[J]. Labour Economics，34: 39-50.

Frémeaux N，Leturcq M，2020. Inequalities and the individualization of wealth[J]. Journal of Public Economics，184(C): 104145-104145.

Groothuis P，Gabriel P E，2008. Positive assortative mating and spouses as complementary factors of production: a theory of labour augmentation[J]. Applied Economics，42(9): 1101-1111.

Hansen B E，1999. Threshold effects in non-dynamic panels: estimation，testing and inference [J]. Journal of Econometrics，93(2): 345-368.

Hanushek E A，Woessmann L，2007. The role of education quality in economic growth[J]. World Bank Policy Research Working Paper，4122.

Hanushek E A，Woessmann L，2011. Education and economic growth[J]. Economics of Education，30: 391-393.

Heckman J J，2005. The scientific model of causality[J]. Sociological Methodology，35(1):

1-97.

Hochman H M，Rodgers J D，1969. Pareto optimal redistribution[J]. The American Economic Review，59(4): 542-557.

Holmes C，2013. Has the expansion of higher education led to greater economic growth?[J]. National Institute Economic Review，224(1): R29-R47.

Huang C，Li H B，Liu P W，et al. ，2009. Why does spousal educational matter for earnings?Assortative mating and cross-productivity[J]. Journal of Labor Economics，27(4): 633-652.

Illingworth V，1996. The Penguin Dictionary of Physics[M]. Beijing: Foreign Language Press: 92-93.

Jepsen L K，2005. The Relationship between Wife's Education and Husband's Earnings: Evidence from 1960 to 2000[J]. Review of Economics of the Household，3(2): 197-214.

Jolliffe I，2005. Principal component analysis[J]. Encyclopedia of Statistics in Behavioral Science: 1-9.

Juknys R，2003. Transition period in Lithuania——do we move to sustainability?[J]. Environmental Research，Engineering and Management，4(26): 4-9.

Mok K H，Wen Z Y，Dale R，2016. Employability and mobility in the valorisation of higher education qualifications: the experiences and reflections of Chinese students and graduates[J]. Journal of Higher Education Policy and Management，38(3): 264-281.

Mok K H，2016. Massification of higher education，graduate employment and social mobility in the Greater China region[J]. British Journal of Sociology of Education，37(1): 51-71.

Kerr C，1994. The Great Transformation in Higher Education[M]. New York: State University of New York Press: 4-5.

Khoo P，Ost B，2018. The effect of graduating with honors on earnings[J]. Labour Economics，(55): 149-162.

Li H Z，Maria S K，Zhi X X，et al. ，2016. Cost efficiency of electric grid utilities in China: a comparison of estimates from SFA-MLE，SFA-Bayes and StoNED-CNLS[J]. Energy Economicss，(55): 272-283.

Light A，2004. Gender differences in the marriage and cohabitation income premium[J]. Demography，41(2): 263-284.

Lucas S R，2001. Effectively maintained inequality: education transitions，Track Mobility and Social Background Effects[J]. The American Journal of Sociology，106(6).

Mankiw G，2021. Principles of economics(9th edition)[M]. Boston Cengage Learning Press.

Martorell P，Clark D，2014. The signaling value of a high school diploma[J]. The Journal of

Political Economy，122(2): 282-318.

Nakosteen R A, Westerlund O, Zimmer M A, 2004. Marital matching and earnings: evidence from the unmarried population in sweden[J]. Journal of Human Resources，39(4): 1033-1044.

Nelson R R，1959. The Simple Economics of Basic Scientific Research[J]. Journal of Political Economy，67(3): 297-306.

Nelson R R，1985. An Evolutionary Theory of Economic Change[M]. Harvard University Press.

Nie H，Xing C，2019. Education expansion，assortative marriage，and income inequality in China [J]. China Economic Review，55(2): 37-51.

OECD，2002. Indicators to measure decoupling of environmental pressure from economic growth[R]. Paris: OECD. http: //www. olis. oecd. org/olis/2002doc. nsf/LinkTo/sg-sd.

Olfindo R，2018. Diploma as signal? Estimating sheepskin effects in the Philippines[J]. International Journal of Educational Development，60: 113-119.

Oppenheimer V K，1994. Women's rising employment and the future of the family in industrial societies[J]. Population and Development Review，20(3): 293-342.

Pei L，Yi L，Jin W，2016. Does flattening government improve economic performance? Evidence from China[J]. Journal of Development Economics，123: 18-37.

Pestel N，2017. Marital sorting，inequality and the role of female labor supply: evidence from East and West Germany[J]. Economica，84(1): 104-127.

Polat S，2017. The expansion of higher education in Turkey: access，equality and regional returns to education[J]. Structural Change and Economic Dynamics，43: 1-14.

Reimer D，2010. Educational expansion and its consequences for vertical and horizontal inequalities in access to higher education in West Germany[J]. European Sociological Review，26(4): 415-430.

Richard B，Hald S A，2012. Educational assortative mating and income inequality in Denmark[J]. Demography，49(3): 867-887.

Schofer E，Meyer J W，2005. The worldwide expansion of higher education in the twentieth century[J]. American Sociological Review，70(6): 898-920.

Schwartz C R，2010. Earnings inequality and the changing association between spouses' earnings[J]. American Journal of Sociology，115(5): 1524-1557.

Schwartz C R，2013. Trends and variation in assortative mating: causes and consequences [J]. Annual Review of Sociology，39(1): 451-470.

Seetanah B，Teeroovengadum V，2017. Higher education and economic growth: evidence from Africa[C]//Proceedings of the 8th Economics & Finance Conference，London: International Institute of Social and Economic Sciences: 124-142.

Spence M A，1973. Job market signaling[J]. The Quarterly Journal of Economics，87(3): 355-374.

Staff J，Mortimer J T，2012. Explaining the motherhood wage penalty during the early occupational career[J]. Demography，49(1): 1-21.

Swanson G E，Parsons T，Bales R F，et al. ，1954. Working papers in the theory of action[J]. American Sociological Review，19(1): 95-95.

Tapio P，2005. Towards a theory of decoupling: degrees of decoupling in the EU and the case of road traffic in Finland between 1970 and 2001[J]. Transport Policy，12(2): 137-151.

The International Commission on the Futures of Education，2021. Reimagining our futures together: a new social contract for education[R]. France: UNESCO.

Vehmas J，Kaivo-Oja J，Luukkanen J，2003. Global Trends of Linking Environmental Stress and Economic Growth[M]. Turku: Tutu Publications: 1-25.

Wang Q，2014 . Crisis management，regime survival and "guerrilla-style" policy-making: the June 1999 decision to radically expand higher education in China[J]. China Journal，(71): 132-152.

Wang X，Liu J，2011. China's higher education expansion and the task of economic revitalization[J]. Higher Education，62(2): 213-229.

Williamson O E，1979. Transaction-cost economics: the governance of contractual relations [J]. The Journal of Law and Economics，22(2): 233-261.

Wu X，Treiman D J，2007. Inequality and equality under Chinese socialism: the hukou system and intergenerational occupational mobility[J]. American Journal of Sociology，113(2): 415-445.

Yide D，Haotian Z，Wenfu W，et al. ，2022. The effects of China's higher education expansion on urban and rural intergenerational mobility[J]. China Economic Review，73.

Yu X，Xiang Z，2014. Income inequality in today's China[J]. Proceedings of the National Academy of Sciences of the United States of America，111(19): 6928-6933.

이은경，2016. Analysis on the relationship between higher education and economic growth: focused on Korea and Japan[J]. The Journal of Economics and Finance of Education，25(2): 129-150.